新自由主義と日本政治の危機

森田成也

花伝社

新自由主義と日本政治の危機◆目次

第三部　現代と日本政治の危機（二〇二一～二三）

序文

今日、日本政治は深刻な危機に陥っている。日本にも政権交代可能な二大政党制が実現されるという鳴り物入りで、一九九三〜九四年に小選挙区制の導入を中心とする「政治改革」（実際には政治改悪）が実行されたが、二〇〇九年に民主党政権への政権交代が一度実現されただけだった。それはわずか三年ちょっとしか続かず、その後、民主党は、坂道を転げ落ちるように縮小再生産していき、ついには解体に追い込まれ、今ではかつての社会党よりもはるかに小さい支持基盤しか持たない立憲民主党と国民民主党という二つの後継政党が存在するのみである。彼らにとって政権は、旧社会党にとって以上に、はるか遠くにかすむ存在となり果てている。

今日、縁故主義的な政治の横行（一種の家産政治）、憲法の諸規定の度重なる蹂躙、統一協会との深刻な癒着、ロシアのウクライナ侵攻を契機とする大軍拡、ますます深刻化する格差と貧困、三〇年も続く賃金の低迷と雇用の不安定化、繰り返される大災害と政府の無策、日本経済の急速な沈没、社会福祉の削減と国民負担の絶え間ない増大、いずれをとっても、政権交代が繰り返し起こってもおかしくない大問題が山積している。今や日本の若者たちの一部は、低賃金で長時間労働、かつパワハラ・セクハラが横行している日本の現状に見切りをつけて、オーストラリアやニュージーランド、カナダに移住しつつある。日本はかつてのトップクラスの先進国から中進国へ、そして第三世界へと急速に逆移行しつつある。にもかかわらず、政権支持率の浮沈にかかわらず、自民党の支持率は安定して高く、野党の支持率は一貫して低迷したままである。これこそが日本政治の危機そのものを構成している。

多くの人がこの問題について論じているが、そのほとんどは歴史的な観点を見失って、野党のあれこれの欠陥をあげつらったり（もちろんそれはいくらでも存在する）、あるいは日本国民の民意の低さを嘆いたりするばかりである。現在の状況は、過去の複雑な政治的・社会的諸過程の複合的で累積的な結果なのであり、そこにはその時々における主要な政治勢力の主体的な政治選択の影響も含まれている。それらを解明することなくして現在の危機を理解することはできない。

＊

今日の日本政治の危機の直接的な歴史的発端は、一九九三〜九四年における政治改革による小選挙区制の導入である。このとき、野党やリベラル派のメディアは、小選挙区制の導入こそが、ぬるま湯的な日本政治のあり方を打破して、政権交代を適時伴った保守・リベラルの二大政党制を可能にするのだと本気で信じて、その実現に向けて邁《まい》進した。自民党がきわめて優勢な政治的地位にあるもとで、そして、野党間に深刻な政策的相違があるもとで、小選挙区制を導入したなら、機能しうる二大政党制が実現できるどころか、一方では自民党ないしそれ以外の新保守政党のよりいっそう強力な支配を可能にし、他方では、たとえ野党の合同が進むにしても、左を切って右に揃えるような統合しか生じえないのは、最初から明らかだった。にもかかわらず、当時のリベラル派ないし左派知識人、メディア、主要な野党

（共産党を除く）は熱に浮かされたように「政治改革」狂騒曲に踊り、こうして、自民党がかつてどうやっても実現することのできなかった小選挙区制をよりにもよって非自民野党連立政権が導入してしまったのである。戦後史上、これほど愚かで自殺的な政治的選択は存在しない。ここから、いっさいの悲喜劇が生じている。この歴史を批判的に総括することなくして、現在の危機の元凶を理解することはできない。

一九九〇年代初頭段階でも、このような悲劇的事態を予想していた人は、少数とはいえ存在していた。私を含むこの少数派は、当時、「政治改革」の反動性と危険性に対して警鐘乱打したが、まったく顧みられることはなかった。当時、左派やリベラル派を支配していたあの異様な興奮状態を変えることはできなかった。しかし、そういう声は間違いなく存在していたのである。本書の第一部は、一九九三年以降の数年間に発表した私の「政治改革」批判・小選挙区制批判の諸論稿を収めることで、今日の政治的危機の原点を明らかにしている。

小選挙区制の導入を柱とする「政治改革」と政界再編の最も重要な目的の一つは、社会党の解体と共産党の周辺化であり、そのことによって政治空間を体制内政党（保守であれ「リベラル」であれ）によって独占することであった。社会党はこの思惑に自らまんまと乗った。同党は、一九九三年に、その頃いっせいに出現した新興諸政党といっしょに非自民連立政権に入り、内部の少数派の反対を押し切って小選挙区制の導入に賛成し、さらにその次に、あろうことか安保・自衛隊に関する自党の基本政策を投げ捨てて今度は自民党といっしょに政権入りした（自社政権）。こうして、社会党は坂道を転がり落ちるように、没落と解体の道へと突き進んだのである。他のどの資本主義国においても、日本の社会党ほど急速に没落した社会民主主義政党は存在しない。

＊

当時、左派・リベラル派の中で政治改革に勇敢に異議申し立てをしたのは、日本共産党を別格とすれば、渡辺治・後藤道夫を中心とする共産党系左派の知識人グループであった。当時、私を含む若手の左派研究者は大いに両名の議論から学び、その識見の高さと断固とした姿勢に感嘆したものである。共産党系や新左翼系の知識人たちでも当時はかなりの部分が動揺し、右往左往していた中にあって、両名のきっぱりとした態度は暗闇に光明を照らすものだった。知識人の真価はこうした混乱と危機の時代にこそ発揮されるのである。

だが、彼らはその後、何ゆえかしだいに変質を遂げていく。二〇〇一年に『ポリティーク』（旬報社）という雑誌が、渡辺・後藤氏と、年功賃金をしきりに攻撃する木下武男氏らとの共同で創刊されたが、それはこの転換の画期をなすものだった。渡辺・後藤両氏は、かつては、日本政治の真の問題点を、有象無象のリベラル派が主張していたような「近代化の未成熟」や「市民社会の不足」（つまりは、「日本後進性論」）に見出すのではなく、逆に、日本資本主義が戦後、企業社会という形態で無制約な発展を遂げたことに見出した。社会民主主義的な福祉国家の不在による上からの制約の不足、企業を越えた産業規模の労働運動の不在による下からの制約の不足、この二つの相対的無制約性こそが、過労死や福祉の貧困をはじめとするさまざまな資本主義固有の問題を引き起こしているのだと彼らは論じた。後進性論に飽き飽きしていたわれわれは、彼らのこの斬新なアプローチ（そこには後から振り返って、深刻な弱点もあったのだが）に大いに感銘を受けたものだ。このことは、第一部に収録された諸論稿において、たびたび両者の論文や著作への参照が指示されていることからも明らかである。

しかし、後藤道夫氏が一九九〇年代後半から「開発主義」論を唱え出し、二〇〇一年以降に渡辺治氏がその議論に便乗するようになって、両名の議論は一変した。明治以来、連綿と続く行政府主導の「開発主義」体制が日本におけるさまざまな問題をつくり出しているのであり、新自由主義はそのような古臭い開発主義を攻撃しているのだと言い出したのだ。これは、一種の「日本後進性論」への転換であるというだけではない。一九九〇年代前半にはあれほど新自由主義に反対していた両名が、今では、新自由主義があたかも開発主義に反対しているかぎりでは相対的に「進歩的」であるかのような議論をしだしたのである。もちろん、依然として左派である彼らは新自由主義を全面的に肯定したのではなく、それが日本社会になお存在している国民保護的側面や福祉制度を攻撃・解体しようとしているかぎりで反動的であることを認識していたが、戦後日本社会の主たる性格を明治以来の「開発主義」と規定した以上、新自由主義に対する批判は鈍らざるをえない。また、年功賃金を日本型企業社会の諸悪の根源とみなす木下武男氏と共同したことで、この面からも渡辺・後藤両氏の立場は弱くなった。企業における新自由主義は何よりも年功賃金や終身雇用を攻撃対象としているが、「年功賃金＝諸悪の根源」論からすると、この年功賃金を破壊するのに役立つかぎりでは、やはり新自由主義は相対的に進歩的であるとみなさざるをえないからである。

私は当時、彼らの議論の危うさと問題点について、さまざまな機会に文章化しておいた。しかし、私のような無名の研究者には発表の機会がほぼなかったので、ある政治議論系のメーリングリストに対して断続的に行なった投稿としてそれを記録にとどめておいた。本書の第二部において、その中から比較的まとまったものをいくつか再録している。とくに、その中で最も長い論稿は、渡辺治氏の議論を体系的に批判したものだが（第七章）、同じ左派陣営の中からこのような体系的な批判が渡辺氏に対してなされたことは皆無に等しいと思われるので、今日から見ても貴重な記録であろう。

＊

それから長い時が流れて、すっかり小選挙区制は定着し、人々はそれをあたかも変更不可能な大前提のようにみなすようになった。二〇〇九年に民主党が驚くほどの大量議席を獲得して政権に就いたこともあったが、下からの大衆運動にも草の根の組織的基盤にも支えられてないこのバブル政権は、短命に終わった。これほどの大量議席を持ちながら――たしかにいくつかの福祉的政策を行なったとはいえ――、抜本的な改革は何もできず、結局、東日本大震災と原発事故の巨大な波に飲み込まれて（これ自体は同党にとって不幸な偶然であったが）、わずか三年ちょっとで下野した。その間に、徹底したどぶ板選挙と草の根の再組織化を猛烈に行なった自民党は急速に元の議席を回復していった。民主党に代わって政権に返り咲いた自民党は、公明党という強力な組織政党と連立を組むことで、さまざまな問題を引き起こしながらも、長期安定政権を構築した。そして、この長期政権のもとで、日本政治の家産政治化はますます進行し、去年の安倍銃撃事件がきっかけにセンセーショナルに暴露されたように、カルト宗教団体の浸食も深刻な水準になっている。

他方、かつてあれほど巨大な野党であった社会党は、この小選挙区制のもとで、今や社会民主党として衆参でそれぞれ一議席しか取れないような泡沫政党に成り下がり、社会党に代わる野党第一党である立憲民主党でさえ、支持率六～七％前後をさまよう中政党にとどまっている。

こうして、冒頭で示したような政治的危機が日本を覆うようになっているのである。客観的には自公政治の行き詰まりは明白だが、それに取って代わりうる有力な野党が存在しないこと、それどころか、その可能性さえ展望できる状況にないこと、これこそ今日の政治的危機の端的な表われである（客観的なものと主体的なものとの矛盾）。そのため、有権者の大多数は政治に希望を見出せなくなり、かなり以前から無党派層として、あるいは単なる無関心層として浮遊するようになった。この政治的間隙をぬって、さまざまなポピュリスト政党（その多くは右派系）が跳梁跋扈するようになっており、日本維新の会のように単に一時的な人気政党のレベルを超えて、確実な陣地を築いている政党も出現している（なお大阪中心とはいえ）。

本書の第三部は、こうした現状を踏まえて、今日における日本政治の危機の状況を明らかにした諸論稿を収めている。今日における政治の危機は一時的なものではなく、歴史的で構造的なものである。そしてそれはけっして日本にのみ特有なものではない。どの国においても、民主主義は空洞化し、労働者と一般民衆はそこから疎外されている。深刻な気候変動や資源危機、そして新たな帝国主義戦争の勃発といった、現代資本主義が直面しているさまざまな危機に対処できないまま、国内政治も国際政治も空転を繰り返している。しかし、日本においてこの政治的危機はより深刻なものになっているのである。

戦後一貫してそれなりにまともな複数政党制を採用している国の中で、これほど長期にわたって、ほとんど政権交代が起こっていない国、そして起こりそうにない国は、日本をおいて他にない。政権交代を可能にするという触れ込みで導入された小選挙区制は、たった一度の政権交代（その再交代＝旧政権の復活を入れれば二度だが）を生み出しただけで、その後は、政権固定化の最大の元凶となっている。

この半永久化した自公政権の下で、長期にわたって日本経済は停滞し、賃金は下がり続け、不安定雇用は増大しつづけ、あらゆる世代の希望を奪い続けている。こうした状況の下で起こったのが、二〇二二年の安倍晋三の銃撃事件だった。これはある意味で、四〇年に及ぶ新自由主義政治の一帰結でもあったと言える。しかし、テロは本当の意味で政治の進歩的打開をもたらすものではない。一時的に社会と政治を動揺させるが、時がたてば、再びテロ以前の状況が（しばしばより悪化した形で）復活するのである。

こうした閉塞状況の下で、今日、知識人やネット評論家たちが次々と考え出す特効薬や起死回生策のたぐいは、いずれも小選挙区制と新自由主義政治を前提としているかぎり、無責任な空論の域を出ない。どれほど遠回りに見えようとも、草の根の地道な民主主義的陣地戦を遂行するしかない。そして、この取り組みにおいて、依然として重要な意味を持っているのは、そのような組織的陣地をなお広範に保持している日本共産党の存在である。

第三部の中で最も大きな比重を占めている論稿は、この日本共産党論である（第一〇章）。これは『日本共産党一〇〇年——理論と体験からの分析』（かもがわ出版、二〇二二年）に収録したものに、さらに大幅に加筆修正したものだ。日本共産党の現在もまた、日本政治の現在と同じく、過去数十年間における無数の複雑な諸過程の複合的で累積的な結果である。そしてそこには、共産党自身の主体的選択も強力に反映している。同論文で指摘したように、一九九三年の「政治改革」騒動に対して一線を画すという同党の主体的選択は、その後の、（社会党の急落と好対照をなす）飛躍を一九九〇年代末につくり出したが、同党はこの絶好の位置を利用して、自民党中心の保守ブロックと、民主党中心のネオリベラル・ブロックに対抗する、護憲と革新の第三極をつくり出すために、大胆な統一戦線戦略をとるべきだった。だが共産党は、民主党ブロックとの連合を通じて野党連合政権をつくるという夢想にふけった。

それは早々に破綻し、一時的に共産党に流れ込んだ大量の票はすぐに離れていった。その後も得票にそれなりの変動はあったが、今日なお党勢の衰退傾向からは脱却できていない。そうした中、当然のことながら、二〇〇〇年以来変わっていない志位和夫委員長の指導体制に対して党内からの一定の反発が起こっている。

しかし、日本共産党が現在陥っている危機は、日本共産党だけの問題ではない。それは日本政治の危機の反映であるとともに、共産党の危機そのものが日本政治の危機をも構成しているのである。全体として日本が没落しつつあるのに、その責任を負うべき自公政権が揺るぎない安定政権を維持しつづけているように、共産党がしだいに衰退しつつあるのに、その責任を負うべき指導部は安泰でありつづけている。どちらにおいても、その主要な構成員たちは活力や進取の気性を失い、自分の乗る船がゆっくりと、だが確実に水没していくのを漫然と眺めている。

こうした状況の中、一方では左派・リベラル派の一部は（党首公選制を主張している人を含めて）、共産党に対して、安保・自衛隊に関する従来の立場を捨てて他の諸野党との政策的一致点を広げるべきだとか、綱領における革命路線や「共産党」という党名を変えてもっと大胆に社民化ないしリベラル化するべきだといった改革案を主張しているが、そうした助言には何の新味もない。それはとっくに旧社会党が実践して、そして自滅をもたらした道に他ならない。

他方では、右派勢力は共産党やその他のリベラル政党の衰退をただ喜び、それを促進することに躍起になっている。だが、支配的政治に対する有力な対抗力、拮抗力が存在しない国家や社会は、きわめて不健全であり、それ自体が、その国家と社会の衰退と没落の現われなのである。生命力のある健全な社会、機能する生きた民主主義は、支配的政治勢力に対する民主主義的な対抗力の広範な存在なしには考えられない。それがなくなれば、社会はいっそう衰退し、場合によっては、自民党よりもはるかに危険で反動的な勢力が台頭したり、より突発的な暴力的事態が出現したりするかもしれない。そして、その徴候はすでに存在している。すでに触れた安倍晋三銃撃事件は、この危険な兆候の一つの現われだった。そして、経済衰退下の新自由主義政治は、保守や右翼を支持している人々の生活をも容赦なく苛酷なものにするだろう。

＊

本書は、一九九三年からのちょうど三〇年間に及ぶ合計一〇本の諸論稿を収めることで、現在の政治的危機の全体像を歴史的に把握することを可能にしている。人の記憶は短く、とくにその政治的記憶は短命である。今日の事態を、現在というごく狭い歴史的地点に存在するあれこれの政治的・社会的諸状況を指摘することで解明しようとするのは、まったくナンセンスである。それは少なくとも三〇年という歴史を遡って検討されなければならない。われわれがいま目の前にしている状況は、繰り返すが、さまざまな政治勢力の主体的選択の数々を含めた、過去の複雑な政治的・社会的諸過程の複合的で累積的な結果なのである。本書はそのことを理解する助けになるだろうし、このような歴史的過去をきちんと踏まえて初めて、よりよき未来を切り開くこともできるのである。

本書に収録した諸論稿の初出は以下の通り。

第一章　明確となった土俵の違い――小選挙区制をめぐる論争の中間的総括
……『フォーラム21』第二八号、一九九三年一二月二〇日
第二章「政治改革」と帝国主義的民主主義の政治学……『場―トポス』第三号、一九九四年七月
第三章　自社連立政権とヘゲモニー・ブロック……『場―トポス』第四号、一九九四年一〇月
第四章　現代日本の政治と社会――戦後統合構造の変遷と今日の課題
……一九九七年八月講演、一九九八年二月注追加
第五章「ポリティーク」派に関する批判的覚書――年功賃金、福祉国家、開発主義……未発表
第六章　新しい政治的対抗関係と民主党の歴史的性格……『飛礫』第四三号、二〇〇四年七月
第七章　渡辺理論の「開発主義的」転回とその批判――ハーヴェイ『新自由主義』における解説論文の問題点……未発表、二〇〇七年三月執筆、二〇〇八年注追加
第八章　二〇二一年総選挙の結果と政治の危機……『科学的社会主義』二月号、二〇二二年二月
第九章　ニワトリがねぐらに帰る時――安倍晋三銃撃事件の政治的意味
……Links: International Journal of Socialist Renewal、二〇二二年七月
第一〇章　日本共産党の一〇〇年――三つの歴史的ポイントと今日の課題
……『日本共産党一〇〇年――理論と体験からの分析』かもがわ出版、二〇二二年九月

本書に収録するにあたっては、すべて一定の加筆修正が施されており、逆に長すぎるものに関しては、部分的削除がなされている。

二〇二三年二月一〇日

第一部 「政治改革」批判（一九九三〜九八）

第一章　明確となった土俵の違い——小選挙区制をめぐる論争の中間的総括

【解題】本稿はもともと、『フォーラム21』という左派ミニコミ誌の第二八号（一九九三年一二月二〇日）に「N.O.」というペンネームで掲載された「論争の中間的総括——明確となった土俵の違い」という論文である。注の一部を本文に入れたことと、ごく細部を修正したことを除いて、ほぼ当時発表されたままである。『フォーラム21』というのは、一九八〇年代末から九〇年代初頭にかけてのソ連・東欧の崩壊に衝撃を受けた、日本共産党内およびその周辺の市民派・異論派がつくった「市民フォーラム21」という小規模なネットワークがだいたい月に一度のペースで出していたミニコミ機関誌である。私はこの機関誌にN.O.というペンネームで多くの論文を寄稿し、大論争となった。きっかけとなったのは、一九九二年六月に後房雄というグラムシ研究者として有名だった政治学者が市民フォーラム21の定例会で講演を行なったことである。ソ連・東欧の崩壊による社会主義の展望の消滅、イタリア共産党による共産主義放棄と左翼民主党への転換、日本における小選挙区制導入を柱とする政治改革熱の高まりといった雰囲気の中で行なわれたこの講演の中で、後房雄氏は、イタリア共産党の左翼民主党への大転換を絶賛しつつ、小沢一郎の政治改革路線を支持し、左翼はあえて小沢の戦略に乗って小選挙区制導入を推進するべきだと主張した。私はその講演会にたまたま参加していたのだが、小選挙区制絶対反対の立場だった私はその講演に衝撃を受けた。しかし、もっと衝撃だったのは、そこに参加していた五〇名近い左翼の活動家と学者たち（多くは共産党系かその周辺の人々）のほとんどが、後講演の批判を行なわず、大いに感銘を受けていたことだった。そこで私は後日、『フォーラム21』の編集部に頼まれて、後講演への厳しい批判的意見「右翼的改革か左翼的改革か」を書いた（『フォーラム21』第一八号、一九九二年一〇月二一日）。

主たる論点は二つあって、一つは、日本共産党の改革の方向性をイタリア左翼民主党型のものに求めるのか（社会主義・共産主義の放棄、民主集中制の放棄、革命の放棄、ブルジョア民主主義の枠内での政権獲得競争）、それとも社会主義左翼の立場を堅持した上での党内民主主義の徹底を目指すのかであり、もう一つは日本における変革の方向性を、小選挙区制の導入を前提とした小沢流「政治改革」に求めるのか、それとも小選挙区制に反対する闘争をする中で護憲・革新勢力の広範な統一戦線をつくり出すのか、であった（他にも湾岸戦争に対する態度などいろいろあったが、主たる論点は以上の二つ）。私はこの二つの論点のどちらにおいても後者を断固支持したが、編集部や市民フォーラム21の主要参加者の多くは前者に傾く傾向があった。それゆえ当時、このN.O.論文は大きな反響を呼び、その後、『フォーラム21』誌上で毎号のように論争が繰り広げられた。私自身も二三号（一九九三年六月二五日）、二四号（一九九三年八月一五日）、二五号（一九九三年一〇月一六日）にそれぞれ批判への反論やさらなる議論の展開を行なった。そして、最後に二八号に掲載された「論争の中間的総括」において論争の総括を行なった。ここに収録したのはこの最後の論文である。

ここで展開された議論は今から見ると、日本経済のその後の展望については間違っていたが（当時は、まさかそれ以降、二〇年以上続く大不況が起こるとは想像していなかった）、小選挙区制がもたらす政治的結果についてはきわめて正しかったと思う。それは、保守・リベラルの二大政党制も「政権交代のある民主主義」ももたらさず、保守政党による政治的空間の独占をもたらしたのであり、日本資本主義の衰退過程が始まって以降も、左翼の復活を著しく妨げている。そして、その一方で、既成政党への不満は日本維新の会のような右翼ポピュリスト政党が受け皿になっており、事態をいっそう深刻化させている。当時、「政治改革」の名のもとに小選挙区制の導入を煽った人々、とりわけここで主として取り上げている後房雄氏はいまだに何の反省もしていない。ちなみに、この論争当時、後氏はすでに著名なグラムシ研究者で大学教授であり、他方の私はまったく無名の大学院生だったので、後氏からの応答は、「『論争ごっこ』はやめてちゃんとした論争をしませんか」というタイトルに示されているように、上から目線の、相手を小馬鹿にしたものだった。だが、歴史はどちらが正しかったかをはっきり示した。それゆえ私は当時における彼の侮蔑的態度を許そうと思う。

『フォーラム21』の第二六号には、私を批判する諸論稿が三つも掲載されている。そのうち、他と少し性格の異なる海野八尋氏のものを除く二つ（川口泉氏と後房雄氏本人のもの）が明確な右派の議論である。後房雄氏がこの間に書いたものと合わせて読むと、右派と左派の立脚している土俵が根本的に異なっていることがいっそう明確になるだろう。

以下、紙幅の都合上、後房雄氏の議論に絞って、しかも彼の小選挙区制導入論に絞って論じたい。

一、小選挙区制は政権交代をもたらすか

この問題をめぐっては、次の三つのレベルで批判することが必要である。まず第一に、彼の小選挙区制導入論を支えている前提、すなわち「小選挙区制は政権交代をもたらす」というのは本当なのか、ということである。第二に、百歩譲ってそうだったとしても、それだったら小選挙区制を導入してもよい

のか、という問題がある。すなわち民意の正確な反映は二義的なものであるという後氏の論理を批判することである。これは、彼の土俵が根本的にわれわれと違うことを示すことになるだろう。第三に、彼の土俵に上がったうえで彼の議論を批判する必要がある。つまり、小選挙区制が導入されれば、後氏の言う保守・リベラル政党に対抗しうる「民主主義左翼」なるものの形成が果たして可能になるのか、ということである。

まず、第一の問題であるが、これについてはすでに石川真澄氏などが「俗説」として批判している。その証拠として、小選挙区制であるアメリカの下院では、四〇年間も民主党が多数を制している事実であるとか、小選挙区制の見本のように言われているイギリスで、保守党が四連勝して、二〇年近く政権交代が起こらないことになっている事実、そしてそのイギリスでも小選挙区制撤廃の動きが起きつつあること（一九九一年の世論調査で比例代表支持が五〇％、反対が二三％）などが出されている。[1]

また、弁護士の志田なや子氏は次のように述べている。

> 私たちが、ここで注意しなければならないのは、「イギリスの」保守党が小選挙区制の維持を強固に主張する論拠に、日本の小選挙区制支持論者がいうような「小選挙区制は二大政党による政権交代を可能にする」という主張はまったく出て来ないということである。政権交代は、選挙制度によってもたらされるのではなく、政党の力量と有権者の支持によってきまるのだと、保守党にかぎらずイギリスの政党は考えているからである。一八八五年以前に行なわれていた中選挙区制のもとでも政権交代はあったし、当然ながら比例代表制のもとでも政権交代はあるのである。むしろ、後で述べるように、現実のイギリスの政治は三大政党制化しており、小選挙区制が第一党に圧倒的に

有利に機能し、政権交代は難しくなったと言われている。……ましてやイギリス以上に第一党優位のもとで多党化している日本で、「政権交代が可能になる」などというのは、明らかな虚偽であって、そんな国民をだますようなウソを言うべきではない。[2]

このように、政権交代論のまやかしははっきりしている。問題はむしろ、後房雄氏自身がちっとも、小選挙区制で政権交代が可能になるということを証明していないことであろう。ただし、彼は、政権交代可能論に対する一批判には「反論」らしきものをしている。たとえばこうである。「中選挙区制のもとでも政権交代は起こったではないかという議論に対しては、それがほかならぬ中選挙区制を維持しようとする勢力の敗北という形で起こったのだということを指摘すれば足りるであろう」[3]。残念ながら、全然足りない。この文章を読んで非常に驚かされるのは、同じ現実を見ていても、小選挙区制推進論者とわれわれとではこうも解釈が違うのか、ということである。われわれから言わせれば、小選挙区制でないと政権交代が起こらないと言っていた連中が中選挙区制で政権に就いたという事実こそが、まさに彼らの議論の根拠のなさを示すものであるのに、後房雄氏には逆に、それが小選挙区制＝政権交代可能論の根拠に早変わりするのである。

しかも、後氏のこの言い分にはさらに二つのごまかしがある。まず第一に、連立政権を構成している各党は、小選挙区制の導入を公約としてかかげて選挙運動をしたわけではない、ということである。第二に、有権者の側もけっして、小選挙区制を導入してほしいからこのような選挙結果を選んだのではない。選挙前後に行なわれた各種世論調査をみても、政治改革でまず何をやってほしいかについて、圧倒的に「政治腐敗防止」と「政治資金の規制強化」を挙げている（七月二〇日のＮＨＫ調査では合わせて八五％、五月三日の『朝日』で七二％、四月一九日の『毎日』で七六％）のに対し、選挙制度改革を挙げたのはせいぜい一割から二割弱なのである（それぞれ、一四％、一六％、一九％）。現在のように、政治改革＝選挙制度改革になってしまったのは、大マスコミを中心とする大々的な翼賛報道のおかげなのだ。

以上の議論に対して、後氏はもしかしたら、いや私が言っているのは単に政権交代ではなく、「有権者に実効的な政権選択権を保障する」[4]ことだと言うかもしれない。この意味はいささかわかりにくいが、後氏が比例代表制によって成立していたイタリアの連立政権を非常に否定的に評価していることから考えて、小選挙区制は単なる政権交代ではなく強力な単独政権をともなう政権交代を実現しうるのだ、と言っているようである。

これに対しては、いくつかの点から批判しうる。確かに小選挙区制は強力な単独政権を作りやすい。四割の得票で六割の議席を確保するのが小選挙区制だからである。われわれにとっては、それだから小選挙区制は非民主主義的なのだが、この問題はあとで論じるとしよう。問題は、すでに述べたことと重なるが、小選挙区制はなるほど強力な単独政権を作るであろうが、それが政権交代を適時もたらす保障がどこにあるのか、ということである。後氏が証明しえたのは、小選挙区制は強力な単独政権を作るという一点だけであって、それが政権交代を適時ともなうという点に関しては、あいかわらずまったく証明していないのである。

第二に、連立政権はおしなべてよくない、あるいは少なくとも単独政権よりはよくないと彼は考えているようだが、これも単純な話で、どのような一致点でどのように連立政権を作るのかに連立政権の性格はかかっている。イタリアの過去の連立政権が腐敗していたのは、ただイタリア共産党を政権に就けたくないがために、非共産各党が野合していたからであって、連立政権だからではない。選挙の際に、各党が、選挙後どの党と連立を組み、その連立政権はどのような政策を実行するのかをきちんと有権者に公約するならば、それによって成立する連立政権は理念なき野合ではなくなるはずである。[5]

第三に、小選挙区制ならば、野合政権の可能性は本当に回避されるのか、という問題がある。むしろ、小選挙区制の方が——とくに日本では——野合の可能性を強めるのである。ただし、比例代表制の場合とは違って、党のレベルでの野合を生む。つまりどういうことかというと、小選挙区制が通れば、小中政党は生き残るために、これまでの理念や伝統を捨てて、ただ規模だけが大きい野合政党を作ることを余儀なくされるということである。そして、その野合政党はおそらく、右を切って左に揃うのではなく、左を切って右に揃うだろう。このような野合政党による単独政権は、イタリアの連立政権よりもひどい状態ではないのか。しかも、残った政党も同じような野合政党だとすれば、後氏の言う「実効的な政権選択権」など単なる空文句にすぎないことがわかるだろう。

二、小選挙区制と帝国主義的民主主義

次に、仮に小選挙区制が政権交代をもたらす、ないしは、もたらしやすいとしよう。それでは、もしそうだったら小選挙区制を導入してもよいのか、少数意見を切り捨ててもよいのか、民意の正確な反映はどうでもいいのか、という問題がある。この問題に対し、彼は積極的に「しかり」と答える。彼は政治というものを「民主主義のゲーム」にすぎないと考えており、ゲームである以上、同じチームが常に勝ち続けるのはおもしろくないと考えるのである。ちょうど、巨人の黄金時代に、巨人ばかりが優勝し

てもおもしろくないからドラフト制度を導入しようといった程度の発想なのだ。

この問題をより詳しく見よう。彼は『情況』論文において、繰り返し小沢一郎と同じ土俵に立とうと訴える。「今後の日本政治において民主主義左翼が同じ土俵の上で対抗すべき（せざるをえない）好敵手として小沢構想を位置づけている筆者」、「『政権交代のある民主主義』という共通の土俵作りに左翼の側が主体的に関与してその性格に影響を与えることが求められる」[6]。後氏はこのような立場から、次のように小沢構想を天高く持ち上げる。

彼［小沢一郎］の立論は、それぞれの選挙制度はいわば一長一短であって、抽象的に比較しても結論は出ないのであり、「要は日本の政治に欠けているものを補い、政治の病を治すことである」（そのために有効な手段を選択する）というものであって、これは多くの小選挙区制反対論者が、憲法違反だの民主主義を蹂躙するだのというような抽象的、原理的な反対論に終始しているのと比べてはるかにまっとうである。そのうえで彼は、ぬるま湯構造を打破して、「国の基本理念を同じくする二大政党」が具体的政策をめぐって政権を競い合うというタイプの民主主義を実現することこそが現在の日本政治の中心課題であって、そのためにはどうしても小選挙区制の導入が必要だと主張するのであるが、これも首尾一貫した正当な主張である。[7]

「首尾一貫した正当な主張」！　そして、後氏は左翼にこう勧告する。「民主主義的左翼は、並立制を受け入れたうえでの具体的提案をもって選挙制度改革に主体的に関与することによってその内容を改善し、同時に新しい制度のもとでの民主主義ゲーム（とりあえずは政界再編）の有効な参加者としての態勢を整えるべきなのである」[8]。

このように後氏は、政権交代を最重要視して、小選挙区制がもたらすさまざまな反民主主義的弊害はいずれもどうでもよいもの（「抽象的、原理的な反対論」！）とみなしている。この信じられないような、民主主義的感覚の鈍感さは、ただ彼の立脚している土俵がわれわれとまったく異なるということによってしか説明できない。

このことを示す好例として、次のような後氏の文言を取り上げよう。彼は私の小選挙区制批判に反論してこう言う、「それじゃ、イギリスやフランスやアメリカは小選挙区制だというだけで民主主義国ではないということになりませんか」[9]。この発言ほど、右派の思考方法を顕著に示しているものはないだろう。後氏が挙げた三つの国は、いずれも最も帝国主義的な国であり、いわば帝国主義陣営のリーダーである。湾岸戦争でもっとも活躍したのもこの三国であり、またいずれも核兵器大国である。この三つの国のうち、長期に小選挙区制をやっているのはイギリスとアメリカであり、この二国こそが、帝国主義のトップ2である。この両国においては、戦争をやって勝利すると、内閣支持率ないしは大統領支持率が跳ね上がる。そして、両国とも国内に抑圧されたマイノリティを抱え込み、支配民族たるアングロ・サクソンが政治・経済・文化を支配している。そして、対外的には、必要とあらば軍隊を動員してでも第三世界を抑圧し、支配している国である。これらの国で成立している民主主義こそ、まさに「帝国主義的民主主義」なのである。マルコムXが、「偽善以外のなにものでもない」と形容したあの民主主義なのである。

帝国主義的民主主義とは、国内においてはマイノリティの抑圧と排除（ないしは利用）、人種差別と性差別にもとづき、国外においては第三世界の抑圧と支配にもとづく「民主主義」である。これらの国は、小選挙区制によって二大政党以外の第三の政党の進出を不可能にし、そして基本理念を同じくする二大政党によるフレキシブルな統治によって、全体として帝国主義支配層の望む政策を実現していくのである。この形態こそ、最も帝国主義にとって理想的で、最も安定した支配システムである。

われわれは、この帝国主義的民主主義はまさに「偽善以外のなにものでもない」と言い、この近代的で、フレキシブルで、洗練されたシステムこそが、最も抑圧的で、最も暴力的で、最も野蛮であると主張する。われわれはこの帝国主義的民主主義そのものを撃ち、後派はその参加者たらんとする。この両者の相違は、根本的な相違であり、まさに「相互のコミュニケーションを不可能にするほど分岐している」[10]。

この点について、実は後氏はとっくの昔に開き直っている。彼は『情況』論文の数ヵ月前に『季刊窓』に掲載した論文において次のように述べている。

こうした動向を全体として要約するならば、日本の保守勢力が「政権交代のある民主主義」という土俵に上る決断をしつつあるということができるだろう。彼らのいう共通の土俵は「自由主義体制」であり、彼らのいう二大政党制は「保守二党制」であるのは確かであるが、それは冷戦時代の用語法を引きずっているだけの話である。「資本主義の洗練度」をめぐる路線の相違というところまでこないと二大政党制は機能しないとある経営者が主張したというが、それは資本主義の内在的改革を目標とする民主主義的改革政党にとって何も不都合なことはない。財界がそういう政党を「保守政党」と考えて安心したいのならそれはそれで結構なことである。[11]

後氏が立っている、ないしは立とうとしている土俵が、われわれとまったく違うという点に関して、これ以上につけ加えることは何もないだろう。

以上の議論で、なぜ私がこれまで執拗に後批判をしたのか、なぜ私の言葉があれほど激烈になったのか理解していただけたと思う。後派は、一言で言えば、帝国主義的民主主義「左派」、ないしは「左翼」帝国主義リベラルである。したがって、後派とわれわれとの対立は、本多勝一流に言うならば、「殺す」側と「殺される」側との対立である。どうして「殺される」側が「殺す」側に対して、おしとやかな言葉を使わなければならないのか。それは無理な注文というものだ。

三、小選挙区制のもとで「民主主義左翼」は形成されうるか

以上で、彼の立脚する、ないしは立脚しようとする土俵に対する批判は終わりである。次に、あえて彼の土俵に乗った上で、なおかつ彼の立論が成立するかどうか見てみよう。

すでに見たように、彼は、左翼がこの土俵に積極的に上がって、そのうえで小沢派を好敵手としてゲームをするよう勧めている。この戦略の前提にあるのは、左翼は、この選挙制度のもとで、二大政党ブロックに対抗しうる、ないしはその一翼を担いうるという見通しである。たとえば、こう述べている。「ここで筆者が強調したいのは、このような選挙制度［並立制］、このような型の民主主義が、小沢らの新保守主義にのみ一方的に有利なものでは決してなく、それに対抗するリベラルないし左翼の側にもまた、明確な政策転換を主張して選挙で勝利することによってそれを実行に移すチャンスを与えるものであるということである」[12]。この場合、彼が念頭に置いているのは、もちろん、イタリアの例、とくにイ

タリア左翼民主党である。
一つだけ言っておきたいのは、現在では、社会変革か民主主義か（念のためいえばゲームとしての民主主義）の二者択一では民主主義を選ぶことしか許されないということである。だから問題は、民主主義の枠内でギリギリどのような社会変革の構想が可能なのかということになる。イタリア共産党・左翼民主党が小選挙区制（比例代表で補完）の導入を選択したのは、民主主義的社会変革にとって「政権交代のある民主主義」が不可欠であり、そのためにはイタリアでは有権者に直接の政権選択権を保障する選挙制度が必要だと判断したからである。そして僕は、その点はまさに現在の日本にも妥当すると主張しているわけである[13]。

だが、残念ながら、イタリアと日本では決定的に異なることがある。それはまさに、イタリアには小選挙区制によって直接政権を狙える左翼政党、すなわちイタリア左翼民主党が存在するのに対し、日本にはそのような政党が存在しないということである。この点は決定的であり、それがゆえに、同じ小選挙区制導入論でも、イタリアの場合よりも日本で主張するほうが比べものにならないほど犯罪的なのである。日本では、小選挙区制の導入は、保守政党による、すなわち露骨な帝国主義保守政党による政治空間の独占しかもたらさないのである。

しかし、後氏も、さすがに日本でイタリア左翼民主党のような政党が存在しないことぐらいは理解しているようである。たとえば彼はこう言っている。「なお、ここで民主主義的左翼というのは、現在においてはその潜在的構成要素を漠然と指しており、本格的には将来において形成されるべきものと想定される」[14]。

しかし、もしそうなら、小選挙区制導入論は、イタリアで左翼民主党が主張するのは正しくても（読者に注意しておくが、あくまでも後氏の土俵に乗った上での議論であることをお忘れなく）、日本では間違いだということになるではないか。日本においては、後氏の言う民主主義のゲームに参加しうる強力な左翼政党をつくるには、何よりも小選挙区制に反対する道を通じてしか可能ではないのである。この点をまるで理解していないことこそが、後氏の悲劇（ないしは喜劇）なのだ。

だが、まだ問題はある。はたして将来において、後氏が考えるような左翼政党の形成は可能だろうか。後氏はもちろん可能だと考える。「仮に新保守政党とリベラル政党との対抗となったとしても、リベラル政党が政権を担当する場合にはある程度の体系的な改革が可能となる。また、その左にある程度の勢力をもった左翼政党が成立する可能性が大きいと思われる」[15]。不思議なことに、後氏はなぜ「可能性が大きい」のか一言も説明していない。彼は、そのような左翼政党が形成される可能性なるものを大きくしている経済的・社会的・文化的根拠について慎重に沈黙を守っている。いかにも、政治学者らしい観念論的アプローチである。彼の深刻な誤りは、ここでも、イタリア左翼民主党に無批判に追随して、イタリアと日本の違いを十分に認識していないことにある。

より正確に言えば当初は多少なりとも認識していたが、たちまち認識しなくなった。なぜなら、一九九三年四月掲載の『窓』第一五号の論文では、こう言っていたからである。

全体として、非自民政権がともかくも実現する可能性はかなり高いのではないかというのが筆者の予想である。しかし、そこから「生活者革命」の名に値する新しい改革政党が誕生するかどうかについては、企業支配が貫徹し、連合もそれに従属する日本社会の現状を考えるならばけっして楽観できない。[16]

だが、いわゆる政治改革の狂騒曲の中で政治の「おもしろさ」に取りつかれた後氏は、この慎重な留保すらすっかり忘れてしまい、小選挙区制のもとで強力な左翼政党が形成されうるという幻想世界にはまり込んでしまったのである。[17]

では日本とイタリアの違いはどこにあるか。まず第一に、後氏が考えるような、改良主義的とはいえ強力な左翼政党は、企業の枠を越えた強力な労働組合運動の存在を必須とする。だが、日本では、企業別労働組合が主流であり、それは絶望的なまでに資本に従属し、資本の先兵となって合理化、労働者抑圧を行なっている。つまり、日本にはイタリア左翼民主党の日本版を可能にする決定的な条件がないのである。第二に、イタリアの資本主義は低迷し、その国際力は下落し続けているのに対し、日本の資本主義は不況にもかかわらず相変わらず強力で、その国際的力は年々増大していっている。今やそれは、世界帝国主義における経済的ヘゲモニー国家になりつつある。

この二つの点から、日本では強力な改良主義政党を通じた改良政策によってではなく、資本の利益への直接的な従属を通じてその分け前を増やそうという傾向がきわめて強いし、今後ますます強くなる。すなわち、日本で成立する帝国主義的民主主義は、保守と左翼（主に社会民主主義）を対抗軸とするヨーロッパ型になることはありえないのである。それはむしろ、アメリカ型に近いだろう。それだけではない。アメリカにおいて、共和党と民主党の違いを作り出した諸条件すら日本にはない。日本はアメリカよりもはるかに均一な社会であって、民主党の選挙基盤となっている人種的・民族的マイノリティ、移民白人、というぶ厚い層が日本には存在しない（日本にも外国人労働者はいるが、彼らは選挙権を奪われている）。つまり、日本において成立する二大政党は、イギリスにおける保守党と労働党との差ほどの差も持たないだけでなく、アメリカにおける共和党と民主党との差ほどの差も持たないだろう。それこそ、現在の自民党と連立政府との対立に見られるような顕微鏡的対立しかないだろう。

いや、もっと深刻な場合すら想定可能である。すなわち、二大政党どころか、超強力な新保守党単独政権が確立し、政権交代のないまま長期に日本を支配するということも十分考えうる。二大政党に分かれる階級的・社会的・民族的基盤がないもとで小選挙区制の導入を推進することは、左翼の自殺行為であるだけでなく、日本の民主主義（それがどんなちっぽけなものであれ）の自殺行為なのである。

このように書けば、ではおまえは永遠に左翼にチャンスはないと言うのか、と詰問する人もいるだろう。もちろん、そんなことはない。後でも述べることだが、長期にわたる新しい帝国主義的保守支配の後で、日本資本主義の没落とともに、左翼に第二のチャンス（第一のチャンスは高度経済成長期）がめぐってくるだろう。だが、まず第一に、このように将来において左翼が復活する最低限の条件は、いま現在、小選挙区制に徹底して反対することである。なぜなら繰り返すが、日本における小選挙区制の導入は、左翼が政権を獲得するチャンスをもたらすのではなく、帝国主義的保守政党による長期の支配をもたらすからである。第二に、小選挙区制の導入は、将来において左翼が復活する上でも大きな障害となり、その過程を制度的に遅らせることになるだろう。日本の不可避的な帝国主義化は、小選挙区制がたとえ導入されなくても日本の左翼の基盤を掘りくずしていくが、しかし小選挙区制が導入されれば、その掘りくずしの過程を一挙に加速し、また将来における復活の過程をきわめて遅延させるのである。[18]

以上見たように、たとえ後氏の土俵に乗ったとしても、彼の議論はまったく絵に描いた餅にすぎないことがわかる。後氏の議論がいかに非現実的であるかは、次のような文言にも示されている。

戦後日本においてもっとも社会改革が進んだ時期と言える七〇年代前半期において、小選挙区制ともいうべき地方の首長選挙においては革新側が勝利してある程度体系的な政策を実現しえたのに対して、中選挙区制の地方議会選挙や総選挙においてはついに自民党の多数は崩れなかったという経験を想起すべきだろう。[19]

驚くべきことに、七〇年代前半に革新側が政権を取れなかったのは中選挙区制のせいだと言うのだ！これは、政治学者というのはどこまで選挙制度の物神崇拝に陥れるかの見本みたいなものである。七〇年代前半でも農村部や中都市では相変わらず自民党が勝っていたという事実や、地方自治体における選挙行動と政権を左右する総選挙とでは有権者の投票行動が変わるだろうということ（つまり、自治体では革新政党に任せても、政権の場合はそうはいかないという心理）等々から、七〇年代前半でも後氏の議論は妥当しえないが、問題は、現在は七〇年代前半とまったく違う政治情勢にあるということである。都市部で革新統一が勝つどころか、地方も都市も自社公民相乗りが常態化している。そして、小選挙区制が導入されればどうなるかの絶好のひな型を示したのが、九一年春の都知事選である。現職の鈴木俊一と、小沢が担ぎ出した磯村尚徳とが出馬するという典型的な二大保守候補の対決となり、マスコミや有権者の関心はどちらが勝つかに絞られ、革新系候補の動向などは完全に吹き飛んだ。そして社共の候補者の得票は前回から半減し、基礎票を大きく下回ったのである。これが現在の政治状況である。小選挙区制が導入されれば、あらゆる選挙区でこの都知事選現象が繰り広げられるだろう。小選挙区での状況が比例代表に影響を与えないわけがない。かくして、小選挙区制の導入は、左翼の大後退をもたらし、鈴木か磯村かという恐ろしく貧弱な「選択」権しか有権者に残さないのである。

以上見たように、たとえ後氏の善意を一〇〇％信じたとしても、彼の戦略は小沢一郎の戦略が全面的に実現する道を掃き清めることにしかならない。地獄への道は善意で敷きつめられている。後氏の新しい民主主義左翼のヘゲモニー戦略なるものは、まさに左翼を小沢流帝国主義へと導く最もよく整備された舗装道路なのである。

四、左翼はいかにして帝国主義的民主主義戦略に対抗するべきか

これまでの議論で明らかになったように、日本左翼は、「民主主義のゲーム」の中で小沢派に対抗するためであれ、またそのような土俵そのものと闘うためであれ、とりあえずは小選挙区制に反対する闘争の中で自らを鍛えないことには、いかなる展望も開けない。ここがいちばん肝要な点である。次の問題はいかにしてか、ということだ。ここではとくに日本共産党の取るべき戦術・戦略、そしてそれに必要な自己刷新について述べたい。

まず何よりも、社会党内の小選挙区制反対派と早急に統一戦線を組む必要がある。共産党指導部は現在、社会党を丸ごと批判することに躍起になっており、たとえわずかであれ社会党内にある矛盾や反対の動きを利用することに無関心でいる。もちろん、日本型社会民主主義の担い手である社会党が社会民主主義政党としても破綻したことを、この間の「政治改革」騒動は示しているし（この点は後述）、このことをはっきりと指摘することは、「日本における社会民主主義勢力の結集」なる幻想を打ち砕くう

えで必要である。だが、社会党を丸ごと否定するだけでは、小選挙区制導入の策動と有効に闘いえないこともまた明白である。

実際、社会党の国会議員レベルでも、小選挙区制に反対し、共産党との共闘を承認している人もわずかだが存在している（とくに統制のゆるい参議院議員）。たとえば、参議院議員の国広正雄氏は次のように述べている。

ですから小選挙区並立制を何としても阻止するためには、いざとなれば自民党や共産党とも手を組むくらいの覚悟が必要なのかもしれません。繰り返しになりますが、小選挙区制は非民主主義というよりはアンチ民主主義そのものです。[20]

たしかに、まだこの動きは萌芽的だが、社会党の全否定によってこの萌芽をつぶすことになれば、将来に大きな禍根を残すことになるだろう。したがって、共産党は、社会党の護憲派に向けた何らかの積極的なパフォーマンスをするべきだろう。「社会党の護憲派に訴えます。ともに小選挙区制を粉砕して、護憲と革新の旗を守ろう！」というアピールを常任幹部会の名前で出してもいいし、また共同の反対集会を組織してもよい。いずれにせよ、あらゆる手段を駆使して、社会党の中の矛盾と亀裂を拡大し、できるだけ小選挙区制反対の陣営を拡大する必要がある。

さらにまた、社会党内の小選挙区制反対派だけでなく、これまで共産党と必ずしも近くはなかった、ないししばしば敵対的でさえあった左翼諸セクト（ただし内ゲバ派は除く）や市民グループ、諸個人なども積極的に共闘を推進するべきだろう。こうした、これまでの枠を超えた統一戦線を進める中でこそ、共産党の自己刷新も可能になるのである。繰り返すが、左翼の再編と結集とは、ただ小選挙区制に反対する闘争の中でのみ可能なのであって、小選挙区制を推進する「闘争」によっては絶対に不可能である。この後者の道は、ただ左翼の崩壊と信頼の完全な失墜をもたらすだけである。

次にわれわれは、あまり考えたくないことだが、小選挙区並立制が万が一成立した場合の戦略も考えておかなければならないだろう（もちろん、あくまでも阻止することが前提だが）。この場合、三％条項を突破して左翼政党として生き残る可能性があるのは共産党だけである。社会党が分裂して護憲新党が成立し、それが三％を突破する可能性ももちろんあるが、その場合には、言うまでもなく、共産党との統一戦線を形成しなければならないだろう。だが共産党は、護憲新党が成立しようがしまいが、護憲と革新を希求する有権者、諸勢力の結集軸とならなければならない。

その場合、共産党としては、たとえ細かい点で意見の相違があっても、堕落した社会党からはじき出された議員や候補者等を、スペイン左翼連合のような形で小選挙区の統一候補者としたり、比例代表の上位に据えることすら積極的にやっていくべきだろう。すなわち、共産党は共産党としてではなく、共産党・護憲革新連合のような形で選挙に臨むということである。

このような戦略を実行するうえでは、どうしても共産党自身の民主主義的改革が必要である。そうしないと、以上の戦略は、単に共産党による社会党系（ないし無所属系）著名人の党派的利用に堕しかねないからである。また、逆に、共産党の民主主義的自己改革なしには、このような護憲と革新の連合を広範な規模で形成することも不可能であろう。帝国主義的民主主義に屈服するためではなく、まさにそれと対決するためにこそ共産党の民主主義的自己改革が必要なのである。

だが以上の戦略は、あくまでも小選挙区並立制のもとで、左翼が生き残るための戦略である。長期にわたって、新旧の帝国主義的保守政党による政治空間の独占は避けられないだろう。こうしたもとで、共産党が依拠するべきはどの階層だろうか。それは、新自由主義政策によって切り捨てられる部分、日本の帝国主義的地位に対する利害関係が比較的少ない部分、すなわち、中小労働者、農民、小規模自営業者、年金生活者、社会的弱者、社会的マイノリティ等々である。「強い市民」ではなく、「弱い市民」に依拠した反帝国主義的な市民グループのネットワークと共産党は連帯し、社会党に代わってその政治的代弁者にならなければならない。

また、共産党は、マルコムXの戦略に学んで、世界の広大な被抑圧人民を自らの同盟者としなければならない。これまでの国際連帯の枠を超えて、左翼のイニシャチヴによる草の根の国際ボランティア、一種の左翼NGO活動のようなものに着手してもいいかもしれない。「世界第二位の経済力を国民生活向上に用いる」というアプローチではなく、「経済的祖国敗北主義」を実行するという脈絡で、労働時間を厳しく制限し、企業の高利潤を吐き出させ、福祉を充実させ、日本企業の海外での活動を規制し、外国人労働者の人権を守り、そしてもちろんのこと日本人のライフスタイルを変えていく、ということに取り組まなければならない。

こうした長期にわたる下からの闘争の果てにようやく、政権を展望しうる新たな革新高揚期が招来するだろう。それがいつ訪れるか言うことはできないが、永遠に訪れないなどと悲観的になる理由はまったくない。では、この場合の社会変革の展望はいかなるものだろうか。

すでに述べたように、日本の社会民主主義政党は社会民主主義政党としても破綻している。これは、日本には資本から独立した強力な産別労働組合運動が不在であるという事実と密接に関連している。日本においては（アメリカにおいてもそうだが）、社会民主主義的改革の実現は社会民主主義政党には不可能であるということが最終的に証明されたのである。ちょうど、ロシアのブルジョアジーがその臆病さと無力さゆえに、ブルジョア民主主義革命という自らの歴史的使命を社会主義政党に代行させたように、日本の社会民主主義政党は、その無力さゆえに、福祉国家の実現という自らの歴史的使命を共産党に代行させつつある。日本において最も首尾一貫した社会民主主義的政策を持って活動しているのは日本共産党である。この事実は、極左側からの、日本共産党は社会民主主義政党に堕落したという誤った（もしくは時期尚早な）非難を生む根拠となった。ロシアの社会主義政党が当面する目標をブルジョア民主主義革命に置いたからといって、それがブルジョア政党にならないように、共産党の当面する政策が社会民主主義的であるからといって、社会民主主義政党になるというわけではないのである。日本のような企業社会において社会民主主義政策を堅持し実行しうるのは民間の企業別労働組合に依拠した政党ではなく、それから独立した政党である。資本と国家権力から独立し、企業別労働組合ではなく自らの組織的力に依拠し、かつ社会民主主義を超える綱領的・世界観的展望を持つ政党だけが、日本においては社会民主主義的改革を実現しうるのである。

さらに次のように言える。日本のような企業社会においては、長期の抵抗闘争の末に共産党を含む左翼勢力が政権を取ったら、社会民主主義的改革はそのものとしては自己完結しえないだろう。ちょうど、ロシアにおいてブルジョア民主主義革命が独立の歴史的段階として自己完結しえず社会主義革命に連続したように、日本において開始された社会民主主義的改革を含む広範な左翼的改革は、必然的に自らを乗り越え、資本の根幹の利益をも及ぼすことを強いられるだろう。つまり、日本においては、共産党綱領の想定とは違って、民主主義革命から社会主義革命に移行するのではなく、社会民主主義的改革を含む左翼的改革から社会主義革命へと連続することになるだろう。

そして、日本のような巨大な経済力を持った国で起こる革命は、巨大な振動を世界に与えるだろう。その結果がどうなるかは、今は各自が想像するだけにしておこう。

私は後房雄氏の反論に答えて、できるだけ全面的に述べたつもりである。もちろん、まだまだ不十分で粗削りであるが、基本的なスタンスと方向性は示しえたと思う。そしてそれが、後派のものとは根本的に違うことも明確になっただろう。これを、さらなる討論（右派と左派との論争だけでなく、左派内部での建設的討論も）のたたき台にしていただければ幸いである。

注

1 『週刊金曜日』一〇月二二日号、三五～三八頁。石川真澄『小選挙区制と政治改革』岩波ブックレット、一一～三八頁。

2 志田なや子『小選挙区制と新国家主義――二大政党制論の虚構』こうち書房、一九九三年、七六～七七頁。

3 後房雄「左翼は小沢一郎に対抗しうるか――選挙制度改革、政界再編と民主主義的左翼」『情況』一一月号、八七頁。

4 同前、八〇頁。

5 興味深いことに、後氏は、現在の連立政権を「野合」だとする非難を退けている。つまり、この政権は「政治改革」政権なのだから野合ではない、というのだ（同前、八八頁）。ここでも彼は自己矛盾を犯しているといえるだろう。実際のところ、現在の連立政権は、連立でもいかに強力な改革（ただし今回の場合は反民主主義的な改革）が可能かを示している。

6 同前、七九、八〇頁。

7 同前、八二頁。

8　同前、八三頁。

9　後房雄「『論争ごっこ』はやめてちゃんとした論争をしませんか」『フォーラム21』第二六号、一九九三年一〇月三〇日、三二頁。

10　後「左翼は小沢一郎に対抗しうるか」、八八頁。

11　後房雄「〈政権交代のある民主主義〉への展望――イタリアの政界再編と日本の政界政変」季刊『窓』第一五号、一九九三年四月、一〇九頁。

12　後「左翼は小沢一郎に対抗しうるか」、八三頁。

13　後「『論争ごっこ』はやめてちゃんとした論争をしませんか」、三二頁。

14　後「左翼は小沢一郎に対抗しうるか」、七八頁。

15　同前、八七頁。

16　後「〈政権交代のある民主主義〉への展望」、一一五頁。

17　だが、これもまたある程度必然的な変質だったと言えるだろう。なぜなら、後氏はこの文章に続けてこう述べているからである。「その意味で、対抗的社会勢力の強化と結集は、小論で論じた問題とは別のレベルでの独自の中期的課題である」。「別のレベル」とは！　だが、小選挙区制の導入が保守政党の政治独占をもたらす以上、「対抗的社会勢力の強化と結集」は、ただ小選挙区制に反対する闘争を通じてのみ可能なのである。このことを後氏は理解しないし、おそらく永遠に理解しないだろう。

18　その好例はアメリカである。もしアメリカが小選挙区制でなかったら、一九六〇年代、七〇年代初頭の左翼の高揚期に、明らかに、共和、民主の両帝国主義政党に対抗しうる左翼政党が形成されていただろう。そうなっていれば、黒人の自立した革命政党であったブラックパンサーも絶望的な武装闘争ではなく、より巧妙な戦術を用いて、勢力を拡大しえただろう。そして、現在におけるアメリカのヘゲモニー失墜過程の中で、この生き残った左翼政党はよりいっそうの飛躍を実現しえただろう。だが、小選挙区制という「制度的物質性」は、こうした過程を、きわめて帝国主義に有利な形で歪曲し、自立した左翼政党の存在を不可能にしたのである。

19 前掲後「左翼は小沢一郎に対抗しうるか」、八七頁。
20 『Op-al』一九九三年一〇月一〇日号。

第二章 「政治改革」と帝国主義的民主主義の政治学

【解題】本稿は、西島栄というペンネームで『場―トポス』という雑誌の第三号（一九九四年）に掲載したものに、当時にあっても多分修正しただろうと思われるごくわずかな箇所を修正したものである。『場―トポス』というのは当時にあってはなかなか稀有な雑誌であり、共産党内の批判的・左派的部分と第四インターナショナル系の理論家、市民派などが協力していた。そういう雑誌はもう二度と現われないだろう。なお、本稿の意義と弱点については、末尾の「二〇二三年のあとがき」を参照していただきたい。

昨年から今年にかけて、自民党一党政権が崩壊し、細川連立政権が成立、そしてついに小選挙区制の導入を柱とする「政治改革」法案が、有力な反対を押し切って可決された。

だが、この「政治改革」とはいったい何か？　それは、日本の経済的な帝国主義的地位に合致した政治・社会体制を構築することである。そして、その政治・社会体制とは、戦前型の復古主義的政治体制でもなければ、ファシズムでもない。それは、日本型の帝国主義的民主主義の体制である。帝国主義的民主主義とは、国内においては、有力な少数派（政治的、人種的、民族的、等の）を制度的、イデオロギー的に――時にはあからさまな暴力でもって――排除し、国際的には、第三世界（すなわち世界の多数派）を経済的・政治的・軍事的に支配、抑圧、収奪することによって成立している「民主主義」である。「日本型」というのは、まず第一に、その体制がなお対米従属を死活にかかわる存立条件としている点で、ヨーロッパ型と異なり、第二に、新自由主義が支配的になるという点で高度成長期の欧米型と異なり、第三に、小選挙区制を中心とする選挙制度の導入と資本主義的二大政党制がめざされているという点でアメリカ型に近いものだが、それでも各種の力関係からして、アメリカほどの軍事力も侵略性も持つことはできないだろうという点で、アメリカ型とは異なるからである。

本稿の課題は、こうした日本型帝国主義的民主主義の構築という支配層のパースペクティヴを分析の基本に据えて、「政治改革」を解明することである。[1]

一、政治改革の底流Ⅰ――日本の不均等な帝国主義化

小選挙区制の導入を柱とする「政治改革」がこの間に強行された事態を解明するためには、少なくとも二つのことを区別して考えなければならない。まず第一に、「政治改革」が日米支配層にとって今なぜ必要になったのか、第二に、なぜその改革を、古くからの支配政党たる自民党を中心にしてではなく、それから分裂した新生党などを中心にして行なわれなければならなかったのか、である。この二つのことが必要になり、かつ可能になった、国際的・国内的諸事件について解明することが、本稿の最初の課題である。

フォード主義と高度成長

一八～一九世紀はイギリス資本主義の時代であった。最初に産業革命を遂行した産業資本主義の母国として、その巨大な生産力と海軍力を背景に、世界中にイギリス帝国を築いた。だが、その粗野な外延的蓄積のシステムは、やがて他の帝国主義国との対立、そして最後には世界戦争へと行きつき、こうして、二〇世紀にはアメリカというより巨大な資本主義国に世界的ヘゲモニーを譲った。

第二次世界大戦後の革命的危機を、スターリンとの取引を通じて何とか回避したアメリカ帝国主義は、パクス・アメリカーナ体制を構築すべく、全力を尽くした。そのカギは、粗野な外延的蓄積体制に代わる、より安定した成長システムを世界規模で確立することであった。そのモデルとなったのは、アメリカにおいて世紀の変わり目に登場するテーラー主義と、一九二〇年代に勃興するフォード主義的生産システム、そして一九三〇年代大不況を乗り切る決め手となった各種の制度的諸形態である。生産性上昇にビルトインされた賃金上昇、ケインズ主義的な有効需要政策、包括的な社会保障等々は、三〇年代の激しい階級闘争を通じて勝ち取られたものであり、大量生産・大量消費の成長システムに適合的な社会的妥協であった。レギュラシオン派の言葉を借りれば、それはかつての外延的蓄積体制に代わる内包的蓄積体制であった。

アメリカは、その圧倒的な生産力と資金力、軍事力を背景に、戦後のどん底にあえいでいたヨーロッパ、日本などの諸国に、この新しい内包的な蓄積体制を持ち込んだ。また、アメリカは自国の広大な国内市場をこれらの国に開き、ＧＡＴＴ（「関税および貿易に関する一般協定」）と国際通貨基金（ＩＭＦ）の体制を通じて、ドルを中心とした、モノとカネの自由な流れを保障した。これは内包的な蓄積体制に照応した国際的な調整様式であった。またアメリカは、いわゆる「社会主義」諸国に対して、国際連合の創設と五大国拒否権という形で妥協を結び、この妥協の範囲内で徹底した封じ込めと敵対の政策を採用し、第三世界諸国に対しても新植民地主義を通じて支配した。

戦後の高度経済成長は、こうした国内的・国際的システムの独特な組み合わせによって生じたものである。それは、有史以来、いかなる時代も経験したことがないほど生産力が世界的に急成長した時代であった。だが、一九六〇年代後半になると、アメリカ資本主義の成長にかげりが見え始める。まず、行きすぎたテーラー主義は、生産に対する労働者の熱意や意欲を奪いとり、アメリカの生産性の伸びが鈍化し始めた。その一方で、一九六〇年代後半から七〇年代初頭にかけて頂点に達した労働運動、公民権運動などの各種の闘争とその成果とは、国家と資本の負担を過重なものにした。加えて、世界的に燃え広がった民族闘争、革命闘争を弾圧し抑え込むための財政的・社会的費用は、巨額の水準にのぼった（とりわけベトナム戦争の戦費）。さらに、フォード主義を移植した日本や西ヨーロッパ諸国は、アメリカ以上の高度成長を記録し、急速にアメリカを追い上げていった。それに追い打ちをかけるように起こった石油ショックは、高度成長から低成長への転換を決定的にした。

アメリカ帝国主義の不均等な衰退と日本の不均等な帝国主義化

一九七〇年代以降、アメリカも日本もともに低成長時代に入ったが、しかし、いわゆる日本の脅威というものがアメリカにとって真に深刻になるのは、そしてまた「日本の異質性」なるものがきわだつのは、実はこの長期の低成長期においてである。

日本資本主義がこの不況を乗り切るために採用した手段は、ポスト・フォーディズムどころか、むしろ一九世紀型の外延的蓄積に近いものだった。まず、高度成長期にはおおむね生産性の上昇に応じて賃金は上昇していたが、一九七五年以降、賃金上昇は生産性上昇に大きく立ち遅れるようになる。[2] 高度成長時代に傾向的に減少していた労働時間は、これまた一九七五年以降、逆に傾向的増大に転じ、いわゆる過労死が問題とされるようになる。[3] また、低賃金で雇用調整の自由な女性パート労働者が急速に増え、基幹部分の労働者の首切り合理化も進展し、フォード主義の一特徴である雇用関係の安定性を掘り崩した。

もちろん、この時期、日本が不況を乗り切れたのは、以上のような外延的蓄積の強化のおかげだけではない。ＭＥ化や情報化などの技術革新とともに、テーラー主義を一部越えて、労働者の身体的能力ばかりでなくその知的能力をも徹底的に動員すること、職務を固定することなく、企業内でフレキシブルに労働者を用いること、高度に情報化された効率的な企業内編成および企業間編成、等々である。これらのポスト・フォーディズムの典型とされている諸特徴は、しかしながら、レギュラシオン派の目に映っているよりもはるかに残酷で、非人間的である。[4] 労働者の「責任ある参加」なるものは、民主主義と抵抗権なき参加であり、フレキシブルな内部労働市場とは、人権なきフレキシビリティである。闘う労働組合の不在と企業に対する社会的規制の弱さ、労働者に内面化された競争主義のおかげで、より進歩的なはずの種々のシステムはすべて反転し、「過労死」量産システムへと転じたのである。

こうして、日本資本主義は、外延的蓄積の強化と、技術革新、テーラー主義を一部越えた労働編成とを結合させて、アメリカよりもはるかに高い成長率を記録し、かつ、きわめて強力な競争力を手に入れた。この力を背景に、日本資本主義は猛烈な輸出ラッシュを繰り広げ、アジアや欧米への資本輸出をすさまじい勢いで増大させた。

それに対して、アメリカはこの不況期にどう対応しただろうか。アメリカもまたある程度は日本と共通の道を選んだ。まず、賃金の上昇は低く抑えられ、労働時間は増加に転じた。女性のパート労働者も増加し、雇用の硬直性が掘りくずされ、貧困階層向けの社会福祉も削られた。だが、労働組合の規制力と伝統の差から、企業内での外延的蓄積の強化は、日本よりはるかに不徹底なものであった。さらに、労働編成としては、アメリカはテーラー主義により忠実で、労働者の知的能力を動員したり、職務を超えて労働者をフレキシブルに用いることができなかった。

だが、以上の違いに加えて、さらに次のような大きな違いがあった。アメリカは、資本主義世界を指導するヘゲモニー国家として「社会主義」諸国や第三世界の革命に対抗するため、巨額な軍事費と巨大な社会的・人的負担を受け持っていた。それに対して日本は、経済成長優先の政治・社会システムをとったため、軍事費は相対的に低く抑えられ、帝国主義諸国の共同の利益を守るための社会的・人的負担は最小限にとどめていた（これは、日本の革新勢力や平和主義的国民意識、憲法の規制力、アジアの圧力等々のおかげでもある）。

こうして、アメリカは軍事的・政治的にいまだに圧倒的な優位性を持った帝国主義国であるにもかかわらず、経済的には急速に色褪せつつあるのに対して、日本は、経済的にはすべてのヨーロッパ諸国を抜き、いくつかの部門ではアメリカをも抜き去り、今や世界的に資本が展開する立派な帝国主義国となったにもかかわらず、軍事的・政治的にはいまだに「普通の」帝国主義国となっていない。こうした事実こそ、小選挙区制の導入や、自衛隊の大っぴらな海外派遣、憲法の改悪といった一連の「政治改革」構想が出てくる真の背景なのである。その目標とするところは、日本の経済的地位にふさわしい政治的・軍事的体制を確立し、帝国主義諸国に共通の利害を守るうえで相応の負担を引き受けることである。そして、日米の支配層の利害がともに、こうした改革を必要としていた。

二、政治改革の底流Ⅱ――冷戦終結と湾岸戦争

この、経済的地位と政治体制とのギャップを埋めるための作業は、八〇年代の臨調行革路線や中曽根内閣による「戦後政治の総決算」路線などによって支配層の側から行なわれて、一定の成果を収めたし、また国民意識の方も、一九七四〜七五年以降、現状肯定派が減少から増加に転じることになった。[5] だが、小選挙区制導入、自衛隊の海外派遣、憲法改悪、コメの輸入自由化という懸案の大問題となると、遅々として進まず、国民意識にしても、保守化はしたが、それはきわめて受動的なもので、平和主義的・護憲的意識もあいかわらず強力であり、一九八〇年代中後半には「革新回帰」現象さえ生まれた。[6] したがって、支配階層の側が危機意識をもって急速な帝国主義的改革の必要性を感じ取り、国民意識の側もそれを加速的に受け入れるという事態になるためには、一連の外的衝撃が必要であった。それが、いわゆる「冷戦終結」と湾岸戦争である。

ソヴィエト・ブロック崩壊と冷戦終結の複合的作用

ソヴィエト・ブロックの崩壊と、そこから生じた冷戦終結ムードが日本政治に与えた影響は、複合的である。

まず何よりも、それは、国民意識、とりわけその敏感な部分たる知識人の意識に非常に否定的に作用した。一九八九〜九一年以降、実に多くの「左翼」ないし「進歩的」知識人が、ソ連・東欧崩壊といわゆる「冷戦終結」を――明示的ないし暗黙のうちに――自らの変節と転向の理由にしたことは、よく知

られていることである。[7]だが、主観的な理由と客観的な原因を取り違えてはならない。ソヴィエト・ブロックの崩壊と冷戦終結は単に、これらの知識人の中で潜在的に進行していた過程を一気に加速させ、かつ顕在化させたにすぎない。すなわち、すでに日本の帝国主義的地位に依存しきっている彼らの存在に、二〇年遅れの「左翼」意識が追いついたのである。

ソヴィエト・ブロック崩壊と冷戦終結が支配層に与えた影響は二重である。まず第一に、それは帝国主義的改革を早急にやらなければならないという危機意識をもたらした。こうした意識の背景にある認識は、小沢一郎が『日本改造計画』等で繰り返し述べているとおりである。すなわち、冷戦時代は、ソヴィエト・ブロックに対する対抗上、日本の経済優先の立場はある程度、国際社会（つまりアメリカ帝国主義）によって大目に見られたが、冷静が終結した今日、もはやこのような甘えは許されないという認識である。[8]

第二に、ソ連・東欧の崩壊によって、全体としての資本主義支配が共産主義勢力やそれに類した勢力によって覆されるという心配が大きく後退した。このことは、旧来の自民党政治の枠を突破する帝国主義的改革を遂行することを可能にした。よく言われるように、自民党政治は、一定の福祉政策や、中小の生産者・業者を守るさまざまな規制措置、競争を制限する談合システムを維持してきた。これらは、いわば支配層にとってかなり高くつく支配システムであった。しかも、長期にわたる一党政権は政治腐敗を恒常的なものにし、しだいに国民から見離されるようになってきた。だが、ソヴィエト・ブロックが存在している間は、このような自民党政治でも、社共に対する対抗上、維持せざるをえない。さらに、国民に大きな痛みを強いたり、彼らの平和主義的意識にあまりにも反するような政策は、支配層の許容範囲を超えた政権交代を生む危険性がある。だがソ連・東欧崩壊と冷戦終結によって、今や必ずしも自民党にこだわることなく、より大胆に帝国主義的改革を追求することができるようになったのである。

ソ連崩壊と冷戦終結が日本政治に与えた影響は以上にとどまらない。それらは、かつては復古主義的・軍国主義的イメージに覆われていた自衛隊の海外派遣というものに、国連中心主義という「近代的」な装いを与えることを可能にした。かつての国連は、東西の深刻な対立ゆえに、アメリカ帝国主義の当初の期待に反して、世界支配の道具としてはほとんど満足に機能しえなかった。だが今や、国連はアメリカの帝国主義的行動を美化する絶好の隠れ蓑となり[9]、こうして、日本の帝国主義改革派に国連中心主義という貴重な武器を与えたのである[10]。

湾岸戦争の影響

支配層の意識と国民意識の両方に大きな影響を与えたもう一つの事件は、湾岸戦争である。いわゆる「冷戦終結」はたしかに、自民党政治の枠を超えた帝国主義的改革の追求を可能にするものであったが、しかし他方では、旧来の軍事大国化の口実の喪失をも意味するものであった。これまでの自衛隊の増強や憲法改悪策動の口実は、「ソ連の脅威」論であった。そのリアリティがいかに貧弱なものであれ、それはいわゆる「自衛」範囲の軍事力を持つ口実として役立ったのである。だが冷戦終結のおかげで、これまでの口実は役立たなくなってしまった。

そこへ救いの神として勃発したのが、一九九〇～九一年の湾岸危機である。それは、ソ連の脅威に代わる新しい口実として役立っただけではない。それは、ソ連の脅威という旧来の口実ではできなかったこと、すなわち自衛の範囲を超えて自衛隊を展開させることをも「正当化する」口実となったのである。

さらに、この事件は、国民に自国の帝国主義地位を鋭く自覚させる重大な契機ともなった。日本経済が大きく依存している産油国でこの事件が起こったという事実、そして現地の多数の日本人が人質になったという事実、アメリカなどから自衛隊機の派遣が要請されたという事実、これらは、「日本の繁栄のためには、世界の秩序を維持する積極的な行動が必要なのだ」という小沢らが力説するイデオロギーを国民に受容させる大きなきっかけとなったのである。

この事件が支配層に与えた衝撃も大きなものであった。彼らは、この事件を通して、日本の帝国主義的地位や日米パートナシップなるものが見た目よりもはるかに不安定であることを思い知るとともに、それを政治的・軍事的に強化するうえで、憲法や中選挙区制、旧来の自民党政治の枠組み、平和主義的勢力などがいかに制約となっているかを改めて強く認識したのである。この「いらだち」を小沢はその著書で次のように率直に吐露している。

日本に政治のリーダーシップが不在であることが、いかに不利益をわが国にもたらしているか。……九〇年の湾岸戦争は日本にとって苦い教訓であった。湾岸戦争における日本の対応は、アメリカの親日的な人々を失望させ、日本批判派の日本叩きを増長させた。……アメリカは日本も立ち上がってくれるものと思っていた。だが、日本はその期待を裏切った。まず、アメリカは日本に軍用物資を運ぶ輸送機の派遣を要請してきた。それに対して日本政府はあまり検討の時間もかけずに「ノー」の答えを出す。次にアメリカは補給艦を要請する。これも「ノー」。軍用のタンカーはどうか。またまた「ノー」。それでは船を。これに対しては……応じたが、出航した九月末は輸送需要のピークを過ぎていた。さらに、アメリカは掃海艇の派遣を要請してきた。政府は憲法上の観点から「ノー」と答えた。最後には政府は掃海艇を派遣したが、戦争が終わってからであった。このように、政府の対応が遅すぎて本当に必要な時に協力できなかったのである。[11]

これを読むと、いかに日本の憲法体制と平和主義勢力がちゃんとした歯止めとして政治的に機能しているかがよくわかるが、支配層にとってはこのような制約こそが最大の除去対象だった。かくして、アメリカからの要請や外圧があってはじめてよろよろ動き出す受動的な「従属帝国主義」に代わって、アメリカの欲するところを前もって察知し、日米支配層の必要とするところを「自主」的かつ大胆に取り組む能動的な「従属帝国主義」（あくまでも自立帝国主義ではなく、従属帝国主義）の確立に向けた「改革」が必須の課題となったのである。

三、政治改革と「五五年体制」

次に、「一」で見た、現在の帝国主義的改革に至るまでの歴史的流れを、自民党と社会党との対抗と妥協の関係を通して見てみよう。

日本型保守と日本型社会民主主義

いわゆる東西冷戦が継続し、自民党の一党支配が強力であった時代においては、小選挙区制導入の策動は、基本的に自民党の議席独占をめざすものであったのに対し、一九九〇年以降のそれは、いわゆる「五五年体制」を打破して、政権の交代を可能にする二大政党ブロックを作るものとして登場してきている。では、この「五五年体制」とは何だろうか？　この点に関して、日本型保守と日本型社会民主主義との対抗と妥協との関係として簡単に振り返っておこう[12]。

　戦後的な意味での社会民主主義は本来、対外政策をはじめとする帝国主義の政策的大枠を容認しながら、産別労働組合を基礎に、資本に対する社会的規制力を発揮し、福祉国家を通じて社会福祉や社会的公正の点で前進を勝ち取るという、歴史的使命を持っている。つまり、それはフォード主義的妥協をより公正な形で実現する政治的調整様式として機能するのである。だが、日本型社会民主主義は、この両面においてともに特異な存在であった。すなわち、すでに述べたように、日本の労働組合が企業別労働組合であることから、資本に対する社会的規制力が極端に弱かったのに対し、安保、自衛隊、原発、朝鮮半島といった根本的な政策問題に関しては、日米支配層の容認ラインを超える政策を有していた。つまり、日本型社会民主主義は、資本に対する関係ではあまりにも「右翼的」であったのに対し、政策的大枠に関してはあまりにも「左翼的」だったのである。

　また、労働組合の弱さと裏腹の関係にある日本企業の圧倒的強さも、日本型社会民主主義の特殊性を構成している。日本の大企業は、終身雇用制、年功序列型賃金、手厚い企業内福祉、等を通じて、正規労働者に特権的地位を与えた。それはいわば、企業別組合との企業内妥協を通じた一種のミニ「福祉国家」であった[13]。このミニ「福祉国家」はもちろん、この秩序に疑念を抱いたり抵抗したりする人々に対する容赦ない弾圧と排除とを伴っていたが、それを受け入れ従う人々にとっては、苛酷な競争と引き換えに安定した生活を保障するものであった。このことは、これらの正社員が社会民主主義政権による国家レベルでの高福祉を求める傾向を大きく制限した。

　それゆえ社会党、とくにその左の部分は、大企業の組織労働者よりもむしろ、公共部門の労働組合と、住民運動、国民の間に存在する強力な平和主義的・民主主義的意識に依拠し、したがって自己のアイデンティティを、護憲、平和、民主、反原発といった点に求めざるをえなかった。だが、このように政策的枠組みの点で日米支配層の容認ラインを超えるということは、一九七〇年代チリのような革命的情勢にもならないかぎり、政権に就けないことをも意味する。かといって、政策的大枠の点で自民党に追随すれば、自己のアイデンティティを否定し、主要な支持層を裏切ることになり、民社党のようになることを意味する。一九六〇～七〇年代の社会党は、このような歴史的ジレンマの中にいたのである[14]。

この日本型社会民主主義に照応して、日本型保守の独特な性格が出てくる。自民党の内部は政策的大枠で一致しながらも、復古主義的分派、リベラル分派、能動的帝国主義分派といった諸分派に分かれ、これらの諸分派間の妥協、そして各野党との妥協を積み重ねながら、政治を進めざるをえない。また、中選挙区制という準比例代表的な選挙制度で多数を取らなければならないという事情、渡辺治の強調する個人後援会制度の持つ「民主的」な制約、強力な革新諸政党の圧力、そして、「国民の平和主義的意識を完全に無視して帝国主義政策を強行すれば社共が政権に就くかもしれない」という恐れ、等々に規定されて、高度経済成長期には一定の福祉政策や公害対策などを実施せざるをえなかったし、国の経済的成長に見合ったテンポで、政治・軍事の面での帝国主義的復活を十分に推進することもできなかった。こうして、日本の経済的地位と政治的・軍事的体制との間の恐るべきギャップが生み出されたのである。

「五五年体制」の行き詰まり

だが、以上のような日本型保守と日本型社会民主主義の対抗妥協の構図（いわゆる「五五年体制」）は、一九八五年以降の急激な情勢展開の中で急速に時代遅れとなっていった。日本型社会民主主義の方から見ると、まず、一九八六～八七年にかけて行なわれた国鉄の分割民営化と国労攻撃をはじめとする新自由主義政策によって、公共部門の労働組合が弱体化し、「連合」の結成によって決定的に右派に労働運動のヘゲモニーを取られた。そして、すでに述べたように、一九九〇〜九一年の湾岸戦争とソ連・東欧崩壊という二大事件をきっかけに、国民意識における平和主義的傾向が弱まり、急速に帝国主義化し始めた。

この国民意識の変化は、一九九〇〜九一年前後の選挙結果を見ればはっきりとする。まず、湾岸危機以前の一九八九年七月の参議院選挙において、消費税問題、リクルート問題、農業自由化問題のいわゆる「三点セット」をめぐって、社会党が大躍進し、改選議席で自民党を上回る議席を獲得し（自民三六、社会四六）、参院の総議席で与野党の逆転さえ生まれた。また、一九九〇年二月の衆議院選挙でも社会党は大幅な議席増を勝ち取った（一九八六年の八五議席から一九九〇年の一三六議席へ）。以上の結果は、「五五年体制」の枠内で最大限に社会党の方向へ政治の針が振れたことを意味する。すなわち、内閣を組織しえない参議院で与野党が逆転するが、衆議院では社会党は躍進するも自民党の多数を覆すことができないという絶妙の事態である。

ところが、湾岸戦争直後の一九九一年四月の統一地方選挙で社会党は大きく後退し、ソ連崩壊後の国政選挙である一九九二年七月の参議院選挙では合計二二議席しか取れず（一九八九年は四六議席）、逆に自民党は六九議席（一九八九年は三六議席）も取った。野党にとって攻撃材料が乏しかったのだろうか？　いや、一九九〇〜九二年にかけて、国連平和協力法案やＰＫＯ法案をめぐる熾烈な闘争が国会内外で闘われた。とくにＰＫＯ法案に対しては社会党は国会で牛歩戦術や、さらには議員総辞職までして闘った。農産物の自由化問題は、一九八九年よりもいっそう深刻なものとなっていた。リクルート疑惑もまったく未決着なままであった。にもかかわらず、社会党は惨敗したのである。社会党の主流派はこの結果に愕然とし、社会党の護憲的理念を振り捨てて、党の舵を大きく右に切ることを決意した。もちろん、社会党の右傾化を国民意識のせいだけにすることはできない。社会党の議員や党幹部自身の意識がこの間に急速に右傾化し、帝国主義化していたのである。

日本型保守も、この間の激動の中で、新しい帝国主義的改革を遂行するうえでの不十分さを暴露した。まず第一に、リクルート汚職、佐川事件、暴力団との談合、等々といったスキャンダルがあいつぎ、汚職と腐敗まみれの政党として、国民から見離されつつあった。第二に、湾岸危機のさい、自衛隊の海外派遣に一時的に躊躇したこと、議員的利害からくる小選挙区制導入に対する抵抗、農村を重要基盤としているために、コメの輸入自由化になかなか踏み切れないことなど、情勢が要求する帝国主義的課題に十分大胆には突き進むことができなかった。

こうした中で、一九九〇年以降に急速に形成され始めた新しい国民意識、すなわち、もはや自民党のような古い体質の政党は願い下げだが、日本の経済的地位に応じた国際貢献や市場開放は必要であるという意識、また社会党のような労組依存の伝統的「左翼」政党はいやだが、日本の経済力に応じた「もっと豊かさを実感できる生活がしたい」という意識に、巧みに適応した新しい保守政党が登場することになる。

四、政治改革と新党勢力

一九九三〜九四年にかけて出版された種々の新党指導者たちの著作は、ニュアンスや強調点の違いはありつつも、全体として、おおむね一致した政策を掲げている。小選挙区制の導入、地方分権、憲法の

「見直し」ないし「改正」、軍事を含む国際貢献、規制緩和、農産物の市場開放、直間比率の見直し、等々である。

小選挙区制と新自由主義

言うまでもなく、小選挙区制の導入は、帝国主義的地位に照応した政治・社会体制を構築する上で決定的なものである。それは、反体制的な少数派を制度的に排除し、議員および議員候補に対する政党執行部の完全なヘゲモニーを確立し、比較第一党に安定多数を確保し、さまざまな傾向を持つ諸政党を強引に二大政党ブロックにまとめあげ、こうして、時機を失せず、帝国主義的政策を実行する権力集中型の体制を作る（いわゆる「地方分権」がこれを補完する）。そして、この選挙制度の下で何度か選挙して、政界再編が完全に落ち着けば、確実に投票率は下がっていくだろう。なぜなら、小選挙区議席の多くは有力議員の指定席となるからである。もちろん、比例代表との並立であるから、アメリカのように三〇％台にまでは落ちないかもしれないが、いずれにせよ、国会の安定多数を確保する政党でさえ、国民の四分の一程度を代表する勢力でしかないだろう（もう一つの大政党を合わせても二分の一）。こうしてますます観客民主主義化、政治のゲーム化が進み、底辺民衆とかけ離れたところで、帝国主義的政策が進行するのである。

帝国主義的改革のもう一つの重要な柱は、規制緩和、市場開放、社会保障の削減、直接税重視から間接税重視への税制改革、といった新自由主義政策である。そしてこれは、小選挙区制による権力集中を前提とする。なぜなら、新自由主義政策は、国民の痛みを伴うものであり、したがって、支配層の許容ラインを超える政策・綱領をもった政党が選挙で大きく前進する可能性を制度的に排除しておかなければばならないからである。

他方では、小選挙区制も新自由主義政策を必要としている。新自由主義が国民に痛みをもたらすといっても、国民が受ける打撃はけっして一様ではない。その所得水準、社会的階層の差で、感じる痛みはまったく違う。たとえば、典型的な例として、直接税重視から間接税重視への税制改革を見てみよう。所得税減税をどの程度実施し、消費税のアップ率をどれぐらいにするかで、差し引き増税になるラインは大きく変わってくるが、いずれにせよ、所得が高ければ高いほど、感じる痛みは小さくなり、ついには喜び（減税）の方が多くなる。また、規制緩和も、中小の生産者や、規制緩和によって直接競争に巻き込まれる企業の労働者にとっては「痛み」であるが、消費者としては価格の低下となる（ただし、安全性はしばしば損なわれる）。

こうして、新自由主義政策は、国民の間で不均等に作用し、国民の間に大きな階層格差をつくり出す。高所得者と低所得者、大企業労働者と中小企業労働者、正規労働者と非正規労働者、都市住民と農村住民、大規模農家と小規模農家、男性と女性、就業者と失業者、日本人と外国人、交通強者と交通弱者、いわゆる健常者と障碍者、働き盛りと高齢者、つまりは、より強い市民とより弱い市民である。[15] これらの「強い市民」と「弱い市民」はもちろん複雑に交差し、入り混じっているが、それでも、「強い市民」はしばしば重なり合い、相互に結合している。こうして、複合的な「強い市民」を中心に「満ち足りた選挙多数派」[16]が形成され、二大政党ブロックそれぞれに安定した四分の一を提供するのである。

リベラルな改革と「生活者」

しかしながら、新党指導者たちは著書には、小選挙区制や新自由主義政策についてだけでなく、「リベラル」な改革も多数書き連ねられている。たとえば、小沢一郎の『日本改造計画』の第三部には、「五つの自由を」と表題が掲げられ、「企業からの自由」、「長時間労働からの自由」、「年齢と性別からの自由」などが力説され、また〝人間中心の西洋的価値観が環境破壊を生んだ。人間は自然の一部であるという考えに回帰するべきだ〟と、エコロジスト顔負けの主張が出されている。[17] また細川護煕の『日本新党・責任ある変革』は、「生活者主権の確立」をキーワードに、「時短でゆとりのある生活をめざす」、「男女共生社会を」と訴える。[18]

こうした「リベラル」な主張をどう見るべきだろうか？　彼らが言う「労働時間の短縮」や「男女共生社会」や「環境保護」など、まったくのまやかしにすぎず、それを実現する意志などまったく持ち合わせてないと断じることは可能である。こうした批判はおそらく九割以上正しい。だが、残りの一割、あるいは五分程度は議論の余地がある。新党指導者たちのこうした「リベラル」な主張は、一方では、アメリカなどからの外圧（日本の競争力の源泉の一部——たとえば長時間労働——を取り除こうという圧力）に考慮したものであり、他方では、彼らが依拠しようとしている「より強い市民」の不満を考慮したものなのである。ここでは後者についてのみ、敷衍しておこう。

日本における所得格差や階層分化は、アメリカなどと比べてはるかに小さいものだった。[19] だが、それは、一部の真の富裕者を除く誰もが過酷な競争に巻き込まれ、誰もが長時間労働・長時間勤務に苦しみ、誰もが貧困な住宅に我慢するといった「平等さ」であった。いや、むしろ、「強い市民」（高学歴の正社員男性）の方が、超長時間労働と過酷な競争にさらされる。だが、今後ますます所得格差と階層格差が広がるにつれ、[20] こうした事態をそのままにしておくことはできない。「強い市民」を本当に味方につけ、彼らを帝国主義的支配の安定した基盤とするには、彼らの不満をある程度解消することがどうしても必要となる。そこで出てくるのが、こうしたリベラルな改革なのである。つまり、帝国主義の新しいリーダーたちは、「強い市民」に向かって、こう言っているのである。「あなた方は、日本の今日の繁栄を築いてきた中核部分である。この繁栄をなくしたくなければ、今後は、その地位に見合った負担を引き受ける努力をしなさい。ただし、その代わりに、あなた方の生活環境を改善し、もう少し労働時間を短縮し、あなた方の地位にふさわしいもっと豊かな生活を保障しましょう」。これこそ、旧来の日本型「フォード主義的妥協」に代わる、新しい日本型「ネオ・フォード主義的妥協」である。

細川護熙や江田五月[21]ら改革派政治家の好む「生活者」や「生活者主権」というレトリックは、こうした人々、すなわち、一定意識が高く、旧来の自民党政治や生活に不満を持っている「強い市民」の心に訴えるよう計算されている。「生活者」という没階級的で、没階層的なカテゴリーは、そうであるがゆえにこそきわめて階層差別的である。なぜなら、ただ階層の上にいる者だけが、階層性を感じずにすむからである。このカテゴリーには、大中企業労働者は含まれるが、零細企業労働者や零細企業経営者は含まれない。高学歴のキャリアウーマンや、大企業労働者の妻は含まれるが、それ以外の女性は含まれない。外国人留学生や外国人エリートは含まれるが、アジアや中東から来た底辺の不法就労者は含まれない。たとえ改革派のリーダーたちが、時には、これらの人々にリップサービスをすることがあったとしても、である。

五、政治改革とマスコミ

一九九〇年以降、国民意識が急速に帝国主義化したとはいえ、それはけっして単なる自然発生的な現象ではなかった。新党ブームをつくり出し、小選挙区制導入を正当化し、国際貢献や市場開放の「必要性」を国民に納得させるうえで、マスコミや知識人の果たした役割はきわめて大きかった。

マスコミによる、大衆運動の代行

この間の「政治改革」劇を一見してみて非常に奇妙なのは、戦後政治始まって以来の大変革といった最大級の形容詞が飛び交いながら、ちっともそれに見合った大衆運動が存在しなかったことである。わずかながら存在した大衆運動、市民運動はすべて、小選挙区制反対の運動の方だった。その代わり、マスコミと政治学者が全面に立ち、大新聞とテレビをフルに使って、政治改革を実現しようと必死になった。このある種の「受動的改革」、マスコミによる「大衆運動の代行」は、けっして偶然ではない。これは、国民意識の帝国主義化の現段階、およびその不均等性を顕著に示すものである。

ヨーロッパでは、多数の青年を巻き込んだ民族主義政党、ファシスト政党、右派政党が存在する。彼らはかなり本格的な大衆運動を組織し、左翼系の組織された大衆運動と対峙している。だが日本では、政治家やマスコミ、知識人たちは、鋭く自国の帝国主義的利害と使命とを自覚しているにもかかわらず、国民の圧倒的多数は、まだそのような段階に至っていない。彼らは、マスコミが煽り立てる種々の帝国主義的改革をある程度受容する用意はあっても、大衆運動を通じてそれを自らの手で実現しようとはまったく考えていない。この大きなギャップこそ、今回の「受動的改革」をもたらした理由である。

椿証人喚問事件と放送の公正原則

大新聞もテレビもともに、今回の小選挙区制導入策動の中では能動的な役割を果たしたが、しかし、誰もが比べてわかったように、テレビの方がはるかにひどかった。今後マスコミが、テレビを通じてますます世論操作する可能性を考えれば、テレビ放送の公正原則のための闘いは、日本の帝国主義化と闘う上で一つの重要な要素となることは間違いない。この問題を考える上で、テレビ朝日の報道局長であった椿貞良氏の証人喚問事件は、絶好の材料となるだろう。

この問題をめぐっては、小選挙区制に反対する左翼の間でも大きな分裂が生じた。偏向放送の直接的な被害に遭い、椿氏によって名指しまでされて不公正な取り扱いをされた共産党が喚問を要求し、それ以外の左派はおおむね喚問＝言論弾圧という立場を主張した。

後者の立場には、先に述べた「強い市民」と「弱い市民」との分裂の問題に対する無理解があるように思われる。抽象的な「公正」が存在しないように、抽象的な「言論の自由」も存在しない。それは階級・階層社会においては、きわめて不平等に国民の間で分配されている。テレビで発言できる人の言論の自由は、新聞の投書欄に投稿するしかない無名の人々の「言論の自由」と比べものにならないほど大きい。それだけでなく、「強い市民」の大きな「言論の自由」は「弱い市民」の言論の自由を奪い、それを支配する。とりわけ、今回のテレビの大宣伝は、少数派を国会から制度的に排除する小選挙区制の導入に向けたものであった。したがって、言論の自由を奪われ、さらには政治参加の自由も奪われようとしている政治的少数派が、国会に持つわずかな議席を利用して、この問題を正規の公開の場で追及しようとしたのは当然のことである。それを国家権力による言論弾圧と同一視するのは、被害者と加害者をひっくり返す議論である（実際に行政権力を使ってテレビ朝日に圧力をかけた自民党と同一視することはできない）。

また、公正を規定した放送法を時代遅れだと言う人々の多くは、一九八七年にアメリカでこの公正原則（フェアネス・ドクトリン）が、「言論の自由」に反するという理由で廃止された事実を根拠の一つに挙げる。だが、この事実ほど、公正原則の廃止がいかに反動的なものであるかを如実に語るものはない。公正原則の廃止を推進したのはあのロナルド・レーガンであり、それに反対したのは、フェミニストや黒人などのマイノリティ・グループであった。民主党が主導権を握る議会で公正原則を存続させる法案が可決されたが、レーガンは拒否権まで発動して、それを阻止した。[22] すなわち、アメリカで公正原則が廃止されたのは、まさにレーガン流の規制緩和、「強い市民」により多くの「自由」を与え、「弱い市民」からその分の「自由」を奪う政策の一環としてなのである。

六、帝国主義的民主主義と左翼

今回の「政治改革」騒動において見られた一つの重要な特徴は、「左翼」知識人や「進歩派」知識人の少なからぬ部分が、積極的にこの政治改革に与したり、便乗したりしたことである。このことの政治的・歴史的意味をここで検討しよう。

帝国主義的「強い市民」を代弁する知識人

小選挙区制を推進した「左翼」知識人の代表的人物として、後房雄と筑紫哲也がいる。[23] 彼らは「政権交代のある民主主義」をキャッチフレーズに小選挙区制を推進ないし容認し、その枠内で小沢路線と対抗する展望を抱いている。小選挙区制が適時政権交代をもたらすかどうかは大いに疑わしいが、[24] それを措いておいたとしても、どのような政権交代なのかを問うことなく、「政権交代のある民主主義」

が今日の優先課題であるとする彼らの主張は、新しく形成されつつある帝国主義的国民意識に合致したものである。

すなわち、まず第一に、彼らは長期にわたる自民党政権にうんざりし、第二に、それを旧来の左翼が言う方向で「地道」に変革していくことに「飽き飽き」し[25]、第三に、現在可能性のあるどのような政権交代によっても自分たちの地位や生活や言論的特権が脅かされないという「強い市民」としての自信を持っている。つまり、一見、民主主義一般という普遍的な形式で語られている彼らの言説は、よく見れば、きわめて階級的・階層的であり、現状の大枠には満足しているが、その中のいくつかの点にのみ不満を持っている、帝国主義的「強い市民」の声を代弁しているのである。

社会主義と近代主義との分裂

後房雄にかぎらず、「政権交代のある民主主義」を吹聴したり、無批判にリベラル派を小沢への対抗軸として提示する人々が、マルクス主義者（ないし元マルクス主義者）の中にも少なからず見受けられるが、この現象は、日本型マルクス主義の特質を考える上で興味深い。

日本型マルクス主義は、戦後あまりにも容易に左翼の言論界を支配してしまったことから来る二つの脆弱さを内在的に抱えていた。それは第一に、アメリカのラディカリズム（たとえば、マルコムXの思想やブラックパンサーの運動、ラディカル・フェミニストの運動などを想起せよ）と違って、自立した思想潮流としてのリベラリズムと対決する機会を持たず、それに対する免疫を持っていないこと。第二に、その代償として、内部に強力な近代主義的傾向を有していたことである[26]。

日本の後進性、前近代性、民主主義ないし市民社会の未熟さ（たとえば「政権交代のない民主主義」）

といったものの克服を第一義とする発想は、戦前や戦後しばらくの間はたしかに大いに有効であったが、日本のあまりに急速な帝国主義化の中で、しだいに時代遅れになっていった。そして、ソ連崩壊の衝撃の中で、この近代主義的傾向はついに社会主義的ないしマルクス主義的傾向と分裂し、帝国主義的近代主義として自立化したのである[27]。

リベラルと社会民主主義はオルタナティブになりうるか

小沢グループの強引な政治手法は社会民主主義派の中にもしだいに警戒心を募らせ、小沢路線に代わるオルタナティブが云々されるようになってきている。そのうち、比較的早い時期のものとしては、山口定の「『保守・リベラル・社民』三党体制の勧め」（『世界』一九九三年一〇月号）があり、最近では、連立政権から離脱した社会党の村山富市委員長も「社民・リベラルの結集」を云々している[28]。

だが私は、この「オルタナティブ」を次の三つの点で真のオルタナティブとはみなさない。第一に、それはおよそ非現実的である。第二に、それがたとえ実現されたとしても、小沢派の能動的な帝国主義路線の補完物としての役割しか果たさないだろう。第三に、それは共産党を除くことを前提にしており、したがってセクト主義的である。以上三つの点は、当然のことながら密接に関連している。

強力なリベラル政党や社会民主主義政党というものが、リベラルないし社会民主主義的な知識人や政治家が集まりさえすれば形成できると考えている人は、あまりにも無知でナイーブである。二〇世紀のアメリカにおいて、民主党がリベラルな政党として機能しえたのは、体制の枠を超えていないとはいえ、きわめて強力な組織された大衆運動があり、それによる巨大な階級闘争があったからこそである。まず一九三〇年代のリベラル形成期においては、ＣＩＯという戦闘的な産別労働組合の闘争があり、一九六〇年代のリベラル成熟期においては、戦闘的な公民権運動の街頭闘争があった。これらの闘争なしには、リベラルはリベラルでありえなかったろう。このことは、ヨーロッパにおける強力な社会民主主義政党の形勢と成熟にも当てはまる。強力な差別労働組合の闘争なしには、社会主義の長い伝統とその強い影響なしには、政権を担える社会民主主義政党はヨーロッパにおいて存在しえなかっただろう。

だが、こうした条件は、すでに述べたように、日本にはまったく存在しない。日本にあるのは産別労働組合ではなく、企業別組合であり、それは戦闘的どころか、きわめて協調主義的である。下からの大衆運動はますます解体されつつあり、わずかに存在する運動はリベラルや社会民主主義の枠にとどまる意志を持っていない。したがって、「社民・リベラル」なる結集軸は、まともな対抗軸として成立する可能性は基本的にないと言ってよい。

百歩譲って、「社民・リベラル」を自称する一定の政治勢力が議会内で確立したとしよう。だが、小沢路線と対決するためには、日本の大資本とアメリカ帝国主義の両者と対決しなければならない。なぜなら、小沢路線とは、すでに述べたように、日本を支配するこの二つの勢力の利害から発しているからである。ところが、山口定がリベラル派と持ち上げる細川護煕や武村正義らの著書にも、そのような対決姿勢はいっさい存在しない。というより、そのようなことはそもそも彼らには無理なのだ。なぜなら、彼らの政党は他ならぬ大企業からの資金で成立している党だからである。日米支配層と対決する意思もその能力も持たない「社民・リベラル」が、小沢の能動的帝国主義路線を補完する受動的帝国主義路線とならざるをえないのは、火を見るより明らかだろう。

ところで、日本において企業別組合に依存せず、資本から経済的・政治的に独立している唯一の大衆政党は、日本共産党である。それがいかに欠陥の多い政党であろうとも、日米支配層から独立した強力な大衆政党であるという事実を否定することはできない。ところが、「社民・リベラル」というスローガンは何よりも、「共産党を除く」ことを前提にしており、したがって、何らかの真面目な社会民主主義的政策を実現する上で不可欠な組織と運動とを排除することを前提にしている。この点からしても、「社民・リベラル」なる「結集軸」が非現実的であって、それが掲げる政策すらまともに実現する能力を欠いていることは明らかである。

市民主義はオルタナティブとなりうるか

それに対して、各種の市民運動に依拠した市民主義は、「社民・リベラル」よりも有力なオルタナティブとなりそうに見える。山口定も、自分の提唱する「社民派」の基盤としては労働組合運動よりも市民運動の方に期待しているようである。

だが、まず第一に、市民運動の最大の強みである分散性と小規模性、シングルイシュー性は、政党として自らを組織し、国政の一角に一つの結集軸として食い込むうえで大きなハンデとなるだろうし、小選挙区制のもとでは特にそうである。

第二に、そしてこちらの方がより重大なのだが、日本の帝国主義化と階層分化とが進むにつれて、市民一般、市民運動一般、市民主義一般について語ることはますますできなくなる。「強い市民」に依拠した市民運動や市民主義は、日本新党に結集した市民運動家のように、また小沢戦略の枠内で小沢との対抗を提唱する多くの「市民派」政治学者のように、日本の帝国主義的利害を事実上擁護する立場に立つかもしれない[29]。

以上の点から、私は、市民主義をも真のオルタナティブとみなすことはできない。

左翼のオルタナティブ

では、帝国主義の二つの分派（能動派と受動派）と対決する真のオルタナティブとは何か？　それは小選挙区制に反対投票した社会党議員をはじめとする誠実な社会民主主義者、主に「弱い市民」層に依拠した市民運動、そして共産党という、主要な三者を軸とした「護憲と革新」の統一戦線である[30]。そしてこの統一戦線に、共産党より左の党派（ただし内ゲバ派は除く）も、戦闘的労働組合も、誠実なリベラル左派も参加することである。

この統一戦線は、「弱い市民」層と、「強い市民」層の中の「十分には強くない市民」層とのブロックに依拠し、資本と国家権力からの独立を最小限の資格とする。また、このような統一戦線を結成するにあたっては、各傘下組織自体の自己改革や自己刷新、いっそうの民主主義化、セクト主義の克服などが不可欠だろう。

この連合が何と対決するべきかは、これまで述べたところからすでに明らかである。それは、帝国主義的民主主義のシステムそのものであり、それと不可分の諸政策、すなわち、小選挙区制、それをテコとした二大政党制策動、軍事面を含む国際貢献路線、憲法改悪策動（明文改憲と、「安全保障基本法」等による事実上の改憲の両方を含む）、有事立法制定の動き、新自由主義的諸政策（規制緩和、市場開放、民営化、福祉削減、消費税アップなど）である。これらとの理論的・実践的対決を通じて初めて、「自立」や「共生」や「環境」や「連帯」や「企業社会からの脱却」といった知識人好みのスローガンが空文句とならずに済むのである。

この統一戦線は、日本の現状を考えれば、当分のあいだ少数派とならざるをえない。だがそれは、こうした連合を形成することによって、日本政治の完全な周辺とならずに済むだろうし、帝国主義的強権政治と新自由主義政策とに対する反発が広範囲に生じたときに（そしてそれは不可避である）、帝国主義のもう一方の分派がもっぱら強くなるというアメリカ的パターンを回避することができるだろう。
この道にこそ日本左翼の希望があると、私は強く確信する。

一九九四年五月一九日脱稿

【二〇二三年のあとがき】

一九九四年に書かれたこの論文は、一九九三年政治改革を基本的に日本の帝国主義化しつつある経済的地位にふさわしい政治的・軍事的改革を実行するものとして規定しており、それに対するオルタナティブとして、自民ブロックでも新党ブロックでもない、護憲と革新の統一戦線を構想している。そして、社民・リベラル勢力が有力な対抗勢力として二大政党システムの一翼を担えるという展望を否定している。これらの点は、その後の歴史に照らしても正確なものであったし、政治改革を基本的に肯定する当時の多くの左派知識人や、あるいはせいぜい、政治改革を小沢路線に矮小化した上で、それに対するリベラルな（ないし「社民・リベラル」な）政治勢力による対抗路線を打ち出していた人々に対して、明白な優位性をなしている。

しかし、現時点から見て、本稿にはいくつかの弱点ないし見通しの誤りがある。第一に、当時における私の他の諸論文とも共通しているが、当時の日本が、その後もかなりの期間、経済的繁栄と発展の道を進むものと想定されており、日本の帝国主義化という理論的枠組みもその見通しに依存させていた。まさか、その後、日本が歴史上類例を見ないほど長期的な経済的低迷と衰退の道を突き進むことになるとは想像もつかないことだった。

第二に、当時は私を含むほとんどの左派系・リベラル系の人々が小沢一郎を最も強権的ないし大国主義的で、最も能動的な帝国主義的政治家とみなしていたが、その後、自民党自身が能動的な新自由主義政党に変質したことを受けて、小沢は、逆に小国主義や生活重視のリベラル政治家のような存在に変貌した。政治家のこのような変貌はめったに見られないが、それでもそういうことが起きたのである。だがそのことによって、政治家としての小沢の重要性はしだいに下がっていき、今ではほとんど影響力を持たなくなっている。一時的とはいえ民主党政権を成立させたことが彼の政治家としてのキャリアのピークであり、その後、民主党の没落と軌を一にして、影響力を失っていった。彼に代わって右派世論の寵児となったのは安倍晋三だったが、小沢が良きにつけ悪しきにつけ、旧来の古い政治秩序を破壊して新しい政治秩序をつくり出すことをめざしていたのに対して、安倍は自公ブロックを通じて自民党支配を維持・強化することに汲々とした。すでに時代遅れになった体制を、排外主義イデオロギーを通じて右派世論を動員することで持続させようとした。公明党の協力、野党の分裂とその無力さのおかげで戦後最長政権を実現したが、その念願であった憲法改正も実現できないまま、二〇二二年七月に凶弾に倒れることになった。

第三に、一九九〇年代初頭における帝国主義的国民意識の形成期に寄与した要因として、一九八〇年代後半から一九九〇年代初頭にかけてのバブル景気に触れられていないことである。当時の異常なバブル景気が明らかに日本人の意識を不可逆的に変容させ、より帝国主義的で、より弱者に不寛容で、より夜郎自大なものにしたのは間違いない。このような意識の変容の上にソ連・東欧崩壊と湾岸戦争が重なったのである。今日、日本経済は没落の一途をたどっているが、今なおこのバブル期に作られた経済大国意識は払拭されていない。

注

1　この問題に関して、全体として、以下の諸文献も参照のこと。渡辺治「九〇年代改憲論のねらいとその特徴」『「憲法改正」批判』労働旬報社、一九九四年。同『九〇年代改憲を読む』労働旬報社、一九九四年。後藤道夫「『帝国主義』と『市民主義』の垣根」『思想と現代』第三五号、一九九三年。

2　伊藤誠「ポスト・フォーディズムと日本資本主義」、基礎経済科学研究所編『日本型企業社会の構造』労働旬報社、一九九二年、一二七〜一二八頁。平野泰明「賃労働関係の国際比較」、平田清明・山田鋭夫・八木紀一郎編『現代市民社会の旋回』昭和堂、一九八七年、一八九〜一九〇頁。

3　森岡孝二「日本型企業社会と労働時間の二極化」、前掲『日本型企業社会の構造』、二七五〜三二〇頁。

4　いわゆる日本型経営とポスト・フォーディズムをめぐる論争としては、以下を参照。加藤哲郎&ロブ・スティーヴン編『国際論争　日本型経営はポスト・フォーディズムか？』窓社、一九九三年。

5　一九六〇年代から一九九〇年代にかけての国民の政治意識の詳しい変化と分析については、和田進「経済大国化と国民意識の変貌」（前掲『「憲法改正」批判』）を参照せよ。

6　志田昇「『革新回帰』現象は一時的か構造的か」『窓』第一号、一九八九年。

7　たとえば以下の文献は典型的である。木村晋介「平和についてもっと論争しよう」『世界』一九九四年三月号。

8　小沢一郎『日本改造計画』講談社、一九九三年、四頁、一〇六〜一〇七頁。

9　とはいえ、一九九三年の第二次ソマリア派遣の失敗と、国連のガリ事務総長の暴走とは、再びアメリカが国連に一定の距離をとる事態をもたらしている。

10　国連中心主義という名目による自衛隊の海外派遣や改憲策動に対する批判としては、以下を参照。浅井基文『新保守主義』柏書房、一九九三年。

11　前掲小沢『日本改造計画』、一八頁。

12　日本型社会民主主義についてより詳しくは、渡辺治『「豊かな社会」日本の構造』（労働旬報社、一九九〇年）の第三章を参照。

13　これは、社共の圧力による自民党政権自身による一定の福祉政策と、大都市の地方自治体における革新自治体の福祉政策とともに、日本型福祉国家の一要素をなしている。つまり、日本における「福祉国家」は、大企業による代行（対象は正規労働者）、革新自治体による代行（対象は大都市住民）、保守政権による代行（対象は日本国民）の、三つに分割されて実現されたと言うことができる。だがこうした分割によって、日本の福祉はヨーロッパと比べて貧困で階層的なものとなった。

14　一九七五年以降の反動攻勢と国民意識の保守化に影響されて、このジレンマを右から解決しようと社会党が試みたのが、一九八〇年の社公合意であり、それ以降の反共・反自民の社公民路線である。だが、これも結局、自己のアイデンティティを掘りくずし、社会党の歴史的衰退をいっそう激しくしただけであった。

15　この点について、中馬清福「『新しい弱者』の時代」（『世界』一九九四年一月号）も参照せよ。

16　ジョン・ケネス・ガルブレイス『満足の文化』新潮社、一九九三年、二七頁。

17　前掲小沢『日本改造計画』、一七四〜一七五頁。

18　細川護熙『日本新党・責任ある変革』東洋経済新報社、一九九三年。

19　所得最底辺二〇％とトップ二〇％とを比較すれば、一九八四年時点の税引前格差は、日本が一対四であるのに対し、アメリカは一対一二、フランス、カナダは一対八、イギリスは一対七、西ドイツ、スウェーデン、オランダは一対五であった（ケビン・フィリップス『富と貧困の政治学』草思社、一九九二年、三七頁）。

20　すでに一九八〇年代後半には急速に所得格差が広がっている。以下を参照。橘木俊詔「所得平等の『神話』は崩れた」『世界』一九九四年三月号。

21　江田五月「私のシリウス宣言」『世界』一九九三年一月号。

22　『アエラ』一九九三年一一月一日号、一四頁。

23　後房雄「〝政権交代のある民主主義〟の展望」『窓』第一五号、一九九三年、同「左翼は小沢一郎に対抗しうるか」『情況』一九九三年一一月号。筑紫哲也「自我作古」（一〇）（一一）（一二）、『週刊金曜日』第一〇号、一一号、一二号、一九九三年。

24 小選挙区制は政権交代を起こりやすくするという俗説を批判したものとして、以下を参照。石川真澄『小選挙区制と政治改革』岩波書店、一九九三年。志田なや子『小選挙区制と新国家主義』こうち書房、一九九三年。

25 前掲後「〝政権交代のある民主主義〟の展望」、一〇六頁。

26 日本型マルクス主義と近代主義との関係については、後藤道夫「階級と市民の現在」（後藤道夫編『モダニズムとポストモダニズム』青木書店、一九八八年）を参照せよ。

27 講座派的な近代主義的マルクス主義が「社会主義」崩壊とともに帝国主義的近代主義に「飛躍」した典型例として、高橋彦博『左翼知識人の理論責任』（窓社、一九九三年）がある。

28 その他の無責任で幻想的な「リベラル待望論」は他にも以下に見ることができる。篠原一「政治的移行期の可能性と不安」『世界』一九九三年月号、佐和隆光「リベラルは世界の潮流」『朝日新聞』一九九四年五月八日付。佐和は、アメリカでリベラルのクリントンが政権を取ったことを挙げて、「リベラルの時代」を唱え、日本での「リベラル派」の伸長を期待するのだが、これはあまりに幼稚な見解である。クリントンがリベラルであろうとなかろうと、アメリカ帝国主義の死活の利益からして、彼は日本に市場開放と新自由主義政策、自衛隊派遣等の「反リベラル」な政策を押しつけざるをえない。いやむしろリベラルだからこそ、アメリカ国民の「リベラルな」利益のために、日本の「弱い市民」層の「リベラルな」利益を犠牲にしなければならないのである。

29 たとえば以下の文献。山口二郎「小沢一郎がもつ得体の知れなさ」『Ｔｈｉｓ ｉｓ 読売』一九九四年三月号。

30 最近、小選挙区制に反対した社会党議員の中に、共産党よりもむしろ自民党との連携を推進する傾向が出てきている。これは護憲派の自殺行為である。このような傾向を阻止するためにも、共産党の積極的な統一戦線戦略が求められる。

第三章　自社連立政権とヘゲモニー・ブロック

【解題】本稿は、本書の第二章と同じく『場―トポス』に執筆した論稿である（第四号）。第二章の論稿を書いたのち、自社連立政権が成立したことを受けて、この新しい展開について論じたものである。その意味で第二章と第三章はセットになっていると言える。

羽田内閣が成立したと思ったら、たちまち総辞職して、自社連立政府が成立した。私は本誌第三号の論文「『政治改革』と帝国主義的民主主義の政治学」（以下、前稿と略記）で、社会党護憲派の中に自民党との連合を追求する動きがあることを指摘し、それは「護憲派の自殺行為」であると述べておいた。[1]実際、村山首相は国会答弁で自衛隊を合憲と認め、君が代・日の丸を国歌・国旗とし、非武装中立の歴史的使命の終焉をうたい、安保体制の堅持を誓い、区割り法案の早期成立と小選挙区制・並立制のもとでの総選挙を約束した（こうした立場は、九月の社会党臨時大会で正式に承認された）。こうして社会党は、「護憲派」もろごと、保守政治の枠の中に基本的に入ったのである。この事態をどう見るか、このことの政治的意味を簡単に明らかにするのが本稿の課題である。

一、帝国主義的政治改革の基本性格

本論に入る前に、今回の事態を招いた直接のきっかけたる「政治改革」について簡単にでも振り返っておく必要がある。前稿でも指摘したように、その基本的な目的は、日本の帝国主義化した経済的地位に見合った政治的・軍事的体制を確立することにあった。その主要な特徴は、①小選挙区制の導入を柱とする権力集中・少数派排除型の「民主主義」の確立、②自衛隊の海外派遣、九条改憲をはじめとする帝国主義政策、③農産物の輸入自由化、規制緩和、消費税アップ、福祉削減をはじめとする新自由主義政策、である。以上に挙げた目標のすべてが細川・羽田の両内閣において実現されたわけではないが、小選挙区制の導入、コメの輸入など、主要な課題は実現された。

この問題を見る上で重要なのは、以上の三つの政策（私は前稿において、それらを「日本型帝国主義的民主主義」の政策と総称しておいた）が同時に追求されている点である。これは、けっしてすべての帝国主義国に見られるような普遍的な現象ではない。たとえば、アメリカのジョンソン大統領の時代、ベトナム戦争のエスカレーション戦略（あからさまな帝国主義政策）と「貧困に対する戦争」と称する一連の福祉国家政策とが同時に追求された。小選挙区制に関しては、そのはるか以前に成立していた。高度経済成長期のヨーロッパにおいてもだいたい同じである（ただし選挙制度に関しては国ごとに異なる）。したがって、これら三つの政策は、各国の特殊な歴史的諸条件に応じて、別々の時期に追求されうるし、実際に追求されたのである。

ところが、日本においては、不十分ながら「福祉国家」戦略が取られていた高度経済成長期において憲法や革新勢力の闘争、および政権党たる自民党の国民主義的性格のおかげで、平和主義の路線が基本的に維持され、中選挙区制というある程度民主主義的な選挙制度も維持された。石油ショック以降の低成長期に入ったとき、欧米各国が新自由主義政策を取ったのにならって、日本も臨調行革という名の新自由主義政策に足を踏み出し、同時に、その経済的地位に応じた政治・軍事体制を模索し始めた。だが、一九八〇年代を通じて、その両面において日本の支配層は結局のところ中途半端にしか目標を達成することができなかった。かくして、現在、政治改革を通じて、懸案の各政策が同時追求されるにいたっているのである。

二、帝国主義的改革と都市中核労働者の動向

さて、これらの政策が、日米支配層の利害にもとづいていることは今さら言うまでもないが、問題はこうした政策が一定国民の支持を受けているという事実である。このことは、かつての細川内閣に対するきわめて高い支持率に顕著に示された。だが、その支持の大きさは国民各層の中で一様ではけっしてない。とりわけ細川内閣を支持したのは都市の民間中上層労働者（サラリーマン）であった[2]。

経済の中核部分を占めるこの層は、本来なら、労働組合のナショナルセンターを媒介して、社会民主主義政党に政治的に代表されるはずなのであるが（少なくともヨーロッパにおいては）、日本においては、これらの労働者は企業主義的に統合されているため、社会民主主義政党との十全な政治的代表関係を持っていなかった。すなわち、この層は一方では、協調主義組合の連合体（現在の「連合」）を通じて、社会党や民社党への政治的圧力を有しつつ、その政治意識や投票形態においては、その時々の情勢

に応じて、共産主義政党から保守政党までのかなり大きな振り幅を有していたのである（経済的統合と政治的統合との分離）。

まず一九六〇年代後半から七〇年代初頭におけるいわゆる革新高揚期において、革新自治体運動の中心部隊となったのは、地方の公務員労働者、主婦、中小企業労働者、知識人、学生などであった。だが彼らが、大都市で勝利しかつ国政選挙においても革新勢力の一定の躍進をつくり出しえたのは、この革新ブロックが都市の民間中核労働者をもかなり獲得したからである。

しかし、一九七五年以降、革新勢力は攻勢から守勢に回り、後退と敗北を重ねていくが、それは、全体として国民意識が保守化しただけでなく、都市の中核労働者がこの時期に革新から離れたからである（もちろん一部は革新の側に残った）。とはいえ、この層がそのまますべて自民党に行ったわけではなかった。もちろん、少なくない部分が自民党に向かったのだが、大部分は「支持政党なし」層になったのである。しだいに日本の帝国主義的地位に依存するようになった彼らは、もはや社共を自らの代表者とみなすことはできなかったが、農村と都市の小生産者に大きく依存している、古臭く腐敗だらけの自民党をも、自らの十全な代表者とはみなせなかった。とくにその中で高学歴で意識の高い部分は、しだいに、新鮮でなおかつ強力な改良政党を望むようになっていったが、そのような党は存在しなかった。こうした意識に依拠しようとした保守政党も出現しなかったわけではない（新自由クラブ、サラリーマン新党など）。だが、いずれもあまりに脆弱であり、およそ魅力的なものではなかった。こうして、彼らの政治的「フラストレーション」がしだいに募っていったのである[3]。

一九八〇年代に登場し、「戦後政治の総決算」を呼号した中曽根内閣は、これらの層を自民党の側に積極的に取り込もうとした。これがいわゆる「ウイングを左にのばす」という戦略である。これは一定の成功を見た。しかしながら、中曽根は、旧来の自民党の支持基盤である農村や都市中小業者を切り捨てることはできなかったし、また自民党における体質的な腐敗をも根絶することはできなかった。農村や都市中小業者に足をかけたままで左にのばされたウイングは、十分に都市の中上層労働者には届かなかった。また、中曽根自身が持っていた復古主義的なイメージ、なお国民の間に強固に存在した平和主義と平等主義の規範とは、中曽根の戦後政治総決算路線に対する大規模な反発を生んだ。これが、一九八〇年代末、土井たか子という、都会的で新鮮なイメージを持った女性党首を戴いた社会党の大躍進につながるのである。

だが、土井社会党を高みに押し上げた勢力は実に矛盾に満ちたものだった。それは、従来の革新的要求を持った伝統的護憲・革新層と、既存保守政治の政策的枠内で自民党に代わる清新な改良政党を希求する、都市中上層を核とする部分とを含んでいた。[4] この二重性は、都市の中上層住民が、日本の帝国主義的地位に依存しつつも、十分には帝国主義的意識が顕在化しておらず、また、既存の護憲、平和主義、革新の規範がまだ大きな力を有していたという、この時期独特の矛盾した状況から生じている。土井社会党はこの矛盾した基盤ゆえに、どちらか一方の志向・利益に立ち切ることができずに左右に激しく揺れた。これは後者の大きな不満を引き起こし、前稿で述べた「冷戦終結」と湾岸戦争の衝撃の中で、急速に社会党から離れていったのである。

三、保守新党と新しいヘゲモニー・ブロック

日本新党や、自民党から離脱した新生党や新党さきがけは、政治的フラストレーションを抱えたこの

都市中上層労働者を獲得することを目的意識的に追求したおかげで躍進することができた。都市の中上層労働者の側も、ついに自分たちの政治的代表者が現われたという意識を持って、これらの党を熱心に支持した。[5]こうして、後藤道夫の言う新しいヘゲモニー・ブロックが成立した。それは、農村や都市中小業者を基本的に切り捨てた（もちろん完全にではない）うえでの、大企業と都市中上層労働者とのブロックである。前稿で私が使った言葉を用いて表現すれば、大企業と「強い市民」とのブロックである。後者の表現は、階級的実体を明示していない点で前者の表現に劣るが、都市の中上層労働者に収まらない広がりと多様性を表現することができる点で、前者よりも幅広く使える。たとえば、「強い市民」には、安定した地位を持った職業的知識人や、大企業労働者の妻や、比較的豊かな家庭に育った学生なども含むことができる。

　こうした新しいヘゲモニー・ブロックに依拠した細川連立政権が遂行した政策が、小選挙区制の導入とコメの輸入自由化であったことは興味深い。両方ともに、日米支配層の利害にもとづいたものであるが、同時に、ヘゲモニー・ブロックの一翼たる「強い市民」層にも受け入れやすいものであった。まず後者について言えば、「強い市民」層の地位の安定にとって極めて重要な日米経済関係（独占資本同士の関係でもある）を、日本のコメ生産者と第三世界の「生活者」の犠牲によって守る政策であった。

　では、前者はどうか？　小選挙区制は何よりも、この「強い市民」層の支持にもとづいて導入されたわけであるが、なぜ彼らは支持したのだろうか？　この層が小選挙区制を支持するためには、次の三つの条件が必要である。まず第一に、彼らが少数派の利益をどうでもよいと考えるまでに帝国主義化していること、第二に、自分たちが少数派に転落することはないという自信を彼らが持つまでに、社会が階層分化していること、第三に、彼らの政治的代表者が政権を争えるほど強力な政党として存在していること、である。自民党が繰り返し小選挙区制を導入しようとして果たせなかったのは、まさにこれらの条件がそろっていなかったからであり、今回、導入に成功したのは、まさにこれらの条件がそろっていたからである。

こうした点から考えてみるなら、後房雄が小選挙区制を推進する理由として力説した、「有権者に実効的な政権選択権を保障する」[6]ためという論理の真の意味が明らかとなる。この論理は徹頭徹尾、欺瞞的で偽善的であるが、しかし「有権者」という言葉を「強い市民」という言葉に置き換えるなら、それは実に適切な文言となるのである。「弱い市民」層を排除した上で、「強い市民」層にのみ「政権選択権」を与えること、これこそ、後房雄のような人々が小選挙区制を推進した真の理由なのである。この意味で、後房雄は、まさに自分の属する階層の利益にきわめて忠実だったのだ。

四、自社連立と受動的帝国主義

小沢派の強引な政治手法が原因で社会党が細川政権から離脱し、その後成立した羽田政権も短命に終わり、村山を首班とする自社連立政府ができた。社会党の護憲派や市民派は、この政権を小沢路線に対する対抗軸になりうるものとして大いに持ち上げている。[7] 実に皮肉な話だが、細川連立政権ができる時には、非自民なら何でもいいということで小沢と組んだとすれば、今や反小沢なら何でもいいということで、自民と組んでいるのである。しかも前者の場合、社会党内の右派と中間派が主導したのに対して、後者においては左派が主導している。こうして、「非自民」と「反小沢」という没概念的流し込み路線によって、ついに社会党の左派も右派も中間派も、完全に帝国主義的保守政治の枠内にすっぽりはまってしまったのである。これこそ、実は小沢の保守二大政党路線に乗ることである。右派が護憲の社会党を虫の息にしたとすれば、「護憲」派はその息の根を止めたのだ！

ではなぜ、自社連立は小沢路線に対するまともなオルタナティブとなりえないのだろうか。このことを、両党が依拠している階級的基盤と、アメリカの対日要求の本質とから説明しよう。

すでに述べたように、自民党を飛び出した保守新党は、農村と都市中小業者を基本的に切り捨てたうえで、大企業と「強い市民」層とのブロックに依拠している。逆に言えば、自民党は、大企業だけでなく、農村と都市中小業者を一つの重要基盤にしているということである。また社会党も、民間労働者だけでなく、農村や公務労働者や、「弱い市民」層をも重要基盤にしている。この点で、小沢派ブロックも、自社連立もまったく同じであるかのように言う一部の議論に同調することはできない[8]。

だが、自民党においてヘゲモニーを握っているのはどの層か？　それは農村でも都市中小業者でもなく、大企業である。社会党においても、現在ヘゲモニーを握っているのは、労使協調の企業別組合の連合体である「連合」である[9]。そして何よりも、この自社連立政権において政治的ヘゲモニーを握っているのは社会党ではなく、自民党である。こうして、この自社連立の依拠する各階級ブロックのヒエラルキーの構造からして、そしてこの自社ブロックそのもののヒエラルキーからして、それは、社会党「護憲」派や市民派の期待するような、護憲、平和、弱者救済のような政策を追求することはできないのである。それは、農村や都市中小業者、公務労働者などの層に一定依拠している分、小沢派ブロックよりも不自由でぐずぐずするとはいえ、結局のところ、日米支配層の求める政策を実行せざるをえないであろう。

また、社会党は、この村山政権において、自衛隊、ＰＫＯ、安保、対米協調第一主義といった保守の主要な基本政策を容認して、最終的に護憲政党でなくなった。すなわち、アメリカの帝国主義的要求を拒否するあらゆる論理をなくした。アメリカの対日要求は、前稿で述べたように、アメリカ自身の衰退と「冷戦終結」後の帝国主義的世界再編という死活の利害から出されている。日本の対米従属という構造上（すなわち日米関係におけるヘゲモニーが圧倒的にアメリカ側にあるという構造上）、この要求を「社民リベラル」というお題目によって拒否することなどできない。しかも、アメリカは、帝国主義的改革だけでなく、農産物輸入自由化、規制緩和などの新自由主義的改革をも求めており、この両者は不可分一体のものである。したがって、ただ保守の政策的枠組みを拒否しうる勢力のみがこれらの改革要求をも拒否することができるのである[10]。

　帝国主義化と福祉国家路線とが両立しえた高度成長期の欧米帝国主義と違い、そのような贅沢の許されない今日の日本においては、保守の政策的大枠を認めつつ社会民主主義的政策を実行することなど絶対にできない。ましてや、社会民主主義に最も有利であった高度成長期においてさえ、日本の社会民主主義政党が、企業別組合への依存と企業社会的現実ゆえに、社会民主主義的政策を自らの力で実現できなかったとすれば、社会党がはるかに弱体化し、はるかに不利な状況に置かれている現在において、彼らが小沢派に対する対抗軸となりえないのは、火を見るより明らかである。それは、受動的な従属帝国主義として機能するしかない。ちょうど、高度成長期の自民党が社会民主主義的政策の一部を代行したように、今や社会党は帝国主義と新自由主義政策を代行することになるだろう。

　この徴候をはっきりと示したのは、一九九四年八月一二日に発表された防衛問題懇親会の答申「日本の安全保障と防衛力のあり方」と、九月一二日に決定されたルワンダへの自衛隊派遣である。まず前者についてだが、この懇親会は細川内閣のときにつくられたもので、その答申は日本が「能動的な秩序形成者」として行動するよう提言している。本来は、小沢派主導の内閣で実施されるべき政策として予定されていたのだが、村山内閣はこの「能動的」な役割を、外圧と帝国主義的「世論」に押されて、「受動的」に果たすことを余儀なくされるだろう[11]。

次に後者についてだが、ルワンダへの自衛隊派遣の是非を調査する与党調査団の団長は、「護憲派」であるはずの岩垂寿喜男で、その調査団が派遣を「速やかに実施すべき」との報告書を提出したことは、この「社民リベラル」なるものの実態を見事に象徴していると言えるだろう[12]。

おわりに

現在、日本左翼は、細川政権成立時よりも困難な状況に置かれている。社会党「護憲派」は、ごく一部を除いて[13]、保守政治の政策的大枠を完全に受け入れてしまい、市民派の少なからぬ部分もこの受け入れを支持（ないしやむをえないものと）しているからである。今日、なお革新の立場を堅持しているのは、わずかに残った護憲派、市民派の中の左派、共産党、新左翼の小党派だけであり、これらの勢力の統一戦線が唯一のオルタナティブでありうる。そしてそのための第一条件は、わずかに残った社会党護憲派が自社連立政権ときっぱり手を切ることである。

一九九四年九月一三日脱稿

※本稿脱稿後に、村山内閣が、国連常任理事国入りを目指すことを決定し、またそれに関連して、ＰＫＦ参加凍結を解除する方向へ足を踏み出した。このことは、本稿における結論の正しさをいっそう確認するものである。

注

1　本書の第二章の七五頁を参照せよ。

2　後藤道夫はこの層を「都市新中間層」と表現している。後藤道夫「国際環境への対応と六、七〇年代型社会・政治構造の改編」上下、『労働法律旬報』一九九四年五月一〇日号、二五日号。同「戦後的平等の転機」『賃金と社会保障』一九九四年六月下旬号。同「日本型新保守主義革命の意味」『場―トポス』第三号、一九九四年。

3　前掲後藤「国際環境への対応と六、七〇年代型社会・政治構造の改編」下、二四頁。前掲後藤「日本型新保守主義革命の意味」、一三頁。

4　政治学者の後房雄は、土井社会党を押し上げた勢力をもっぱら後者に一面化した上で、社会党が自民党の政策的大枠を認めて非自民政権を作ろうとしなかったことを非難している。後房雄『政権交代のある民主主義』窓社、一九九四年、八～九頁。

5　もちろん、社会党から離れた票がすべて保守新党に向かったわけではない。少なからぬ部分が共産党にも流れた。このことは、土井社会党を押し上げた勢力の矛盾した性格を示している。伝統的な護憲・革新層は土井社会党の中途半端さに幻滅して、部分的に共産党に流れた。また最近、日本新党への支持率が急落し、都市サラリーマン層の支持がかなり離れた。このことは、この階層と特定の政党との政治的代表関係が今なお確立されていないことを示している。

6　後房雄「左翼は小沢一郎に対抗しうるか」、前掲『政権交代のある民主主義』、五〇頁。ついでに、後房雄のこの新著における深刻な矛盾について一言指摘しておく。後は、同書の第二章で、一九七〇年代の革新高揚期に革新側が政権を取れなかったのは、総選挙が中選挙区制であったからだと述べながら（同前、六二頁）、第六章では、冷戦構造が日本の政治をも規定していたので、社共が革新高揚期に政権を取れなかったのは「当然」だと述べている（同前、二〇八頁）。つまり、中選挙区制のせいではなかったということである。第二章のもとになった論文は、小選挙区制がまだ成立していなかった時に、左翼に小選挙区制導入を納得させるために左翼雑誌の『情況』に掲載されたものである（一九九三年一一月号）。後が、小選挙区制を導入させるために、いかにでたらめな論法を用い、いかに学者としての誠実さを裏切ったかをこの事実は示している。

7　典型的には、『週刊金曜日』一九九四年七月八日号における、山口二郎、鎌倉孝夫、陸培春、保坂展人の諸論稿。最初から小選挙区制を支持していた山口は別にして、奇妙なのは保坂の変わりようである。保坂は、『世界』の一九九三年九月号で「さらば、社会党」を高らかに宣言し、「社会党にかわるリベラル・平和・護憲の市民政党」をうたっていた（同誌、七五頁）。いつから、社会党と自民党の連合が「社会党にかわる市民政党」になったのか？　また、後房雄は予想通り、リベラル新党づくりの最優先という見地から、自社連立も村山発言（自衛隊・安保容認）も追認の立場をとっている（『週刊読売』一九九四年八月七日号）。佐高信も、「小沢支配を断つには他になかった」と自社連立を容認している（『週刊読売』一九九四年七月一日号）。ところが、意外なことに筑紫哲也は、自社連立政権を「よりまし」とは言えないと主張し、共産党以外に「歯止め装置」がなくなってしまうことを憂えている（「自我作古」三四、『週刊金曜日』一九九四年七月二九日号）。まったく同感だ。だが、社会党がこのような変貌を遂げた重要要因は、昨年から今年にかけての「政治改革」狂騒曲と小選挙区制の導入であり、筑紫はこの両方とも容認してきたのではなかったか？

8　たとえば、前掲『週刊金曜日』七月八日号における金子勝の意見。小沢派ブロックとの違いは、たとえば、日航スチュワーデス・アルバイト問題に対する亀井静香運輸大臣の発言などに示されている。

9　企業別組合を通じて企業主義的に統合された民間労働者が、帝国主義政策だけでなく、新自由主義政策にも親和的である点については、前掲後藤「国際環境への対応と六、七〇年代型社会・政治構造の改編」下、二四頁、前掲後藤「日本型新保守主義革命の意味」、一二頁を参照。

10　浅井基文は、アメリカの対日要求の本質という観点から、「社民・リベラル」派が小沢派に対する対抗軸となりえないことを的確に指摘している。浅井基文「小沢一郎『強権政治』への危険な傾斜」『サンサーラ』一九九四年六月号、四三頁。

11　答申全文は、『赤旗評論特集版』一九九四年八月二二日・二九日合併号、九月五日号。同答申に対する批判的分析としては、以下を参照。浅井基文『国際的常識と国内的常識』柏書房、一九九四年、二五七～二七三頁。

12　ルワンダ問題については、以下を参照。「ルワンダの事態について」『赤旗』一九九四年九月八日号、九日号。

13　『朝日新聞』のアンケート調査で、村山の自衛隊合憲発言、安保堅持発言、非武装中立放棄発言、日の丸・君が代容認発言のすべてに反対した社会党議員は、衆議院ではなんと小森龍邦ただ一人で（自衛隊合憲発言に反対したのも小森だけ）、参議院でも、矢田部理、栗原君子、山口哲夫、田英夫、いとう正敏のたった五人である（小川仁人、大脇雅子も一つを除いてすべてに反対の回答をしている）（『朝日新聞』一九九四年七月二七日、二八日付）。國広正雄は、このアンケートでは回答拒否だったが、別のところでは明確に村山発言を批判している。ただし、自社連立そのものに対しては実に歯切れが悪い（『週刊現代』一九九四年八月一三日号）。

第四章　現代日本の政治と社会——戦後統合構造の変遷と今日の課題

【解題】この論文は、一九九七年八月二四日に、都高教第五支部の夏期合宿で行なった講演の原稿に、加筆・修正を加え、追加の注をつけたものである（追加注を付けたのは、一九九八年二月）。現時点から見て補足が必要な部分には、〔　〕に入れて各所に短く挿入しておいた。本稿は、政治改革騒動が一段落した時点で、戦後改革から政治改革に至る全体の流れを総括している。当時は共産党が大躍進を遂げつつあった時期で、翌年の参院選での比例八二〇万票で頂点に達するが、その後急速に得票を減らす。

冒頭で、渡辺治と後藤道夫両氏の代役として登壇したことわっていることからもわかるように、この時点ではまだ両氏の理論的影響が強かった。このことは、たとえば、戦後日本における企業主義的統合や利益政治的統合の成立を説明した部分や、その後の帝国主義化とその遅れという議論、さらにオルタナティブとしての「新しい福祉国家」という言い回しなどに顕著に表れている。当時でも多くの意見の相違は存在したが、両名への共感が主たる側面だった。両名の理論的影響から自覚的に離脱し、両者に対する明確な批判を行なうようになるのは、二〇〇〇年以降であり、それはむしろ彼ら自身の変貌によるところが大だった。本書の第二部を参照していただきたい。

今日お話するのは、「現代日本の政治と社会」ということで、非常に大きな話をしたいと思います。このようなテーマでしたら本来は、一橋大学の社会学部教授〔当時〕である渡辺治氏や、都留文科大学教授〔当時〕である後藤道夫氏などが適任なのですが、どちらも今日は都合が悪いということなので、私が代わりにやってきました。

一、都議選の結果をどう見るか

「強い市民」層の政治的再分散化

まず最初に、今年の七月に行なわれた都議選の結果を振りかえることで、現代日本社会の政治的特徴について見てみましょう。いくつかの重要な特徴がありました。一つ目は史上最悪の低投票率（四〇・八％）だったこと、二つ目は、自民党の復調ということです。三つ目は、共産党の大躍進。四つ目は民主党の伸び悩み。五つ目は新進党と社民党の惨敗、です。まあ、これらの特徴はすでに多くの新聞などで言われていることで、それ自体としてはとくに目新しいものではありません。問題はその意味です。

今回の結果は、昨年の総選挙の傾向をいっそうはっきりとした形で再現したという意味で、一九九六年総選挙と一九九七年都議選とはある程度ひっくるめて論じることができます。これは一九九五年参議院選挙と一九九三年総選挙の場合とははっきりとした対照性を示しており、いわば、一九九三～九五年の政治的雰囲気ないし傾向と、一九九六～九七年の政治的雰囲気ないし傾向との間に小さな転換があったことが推測できます。

九三年総選挙の時も九五年参議院選の時も、現在の新進党や民主党の流れをつくっていた政治的潮流が躍進をとげ、自民党は大幅に後退し、日本共産党は停滞ないし小さな前進という状況でした。投票率の水準という点を除けば、これらの特徴は明らかに九六年総選挙や九七年都議選の結果と対照的です。この変化は何によって生じたのでしょうか。

それはまず第一に、一九九三〜九五年の政治的雰囲気を決定していた都市の中上層市民（大企業男子正社員、とくにホワイトカラーや、学者・医者・弁護士などの高度専門職従事者）の政治的熱狂が醒めて、その政治的凝集性が再び分散しはじめたことです。私はこの都市の中上層市民を「強い市民」と呼んでいますが、この部分がかつてのような政治的熱意を失ったことです。この部分は、後で述べる企業主義的統合ゆえに、もともと欧米の中上層階層と比べて政治的凝集性がいちじるしく弱く、かなりの部分は無党派層を形成している層なのですが、この階層が一九九三〜九五年に非常に大きな政治的凝集性を発揮して「政治改革」をもたらしたのが、今や再びそのような凝集性を失っているのです。この「強い市民」の政治的凝集性が再び分散したことには、そもそも伝統的に政治的凝集性が弱かったことに加えて、この間におけるいくつか特殊な原因があります。

第一の理由は、自民党自身が、九二〜九四年の政治的経験からこの階層の要求に以前より積極的に応えるようになったことです。この階層の要求といっても一枚岩ではありませんが、ここでは簡単に「新自由主義」的な諸政策に親和的な要求と押さえておきます。すなわち、規制緩和や民営化や自由化を社会の全分野で押しすすめていく政策です。この新自由主義の意味については、後でより大きな背景をふまえて説明します。いずれにせよ、すでに巨大な政権党である自民党が新自由主義に以前より積極的に足を踏み出したのだから、もはや政権交代のような大きな変動は必要ではなく、この自民党政治を監視し、叱咤し、その公約を実現させることが必要だ、というふうに感じ取られたのです。ただし、「強い市民」層の中の最も階層的利害に自覚的な部分、すなわち上層マスコミ労働者や職業的知識人といったイデオローグの部分は、自民党の「変身」はまったく不十分であり、真に新自由主義の党になっていないと考えています。しかしながら、彼らはもはや九二〜九五年当時のように広範な「強い市民」層を自分たちの望む方に引っ張っていくことはできませんでした。「笛吹けど踊らず」といったところです。イデオローグでない部分（典型的には大企業男子正社員、とりわけホワイトカラー）の多くは、投票所に行かなかったか、自民党に復帰しました。すなわち、九二〜九五年当時には、「強い市民」層のうちイデオローグである少数部分とそうでない多数部分とが歩調を合わせて行動していたのが、それ以降、少しずつ両者の足並みが乱れ始めたということです。

第二の理由は、九二〜九五年の際には、この「強い市民」層の利害要求を自覚的に取り上げてくれていると考えられた諸政党が、その後、それほど十分、「強い市民」層の要求に特化しているわけではないし、また彼らからみて十分に魅力的ではないと感じられたことです。日本にはこれまで、都市中上層を中心とする市民階層の利害代表政党というものは存在していませんでした。自民党は歴史的に、大企業の利害を代表する一方で、農村および都市の伝統的地域支配（これは後に、農民階層と都市の自営業者に対する利益政治に転換しますが）にもとづいて選挙多数派を形成してきました。ますます人口の集中する都市の新住民の利害はなおざりにされ、これが一九六〇〜七〇年代における革新勢力の躍進に結びつきました。その後、高度成長による経済的富裕化、社会主義の権威の失墜、大規模な反動攻勢、団塊の世代を中心とする中堅部分の階層上昇などによって、都市の中上層市民は革新から離れ保守化しましたが、彼らの利害に敏感な政党はあいかわらず存在せず、この層はおおむね無党派層を形成します。都市の中上層市民が無党派層を形成するというのは、日本独特の現象です。というのも、通常、どの国でも、都市の中上層市民は最も投票率が高く、最も主要政党に影響力を持つ階層だからです。いずれにせよ、革新から離れて保守的になりながら、自民党に対しても十分アイデンティファイすることができず、この層は浮遊します。一部は不満ながら自民党に投票しつづけ、一部は棄権を選択し、一部は社会党などの第二、第三の政党に投票するという行動をとっていました。

個々の政治的場面で、この階層の政治的期待を一身に担う政党が登場することもありましたが――たとえば、一九八九～九〇年の土井社会党、九二～九五年の新興保守政党など――、いずれも長続きせず、この階層の政治的凝集化は不安定なままでした。新進党や民主党はこの階層の支持を自覚的に追求した政党ですが、結局十分にこの支持‐被支持の関係を安定的に維持することができませんでした。新進党の場合は、中上層市民と階層的に異なる創価学会に依拠していたこと、あるいは、地方ではやはり自民党と同じく利益政治に依拠していたこと、民主党の場合は、旧社会党出身の議員が多すぎたこと、などさまざまな理由があって十分持続的にこの層の支持を引きつけることができませんでした。

第三の理由は、これらの層の帝国主義的意識を喚起する国際的事件がこの間起きていないことです。一九九三年の政変を生み出した国際的原動力は、ソ連・東欧の崩壊と湾岸戦争でした。この二つの事件がもたらした政治的衝撃は巨大であり、これがあの政変を生み出す巨大なエネルギーを「強い市民」層にもたらす重要な一因になったのです。新進党（とりわけその中の小沢派）は、既存の政党の中で最も日本の帝国主義的利害に自覚的な政党であり、この新進党の強みが真に発揮されるのは、まさに日本の帝国主義的利害が脅かされるような時なのですが、この間、ソ連・東欧の崩壊や湾岸戦争に匹敵するような事件は起きていませんん。ペルーの大使館人質事件は起きていますが、これは新進党ですらどうしようもない事件であって、結局、新進党への追い風にはなりませんでした。

この点の変化を端的に物語っている一資料があります。それは、朝日新聞社が一九九二年と一九九七年にそれぞれ行なった憲法をめぐる意識調査です（『朝日新聞』九七年四月二六日付）。政治改革熱が最も沸騰していた一九九二年には、自衛隊の主たる役割は何ですかという質問に対し、「国連のもとでの非軍事的活動」が一八％にも達していたのに対し、九七年の調査では八％と半分以下に減り、また「外国での災害救援」という回答も一〇％から四％へと半減以下になっています。その代わりに増えたのが、阪神大震災を反映した「国内の災害救援」（三五％から四六％へ）とオウム事件などを反映した「治安の維持」（八％から一四％へ）です。自衛隊を国際的に展開したいというのが現在の支配層の思惑であるとするなら、この世論の変化はその思惑に逆行するものであったと言えるでしょう。

第四の理由は、大きな政治的盛り上がりの後には必ず生じる一種の政治的倦怠感が「強い市民」層に広がったことです。何らかの大きな政治的変動を生み出すようなエネルギーの盛り上がりは、それが反動的なものであろうと進歩的なものであろうと、その主たる目的が一定達成された後には、潮が引いていく現象が必ず見られます。これと同じことが一九九五年以降に生じたということができます。

第五の理由は、何としてでも自民党長期政権を覆して政権交代を作り出すのだ、という使命感に燃えて熱狂した「強い市民」層の一部に、とりわけ、これまで革新に親和的であったような人々に、多少なりとも反省の意識が芽生えてきたことです。政治的に大きな変化が生まれるときには一種の政治的熱狂状態が生み出されます。それが進歩的なものであるときには、本来は、左派を支持しないような人々までもが、社会全体の左傾化に押されて、左翼に与するようなことが起こりますが――そのような本来の支持層を越えた支持が一時的であれ広がらないかぎり、どのような変革も生じない――、それが反動的な場合でも同じことが起こります。これまで革新側に親和的であったような人々まで、一時的に、政権交代なら何でもよいという「政治改革」熱に浮かされて、新保守に与するようなことが九二〜九四年に起こりました。私の周囲の院生や研究者の間でも驚くほど急速に右傾化が進み、かつては私よりはるかに左翼的であったような人までが、あの頃には「政治改革」を支持するようになりました。

しかし、この熱中が醒めますと、彼らの一部は反省しはじめます。もちろん、完全に体制側に行ってしまった人も多いのですが（後房雄や高橋彦博のような職業的知識人）、反省して革新の側に戻る部分が出てきました。とりわけ、小選挙区制の導入によって世の中よくなるという馬鹿げた命題があっさりと破綻し、保守とリベラルの麗しい二大政党制、あるいは保守、リベラル、社民のさらに非現実的な三大政党制が成立するどころか、あまり相互に区別のない保守系ないしネオリベラル系の諸政党が議席をほとんど独占する現象を目のあたりにして、一九九二〜九四年における自分たちの熱中がいかに日本の現実を見ない愚かしいものであったかを悟るようになったのです。

さて以上のような理由から、「強い市民」層の新保守政党への熱中が醒めていきます。一部は無党派層に戻り、一部は自民の新自由主義化を受けて自民党に戻り、一部は反省して革新に多少戻りました。これがこの間の変化の第一のポイントであり、このことから、投票率の劇的低下、新進党の惨敗、自民党の復調、民主党の停滞などが説明できます。しかし、共産党の躍進についてはまだ十分には説明できません。

すでに述べたように、これまで革新に親和的であった部分が反省して革新に舞い戻ったことが、この間の共産党の躍進にたしかに寄与していますが、それだけではまだ十分ではありません。というのは、この点だけでは単に共産党が過去に失ったものを取り戻したことを示すだけであり、過去最高を更新する躍進については説明できないからです。ここに第二のポイントを押さえる必要が出てきます。その第二のポイントとは、社会党の早すぎた崩壊です。

社会党の早すぎた崩壊

社会党という政党は、戦後数十年というもの、最大の革新政党であり続け、一時期を除いて基本的に野党第一党であり、一貫して自民党につぐ第二の大政党として君臨しつづけていました。一九六〇～七〇年代以降、左からはしだいに共産党に食われ、右からは自民党に食われ、中間においては無党派層に流れていく中で、しだいに縮小していきますが、それでもほんの数年前までは圧倒的な第二党だったのです。思い出してもください、ほんの八年前の一九八九年の参議院選挙では、改選議席で第一党にさえなったのです。九〇年の総選挙でもかなり躍進し、社会党の時代の到来かとさえ思われました。ところが、その六年後の一九九六年一〇月の総選挙では（一九九六年一月に社会民主党に改名）、わずか一五議席にまで激減し、共産党よりも議席の少ない小政党に成り下がっているのです。歴史上、戦争やクーデターなどがあったわけでもないのに、これほど短期間にこれほど巨大な政党が崩壊した例を私は知りません（九〇年から九六年にかけて約九分の一に）。これは明らかに、社会的基盤の変化からさえ遊離したあまりにも早すぎる崩壊です。

社会党の長期低落傾向には十分な社会的基盤がありました。戦後の社会党は、当初、都市においては民間の労働運動と公共部門の労働運動、および一般に都市の中下層に立脚し、農村では、戦後爆発的に盛り上がった農民運動に依拠していました。しかしながら、都市ではまず、民間の労働運動が、職場闘争などをはじめとする激しい階級闘争の敗北と、後でも述べますが、大企業における企業主義的統合の成立によって、社会党から分離します。民間大企業の労働運動は企業主義的協調主義に制覇され、社会党の主たる基盤ではなくなります。また公共部門の労働運動も、一九八〇年代以降、臨調行革や国鉄の分割・民営化に代表されるような新自由主義的攻撃によって、かなりの程度掘りくずされました。また、かつて社会党を支持していた都市の中下層の一部は階層上昇をはたして、しだいに社会党の基盤ではなくなりました。また、すでに述べたように、一九七〇年代後半以降の全般的な、社会主義の権威失墜と「豊かな社会」イデオロギーの席巻、日本の帝国主義化などによって、社会党の政治的基盤もしだいに縮小していきます。

したがって、社会党が一九七〇～八〇年代に長期低落傾向を示したのは十分に社会的理由があるのであって、それはまったく必然的な過程だったのです。社会党の指導部はこうした事態に直面して、しだいに右傾化に舵を切ることによってウイングを右に伸ばして挽回を図ろうとしますが（典型的には一九八〇年の社公合意）、しかしこれは伝統的な護憲・革新支持層の期待を裏切っただけであって、離れていった支持を取り返すことはできませんでした。

ところが、一九八六年に石橋の後を受けて土井たか子が社会党の党首になったとき、こうした流れに劇的な変化が生じます。一方では、長年来にわたる自民党政権によって自民党の汚職腐敗が頂点に達していたこと、また、当時すでに進められていた自民党による初期の新自由主義路線――すなわち臨調行革、民営化、市場化、福祉削減、一般消費税導入の策動――に対する国民的反発が生じたことにより、他方では、労組出身ではなく学者出身の女性党首である土井たか子という都会的で洗練されたキャラクターが都市の中上層市民にきわめて魅力的に映ったことなどが幸いして、いわゆるマドンナ・ブームとともに、一九八九年の参議院選と一九九〇年の衆院選で大躍進を遂げるのです。しかしながら、きわめて皮肉なことですが、長期低落の流れを過剰に逆転したこの大躍進こそが、実は今日における社会党の崩壊を準備することになります。

この大躍進の主たる力となったのは、これまで社会党に投票したことがないか、あるいは伝統的に無党派層であった都市の中上層階層、すなわち「強い市民」層がどっと社会党の政治圏内に流入したことです。これによって、社会党のこれまでの伝統的な護憲・革新層の政治的比重がいっきに下がりました。社会党はこれまで——少なくともここ何十年間は——経験したことのない政治的高みに引き上げられましたが、このすっかり舞い上がった社会党を支えていた二本の柱は実は相互に深刻に矛盾していました。一つは、伝統的な護憲・革新層であり、都市および農村の中下層です。もう一つは、新しく社会党の政治圏内に参入した都市の中上層です。前者は、護憲と革新の党としての社会党に期待し、「消費税、ダメなものはダメ」という姿勢に共感して投票した人々です。ところが後者は、長期にわたる自民党政権とその汚職体質や利益政治体質に飽き飽きとしながらも、その階層的基盤からして実際には、消費税を導入して所得税を減税したほうが得をする階層なのです。この階層は、自民党政治はもうごめんだ、という意識を強く持ちながらも、伝統的な護憲と革新の諸政策にも距離を取っており、古くさい社会党の労組依存体質にも飽き飽きしていました。彼らがどれだけ自覚的であったかどうかは別にして（おそらく一部の知識階層を除けば無自覚であったでしょう）、彼らが真に望んでいたのは、全体としての保守の枠組みを維持したままでの新しい改良主義だったのです。そしてその改良の中身とは、その後新保守の諸政策に結実するようなものであり、端的に言えば、利益政治の清算、したがって農民保護の撤廃、都市自営業者向けの諸規制の撤廃、等々でした。

この相対立する二つの力によって、これまで経験したことのない高みに引き上げられた社会党は、両者の矛盾と分離によって文字通り迷走します。主として、都市の中上層の支持を受けて当選した大都市出身の若手議員たちは、社会党のいっそうの現実主義化を要求し、伝統的な護憲・革新のスタイルの放棄を迫ります。この圧力を後押ししたのが、のちに「連合」に結びつく民間大労組の幹部たちと、ブルジョア大新聞の職業的知識人たちです。他方で、主として伝統的な護憲・革新層に依拠して当選した議員たちはこの躍進を機会に、共産党にしばしばお株を奪われがちであった護憲・革新政党の本流としての立場を強化しようとしました。この二つの力のうち、より強力であったのは前者の力です。なぜなら、この力こそ、都市部での大躍進を生み出したのであり、また「強い市民」層の階層利害を最も明確に主張する部分の後押しをも受けていたからです。これらの人々による、「社会党は脱皮せよ、現実政党になれ」という大合唱に押されて、社会党は、この二つの勢力の間を動揺しながらも、しだいに都市中上層の政策要求の方へと移動していきます。

しかしながら、移り気で政治的に不安定な都市の中上層市民は、社会党のこのおずおずとした右傾化、現実主義化に満足せず、あっさりと社会党を見捨てます。いったん自分たちの政治圏にどっと流入した都市の中上層票が、流入したときと同じぐらい早く離れていくのをみて、社会党はあわてて右傾化の速度を早めます。一九九一年、土井たか子は統一地方選の大敗の責任を取らされて党首を辞めさせられ、右派の田辺誠が党首となりますが、しかし、都市中上層の票を回復することはできませんでした。なぜなら、この階層は、この間に、ソ連・東欧の崩壊と湾岸戦争をきっかけに、より急速に帝国主義化し、より右傾化していったからです。

高く引き上げられてから落とされた社会党は、それ以前の漸次的な長期低落傾向をはるかに凌駕するスピードで没落の過程をたどることになりました。さらに、右からの巧みな揺さぶりが社会党の崩壊にいっそう拍車をかけます。まず、反自民の名のもとに、小選挙区制導入を柱とする野党連立政権に社会党を誘い込んだことであり、次に反小沢の名のもとに、今度は自民党との連立政権に引き込んだことです。これによって文字通り社会党はガタガタになりました。かくして、逃げていく都市中上層市民を追いかけた部分は、結局社会党を離脱して民主党に流れ、伝統的な護憲・革新層に依拠しようとする少数部分は新社会党を結成し、どっちつかずの部分は、多くの人が逃げ去った社会民主党にとどまるか、無党派層になったのです。

このように社会党は、その長期低落を方向づけていた社会的基盤をはるかに越えたスピードで崩壊し、かくして、それが歴史的にこれまで依拠していた護憲・革新票のかなりの部分が共産党へと移っていったのです。

二、戦後秩序の成立

以上、一九九三〜九五年の時期と、一九九六〜九七年の時期における政治的変化を二つのポイントに即して分析しました。次には、より大きな歴史的枠組みの中で、一九九〇年代における政治的動向をとらえたいと思います。

早すぎた帝国主義化とその挫折――明治から終戦へ

話は一気に明治維新にまでさかのぼります。アジアの辺境にある日本が長年の鎖国政策の末、欧米列強の黒船の圧力のもと、明治維新という独特のブルジョア民主主義革命を経て、資本主義世界経済と世界政治のシステムに参入したときには、すでに世界は欧米諸国を中心に帝国主義の時代に入っていました。したがって、日本はその近代的な国民国家としての形成期の最初から、欧米帝国主義に対抗して帝国主義政策へと駆り立てられました。すなわち、日本の国民国家としての成立はほぼ同時に早熟な帝国主義国家としての成立となったのです。

このことのせいで、一方では、日本における「国民的なもの」、すなわち国民作家や国民文学や国民思想や国民的政治家といったものがすべて最初から帝国主義の印を額につけたまま成立せざるをえませんでした。福沢諭吉も夏目漱石も明治の元勲たちも、すべて日本帝国主義の存在と切り離すことはできません。したがって、私たちには、ヨーロッパの民主主義諸国や他のアジア諸国におけるような、帝国主義と切り離された形での「国民的なもの」を持ちません。

しかし逆に言えば、私たちが帝国主義的ではない何らかの「国民的なもの」を現在追い求めようとするならば、それは自覚的に反帝国主義的なものとして構成するしかありません。この場合の「反帝国主義」とは、他国の帝国主義に対する反対という意味だけではなく、自国帝国主義への反対という意味です。遅れて世界政治に参入した後発諸国における民族主義というのは、基本的にはすべて、他国による侵略や抑圧に対する抵抗・反対を通して形成されるものです。しかしながら、遅れて世界政治に参入しながら早熟に帝国主義化を遂げた日本は、沖縄民衆やアイヌ民族の場合を除けば、基本的にそのような進歩的な「民族主義」というものを持っていません。それだけにそれは自覚的に反帝国主義的なものとして新たに構築されなければなりません。

話が少し横道に逸れたので戻しますが、他方で、この外圧による帝国主義化には、それに見合うだけの経済的諸関係や経済力がともなっていませんでした。明治政府が推進した富国強兵政策は粗製の兵器と即興的軍隊を何とか確保することを可能にしたし、より後進的なアジア諸国を一時的に侵略することを可能にしましたが、欧米列強の本格的な帝国主義軍隊に対抗することはおよそ無理な話であり、また自由と独立に目覚めたアジア人民の解放闘争にも結局は長期間耐えることはできませんでした。こうして、この早熟な帝国主義の歴史は太平洋戦争における日本の壊滅的敗北によって幕を閉じ、戦後を迎えることになるわけです。

戦後改革と日本国憲法の特殊性――一九四五～四九年

下からの抵抗と革命の結果としてではなく、敗戦と連合軍の強力な統治のもとで行なわれた戦後日本の改革は、独特な性格を帯びることになりました。まず一方では、資本主義の枠内の改革としてはおよそ実現しがたいような大胆な改革が次々と実現しました。農地改革による寄生地主の一掃、財閥の解体、専制的天皇制の解体、軍部の一掃と軍隊の解散、内務省や特高警察の解体とあらゆる弾圧法規の廃止、民主主義的労働立法の制定、家制度の廃止、民主主義的憲法の成立、等々です。このようなきわめてラディカルな改革がもし下からの革命の結果として生じたならば、そのような革命は必然的に資本主義の枠組みを乗り越えて社会主義革命になったでしょう。他方、敗戦と占領の結果としてではなく、日本土着の支配層による上からの自己改革であったならば、このような大胆な改革はそもそもまったく不可能だったでしょう。農地改革はまったく中途半端に終わったでしょうし、旧財閥はそのままの姿で生き残ったでしょうし、天皇はあいかわらず元首だったでしょう。憲法は大日本帝国憲法を少しだけましにしたものでしかなかったでしょう。

しかしながら、そのいずれでもなく、敗戦と連合軍の占領のもとで開始された戦後改革は、国際的な反ファシズムのうねりと、アメリカ国内のニューディール民主主義に鼓舞されたアメリカ占領軍のスタッフたちの尽力もあって、資本主義の枠内できわめてラディカルな改革を実現しただけでなく、アメリカ本国にあるよりも民主主義的な憲法を日本人に贈りました。あまり知られていないことですが、日本の憲法はある意味でアメリカの憲法より民主主義的です。たとえば、アメリカの憲法には性差別を禁止する条項はありませんが、日本には第一四条（性別にもとづく差別の禁止）と、第二四条（両性の本質的平等）に明確に規定されています。アメリカでは戦後、女性運動を中心に、憲法の平等権修正条項（ＥＲＡ）として性差別を禁止する条項を入れようとする運動が起こりましたが、これは結局、アメリカの保守派の頑強な抵抗にあって挫折しました。また、戦後憲法にある「生存権」を保障した第二五条もアメリカの憲法にはないものです。以上が、戦後の変化の第一のポイントです。

第二のポイントは、反ファシズム・反軍国主義という戦後改革の枠を超えたきわめて特殊な憲法が作られたことです。先の第一のポイントは基本的には、戦後の国際秩序を形成した反ファッショ連合の民主主義的コンセンサスの範囲内の改革です。日本の絶対主義的天皇制と軍部と寄生地主制を解体して、健全な民主主義を形成するというのは、基本的には、戦勝国たるアメリカやイギリスの合意できるものです。しかしながら、日本国憲法には、以上のような枠組みに収まらない二つの特殊な条項が入りました。それが、第一章の天皇条項と、軍隊不保持を定めた第九条です。この二つは実は不可分のものとして憲法に入ったのですが、この二つとも戦後の国際秩序を形成した連合国のコンセンサスに合致しないものでした。この点は、日本と同じ敗戦国であるイタリアやドイツの戦後憲法と比べればよりはっきりします。

まず天皇条項です。日本における天皇制は戦前の侵略の象徴であり、宣戦の布告も基本的には天皇の名において行なわれたのですから、本来なら、昭和天皇というのは最大の戦犯であるわけです。イタリアでもドイツでも、侵略戦争の最高指導者は自殺するか処刑されています。しかしながら、日本では戦争の最高指導者である天皇が生き残っただけでなく、戦後も象徴としてであれ、公的にきわめて高い地位を確保したのです。イタリアの戦後憲法にもドイツの戦後憲法にも、もちろん、日本国憲法のような天皇条項などありませんし、世界のどの憲法にも、このような奇妙な条項はありません。立憲君主制である国はまだいくつかありますが、戦後の日本は伝統的な意味での立憲君主制でさえありません。日本の天皇は政治的行為をいっさい禁じられており、「君臨すれども統治せず」という水準をも超えて、純粋に象徴の地位にエンペラーがいるというのは、日本独特のものです。それは、象徴君主制とでも言うべき特殊な制度です。

もう一つの特殊性が憲法九条です。これも明確に戦後秩序の枠組みからはずれています。戦後の国際秩序とは、国連憲章にも明記されていますが、次のようなものです。国際紛争を解決する手段として武力の行使を排除する、しかしながら、不正な侵略行為に対しては各国は自衛権を有する、というものです。すなわち、侵略戦争の排除と自衛戦争の肯定です。これは、戦後の国際秩序の帝国主義的・民主主義的性格を明確に表現しています。「民主主義的」というのは、それが侵略行為を明確に排除しているからであり、「帝国主義的」というのは結局、自衛戦争を肯定することで、帝国主義国が場合によっては自衛を装った侵略行為を行なうことを可能にしているからです。

しかしながら、日本国憲法の第九条というのは、このような水準を大胆に越えているのです。なぜなら、侵略であろうと自衛であろうと、国権の発動たるあらゆる戦争行為を否定し（第九条第一項）、それと同時に、それを物質的に保障するために、あらゆる武力の保持をも禁止しているからです（第九条第二項）。これは、資本主義国の、しかもかなり経済力を有する大国の憲法としては、まったく驚くべき規定です。マルクスやレーニンを持ち出すまでもなく、資本主義国家に軍隊はつきものであり、とくに現在のような帝国主義の時代に、ある資本主義国が武力の保持を自国の憲法で否定するというのは、支配層から見ればまったく馬鹿げたユートピアニズムです。にもかかわらず、このような条項が入りました。イタリアの憲法にも、国際紛争を武力で解決することを否定する文言は前文に入っていますが、本文では明確に自衛戦争を肯定しており、「祖国の防衛はすべての国民の神聖な義務である」と謳っています。このような条項を日本の憲法にも入れろと主張する人がいるとしたら、周囲の人はおそらくその人をとんでもない軍国主義者で、戦前の亡霊だと思うでしょう。しかし、イタリア共産党も参加して作られたイタリアの憲法には、このような祖国防衛条項が入っているのです。ドイツの憲法もこの点では同じです。いかに日本の憲法が特殊かわかるでしょう。

この条項がいかに当時の戦後秩序の国際的コンセンサスからはずれていたかは、憲法制定当時、日本共産党自身がこの九条の規定に反対したことからも明らかです。当時、共産党は、野坂参三を通じて、侵略戦争は禁止されるべきだが、自衛権はどの国にも存在するのであり、九条は自衛権を否定することになると主張しました。この主張は、スターリンのソ連を含めた当時の国際的コンセンサスの枠内にあるものです。しかし、この主張は通らず、結局、第九条を含めた憲法が国会で承認され、これが今日まで続いています。そして、当時反対した日本共産党を含め、戦後民主主義運動はこの憲法第九条の擁護を自分たちの最も重要な要求項目にするのです。

先に少し触れたように、天皇が象徴として残ったことと、憲法九条が入ったこととは、相互に不可分な関係にあります。天皇が残るかぎり、日本が再び戦前のような侵略国家になる可能性がある、それを防ぐには軍隊を持つことそのものを禁止しなければならない、という論理がアメリカ占領軍の中であったことは、おそらく推測可能です。また逆に、憲法九条があることで、天皇を象徴として残してもそれほど害はない、何といっても、公式の最高責任者は天皇だが、侵略戦争を直接に指導していたのは軍部と政府であり、軍隊の保持を禁止すれば必然的に戦前のような暴走は不可能だろう、という論理もおそらく占領軍の中で働いたと思います。

いずれにせよ、このセットは、戦後日本の政治的・社会的相貌の形成にとってきわめて重要な役割を果たすことになります。

戦後的統合構造の模索——一九五〇年代

さて、戦後の支配層は、大胆な戦後改革と特殊な憲法という枠内でその政治的出発を開始します。実際、その前途は暗澹たるものでした。共産党を除くすべての政党が侵略戦争に積極的に関与し、多くの幹部が占領軍によって公職追放された中で、彼らは戦後秩序の形成を開始しなければならなかったからです。ドイツでもイタリアでも、ファシズムに抵抗したブルジョア的あるいは社会民主主義的政党および政治家は数多く存在していたので、戦前のファッショ的秩序と手を切った形で戦後のブルジョア支配を行なうことは比較的容易でした。しかしながら、日本でもし戦前の天皇制や侵略戦争とまったく無縁な政治勢力だけで戦後秩序をつくろうとすれば、それは必然的に共産党政権になるほかありません。しかし、反共のチャンピオンであるアメリカの占領のもとで共産党の政権を形成するなど馬鹿げたことです。しかも、下からの革命によって出発したわけではないので、戦前に国家的に培われた国民の間の反共意識はきわめて強力であり、その点からも共産党政権は不可能な話でした。

結局、占領軍は戦前との連続性を色濃く持った保守政党と保守政治家を戦後秩序の担い手として設定せざるをえませんでした。ここにおいて、戦後改革の社会的内容における「戦前との断絶性」と、戦後秩序の人格的担い手における「戦前との連続性」という矛盾が生じました。この矛盾から、戦後の保守的支配層は、絶えず戦後改革と憲法を建前上否定しながら、絶えずそれらに実質的に適応することを余儀なくされることになります。この矛盾した運動が、戦後の民主主義運動やアメリカ帝国主義の戦略などと相互作用する中で、戦後における保守政権のさまざまな政策や戦略の形成ないし転換の過程を規定していくのです。

最初、占領軍による占領統治が終了して、日本が形式的に独立国家になったとき、保守的支配層はまずもって、憲法の改悪による戦前秩序への一部回帰を戦略として選択します。もちろん、この回帰はあくまでも「一部」回帰であって、全面回帰ではありえません。それは、日本の主人たるアメリカがけっして容認しないし、日本の資本主義的発展にとってもマイナスだからです。それでも、少なくとも憲法九条を撤廃して自衛の軍隊を合憲とし、天皇の地位を象徴からもっと大きな権限を持つ、たとえば通常の立憲君主国家における制限君主の地位へと格上げしようとしました。しかしながら、この戦略は、下からの民衆の激しい反対闘争によって挫折します。「押しつけ」られた憲法をようやく自分たちのものとして受容しはじめ、戦後民主主義運動の新しいうねりを形成しはじめた日本の民衆にとって、それは受け入れがたいものでした。ある意味でヤブヘビのようなもので、日本の支配層が戦前的秩序の一部回帰をめざしたことが、かえって、日本の民衆における護憲意識と平和意識をかきたてることになったのです。そしてこの戦後民主主義運動は、六〇年の安保反対運動で最初の頂点を迎えます。

戦前への一部回帰路線が手痛く挫折した保守支配層は、新たな戦後秩序の構築に向けての模索を開始します。そして結局のところたどりついたのは、平和憲法をしぶしぶ受容しつつ、安保体制を前提にした小さな軍隊と大きな経済を追求する「平和主義的経済主義」の路線でした。もちろん「平和主義」といっても相対的なもので、安保体制というアメリカ帝国主義への従属体制を前提にしたものであり、その侵略政策の一翼を担っていましたが、独自の帝国主義的軍事体制を有していないという意味で「平和主義」的なものでした。これは、支配層の自覚的な戦略選択の結果というよりはむしろ、それ以外にとる戦略がなかったと言う方が正確かもしれません。こうした流れについては、渡辺治さんの『政治改革と憲法改正』（青木書店）に詳しいので参照してください。

企業主義的統合の成立――一九六〇年代

さて、このような経済主義的な戦後秩序の形成において中心的役割を果たしたのは、一九五〇年代から六〇年代初頭にかけて民間大企業で形成された企業主義的統合でした。戦後改革の始まりとともに、戦前には強権で押さえこまれていたさまざまな民主主義運動が一気に開花します。その中心的なものの一つが民間大企業で嵐のような前進を遂げた労働運動です。半ば自然発生的に始められ、社会党員や共産党員によって中心的に担われた職場闘争は、下からの生き生きとしたイニシャチブに支えられた独創的な運動であり、大いに資本を追い詰め、多くの成果を獲得しました。しかしながら、この運動に対し、国家権力のみならず、当時においては無敵であった占領軍も介入し、レッドパージによる職場活動家の一掃、下山・三鷹・松川事件をはじめとする各種の謀略事件による弾圧、大ストライキの警察力による鎮圧などによって、何とかこの嵐のような労働運動を押さえました。民間大企業では、左派中心の組合に対抗する、右派の第二組合が次々と結成され、さまざまな手段を使って多数を獲得しました。こうして、一九六〇～七〇年代における企業主義的統合の階級的前提条件が成立したのです。

しかし、単に力によって押さえこむだけでは、労働者を本当に抑え込むことはできません。労働者に対し、企業への忠誠を調達するための一定の社会的譲歩と階級妥協の仕組みを導入しなければなりません。その格好の材料となったのが、戦後労働運動によって獲得されたさまざまな諸成果でした。

その第一は企業別組合です。ホワイトカラーもブルーカラーも参加した企業単位の組合は、一方では、職工差別反対運動の担い手として適切であり、他方では、下からの職場闘争をフレキシブルに指導するうえでも適当な形態でした。しかしながら、全般的な階級闘争の敗北と左派の排除・弾圧とともに、この企業別組合は、企業単位の協調主義路線を体現する最も理想的な道具になりました。企業別組合の幹部は企業内部の出世が保障されることで、企業の発展に積極的に与するようになり、資本の横暴を下から規制するという組合の本来の役割はますます疎遠なものとなり、ただ企業の発展によって獲得された利益を労働者にも賃上げという形で配分することのみを追求するようになりました。

その第二は年功賃金です。年功賃金も本来、競争主義的・能力主義的な賃金体系を排して、生活の必要に見合った賃金ということで労働組合の闘争によって勝ちとられたものです。しかしながら、これも階級闘争の敗北とともに資本家的に読み替えられ、能力主義的に再編されました。その核心は昇進昇級に当たって人事考課が導入されたことです。年齢と勤続年数と家族数によってすべての労働者に関して毎年一定度賃金が上がりながらも、その上り方にレンジ（幅）が導入され、企業により貢献した労働者はより高く上がり、活動家や女性労働者はきわめて低く格づけされました。こうして、四〇～五〇歳代になると順調に出世した労働者との賃金格差は年間で数百万にのぼるようになりました。

その第三は終身雇用です。この終身雇用ももともと、簡単に労働者が首を切られない権利として、戦後労働運動の闘争によって獲得された成果です。しかしながら、企業側は、階級妥協の一貫としてこの終身雇用の規範を受け入れる一方で、その代わり労働者をあちらこちらに配転する権限を獲得し（ローテーション）、それを用いてフレキシブルな労働編成を実現しました。この自由配転原則は、一方では、労働者の労働意欲を喚起する手段として用いられるとともに、他方では、活動家を封じ込める手段としても使われました。

以上の三つは、一般に日本型雇用の特殊性を構成するものとして国際的にも認識されています。これらの三つの原則は基本的には大企業の正規男性労働者だけに保障されたものですが、社会全体の雇用モデルとして流布されることになりました。大企業の正規男性労働者は、大企業に属して忠実に仕事をこなしているかぎり、簡単に首を切られることもないし、年齢とともに賃金が上がるので、しだいにその闘争力を減じていきました。また同時に、年齢の加算とともに増大する生計費は、企業の年功賃金と各種の手厚い企業福祉によって保障されます。また、多くの大企業労働者の家庭では専業主婦がおり、子育てや家事労働などの面倒な仕事はその専業主婦がやってくれるので、大企業男子正規労働者は、全国家的福祉にも冷淡になっていきました。ヨーロッパの民間組織労働者のように社会民主主義政党に結集して社民政権の福祉国家政策を通じて自分たちの生活を守るのではなく、企業の繁栄とそれによって得た利益の企業内配分という手段を通じて自分たちの生活を守るという規範が、しだいに確立されていったのです。

このような独特な体制内統合のあり方は一般に企業主義的統合と呼ばれています。この企業主義的統合の成立が一つの要因となって、戦後における急速な都市化と、労働人口に占める雇用者の割合の急速な増大にもかかわらず、ヨーロッパ型の社民政権は成立せず、自民党政権が一貫して継続するという事態が生じたのです。

利益政治的統合の成立――一九六〇年代後半～七〇年代半ば

ところで、保守政党がどんな統合戦略をとるのであれ、彼らは政権を維持するには、個々の選挙において具体的に多数派を獲得しなければなりません。自民党は、戦後、基本的に、戦前から継続する伝統的な地域支配構造にかなりの程度依拠して選挙で多数を獲得してきました。

すでに述べたように、戦後改革は下からの革命の結果としてではなく、主として占領軍による上からのものであったので（もちろん、それによって喚起された下からの階級闘争がその遂行を可能にしました）、改革の中身そのものはラディカルなものでしたが、戦前来の地元有力者による隠然たる地域支配の構造は、とくに農村や都市の下町では大きく変化しませんでした。旧来の大地主は農地改革によって土地の大部分を失ったものの、その政治力をなお保持し、この伝統的支配構造に乗っかって自民党は農村部で安定した多数を獲得しつづけたのです。それは一方では草の根の保守支配の仕組みであるとともに、他方では地方で生活する職人労働者や自営業者、農漁民たちの要求を政権に反映させる回路でもあり、戦後の階級闘争はこうした地方支配との闘いを通じて、前者の側面をより弱め、後者の側面をより強めるという形で作用しました。とはいえ、高度成長期までは、前者の側面が支配的でした。

しかしながら、このような伝統的地域支配構造は、戦後の急速な都市化と国民の労働者化によって大きく揺らぎます。まずもって、数の上から言っても、この伝統的地域支配のなかに直接組み込まれている住民の数は年々減っていきます。また、理念の点から言っても、このような地域のボス支配は戦後民主主義の理念と相容れません。自民党がもしこのような統合構造にのみ立脚していたとしたら、いずれ政権の座から落ちたことでしょう。しかし、そうはなりませんでした。その最大の理由は、すでに述べた企業主義的統合が民間大企業に成立したために、本来、社会民主主義政権の中核となるべき大企業労働者が保守化したことです。しかしながら、この大企業労働者は社民の中核にはならなかったとはいえ、だからといって自民党の積極的な支持部隊になったわけではありません。また、やはり急速な都市化と資本主義化は公害問題や住宅問題や福祉の問題を始めとする多くの現代的問題を噴出させ、都市部における共産党を始めとする革新勢力の力を強め、一九六〇年代後半から七〇年代初頭にかけて各地の大都市で革新自治体が成立する事態になりました。

このような統合危機を自民党は、一方では反共キャンペーンの精力的な展開とともに、他方では旧来の統合構造を新たに再編することによって乗り切ろうとします。それこそが、後藤道夫氏や渡辺治氏が「利益政治的統合」と呼ぶシステムです。まず、農村部や地方都市においては、単に旧来の伝統的地域支配だけではすでに安定した統合が不可能になった段階で、新幹線を通したり、道路を拡張したり、農業用水路を建設したり、農道や河川を舗装したり、大きな会館を建設したり、といった積極的な公共事業を展開し、あるいは各種の補助金を与えることで、日本の資本主義的発展の恩恵を、独特の形の所得再配分を通じて農村住民および地方都市住民にわけ与えたのです。また、大都市においては、一九七三年に成立した大店法に典型的に見られるような保護主義的規制の強化を通じて、都市自営業者の支持を維持しました。

以上のような統合構造は、全体としての自民党の平和主義的経済主義の路線とあいまって、自民党の政権を維持強化するのに寄与したのです。

戦後的秩序の諸結果――日本の帝国主義化の構造的遅れ

ここで、以上の戦後的な統合構造によってどのような特殊性が日本社会に刻印されたかを簡単に総括しておきましょう。

すでに述べたように、戦前の日本は、本来の経済的基礎が十分でないときにまったく早熟な政治的・軍事的帝国主義化を果たしました。それに対して戦後の日本は、戦前とはまったく逆に、十分に高い経済力を持ちながら政治的・軍事的帝国主義化の方ははなはだしく遅れることになりました。このような事態が生まれたのはいくつかの理由があります。

まず第一に、憲法の規制力です。自衛戦争を含むあらゆる戦争行為を禁じただけでなく、武力そのものの保持を禁止した憲法九条は、その後に自衛隊が創設された後も規制力を発揮しつづけ、日本が普通の帝国主義国になることを一貫して制約しました。たとえば、日本には未だに本格的な有事立法が存在せず、スパイ防止法も軍部も存在しません〔そのずっと後、有事立法やスパイ防止法に類する各種立法が事実上成立したが、九条的規制はかろうじて存在している〕。いずれも、憲法で自衛戦争を肯定している国においては当然存在しているものです。自衛戦争が正当化されるならば、当然、戦争を遂行するのに必要ないっさいの諸制度・諸法律が正当化されます。ところが、日本ではその肝心な自衛戦争が憲法によって否定されているので、自民党によるさまざまな策動も絶えず制約され、中途半端に終わらざるをえないのです。

第二に、憲法を擁護しそれを実質化しようとする戦後民主主義運動の存在と日本国民の平和主義的意識です。最初は憲法九条に疎遠であった左翼勢力も、憲法九条の持つ反軍国主義的な意味を理解するようになり、その擁護を運動の中心に据えました。憲法が自衛戦争を肯定している国では、それにともなうさまざまな諸制度や諸立法に反対することは非常に困難です。しかしながら、日本には憲法という日本における最も権威ある法律がバックアップしてくれているわけです。これはわれわれにとって決定的な強みです。

第三に、韓国・朝鮮や中国を始めとするアジア諸国の警戒心と抑制力です。日本が自衛隊を創設したり、軍備増強したり、有事立法を制定しようとしたり、天皇イデオロギーを強化しようとしたりするたびに、かつて日本に侵略されたこれらの国から生じるいっせいの反発と政治的圧力は、日本の支配層の動きを効果的に制約してきました。この点で独特の役割を果たしたのが、実は憲法の天皇条項です。象徴としてであれ、結局、天皇をきわめて高い公的地位に残したことで、日本が「普通の」国家になろうとするたびに、そうした動きがすべて戦前の亡霊に見え、戦前への回帰に見えるという事態になってしまいました。この天皇条項は、きわめて皮肉なことに、支配層にとっては日本の帝国主義的復活を妨げる役割を果たしたのです。

第四に、一九六〇年代に成立した独特な企業社会的統合構造が日本の多国籍企業化を遅らせたことです。この点については渡辺治氏の諸著作が詳しいのですが、日本企業における強力な労働者統合と強力な下請け支配は、日本企業の生産性を著しく高め、そのことがかえって、日本企業の本格的な海外進出を遅らせました。後で述べるように、大企業の海外進出とそのグローバル化こそが、その国の帝国主義的衝動の最も重要な経済的動因となるのですが、この要素が日本では一九八〇年代になるまで本格化しませんでした。

第五に、自民党の利益政治的統合によって自民党の政治的基盤となっていた農民や都市自営業者が、日本の帝国主義化と矛盾する利害を有していたことです。なぜなら、日本の帝国主義化には経済の本格的な国際化が不可欠ですが、それは単に日本の商品や企業が海外に展開するだけでなく、海外の商品や企業が日本に大規模に入ってくることをも前提するからです。このことは明らかに、国内的な保護体制に依拠していたこれらの階層の存立を危うくすることになります。また、これらの階層の人々は基本的に平和主義に親和的な階層でもあり、日本の本格的な政治的・軍事的帝国主義化には絶えざる警戒心を抱き、地元出身の自民党政治家に絶えざる圧力をかけることになります。

第六に、安保体制を要とする独特の対米従属体制が存在したことです。アメリカ帝国主義の国際政策は、日本の支配層がなすべき帝国主義政策を代行するという側面を部分的に持っていました。そのため日本は独自に戦争を行なえる本来の帝国主義的軍事・政治体制を作るのではなく、アメリカ帝国主義に従属し、アメリカに基地を提供し、米軍を補完する自衛隊を建設することで、その帝国主義的役割を代替してきたのです。ただし、この代行関係にはアメリカが積極的にそれを是認してきたという面と、日本がアメリカと並んで同じような積極的役割を果たすことに日本自身が抵抗したという両面があることに注意する必要があります。「日本の対米従属」というのは左派の決まり文句ですが、日本の支配層はしばしばアメリカからの帝国主義的要請よりも日本国内における安定した統治を優先させてきたのであり、それが日本の帝国主義化の立ち遅れにもつながっているのです。

以上の点から、日本は一九六〇～七〇年代に十分な経済的発展を遂げたにもかかわらず、それに見合った政治的・軍事的帝国主義化の方は一貫して立ち遅れるという、戦前とは逆の構造的ずれが生じました。しかしながら、このような立ち遅れはいつまでも放置することのできないものでした。したがって、それを克服する過程が一九七〇年代後半から始まるのです。

三、日本の帝国主義化と支配ブロックの再編

過渡期――一九七〇年代後半～八〇年代半ば

まず、一九六〇～七〇年代に成立した各種の統合構造はそれぞれ、一九七五年以降の低成長期にしだいに動揺を見せます。まず利益政治的統合についてですが、これは、高度経済成長と税収の継続的な増大という枠組みの中でのみ安定した存在を保つことができます。しかし、低成長に移行した中で、大規模な公共事業と補助金政治はまたたくまに赤字財政をつくり出しました。かくして、自民党政権の安定に寄与した利益政治的統合は、とりわけ一九八〇年代に入って、雪ダルマ式に増える財政赤字の中でますます桎梏に転化します。ここからすでに、この初期の時期における臨調行革路線などが出てくるわけです。

また、日本経済の高成長を実現する中心的役割を果たした企業主義的統合も、この時期に問題視されるようになります。それは、この統合の失敗のためではなく、むしろそのあまりに大きな成功のためです。世界の先進資本主義国はどこも一九七〇年代初頭ないし半ば以降から深刻な不況と低成長に移行するのですが、日本はその中で最も早く不況から立ち直りました。それは、日本の主流労働組合の積極的な協力のもとに、スムーズな減量経営と技術革新を成し遂げ、長時間・過密労働を日常的に行なうことができたからです。また、当時における日本の人口構造がまだ、その後訪れる高齢化の弊害に見舞われていませんでした。そのおかげで、日本経済は、低成長といってもかなりの高い率で持続的な成長を果たし、一人勝ち現象をもたらしました。しかも、すでに述べた日本の企業社会的構造ゆえに、この一人

勝ちは日本の大企業による集中豪雨的輸出として現象し、このことは日本の巨大な貿易黒字を生み出し、アメリカを始めとする先進諸国の警戒と反発をもたらしました。

さらに、日本経済の急成長は、日本の支配層がこれまでとってきた「平和主義的経済主義」の路線に対する諸外国、とりわけ盟主たるアメリカからの批判を呼び起こします。アメリカが、ベトナム戦争の失敗もあって、先進諸国の中ではとりわけ厳しい経済情勢に陥り、かつて圧倒的な優位を誇っていたその経済力に陰りが見えはじめていたからです。ここから、いわゆる「タダ乗り」論が噴出し、帝国主義的国際秩序を維持するために日本がもっとしかるべき負担と犠牲を払うべきだという声が急速に大きくなっていきます。日本の本来の帝国主義政策を代行してきた安保体制が今度は逆に、日本の軍事的・政治的帝国主義化を積極的に促進するものへと転化していきます。

こうした中で一九八二年に成立した中曽根内閣は、いわゆる「戦後政治の総決算」路線を打ち出し、平和主義的経済主義を清算して、その経済力にふさわしい国際秩序の重要な一翼を政治的・経済的に担うこと、国内の政治体制もそれにふさわしいものに作り替えることをめざしました。しかしながら、この試みは、GNP一%枠の突破、国鉄の分割・民営化など重要な成果を勝ちとりましたが、国民の大規模な反発や自民党の政治家自身の大きな躊躇もあって結局、多くの点で未達成に終わりました。

この中曽根路線の中途挫折は、旧来の自民党政治の統治構造の枠内でいかに根本的な帝国主義的改革をやりとげるのが困難であるかをまざまざと示し、日本の帝国主義的利害に自覚的なイデオローグや政治家たちは、この旧来の統治構造そのものにメスを入れなければならないのではないか、そのためには自民党政治を右から打破しなければならないのではないか、という意識をうっすらと持ちはじめます。しかし、こうした意識がはっきりと形をとるようになるのは、次の時期になってからのことです。

日本経済の多国籍化と自民党政治の行き詰まり――一九八〇年代後半

すでに述べたように、一九七〇年代後半から八〇年代初頭にかけて飛躍的に増大した日本企業の輸出攻勢は諸外国の反発を生み、その結果、国際政治からの介入を生みます。とりわけ画期的であったのは、一九八五年のプラザ合意にもとづく円高政策の確立です。このプラザ合意によって、一九八四年には一ドル二四四円台であった為替レートが、一九八九年には一ドル一四三円台へと跳ね上がります。こうした急激な円高をきっかけに、これまで輸出中心の戦略をとっていた日本の大企業がいっきに海外直接投資を増大させ、多国籍企業化します。その結果、たとえば一九八九年度における日本の海外直接投資は八〇年の一五倍、八四年と比べても六・七倍に増大しました。

この海外直接投資の飛躍的増大は、日本内部の帝国主義的衝動を形成する最も重要な経済的要因です。そもそも、資本主義の帝国主義化の経済的基礎は、その国の経済そのものの国際化です。しかし、この国際化には、資本循環の三つの形式に即して三つの段階があります。第一の段階が、商品資本循環の形式に即して、商品資本の輸出です。資本主義経済が一定成長するとかならず国内市場だけでは需要が不足して、それは商品資本として輸出されます。これは資本主義経済の国際化の第一段階です。次に、貨幣資本循環の形式に即して、貨幣資本の輸出の段階が生じます（レーニンは有名な『帝国主義論』の中で、「商品の輸出」から「資本の輸出」への移行について述べていますが、これは正確に言うと、「商品資本の輸出」から「貨幣資本の輸出」への移行です）。これが第二段階です。貨幣資本の輸出とは、たとえば、世界各地での株式投資や国債投資として自国の貨幣資本が世界市場に流れることです。商品資本の輸出から貨幣資本の輸出へと移行することで、自国経済と世界経済との結びつきはいっそう強まり、投資先の政治的安定というものが、自国資本の利害擁護にとってきわめて重要な意味を持ってきます。

なぜなら、投資先の政治が不安定化したり、あるいは革命などが起こるなら、商品資本の輸出の場合には一時的に輸出のストップという形で打撃を受けても、商品の現物は残りますが、貨幣資本投資の場合は、それ自体は価値を持たない紙切れに投資しているものですから、一気に無に帰してしまう場合もあるわけです。ヒルファディングやレーニンなどが資本の輸出を帝国主義的衝動の原因とみなしたのは、こういうわけです。

しかし、この段階はまだ第二段階であって、より本格的な経済の国際化の基礎となる第三の段階があります。それが生産資本循環の形式に即して、生産資本の輸出です。すなわち、諸外国に単に商品を売ったり証券投資をしたりするだけでなく、自社の生産プラントを実際に外国で建設し、そこで生産・販売を行なうことです。この段階に至って、真に帝国主義的衝動の経済的基礎が成立します。なぜなら、投資先で革命が起これば、自社の生産プラントはすべて没収されてしまうことになるし、また実際に現地にいる幹部社員の身の危険にもなるからです。したがって、資本の側は、自国の国家権力に対して、自社の投資先の政治と経済を安定させるべく政治力を行使するよう求めることになります。

以上、経済の国際化にはこのような三つの段階が想定されます。いわゆる多国籍企業化とは、この第三段階が世界的に展開されることを言います。日本企業はバブル景気とともに一九八〇年代後半からこの段階に本格的に乗り出すのです。

こうして、日本企業の多国籍化にともなって、一九八〇年代後半以降に財界からの日本の帝国主義化要求が一気に高まります。それと同時に、過渡期から続いていた国際的な圧力もますます高まります。もはや自民党政権は本格的な帝国主義的改革に着手することを避けられなくなりました。しかしながら、日本の帝国主義化を妨げてきた種々の障害は一朝一夕で克服できるものではありません。とくに、利益政治的統合に依拠して当選を勝ちえていた自民党の個々の地方出身議員たちは、総論としては日本の帝国主義化と本格的な市場開放に同意しながらも、各論としては地元有権者を気にして絶えず抵抗しました。

さらに、あまりに長期にわたる自民党政権は必然的にさまざまな汚職を生み出し、とりわけこの時期にはほとんどすべての自民党有力政治家が関与していたリクルート疑惑が勃発し、自民党政権の信頼がいっきに揺らぎます。さらに追い打ちをかけたのは、湾岸戦争における自民党政権の失態です。平和主義的経済主義路線に数十年間どっぷりつかっていた自民党の有力者たちは、日本の帝国主義的イニシャチブが問われていたこの事件において何ら積極的な行動を起こすことができず、右往左往してアメリカの要求に受動的に応えることに終始しました。こうした一連の事態の中で、ついに、小沢一郎を始めとする自民党の中で最も日本の帝国主義的利害に自覚的な部分が自民党に見切りをつけるようになるのです。

日本帝国主義の階層的基盤の成立――一九九〇年前後

しかしながら、日本の帝国主義化への衝動を単に財界や政治家の思惑に還元することは、実際にはあまりにも単純な見方です。ごく一部の住民にしか投票権がなかった一九世紀や二〇世紀初頭ならいざしらず、基本的に一定年齢以上の男女全員に投票権が保障されている現代社会においては、日本の帝国主義化を支える国民意識の形成と、それの担い手となる広範な階層が出現したことが明らかにされなければなりません。

この帝国主義的国民意識を形成しその担い手となった階層こそが、すでに冒頭に繰り返し紹介した

「強い市民」層であるというのが私の主張です。この「強い市民」層は大雑把に言って、次の二つの部分に分かれます。

一つは、大企業の企業主義的統合の中核部分にいるサラリーマン層、とりわけ大卒の男性ホワイトカラー層です。この階層はすでに述べたように、一方では年功賃金と終身雇用と企業内福祉に依拠しているがゆえに、他方では育児や家事や介護労働を専業主婦たる自分の妻に任せているがゆえに、公的福祉に冷淡になることができました。このことは、一九六〇～七〇年代に社民政権の形成を不可能ならしめた要因でしたが、同時に、一九八〇～九〇年代における福祉削減に対する抵抗力の弱さとしても現象しました。さらに、大企業への彼らの依存（単に経済的依存であるだけでなく、政治的および文化的でもあるトータルな依存）は、企業の繁栄にとって不可欠である多国籍化や帝国主義化や市場開放にも親和的にさせました。

もう一つは、直接、大企業に統合されているわけではないけれども、社会の中で高い地位と高い所得を保障されている諸階層、とりわけ高度専門職従事者層、たとえば官僚、医者、弁護士、税理士、大学教授、上層マスコミ労働者、評論家、コンピューター・プログラマーなどです。これらの階層の主流部分は、その所得と地位の高さからして基本的に弱者向けの福祉に冷淡であり、農業保護や自営業者保護にも敵対的です。また彼らは自分たちの専門能力に自信を持っていますので、規制緩和と自由競争にもきわめて親和的です。さらにまた、彼らの社会的地位と所得の大きさは、全体としての日本の帝国主義的地位の高さと強固さに依存していますので、日本の帝国主義化にもきわめて親和的です。

この二つの層からなる「強い市民」層、とりわけその中の明確な保守派は、一九八〇年代を通じてしだいに自民党政治に対するフラストレーションを暮らせていきます。というのは、自民党政権が全体として日本の資本主義的発展を保障し、共産主義勢力を押さえこみ、対米従属下の軍備拡大を始めとする最小限の帝国主義的義務を果たしていたという点で、それは支持しうる選択肢でしたが、自民党自身は選挙での多数派戦略として農民や都市自営業者層への利益政治をやめようとせず、そのために税金の「無駄遣い」を行ない、また、支持基盤の平和主義的意識におもねって大胆な帝国主義的改革を怠ってきたからです。直接この「強い市民」層の利害をとりあげ、それを大胆に実現していく有力政党が存在しない中で、この「強い市民」層は、次善の選択として自民党を支持するか、あるいは無党派層になりました。しかしながら、一九八〇年代後半になって、自民党政治家のあいつぐ汚職事件や、コメ輸入自由化絶対反対論に見られるような農民保護的姿勢にしだいに嫌気がさしてきた「強い市民」層は、別の選択肢を模索しはじめます。

その最初の対象となったのが、すでに述べたように一九八九～九〇年の土井社会党でしたが、この政党が結局は自分たちの利害を十分に実現する能力の根本的に欠落した古い体質の政党にすぎないことがわかるや、そこからさっさと離反し、新しい選択肢に向けてその潜在的エネルギーを急激に膨張させていったのです。そのはけ口となったのが、一九九〇年代に入ってあいついで結成された新興保守政党です。日本新党、新党さきがけ、新生党などです。こうして、九三年政変のお膳立てが整ったわけです。

九三年政変と非自民連立政権

一九九三年総選挙におけるいわゆる「非自民」系新興政党を中心とする野党勢力の勝利と政権交代の実現は、それ以前に成熟していたさまざまなエネルギーが結合した結果です。日本の適正負担と市場開放を求める外圧、日本の帝国主義化を求める財界と新保守主義政治家の策動、自民党政治に変わる新しい保守政治を求める「強い市民」層の情熱、これらが重なりあって九三年政変が実現したのです。これらの要素に加え、一九八九〜九一年にソ連・東欧が崩壊したことは、自民党政権の右からの打倒をより容易にしました。というのは、社会主義の脅威があるかぎり、おいそれと自民党政権を掘りくずす危険性は冒せませんが、その脅威がなくなった以上、より大胆に政治改革にのぞめるからです。

さて、この九三年政変の目的は主として次の二つでした。一つは、日本資本主義の高度な発展水準とその多国籍化に見合った政治的・軍事的体制を確立すること、二つ目は、それを実現するうえで不可欠な市場と経済のシステムを確立すること、とりわけ国家の福祉負担を軽減し、各種の規制を撤廃し、公的部門の比重を引き下げ、内外の大企業によるより自由な経済活動を保障することです。前者は一言で「帝国主義化」政策と呼ぶことができ、後者は「新自由主義化」政策と呼ぶことができます。

一つ目の帝国主義化政策の内容をさらに区分すると、まず第一に、権威的な国内体制をつくる上で桎梏となっていた相対的に民主主義的な選挙制度である中選挙区制を廃止して、小選挙区制中心の選挙システムをつくることです。この小選挙区制導入の目的は主に二つあり、一つは、自党の個々の議員に対する党執行部のヘゲモニーを確立し、地元有権者に左右されがちな議員のわがままを抑え込むことです。もう一つは社会党を政治的に粉砕し、共産党を完全に周辺化することで、保守ないし新保守の政治的独占を実現することです。

帝国主義化政策の第二は、自衛隊の増強と、その海外派遣をより広くより自由に展開する体制をつくることです。第三に、安保の全面的見直しをやって、アメリカのグローバル戦略に合致した体制を確立することです。第四に、これらの展開に不可欠な新しいナショナリズムを国民の間で喚起することです。そして第五に、憲法そのものをそれにふさわしいものに改めることです。最後の課題はなお支配層にとっても最大の難関ですので、安全保障基本法などの形をとった実質的改憲から、より本格的な改憲まで、さまざまな選択肢が念頭に置かれています〔これはその後、周辺事態法や安保法制として実現されていった〕。

次に二つ目の新自由主義的改革の内容をさらに区分すると、まず第一に、累進所得税中心の民主主義的税制度から、消費税などの間接税を中心とした階層的税制度に移行することです。この政策はとりわけ、年収七〇〇～八〇〇万円以上の高所得層にアピールすることになります。第二に、医療・福祉・教育の切り捨てと市場化・自由化です。第三に、公務員の大幅削減と公共部門の民営化です。第四に、地方分権の名のもとに、国家の負担と責任を地方自治体に移譲することです。第五に、社会のあらゆる分野における規制緩和です。

「規制」と言ってもさまざまなものがありますが、現在、緩和の主要な対象とされている分野は大きく言って二つあります。一つは、中核部分の競争規制で、大企業間の過度な競争を防ぐための、あるいは、経済混乱や金融危機を未然に防ぐための規制です。典型的には、金融行政の規制がそれで、銀行や証券や保険の業務間規制、長短金利規制などです。昨今、話題になっている「金融ビッグバン」は、こうした規制をとっぱらって、国内外の金融資本間のより激しい競争を誘発しようとするものです[2]。もう一つは、周辺・下層部分の弱者保護的規制で、とりわけ、都市自営業者にとって重要な流通規制、労働者にとって重要な各種労働保護的規制、農林漁業従事者にとって重要な第一次産品の輸入規制などがターゲットになります。これによって、これまでの利益政治的統合のうち、とりわけ農民や都市自営業者に恩恵を与えていた部分の清算が目論まれていますが、気をつけなければならないのは、利益政治的統合のうち大手ゼネコン向けの公共事業に関しては必ずしも完全な清算が目指されているわけではないということです。この両者はきっちり区別されなければなりません。

以上の重要目標のすべてが、九三年政変とそれに続く非自民連立政権のもとで実現されたわけではありません。しかしながら、小選挙区制の成立とコメの輸入自由化という二つの重要課題は実現されましたし、また消費税の増税に先鞭をつけることにも成功しました。そして、すでに述べたように、その後、選挙での敗北から教訓を学んだ自民党が、この路線を引き継いで、以前より本格的に帝国主義化と新自由主義政策に乗り出しています。

四、ニュー自民党と今後の改革の動向

ニュー自民党の改革路線

以前より本格的に新自由主義を目指すようになった自民党、これをニュー自民党と呼ぶとすれば、このニュー自民党を中心とする政権が最近やつぎばやに実現している諸政策は、いずれも、日本のいっそうの帝国主義化と新自由主義化を目指すものです。もちろん、「ニュー」といっても、この党を構成する個々の議員はこれまで通り利益政治的統合に乗っかって当選した議員ですので、新自由主義政策に対する部分的な躊躇や抵抗は今後も絶えず起こります。いくら一度総選挙で破れたからといって、これまでの利益政治的統合構造をあっさりと切り捨てて、一朝一夕で完全な新自由主義政党に生まれ変わることなどできるものではありません。

それはさておき、ニュー自民党の基本的な政策動向を簡単に見ておきましょう。まず軍事と安保の分野では、一九九六年の安保共同宣言と昨今のガイドライン見直しに見られるように、これまでの極東安保の水準から、アジア・太平洋地域という広大な地域のアメリカの戦略的展開に日本が積極的に協力す

る体制の確立が目指されています。選挙制度の分野では、九六年総選挙の時にいわゆる重複立候補批判キャンペーンがマスコミや保守政党を中心に行なわれ、小選挙区制で落選した議員が比例代表で当選する現象が特別に問題扱いされましたが、これは明らかに比例代表選挙よりも小選挙区選挙を優位にすることで小選挙区制の比率を増大させようとするものに他なりません。

憲法の問題は、最近、憲法調査委員会設置推進議員連盟が結成され、にわかに憲法見直しに向けた具体的な動きが議員レベルで起こっています。さらに自民党憲法調査会は憲法アンケートを実施して、憲法見直しの雰囲気を高めることに積極的に努力しています。消費税の問題では、すでに税率は五％に引き上げられ、今後ともそのアップが狙われるでしょう〔周知のように、その後八％に上がり、さらにその後一〇％まで上がった〕。医療・福祉の分野では、九月より実施される医療改悪、さらに厚生省が提案している新しい医療改悪案は、公的医療保険制度の大幅な改悪を目指すものです。これに関連して、与党の医療保険制度改革協議会は、八月二二日、高齢者の医療費負担に関し、定額制から一割の定率制にすることで一致しました〔この一割負担はその後導入され、その後、二割負担（一部三割負担）にまで引き上げられた〕。

公共部門の民営化に関しては、最近ではとりわけ郵政事業の民営化がクローズアップされています。すでに行革問題を集中的に話し合った行政改革会議は、八月一九日に、郵政三事業のうち簡易保険の民営化を打ち出し、郵便貯金も将来は民営化する方向性を決定しました〔この郵政民営化はその後の小泉政権の下で実現された〕。労働規制の分野では、女子保護規定の撤廃や、派遣労働の分野の拡大などがすでに実現されていますが、最低賃金制の見直しや裁量労働制や変形労働制の広範な導入を含め、さらなる労働規制撤廃の動きが進んでいます〔これらもその後おおむね実現された〕。教育の分野では、公教育の縮小と自由化、飛び級を含めた弾力化などが目指されています。とりわけ、この間、いじめの再増大や少年の凶悪事件の頻発などに端を発して、画一的な学歴競争批判が盛んに行なわれています。もちろん私たちも画一的な学歴競争には批判的ですが、支配層が目指しているのは結局のところ、公教育を現在の水準よりはるかに縮小した上で、それ以上の教育を望む人々には私的な自助努力を要請するという階層型の教育制度です。現在すでに、東大進学者の家庭の平均年収は一〇〇〇万円を越えており、教育の階層化が顕著に進んでいますが、今後、この傾向はいっそう進むことでしょう。

中小零細業者のための流通規制に関しても、大店法のさらなる規制緩和（売り場面積五〇〇平方メートル以上の大型店が規制の対象であったのが、一〇〇〇平方メートル以上に緩和）や著作物の再販制の緩和ないし撤廃がもくろまれています。農林漁業に関しては、農産物や海産物の輸入規制のさらなる緩和や国有林の民営化がめざされています。さらに、すでに述べた「金融ビッグバン」や各種産業への参入規制や価格規制の撤廃に象徴されるような、大企業間の競争規制の撤廃、外国の多国籍資本の参入推進のための各種措置が日程にのぼっています。

大企業の「新日本的経営」路線

他方、既存の体制の改革を目指しているのは保守政党や政府だけではありません。大企業自身がこれまでの日本的経営のあり方を大胆に見直そうとしています。このような方向を企業にとらせる契機になったものとしては主に二つあります。一つは、一九八五年以降の飛躍的な海外直接投資の増大とともに、日本企業が本格的に世界市場の多国籍的競争に参画しつつ、同時に、国内での企業社会的統合の強みをなお生かして輸出の面でも収益増をはかっていることです。もう一つは、一九九〇～九一年のバブル崩壊以降に突入した平成長期不況と、その間にアメリカの大企業が大規模なリストラ戦略で競争力を着実に回復しつつあることです。こうした二つの事情が、これまでのような日本的経営にすがったままで一人勝ちできるような状況を一掃し、日本の企業に真剣な改革の必要を実感させています。

この改革のポイントについて中核部分と周辺部分に分けて説明しましょう。まず中核部分においては、かつては男子正規労働者であるかぎり、終身雇用、鋭い右上がりの年功賃金、手厚い企業内福利厚生といったものが、とりあえず競争から脱落しないかぎり、あるいは左翼の活動家でないかぎり保障されていました。しかし、まずもって大企業は、このような恩恵を受ける部分を今後ますます絞りこもうとしています。経団連が一昨年に発行した『新時代の「日本的経営」』によりますと、労働者を、従来どおりの恩恵を受ける「長期蓄積能力活用型グループ」と、一定の成果配分は見込めるが有期雇用で昇給のない「高度専門能力活用型グループ」(派遣労働者や契約社員を念頭に置いていると思います)、さらに、有期雇用で昇給も賞与もない「雇用柔軟型グループ」(いわゆるパート労働者が主流でしょう)の三つに分けています。これまで、第一のグループが企業の雇っている労働者の八割を占めていたのが、それを今後はとりあえず七割に下げるというのが各企業の経営者の考えのようです。

さらに、この第一グループにおいても、従来のままの終身雇用や年功賃金が保障されるとは限りません。たとえば、大手製薬会社である武田薬品工業は自動定昇を廃止し、すべて査定で賃金を決定する、すなわち大きく上がることもあれば上がらないことも、さらには下がることさえありうる賃金体系を今年の春から実施しており、さくら銀行も総合職を対象に定昇を廃止しています。さらに、最近の報道では、住友信託も今年の八月から、総合職のみならず全行員の定昇を廃止し、すべて査定で賃金が決定される制度に移行しています。このように、ホワイトカラーを中心に、これまでの賃金制度をさらに競争主義的・能力主義的な方向に再編成する動きが急ピッチで進んでいます。

次に周辺部分について見てみましょう。すでに、中核部分を絞りこむという路線から、必然的に、この周辺部分、すなわちパートや派遣労働者を中心とした、昇給のない非正規の有期雇用労働者がますます増大しつつあります。たとえば、『働く女性の実情』一九九六年版によると、雇用者全体に占める非正規労働者の割合は、一九八六年には一六・六％であったのが、一九九六年には二一・五％にもなっています〔現在では約四割〕。とりわけ、女性労働者ではこの傾向が顕著であり、八六年にすでに三二・二％であった非正規労働者の割合は九六年には三九・八％へと七・六％も増え、約四割になっています〔現在では五割を超えている〕。

しかも、この一～二年は、女子も男子も雇用者の増大分はすべて非正規労働者の増大分と重なっており、もはや正規労働者数は増えなくなっています。具体的に数字を挙げると、男子雇用者は一九九四年の二八八一万人から二年後の一九九六年には二九〇九万人へと二八万人増えていますが、正規労働者数は九四年から九六年にかけて逆に二万人減少しています。代わりに、非正規労働者が二四四万人から二七四万人へと三〇万人も増えているのです。女子も同じで、雇用者が九四年の一八九五万人から九六年の一九三五万人へと四〇万人増えていますが、正規労働者数は三万人も減っており、代わりに、非正規労働者は七二七万人から七七〇万人へと四三万人も増えています。

すでにアメリカでも、低賃金のパート労働者化が急ピッチで進んでおり、そのために、好景気で失業率が減少しているにもかかわらず、実質賃金が下がり続けるという、これまでなかった現象が起きています。したがって、景気が回復すれば労働者の生活がよくなるという言い分がいかにデタラメであるかははっきりしています。今後は、マルクスがまさに一九世紀に予言したように、資本主義が発展するほど労働者が貧しくなるという時代がやってくるでしょう。

日本型の新しい階層的統合の登場

以上見たように、政府自民党は、旧来の利益政治的統合を解体しようとし、他方、大企業はこれまでの企業主義的統合を縮小再編しようとしています。ところが、これまでの日本における支配システムは、まさにこの二つの統合システムに立脚していたのではなかったでしょうか。一方が解体され、他方が縮小されるとすれば、日本の支配構造は今後ますます不安定になり、ますます脆弱になるのではないでしょうか。

この予想は半分あたっており、半分まちがっています。半分あたっているというのは、まさにこれまでの統合形態からはじき出される人々が今後ますます増大するのは確かであり、それが一九九〇年代以降の日本政治の流動化につながっているからです。半分まちがっているというのは、この旧来の統合構造の縮小を補う形で新しい統合構造が出現しつつあることを見落としているからです。

では、この新しい統合構造とは何でしょうか。それはすでにこれまで述べてきたことから明らかだと思いますが、それは新しい階層的統合です。帝国主義政策も新自由主義政策も、ともに国民の中の「強い市民」層の利害に合致したものでした。これらの階層はこれまで十分政治的に統合されないできたのですが、このような改革が進めば進むほど、これらの階層の政治的統合は進んでいくでしょう。また、大企業の改革によって、賃金がより上がる部分はより特権的な生活を享受するでしょうし、したがって階層政治により親和的になるでしょう。もちろん、冒頭で述べたように、これらの階層は現在、再び政治的な凝集性を失っていますが、大局的には、この階層こそが今後の帝国主義的改革の担い手となるのです。

これは、アメリカですでに実現されている階層的統合に多少なりとも近づいたものになるでしょう。

アメリカでは、最も投票率が高いのは富裕層で、所得別にアメリカの階層を一〇のクラスに分けると、その一番上の階層（年収一〇〇〇万円以上）の投票率は前回の大統領選では九〇％を越えており、逆に一番下の階層（多くは黒人とヒスパニック）の投票率は七％しかありません。日本の多くの知識人やマスコミはアメリカを民主主義の国であると考えていますが、実際には、アメリカ民主主義とは、白人中上層階層の、白人中上層階層による、白人中上層階層のための民主主義なのです。

日本では逆に、一時期をのぞいて基本的に戦後一貫して中選挙区制という民主主義的選挙制度が実施され、共産党や社会党を含めて、貧しい人たちのための政党が政治の有力な一翼を担っていたおかげで、貧困層の投票率は高く、逆に、大企業ホワイトカラーを中心とする都市中上層は、もっぱら企業に依存しているため、また政権党が利益政治的統合を行なっていたため、あるいはそもそも休日も仕事をしているため、全般的に投票率が低く、無党派層を形成していました。日本で小選挙区制が導入されたといっても、まだ比例代表部分があるので、簡単にアメリカ並みの階層政治にはならないだろうし、また日本の「強い市民」層の政治的凝集性の伝統的弱さからして、彼らが、アメリカで白人中産階層が発揮しているような強力な政治的パワーを発揮するとは考えられませんが、全体としての階層政治化が進むことはまちがいありません。[3] そして、ニュー自民党がその担い手となることで、この階層の支持を得ようとするだろうし、すでに得つつあります。

五、新しいオルタナティブの展望

さて、もうずいぶん話を進めてきたので、そろそろオルタナティブの話をして、今日の話を締めくくりたいと思います。

「新しい護憲と革新」のオルタナティブ

どんなオルタナティブもそうですが、それは常に、一方では、これまで歴史的に人民が闘ってきた伝統を受け継ぐものであり、他方では、新しい情勢と新しい時代にマッチしたバージョンアップが図られなければなりません。私たちが依拠するべきこれまでの闘争の伝統とは、戦後民主主義運動であり、具体的には「護憲と革新」の闘いです。この伝統を受け継ぐとともに、その潜在的可能性を引きだす中で、これまでの限界を乗り越えていく運動を模索しなければなりません。

まずは「護憲」、より具体的には九条護憲というスローガンについて考えてみます。この運動はしばしば一国平和主義であったという批判が右から、あるいは左からなされますが、必ずしもそのようなものではありませんでした。「青年に再び侵略の銃はとらせない」といったスローガンに見られるように、あるいは、ベトナム反戦運動に見られるように、日本自身が侵略戦争に加担すること、あるいはどの国であれ自衛の名のもとに他国を侵略することに対する明確な反対を内包していたのであり、その意味で反帝国主義的であり、国際主義的なものでした。

もちろん、この運動そのものの広がりからして、その周辺部分においては、単に「戦争に巻き込まれたくない」という意識のみが前面に出る場合もあったでしょう。あるいは、国民意識としてはこの面が強く、したがって、運動の側がこの側面を過剰に強調したということはあるでしょう。しかし、本質的には九条護憲の運動は日本だけの平和を求めたものではありませんでした。

この伝統を受け継ぎつつ、新しい情勢と時代に適応したバージョンアップを図るとはどういうことでしょうか。すでに述べたように、現代における支配層の側の帝国主義化への衝動の根本にあるのは、日本の経済的発展であり、その経済の国際化・多国籍化です。支配層のイデオローグや政治家たちは私たちに対し、「あなた方が享受している豊かな生活を失いたくなければ、それ相応の犠牲と負担を引き受けなさい、日本だけが金を出すだけですませる時代は終わったのです、金も人も出すことを決意しなさい」と語りかけています。このような時代における九条護憲とはまさに、現在進められている帝国主義化政策に反対するだけでなく、その基底にある日本経済の肥大化と国際化をも問題の俎上に載せることを意味します。第三世界に対する搾取と抑圧、および大規模な環境破壊に立脚した豊かさを問い直し、資本主義の野放図な発展そのもの、その国際化そのものに規制をかけ、歯止めをかけ、その歯車を逆転させることを意味します。すなわち、九条が内包する反帝国主義の論理を、帝国主義の経済的基盤にまで押し及ぼすことです。

また、憲法の中で私たちが守らなければならないのは九条だけでなく、さまざまな民主主義的権利あるいは平等権や労働三権、地方自治などさまざまな諸条項です。革新自治体のスローガンとなった「憲法を暮らしの中に生かす」というのは、それをつきつめて考えれば、実際には相当にラディカルな要求であることがわかります。たとえば、憲法が保障する男女平等ひとつとっても、私たちはそれをはたして「暮らしの中に生かしている」と言えるでしょうか。男は仕事で女は家事・育児という規範は、活動家の中にあってさえ強固に存在しています。また、同じく、夫が妻に対して暴力をふるう現象も、活動家の家庭の中にあってさえしばしば見られるものですが、これも憲法がまったく暮らしの中に生かされていない証拠です。

あるいは、タバコやクルマやポルノなど日常生活における人権侵害の問題もそうです。人前でタバコをふかして平然としている姿、クルマによる年間一万を超える死者やクルマの出す大量の排気ガスにまったく無頓着である姿勢は、今なお活動家の中にさえ普遍的に見られますが、これなども憲法を生かす理念の対極にあるものです。したがって、護憲運動のバージョンアップとはまさに、単に支配層や権力者に対して憲法を守れと迫るだけでなく、自らの日常生活をも憲法の規定に照らしてどうなのかを点検しなければならないということです。

同時に、ますます福祉・医療が縮小・削減され、自立自助のイデオロギーがふりまかれ、自己決定・自己責任という規範がわがもの顔で跋扈している今日において、あえて「公的福祉の充実」を対置することは、改めてこの「福祉」の概念を、平等や公正の観点からより理念的にとらえ返すことを意味します。そして、とくに日本においては、企業福祉や妻の家庭内福祉労働を享受できない人々をこそ基準にして、公的福祉の充実が模索されなければなりません[4]。

また、いわゆる利益政治的統合に関しても、それを規制緩和、自由化、保護撤廃という形で右から解体するのではなく、浪費的で環境破壊的な公共事業を抜本的に見直し、大手ゼネコン主導の開発事業に対する民主的規制を強化しつつ、環境保全型の農業保護と農業振興、地域経済の保護と発展に取り組む必要があるでしょう。

その担い手――「新しい労働組合運動」と周辺階層のブロック

では、以上のような「新しい護憲と革新のオルタナティブ」の担い手はどのような階層でしょうか。それは一般的に言えば、日本の帝国主義化に対する利害がより少ない階層、あるいは、新自由主義政策によって切り捨てられる人々、ないしそれによって生じる階層分化の中で、下位や周辺に置かれる人々です。労働力人口に限定して言えば、具体的には次のような人々です。中小零細企業労働者、医療・福祉・教育労働者、一般公務労働者、ノンエリートの女性労働者、パート・派遣などの非正規労働者、賃金が右上がりでない職能労働者、その他一般に低所得労働者、農漁民、都市自営業者などです。

以上に列挙したうち、最初にいくつか列挙した各種雇用労働者と、最後の二つのカテゴリーとを大雑把に分けて考えましょう。

現在の労働力人口において圧倒的多数を占めているのは雇用労働者であり、この割合は年々増大しています。日本は他の先進国に比べて、都市の自営業者人口が非常に多いのですが、それでも最大多数派は雇用労働者です（一九九六年度で七九％）。そして、どんな運動でもその中心を担うのは組織された運動です。したがって、この「新しい護憲と革新」の運動においても、組織された雇用労働者の運動体、すなわち労働組合こそが中核を担うべきでしょう。しかしながら、「連合」を中心とする日本の主流の労働組合は、すでに述べたように、男子正規社員中心で、終身雇用と右上がりの年功賃金と企業別組合に依拠してきたために、企業主義的で、公的福祉にも冷淡でした。このような労働組合が「新しい護憲と革新」の担い手になるわけがありません。左派の組合においても、やはり中心は男子正規労働者であり、女性は周辺に置かれ、パート労働者は排除されてきました。一般に、パート労働者の組合組織率は一九九五年の調査でたったの四％です。同時期における全体の組合組織率は二三・八％です。しかしながら、今後ますますパート労働者化が進むことを考えれば、このパート労働者こそ組織化の対象としなければならないでしょう。

最近の報道でご存じだと思いますが、アメリカの左派組合チームスターが指導した宅配会社の闘争では、何よりもパート労働者の地位向上が掲げられ、ストライキの末、見事に勝利しました。日本でも、丸子警報機のパート労働者に対する賃金差別の是正が勝ちとられました。そして、日本ではこのパート労働者の圧倒的多数が女性であることを考えるならば、女性の地位向上という問題に組合は真剣に取り組まなければならないでしょう。

この点では正規労働者にかぎってみても、女性の昇進・昇給は全般的に男性よりも低く抑えられ、年齢が増すほど、男女の賃金格差は開いていきます。平均で見ても、パートを含めた日本の女性労働者の賃金は、驚くべきことに今なお男性労働者の約半分です〔この傾向は現在でもほぼ変わっていない〕。したがって、「新しい護憲と革新」の中核的担い手となるべき労働組合運動は、パート労働者と女性労働者の地位向上を運動の中心に据えたものへとバージョンアップしなければなりません。

さらに、現在進められている新自由主義政策は世界的なものです。日本だけでなく、アメリカでも、ヨーロッパでも、アジアでも、ラテン・アメリカでも、旧ソ連・東欧諸国でも、オセアニア諸国でも、規制緩和や民営化や福祉削減や労働条件の切り下げといった新自由主義の嵐が吹き荒れています。したがって、新自由主義と対決する組織労働者の闘いは国際的なものにならざるをえません。多国籍企業の国際的展開と高度情報化と金融の国際化を背景にした世界規模の大競争の中で、一国だけで高い労働条件や高度な福祉国家を実現することのできた時代は過ぎ去ろうとしています。すべての国の組織労働者が、あるいは、同じ国の中のさまざまな人種・民族・国籍・身分の労働者が連帯して、資本の野放図な運動に歯止めをかけなければならない時代になっているのです。その意味で、国際主義という古い言葉が復権されなければなりません。

以上、パート労働者の組織化、女性の地位向上、国際主義の復権がさしあたり、新しい労働組合運動の要となるべき三つのポイントです。

次に第二の部分である都市の中小零細自営業者や農漁民について見てみましょう。伝統的な分類にしたがうなら、これらの人々は小ブルジョアジーであり、政治的には組織労働者（プロレタリアート）は革新、小ブルジョアジーは保守、となっていました。しかし、日本においては、組織労働者のうち、大企業サラリーマン層（とりわけホワイトカラー）が政治的に保守化したのに対し、都市自営業者や農漁民層は政府の新自由主義政策の中でしだいに保守から離れつつあります。したがって、大企業・多国籍企業の野放図な蓄積運動に歯止めをかけるという点で、これらの層は労働者の周辺層と共通の利害関係を有しています。

したがって、「新しい労働組合運動」、およびそれに連帯する雇用労働者たちにプラスアルファ、現在の新自由主義政策によって切り捨てられていく農漁民階層や都市自営業者階層、さらには福祉削減の被害を直接にこうむる社会的・身体的に弱い立場の人々（高齢者や障害者や母子家庭、等々）がこの運動に参加するならば、このような連合勢力、このような階級ブロックこそが、日本の帝国主義化と新自由主義化に対抗する「新しい護憲と革新のブロック」の中軸となるでしょう。

「新しい福祉国家」から「新しい社会主義」へ

では、この「新しい護憲と革新のブロック」が選挙で勝利し、政権に就いたら、どのような社会が展望されるでしょうか。その政権はまず、企業福祉を自分も配偶者も享受していないような人々を基準にしたヨーロッパ並みの公的福祉政策を実施するでしょう。またそれは、安保条約を廃棄し、自衛隊を解散して、九条護憲を名実ともに実現するでしょう。そして、現代日本の帝国主義化の経済的基盤となっている多国籍企業の世界大の展開に対して厳格な規制を実施するでしょう。大企業の横暴と自由市場の野蛮な運動には厳しい規制が加えられ、労働者と農民と都市自営業者の生活と権利が保護されるでしょう。累進所得税を中心とした民主主義的税体系に復帰することになるでしょう。これは、渡辺氏や後藤氏らが「新しい福祉国家」として概念化しているものに他なりません。

しかしながら、これらの諸政策はすべて二つの根本的な制約にぶつかることになります。第一の制約は、国内的な制約です。かつての福祉国家は、国内の資本主義の安定した高度成長を基盤にして成立していました。しかしながら、現在の資本主義にはそのような福祉政策を許容できるような余裕はありません。だからこそ、現在、福祉削減と労働者の権利破壊が大規模に進んでいるのです。第二の制約は、国際的な制約です。現在、多国籍企業の世界的展開と市場開放がたいへんな勢いで進んでいる中で、特定の一国だけが多国籍企業の活動を制約し、市場開放を規制することは、当の多国籍企業のみならず他の帝国主義国からの大きな抵抗と反撃を受けることになるでしょう。

このような巨大な制約と抵抗を前にして、とるべき道は二つに一つです。一つは、これらの抵抗に屈伏して、結局のところ多国籍大資本と他の帝国主義諸国の政策要求を受け入れ、自民党や新進党に代わって、彼ら自身の政策を代行することです。政権に就いたかつての日本社会党がやったのはこれですし、イギリス労働党のブレア政権がやっているのもこれです。

もう一つは、この二つの制約と抵抗を前進的な方向で打開する道です。それはすなわち、国内においては資本主義の発展を前提にした福祉国家ではなく、資本主義の克服をめざす福祉国家に脱皮することです。国際的には、一国の制約を越えて、少なくとも主要な先進資本主義国に新しい福祉国家の流れを広げていくことです。この二つの過程は本質的に、「新しい社会主義」への流れに行き着くことになるでしょう。社会主義の権威は、スターリン時代の悲惨な現実やソ連・東欧の崩壊もあって、今ではすっかり地に落ちていますが、現在の資本主義が突き進んでいる野蛮な新自由主義の現実が暴露されるにつれて、オルタナティブとしての意味を再び持つようになるでしょう。もちろん、この新しい社会主義は、古い「社会主義」諸国（実際には、言葉の本来の意味での社会主義ではありませんでしたが）と違って、官僚的指令経済や民主主義の抑圧ではなく、労働者市民の民主主義的で自治的で国際的な自主管理社会として構想されることになるでしょう。市場関係は、部分的領域に制約され、民主的に規制されつつも、一定の範囲内で不確定の長期間存続することになるでしょう。資本主義の長期発展と高度福祉国家とが両立した時代は終わりを告げつつあり、今では、そして将来はますます、前者は野蛮な新自由主義に結びつき、後者は「新しい社会主義」へと結びついています。二一世紀はこの選択肢が真に現実のものとなる時代になるでしょう。

以上、非常に大きな展望を示したところで、私の長いお話を終わりたいと思います。ありがとうございました。

【一九九八年の追加注】

1　周知のように、新進党は一九九七年末に解散し、六つの政党に再分裂した。これは、この党の階層的基盤の政治的凝集性の弱さを改めてはっきりと示すものだ。そもそも、新進党はきわめて異質な政治的諸潮流の寄せ集めとして出発した。このような寄せ集め政党が一時的であれ成立したのは、一九九二～九五年当時の「強い市民」層の政治的凝集性が一時的にきわめて強力であったことと、小選挙区制という、大政党に極端に有利な制度のおかげだった。いわば、「強い市民」の政治的求心力と小選挙区制という制度的圧力とが、新進党の遠心力を一時的に上回っていた結果だった。したがって、この政治的求心力が衰えて、新進党の遠心力がそれに優ったとき、もはや小選挙区制という人為的な凝集圧力だけでは新進党を維持することができなくなったのである。このことは、小選挙区制にさえすれば、機能的な二大政党制が実現可能であるという制度的物神崇拝（典型的には後房雄氏の議論）の誤りを改めて示すとともに、都市中上層のための安定した大政党を維持することのできない日本の「強い市民」層の政治的脆弱さを改めてはっきりと示している。

2　最近問題になっている金融危機を前にして、政府は大規模な公的資金の導入をもくろんでいるが、このことに象徴されるように、市場化、自由化は、必ずしも政府の財政負担を少なくするとはかぎらない。むしろ、過度な自由化、市場化は、逆に政府支出を増大させる可能性さえある。福祉の問題一つとってみても、いわゆる「バラマキ福祉」をやめて、「本当に福祉が必要な人」に限定するべきだという議論（すなわち、一九世紀の貧民救済型福祉への回帰）がしばしば新自由主義派やリベラル派によってなされているが、事前の規制や保護や全国民的福祉を撤廃した場合、無制限な競争の中で大量の貧民が発生して、むしろ福祉支出が大幅に増大する可能性がある。もしこのような階層的福祉さえもやめて、すべて自立自助でやるということになれば、アメリカに典型的に見られるように、私的な「所得の再分配」（家族や親類縁者への依存という合法的形態と、強盗・泥棒・売春という非合法的形態）、および、警官の大幅増員と刑務所の増設という「公共事業」が栄えることになるだろう。

3　左派の知識人の間にはいまだに、欧米に比べての日本における「自立した市民の不在」を嘆き、変革主体として「自立した市民」の確立を訴える傾向があるが、それは基本的に幻想にもとづくものだ。アメリカの「自立した市民」とはまさに「帝国主義市民」のことであり、一方では草の根でさまざまなリベラルな改革や運動やボランティア活動を担いつつ、他方では、同じく草の根で移民排斥をやり、クリントンによるイラク制裁に喝采を叫ぶ人々でもある。日本における「自立した市民」なるものの不安定さと政治的脆弱さは、日本の帝国主義化の遅れや新自由主義政策の不徹底さと裏腹の関係にあることを忘れるべきではない。

4　公的福祉の問題に関して、公務員を増やして「大きな政府」で福祉を保障するのではなく、ボランティアや非公務員の市民による福祉を進めるほうが民主的でよい、という議論が左翼の一部や市民派から出されている。もちろん、このような「下からの福祉」も大いに進めればいいが、この「下からの福祉」が「上からの公的福祉」に対置する形で、それに代わるものとして提起される場合には、現在の力関係のもとでは、結局のところ新自由主義政策を左から後押しすることになるだろう。

もちろん、大企業男子正社員層を始めとする「強い市民」がこのブロックから完全に排除されるわけではない。その中の少数部分は、このブロックの中で積極的な役割を果たすことができるだろう（とりわけ、ブルーカラー層）。ただし、その場合には、自らの階層利害を普遍的な利害に転化することのないように気をつける必要がある。また、苛酷なリストラ合理化や、日本的経営の見直しの中で、従来、企業社会の中にがっちり組み込まれていた部分が企業への依存を克服し、新たな変革主体になる可能性を示唆する人々がいるが、これもあまりにも楽観的に過ぎる議論だ。もちろん、最近における労働法制の抜本的な改悪策動に対して、「連合」が反対の声を上げ、全労連や全労協と部分的共闘をしたことは、重要な変化であり、評価すべき事柄である。しかしながら、「連合」は基本的に企業別組合の緩やかな連合体にすぎず、「連合」の意志や態度がそのまま個々の企業別組合の意志・態度を決定するわけではない。むしろ、個々の企業別組合は、山一証券労働者のように、企業に従属したままその破産と運命をともにする可能性の方が高い。また、大企業男子正社員自身の場合も、自らの地位の不安定化の中で、その活路を進歩的な社会変革に求める人々はおそらく少数にとどまり、多数はむしろ、より弱者攻撃的で不寛容な政治に与する可能性の方が高いと思われる。もちろん、多少なりとも資本と対決する動きが出た場合には（たとえば管理職組合）、その動きをできるだけは鼓舞し発展させる方向で力を尽くすべきであるのは、言うまでもない。

第二部

「ポリティーク」派批判（二〇〇一～〇八）

第五章　「ポリティーク」派に関する批判的覚書——年功賃金、福祉国家、開発主義

【解題】本稿は、ある議論系のメーリングリストに数年にわたって断続的に投稿した「ポリティーク」派への批判論文のいくつかを部分的に加筆修正し、時系列に編集したものである。時系列なので、内容的な順番ではないことをあらかじめことわっておく（部分的に類似した議論を繰り返しつつも、内容的にはしだいに体系的なものになっていることがわかるだろう）。「ポリティーク」派とは、当時、『ポリティーク』（旬報社、年三回刊）という雑誌（現在は停止）を出していた団塊世代の共産党系知識人グループ（渡辺治、後藤道夫、木下武男、二宮厚美、中西新太郎など）のことである。

本書の第一部に収録した私の一九九〇年代の諸論稿を見ればわかるように、私はこのグループの中心人物である渡辺治氏と後藤道夫氏の強い理論的影響を受けていた。当時からもすでに多くの意見の相違があったのだが、それは主たる側面ではないと思っていたので、名指しで批判することは一度もなかった。それが二〇〇〇年頃を境にこのように明確に批判的立場に変わったのには、大きく言って二つのきっかけがあった。一つは、一九九九年に木下武男氏の『日本人の賃金』（平凡社新書）が出版され、その中で、現在の新自由主義が日本の年功賃金体系を破壊するかぎりで進歩的な意味を持ちうること、そのことによって中長期的にはジョブ型雇用とジョブ型賃金というより理想的なシステムが実現しうるかのような議論をしていることに驚いたことであ

る。これはまさに、一九九三年前後に後房雄氏が小選挙区制の導入が日本のぬるま湯的な政治状況を打破して、中長期的には保守リベラルの二大政党制と「政権交代のある民主主義」を実現しうるかのような議論をしていたのと、まったく同型であると私は感じた。ところが、一九九三年前後の「政治改革」騒動においては、こうした立場を明確に批判していた渡辺・後藤両氏はそれを批判するどころか、木下武男氏といっしょに『ポリティーク』という雑誌を発行し始めたのである（第一号は二〇〇一年五月）。

二つ目のきっかけは、この雑誌において、渡辺治氏が、これまでその戦後日本社会論の基軸としていた企業主義仮説を事実上投げ捨てて、明治維新以来連綿と続く古い開発主義体制が戦後も続いているという立場に転換したことである。これは一種の「近代の不足」論、あるいは日本後進性論である。一九八〇～九〇年代における渡辺理論の魅力は、戦後日本の最大の問題を欧米的近代化の遅れとみなす有象無象の「近代の不足」論者を説得的に批判して、戦後日本がむしろ下からの労働者の制御が弱いために生じた近代の過剰、資本主義の支配の過剰貫徹にあるとみなしていた点にあった。この立場は、戦後日本社会への批判が資本主義そのものへの批判に直接つながるという点で魅力的で、よりラディカルなものに思えた。私を含め当時の若手（二〇～三〇年も前のことだ）のマルクス主義者は、古い世代（共産党系知識人を含む）の「近代の不足」論に飽き飽きしていたし、欧米資本主義を美化する発想にもうんざりしていたからである。

にもかかわらず、『ポリティーク』を発行し始めた二〇〇一年頃を境に、ほんの数年前まで「近代の不足」論に対する最も激しい批判者だった渡辺治氏が、開発主義論へと一八〇度転換したのである。これは明らかに一九九〇年代後半から開発主義論を唱えていた盟友の後藤道夫氏の影響だった。渡辺氏は、後藤氏が先駆的に提出した仮説を後から取り上げて、それを実証的にも論理的にも徹底するという傾向があったが、それが今回も発揮されたのである。後藤氏にあっては、その開発主義論はその企業主義仮説（「煮詰められた資本主義」

論）と一定のバランスを保っていたが、このバランスは、二〇〇〇年以降、決定的に前者に傾いた。

この二つのことにショックを受けた私を含む若手・中堅の研究者は、渡辺・後藤両氏の立場から理論的に離れ、むしろ両者を明確に批判する立場になった。その一つの集大成が、二〇一〇年に出版された『新自由主義批判の再構築』（赤堀正成・岩佐卓也編、法律文化社）である。私も同書に、宇野派の中堅学者であった新田滋氏の開発主義論を批判した論文を寄稿した。同書は木下賃金論と後藤「開発主義」論を主として批判しているが、その批判の射程の先には当然、渡辺治氏がいたのであり、それは同書を読んだすべての人が理解したことだろう。そこに寄稿した若手研究者の多くは、もともと渡辺治氏の弟子筋に当たる人々であるが（私個人はマルクス経済学の出身なので、直接的な師弟関係はいっさいない）、彼らは共産党系知識人界隈（およびその周辺）において非常に高い権威を持った人物に媚びずに、批判的立場を取ったおかげで、その後、共産党系の知識人界隈から冷遇されるようになった。

私は二〇〇七年に、ここに収録した諸論稿（とここに収録しなかったさらにいくつかの論稿）を手製のパンフレットにまとめて個人的知り合いに配り、二〇〇八年に若干の注を付け加えたうえで再度パンフ化したが、公式にはまったく未発表のものばかりである。各タイトルの後に執筆した年と月を入れておいた。いつの時点のものであるかを明示するためである。肩書などはすべて当時である。

また、二〇〇七年三月に書いた渡辺治批判の論稿は、あまりにも分量が多いので（第二部全体の半分以上を占める）、第七章に別途収録した。

I、木下賃金論に対する批判的覚書（二〇〇一年一一月）

日本の賃金体系に関する木下武男氏の議論に見られる根本的な問題（とりわけ、平凡社新書の『日本人の賃金』での議論。これは彼の綱領的著作である）は、主として次の五点にあると思われる。

一、木下武男氏の現状認識が、年功賃金を諸悪の根源とする「制度還元主義」に陥っていること。歴史的変遷と階級闘争の無視。

二、年功賃金の崩壊がグローバリズムと新自由主義のもとでは必然的であると、あたかも客観主義的に論じているようで、実際にはそれを望んでおり、自分の願望を現実に投影していること。そしてこの「願望」には、現在の状況のもとで、下からの闘争によって現実を変革することに対する絶望が示されており、敵の側の企図に安直に便乗する姿勢があること。

三、年功賃金に代わるものとして、中長期的には「ヨーロッパ型職種・熟練度別賃金体系」を目標としつつも、短期的には「アメリカ型職務給」をよりましな選択肢として打ち出しているが、そのような議論は、アメリカ資本主義の労務政策に対する許しがたい美化論であること。

四、現在の力関係を無視し、また、アメリカ型職務給を導入したがる資本の側の論理を無視して、その導入を「よりましなもの」として後押しすることは、実際には資本の新自由主義政策の露払いになること。

五、そして最後に、現在の制度を守ることは無駄な努力であり、思い切って相手側の土俵に乗って、その中でよりましな制度を獲得することが必要であると左翼に向かって説教していること。

これら五つの特徴は、政治改革ブームが真っ盛りであった一九九三年前後におけるある「革新系」政治学者の議論とそっくりである。その政治学者とは、後房雄氏である。

まず、一について。後房雄氏は、今の日本の政治的閉塞状態の諸悪の根源は、中選挙区制とそれにもとづくぬるま湯的な政治構造にあると診断する（制度還元主義！）。

次に、二について。そのうえで、後房雄氏は、そうしたぬるま湯的政治構造が、日本の国際化の中で崩壊するのは必然的であると、いかにも客観主義的に論じているが、実際には自らの願望を現実に投影していた。そしてこの願望には、現在の選挙制度のもとで現実を変革することへの絶望と、敵の側の企図に便乗しようとする姿勢が示されていた。

次に、三について。そして、後房雄氏は、現状に対する対抗物として、中長期的には、保守とリベラルと左翼（日本版イタリア左翼民主党）とが対抗しあうヨーロッパ型の政治構造を目標としながらも、短期的には（すなわち当面は）、アメリカ型の保守・リベラルの二大政党制でもいいし、そのほうが、現在の中選挙区制によるぬるま湯構造よりましであると主張した。

次に四について。現在の力関係を無視し、また小選挙区制を導入したがる支配権力の側の企図を無視して、小選挙区制を「より小さな悪」として打ち出すことで、結局は、後房雄氏は、その後の日本の右傾化のイデオロギー的露払いとしての役割を果たした。

最後に五について。後房雄氏は、当時、まさに、中選挙区制を守ることの無意味さを説き、世界の流れに逆らうことはできないと高踏的に述べ、無駄な抵抗をするのではなく、相手側の土俵にあえて乗って、その中で左翼にとってのよりましな選択肢を対置するべきであると、左翼に説教していた（とりわけ一九九三年の『情況』論文。これは彼の綱領的論文である）。

この問題で厄介なのは、「年功賃金」をどう見るべきかについて左翼のあいだで十分なコンセンサスがないことである。

私は、一九九七年に出版した『資本主義と性差別』(青木書店)の中で、現行の年功賃金システムが性差別的なものであり、企業社会の維持と再生産に寄与していることを指摘しながらも、しかし、年功賃金それ自体がそのような効果を生むのではないこと、あくまでも、戦後における階級闘争の敗北の結果として、本来は労働者の要求に沿ったものであった年功賃金体系が資本家的に読み替えられてしまったこと、そして、その「読み替え」を許してしまった重要な要因として、労働運動側の正規男性労働者中心主義があったこと、などを指摘した(『資本主義と性差別』、二二四〜二二五頁)。このような指摘は実は、諸悪の根源を年功賃金に求める木下武男氏の議論を批判することに狙いがあった。そして、企業社会克服の方向性としては、年功賃金の労働者的「再読み替え」が必要なのであって、アメリカ型職務給を目指すという路線を手厳しく批判した(同前、二六五〜二六六頁)。これもまた、木下氏の議論を念頭に置いたものであった。

年功賃金は、かつての中選挙区制と同じく、たしかに種々の欠陥を有している。しかし、だからといって、アメリカ型職務給やアメリカ型小選挙区制を――現在の力関係のもとで――導入することで克服しようとするのは、愚の骨頂である。それは、企業社会をいささかも克服するものではなく、ただ、労働者の既得権だけがなくなって、より苛酷で残酷な企業支配が成立するだけであろうし、ましてや、そのような方向性を労働組合自身が後押しするような行為を行なったならば、そのような労働組合は完全に道徳的権威を失うことになるであろう。

われわれのスローガンは、「年功賃金に代えてアメリカ型職務給を!」ではなく、「性別と雇用形態にかかわりのない緩やかな年功賃金を！」であるべきである。

もちろん、次のように言う人もいるだろう。そんなものは成立するわけがない、今の情勢からして、もはや年功賃金を守ることはできない、と。そのとおりかもしれない。おそらくわれわれは敗北するだろう。小選挙区制の場合と同じように。年功賃金体系は破壊されるだろう。終身雇用も破壊されるだろう。しかしだからといって、資本の側の意図に便乗することは、絶対に許されない。それは階級的裏切り行為である。年功賃金に代わる本当に労働者的な賃金体系が獲得される可能性があるとしたら、それはただ、現在の年功賃金体系を資本の側の攻撃から守る闘争を通じてでしかありえない。

戦前において侵略戦争を防ぐことができないからと言って、よりましな侵略戦争を対置するべきでないのと同じである。

Ⅱ、開発主義か企業主義か――『ポリティーク』第五号についての覚書（二〇〇三年一月）

『ポリティーク』の最新号（第五号、特集　開発主義国家と「構造改革」）（二〇〇二年一二月）の主要部分、とりわけ特集の目玉である、後藤道夫氏と渡辺治氏と新藤兵氏らによる座談会を読んだ。これは、これまでの後藤＝渡辺氏の理論的枠組みの転換を画するものではないだろうか？　以下、簡単にその特徴と問題点を箇条書きで書く。

・**「開発主義」の定義があいかわらず不確定であること……**国家が強力に介入して経済発展を持続的に実現していく体制という一般的定義が後藤氏によってなされているが、これではなぜ「成長主義」といわず、「開発主義」というのか不明である。

そのことは彼ら自身も理解しているようで、「開発主義」という言葉を正当化するために、戦前の天皇制国家の残滓とか、行政権優位のシステムとか、国家・官僚の保護主義的性格とか、周辺部分への利益政治的統合とか、国家官僚の総花主義的政策とか、国民経済の総合的発展の追求など、実にさまざまな要素を入れていくが、そうすることによってますます「開発主義」は普遍的名詞ではなくなっていき、単に日本的特殊性をすべて足したものになってしまっている。

後藤氏はヨーロッパの「福祉国家体制」などに匹敵するような「類型」概念としての「開発主義」を目指すとしながら、議論すればするほど、唯一無二の戦後日本の特殊な体制そのものを指す概念となり、普遍的なカテゴリー性を失ってしまっている。「開発主義」一般とは何で、日本型「開発主義」はこの点が特殊な開発主義であるという議論を本来はすべきなのだが、そういう「腑分け」がまったくなされず、「企業主義」に直接収まらないすべての日本的現象がことごとく「開発主義」という箱に放り込まれてしまっている。

・渡辺＝後藤理論におけるこれまでの独自性を否定する羽目に陥っていること……「開発主義」の内容を具体的に展開する必要性に迫られて、渡辺氏および後藤氏は過去の自分の独自理論を次々と否定することを余儀なくされている。

これまでの渡辺＝後藤理論の戦後日本社会論の特徴は、（一）戦前の残滓論や前近代性論を最もラディカルに否定し、逆に過剰資本主義化、過剰近代化論によって日本独自の困難を説明したこと、（二）強い国家論を否定して、日本の独自性を「弱い国家、強い企業」としてつかみ、それにもとづいて戦後の高度経済成長を説明したこと（企業主導の成長論）、（三）中核部分で形成された企業社会が社会全体をつかむという論理で一九七〇年代後半以降の保守化を説明したこと、であった。

この理論が魅力的であったのは、既存の日本社会特殊性論の主流であった「日本社会後進性論」（市民社会の未成熟、前近代性、戦前の残滓、等々）と「強い国家論」（「日本は成功した社会主議」論、日本株式会社論、等々）を真っ向から否定し、むしろ現実はその逆であると主張し、戦後日本社会における左派の基本的対決点を、前近代性や官僚とのあいだに置くのではなく（市民主義！）、むしろ資本主義そのもの、あるいは企業支配そのものとのあいだに置いていた（社会主義！）からであった。ここに、戦後民主主義左派としての渡辺＝後藤理論の真骨頂があった。しかし、今回の特集号では、これら三つの仮説がすべて否定されている。

すなわち、（一）明治維新以来の開発主義国家が戦後も連綿と続いていて、それが戦後の成長を実現した、（二）中央集権的な強い国家が戦後の成長を牽引し、それが企業主義的統合も可能にした、（三）成長を実現する能力をもった国家に対する信頼感が一九七〇年代後半以降の保守化の原因である、という理屈になっている。

もちろん、この三点に関して、渡辺氏と後藤氏のあいだに完全な一致があるわけではない。渡辺氏は（三）についてはあまり言っていない。また、後藤氏は、（一）の戦前からの継続性については、一定認めつつも、あまり重視していない。実は、これまで最も戦前からの連続性論を否定していたはずの渡辺氏が、座談会参加者の中で最も強くこの「連続性」仮説を打ち出している。これは正直驚いた。かつては、新たな段階での日本の帝国主義化の現われであったはずの「メディア規制三法案」さえもが、戦前以来の天皇制国家の独自にパターナリスティックな性格の現れとみなされている。

渡辺氏の弟子である進藤兵氏はかなり強くこの連続性仮説を批判していて、戦後的な「開発主義」の性格から十分、戦後国家の抑圧性を説明することができると述べているが、これは過去の渡辺理論の反映だろう。奇妙なことに、この座談会では、現在の渡辺理論と過去の渡辺理論が争っているのである。ちなみに、進藤氏は同じく、日本国家の中央集権的性格が特に強いという仮説も批判していて、むしろフランスのほうが国家の中央集権的性格は強く、日本における開発主義はむしろ「地方の草の根保守によるボトムアップ型」であると反論している。私にとってはこっちのほうが説得力があるが、この進藤氏の指摘は座談会であまり重視されることなく、すまされている。

・企業主義も開発主義に飲み込まれてしまっていること……これまでは、中核部分における企業主義的統合と周辺部分における利益政治的統合が戦後日本の大衆社会的統合の二本柱として理解され、この二本のうち主要なのは前者の企業主義的統合であるとされていた。しかし、この座談会では、むしろ、企業主義的統合は開発主義的国家体制の一要素に引き下げられ、戦後日本は全体として「開発主義国家体制」として総括されている。

これまで革新系の日本社会論をめぐっては、マルクス派の企業支配重視説と、市民派（一部のブルジョア保守派知識人も含む）の国家支配重視説の二大理論が対立していた。国家による成長促進政策が高度成長の重要な要因であったのは論を俟たないが（私も授業でそう説明している）、問題は、この成長促進政策において主要なモメントは独占大企業の蓄積運動なのか、それとも、国家官僚のイニシアチブなのか、である。

マルクス派は伝統的に前者の立場をとり、市民派は後者の立場であった。今回の特集号の座談会や後藤論文でも頻繁に取り上げられている宮本憲一氏の有名な著作も「企業国家」という規定を日本に与えていた（ヨーロッパ諸国が福祉国家、アメリカが軍事国家）。ところが、今回の特集号では、企業主義的統合と利益政治的統合の両者を含む全体が「開発主義的国家体制」として総括されている。これでは、少なくとも表面的には、市民派ないし一部のブルジョア保守派の立場と同じである。

以上、簡単に見たように、今回の「開発主義」特集号は、渡辺＝後藤理論にとっての一つの重大な転換点としての意味を持つように思われる。

Ⅲ、年功賃金システムの再検討――木下戦略との関連で（二〇〇三年二月）

木下武男氏の福祉国家戦略には次のような段階的論理があるのではないか、と思われる。

一、労働者が年功賃金や終身雇用を享受しているから福祉国家要求が生じず、福祉国家が貧困になっているし、また年功賃金ゆえに労働者は企業に忠誠を尽くし、相互に競争し合って、企業を超えた労働者の団結を作りにくい。

二、ところが昨今の新自由主義的労働政策によって年功賃金が破壊され、終身雇用が掘り崩され、野蛮な横断的労働市場が形成されつつある。

三、企業社会的福祉で社会福祉を代替できる中核労働者層が消えてなくなる（一部のエリートを除き）ので、一方では横断的労働市場にもとづいた産業的規模の労働組合運動への要求が形成され、また、企業への忠誠心がなくなるので、労働者の自立心が芽生える。また他方では、福祉国家への要求が広範に作り出される。
四、こうして、企業から自立した労働者による産業規模の労働運動にもとづいた福祉国家運動が形成される。
五、こうして晴れて福祉国家が実現される。

以上の五段階説にもとづいて、木下氏は、新自由主義的労働政策によって年功賃金と終身雇用が破壊されることは進歩的なことである、したがって、左派は、最初の段階では、新自由主義者と手に手をとって年功賃金打倒に邁進するべきである、と考えているようだ。これは一種の窮乏化革命論の改良主義版であり、労働者が既得権を失い、貧困になればなるほど改良に立ち上がるという論理である。極左的論理にもとづく改良主義的目的の追求とも言える。あるいは、以前に述べたように、かつての後房雄理論と同じである。それに対する具体的反論はすでに詳細にやったので、ここでは、年功賃金というシステムをそもそもどう理解するべきかについてテーゼ風に書いておきたい。

1、まずもって、年功賃金だから福祉国家が実現しなかったというのは、歴史的な因果関係として妥当しない。そもそも、終戦直後の日本において、労働者の多くは失業者か極端な低賃金労働者であり、国家による体系的な社会福祉などとうてい実現不可能な破綻状態にあった。そうしたもとで、労働者とその家族が生活を可能にするためには、雇用を保障しつつ、年齢と家族構成に応じて賃金を上げていくことしかなかった。こうした生活保障を求めた終戦直後の労働運動の巨大な盛り上がりは、その後、GHQによる弾圧、大企業からの猛烈な巻き返し、等々によって、社会民主主義勢力による国家権力の獲得にまでいたることはなかった。しかし、その大きな盛り上がりと圧力は、企業に対して年功賃金という非競争的、生活給的賃金体系を押しつけることを可能にしたのである。つまり、日本の戦後史に即して考えれば、福祉国家と年功賃金とが相反していたのではなく、本来福祉国家の実現にまで至るような階級的圧力が――戦後階級闘争の敗北を通じて――国家権力の獲得にまでいかなかったが、その平等圧力が「年功賃金」(競争主義的に再編されたとはいえ)や「終身雇用」という形で企業内で一定の成果を実現することができた、と見るべきなのである。

その後、企業主義的支配が成立し、平等圧力は押さえ込まれたが、企業内での年功賃金を維持する程度にはその力は強かった。もし企業内部の階級的圧力がもっと弱く、年功賃金も粉砕されてしまい、たとえば一九六〇年代にすでにアメリカ型職務給が成立したとしたら、その後に福祉国家が成立したと言えるだろうか? 普通に考えればノーだろう。企業内でさえ年功賃金を維持できないような階級的力しか日本の労働者階級が持っていなかったとすれば、当然、もっと巨大な力を必要とする福祉国家の実現を果たすことはできなかったはずである。

つまり、簡単に言えば、年功賃金を実現しそれを維持した力こそ、福祉国家を実現するための力の源泉でもあったということである。両者は相互に対立していたのではなく、同じ線上にあったのである。ただ、労働者階級の力が福祉国家を実現する地点にまでは至らず、企業内での年功賃金維持にとどまったと見るべきなのだ。

このことを裏づける一つの重要な傍証として、一九七〇年代における革新自治体運動がある。この運動を最も中心的に担ったのは、公務労働者と「民主経営」労働者である。そして公務労働者と「民主経営」労働者ほどはっきりとした年功賃金体系をとっている階層はない。人事考課という形で競争原理の入った民間大企業労働者の賃金体系よりもずっと純粋な年功賃金であった。公務労働者や「民主経営」

労働者は、年功賃金をもらっているからといって、公的福祉の実現に冷淡であったろうか？　そんなことはまったくない。逆である。非競争的な年功賃金体系を維持しようとした政治勢力は同時に、公的福祉の実現にも力を発揮したのである。どちらも、増大する出費や生活の必要に応じて受け取る額が異なるという点では共通しているからである。このことは逆からも言うことができるだろう。年功賃金に関して、年齢が高いとか家族がいるという理由でより高い賃金をもらうのは不公平だと感じるメンタリティは、社会福祉に関しても、子供がいるからといって手厚い福祉をもらうのは不公平だと感じるメンタリティに容易につながる。年功賃金には反対だが手厚い福祉には賛成だというのは、けっして一般的な発想ではない。

民間大企業労働者はたしかに、一九七〇年代半ば以降、すなわち減量経営路線によって企業支配が新しい段階に入ったときにほぼ革新運動から脱落した。しかしそれは、年功賃金をもらっていたからというだけではなく、それ以上に、企業内における競争的な労働者支配が貫徹していたからでもある。労働者が競争主義を内面化していたからこそ、競争に関わりなく必要に応じて受け取ることを正当化する護憲・革新派の福祉的主張から脱落しやすかったとみなすべきであろう。こうして、年功賃金は以前よりもいっそう競争主義的に再編され、いっそう「不純」なものになった。企業支配の増大と、年功賃金の不純化とはほぼ比例関係にあった。このことの最大かつ最強の証明は、現在の新自由主義時代において、すなわち企業による横暴と支配がかつてなく野放図に展開される時代において、年功賃金の解体と成果主義的賃金体系の導入がめざされていることである。

年功賃金体系が日本において福祉国家を部分的に代替していたのはその通りだが、このことは何ら、年功賃金が存在したから福祉国家を実現できなかったという歴史的因果関係を証明するものではないし、ましてや年功賃金を解体すれば福祉国家が実現できるという逆の因果関係は、なおのこと成り立たない。まず、このことをしっかりと認識するべきであろう。

2、さらに、年功賃金の競争的性格についても、事実は木下理論の想定しているものと異なると思われる。木下理論にあっては、年功賃金だから競争主義になりやすいとみなされ、年功賃金であることと競争主義とは順接的な関係として捉えられているが、これも妥当しない。

戦後の労働運動の盛り上がった後の企業側の巻き返しによって、この労働者の獲得した成果である年功賃金（および終身雇用）はその後、競争主義的に再編された。しかし、労働者側の圧力も大きかったため、完全に年功賃金を破壊することができず、すなわち差別的賃金体系である職務給に転換することができず、人事考課などを導入し、日本型職能給的要素や業績給的要素を導入するなどのやり方が取られた。

しかし、年功賃金体系そのものはきわめて非競争的な賃金体系なので、この体系のもとで労働者を競争主義的に働かせるためには、欧米諸国よりも強い圧力ときめの細かい管理・統制を必要とし、やる気や忠誠心を含めた情意考課や企業による全生活的支配を導入せざるをえなかった。つまり、年功賃金だから競争主義になったのではなく、非競争的な年功賃金体系を競争主義的に運用するためには、より直接的な抑圧や自覚的な競争の組織化や競争主義的な管理支配を必要としたのである。

アメリカ型職務給の場合は、そのような「きめ細かさ」を日本ほど必要としない。なぜなら、その賃金体系そのものが競争主義的に設計されているからである。職務、職階ごとに大きな賃金格差が歴然としてあり、しかも上級の（したがって高賃金の）職務、職階ほどその数が幾何級数的に減っていくので、労働者はいい賃金を手に入れるためには、その少ないポストをめぐって激しく争わなければならなくなる。こうして、資本家は労せずして労働者の競争を組織することができる。この機能がどれほどうまく作用しているかは、アメリカのホワイトカラーのすさまじい競争ぶりによく現れている。

さらに職務給は、競争を組織化する内在的仕組みを持っているだけでなく、賃金差別を合理化する内在的仕組みも持っている。木下氏が賞賛してやまない「椅子（仕事）に値段がついている」という例の建前である。経営者側はこう主張する。われわれは労働者を差別しているのではない。われわれはただ、椅子に違う値段をつけているだけだ。よい値段の椅子に座りたければ、競争で勝ち残り、自らの実力と能力とを証明すればよい。あなたが安い給料をもらっているのは、差別ではない。それはただ、あなたはその安い賃金にふさわしい低級な職務を担っているからにすぎない。——以上のように言えるのである。

「椅子の値段」論に従うなら、企業の顧問弁護士が時給三〇〇ドルをもらい、最高経営責任者が年に三〇〇〇万ドルもらっているのに対し、企業の床磨きをする「ジャニター」が最賃レベルの時給七ドルであっても、それは差別ではない。なぜなら、弁護士やCEOは、その高給にふさわしい高度で立派な仕事をしているのに対し、ジャニターは「七ドル」にふさわしい低級な仕事をしているからである。

しかし、この職務給体系は、ホワイトカラーには有効でも、職務のヒエラルキーをあまり設定できないブルーカラーにはあまり有効ではなかった。そして、きわめて偶然的なことだが、日本型の、競争主義的に再編された年功賃金体系では、ホワイトカラー、ブルーカラーの違いによってあまり運用方法を変えなくてよいという長所（資本家にとっての）があった。資本家にとって本来競争を組織しにくいはずの年功賃金はブルーカラーにとっては、一方では、長期雇用と結びついてこの企業でずっと働いていれば賃金が上がっていくという統合機能を持っただけでなく、上司によるきめの細かい管理、支配の導入によって、職務のヒエラルキーをあまり設定できないブルーカラーでも競争を組織することができたのである。これは予期せぬ結果であった。

以上見たように、年功賃金だから競争主義になりやすいのではなく、実際には逆で、それ自体は非競争的な賃金体系だからこそ、それに対して外在的な競争主義的規定を付加しなければならなかったのである。

3、以上のことから、年功賃金は、非競争主義的な再編（より正確には再々編）したうえで守るべきものであって、廃絶するべきものではない。それは、中選挙区制度と同じく種々の欠点があるし、より平等な制度（企業横断的産別組合によって規制される生活賃金、あるいは選挙制度で言えば「比例代表制」）に比べれば劣っているかもしれないが、それをアメリカ型制度（職務給、あるいは選挙制度で言えば「小選挙区制」）に置きかえればよいと考えるのは愚の骨頂であり、むしろそれは反動的である。

企業横断的に組合規制された豊かな生活賃金を導入しうる力関係にない現状においては、年功賃金体系それ自体を擁護しつつ、それを、一、より男女平等的なものに改変し、二、若年者の賃金水準を引き上げることを通じて年功賃金の上がり方をより緩やかなものにし、三、人事考課を規制してより非競争的なものにするべきである。そして、赤堀正成氏の言うように、「ディファクト」に存在する企業横断的労働市場・賃率をふまえつつ、より下からの規制と上からの労働者保護的規制（とくに重要なのは全国最賃制）を強化していく運動をしていくべきだろう。

パートの労働者運動としては、常勤並みの雇用保障、年々の昇給を求めていくべきだろう。もちろん、今の力関係ではそれもままならないのは百も承知だが、けっして自ら年功賃金と終身雇用の既得権を手放してはならない。それは自殺行為である。

Ⅳ、一九九〇年代における渡辺治の戦後日本社会論について（二〇〇三年二月）

渡辺治氏の戦後日本社会論は、二〇〇〇～二〇〇一年あたりを境に大きく転換した。しかしこの転換について左派論壇の中で十分よく理解されているとは思われない。本人も、自分の理論的転換をあまりよく自覚していないように思われる。※そこで、この転換以前に渡辺治氏が戦後日本社会の特質について具体的に何と言っていたかを一九九〇年代の文献を中心に引用しておきたい。

※二〇〇八年の注

二〇〇四年における渡辺治氏の論文「開発主義・企業社会の構造とその再編成」（『変貌する〈企業社会〉日本』旬報社、二〇〇四年）では、これまでは戦後日本の国家体制を「〈企業社会〉国家とか、企業社会＋戦後型政治と呼んできたが」、「現代日本国家は、企業社会による強い統合と並んで自民党政治による開発主義的政治をもう一つの要素としていた。こちらを重視した呼び方をすれば、開発主義のほうがふさわしいので、今回は、開発主義国家という概念を使用した」（三一頁）と述べている。単に強調点が変わっただけだというわけである。だが、体制の全体を総括する呼び方として、単に「もう一つの」側面にすぎない要素を中心に据えること自体、概念の転換そのものに他ならない。何が主要なもので何が副次的なものなのかを正しく理解することこそ社会科学的認識の核心なのだ。にもかかわらず、この両要素の関係をひっくり返したことを「こちらを重視した呼び方」にすぎないとみなすとは、驚くべき認識である。

一、戦後改革の特質

まずは、一九九六年の論文「階級の論理と市民の論理」である。この論文の中で渡辺氏は、戦後改革と新憲法の問題を論じながら、次のように書いている。

戦後の改革は、日本帝国主義の復活を阻止するためという明確な目標の下に取り組まれたが、それは上にみたような〈階級の論理〉に深く規定された講座派的な〈市民の論理〉に立ったものであった。もちろん、占領権力は、当代日本社会を単純な前近代社会とみなしていたわけではない。けれども、占領権力は、日本帝国主義の特殊な侵略性と凶暴性の根源を、天皇制の専制的支配による民主主義の抑圧と日本資本主義が地盤とした社会の封建的・前近代的性格がもつ市場の狭隘性に求めたのである。その結果、占領軍は、日本帝国主義の復活を阻止するためにも、あえて日本社会の広範な民主化と市民的担い手の育成に力を入れたのである。（渡辺治「階級の論理と市民の論理」、『講座世界史一二　わたし達の時代』東京大学出版会、一九九六年、四一〇頁）

戦後改革の過程で、天皇制権力の専制性を保障していた法制度は急速に破壊・一掃され……（同前、四一三頁、傍点は引用者、以下同じ）

このように、戦前からの連続性についてはこの論文では何も言われておらず、それどころか、占領軍は戦前的な要素（「社会の封建的・前近代的性格」）の破壊に傾注し、そうしたものが基本的に「破壊・一掃」されたと把握されている。さらに、企業社会的統合と市民社会に関しては以下のように述べられている。

第二に、企業社会的統合の成立は、自民党政治に大きな影響を与えその転換を促した。企業社会的統合によって労働組合の運動がしだいに企業内に吸収されるにしたがい、保守党は復古主義を強引に推し進める必要がなくなっていった。……今や自民党政治は、執念を燃やしていた憲法改正や市民的自由の削減にさほど意欲を示さなくなった。(同前、四二一～四二二頁)

このように、戦後に成立した企業社会のシステムは、自民党の復古主義をも後景に退けるほどの近代的統合力を有していたとされている。連続性論と正反対の戦後認識である。

次に、一九九五年の論文「日本国憲法運用史序説」。戦後憲法案の作成過程における市民国家派とニューディール福祉国家派との対抗関係について跡づけながら、渡辺氏は次のように論じている。

市民国家派が構想した国家とは、非武装国家という点を除くと次のような特徴をもつ。第一は、強力な議会を中心とし、逆に「弱い行政府」という特徴をもった国家であった。……それに対して「強い行政府」を主張したケイディスらもまた、明治憲法体制に固執していた日本の保守支配層のそれとは全く異なって、日本の改革を強く主張する立場からそれを唱えていた。……しかしこうしたケイディスらの意見に対して、ラウエルらは、まさしくそうした強い行政権が日本では議会を弱体化し軍国主義の基盤になったという点から強力に反対し、結局彼らの主張を貫徹したのである。(渡辺治「日本国憲法運用史序説」、『講座憲法学一　憲法と憲法史』日本評論社、一九九五年、一二七～一二八頁)

つまり、戦後日本の針路をめぐる占領軍内の対立においては、福祉国家的な「強い国家」をめざすケイディスらの「福祉国家派」に対して、むしろ「強い国家」にもとづいていた戦前との連続を断ち切るために「弱い行政府」を主張するラウエルらの「市民国家派」の主張が貫徹したというのが、この論文での渡辺説であった。戦前から連綿と続く「強い行政府」を日本の特徴とみなす開発主義仮説とは真逆である。次に、司法権をめぐる「市民国家派」と「福祉国家派」との対抗関係が論じられている。

市民国家派は、第二に、独立した司法部の確立と、アメリカで慣行的に確立した司法審査制の導入を主張した。そこには、裁判官の終身、司法権の独立、行政裁判所の禁止などが盛り込まれていたが、それに対してもケイディス（福祉国家派）は強い懸念を示した。ケイディスは民衆に基礎を置かない司法部が「司法寡頭制」を形成して、立法部や行政の行なうリベラルな改革にことごとに抵抗することを恐れたのである。その背後には、言うまでもなく、一九三〇年代中葉のアメリカで、ニューディール立法が最高裁判所によって次々と違憲とされていったことに対する苦い経験があった。それに対して、市民国家派が強い司法部を主張した背後にも、これまた日本の特殊性に対する認識があった。彼らにとっては、ケイディスと異なり、むしろ司法部が人権の擁護者として弱すぎたことに天皇制国家の欠陥があり、これが軍国主義に反対する民衆の意思表明や運動を不可能にしたという判断があったのである。だから草案では裁判所の権力は「意識的に持ち上げられている」というラウエルの反論はこの点を強調していた。

また、ケイディスは裁判所が労使関係の問題などに機敏に対応できずその保守性を露呈したアメリカの経験から、行政各領域の専門性をふまえられる行政裁判所の、改革に果たす積極的役割に期待をもっていたが、ラウエルらは逆に日本では行政裁判所が天皇制官僚機構の行なう行政の擁護に終始したという歴史的事実からこの禁止を主張した。そして、ここでも、おおむねラウエルらの主張が貫徹されたのである。（同前、一二八頁）

つまり、ニューディール立法が阻止されたという経験から弱い司法制度をめざしたのがケイディスらの「福祉国家派」であり、それに対して独立性の強いリベラルな司法制度をめざしたのがラウエルらの「市民国家派」で、ここでも後者の主張が通ったというのが、渡辺説である。

さらに地方自治に関しても、渡辺氏は、地方の強い独立性を主張する「市民国家派」の主張が通ったと書いている（同前、一二八〜一二九頁）。さらに、人権規定に関しても、「市民国家派」が「刑事手続き的人権を中心とした市民的自由の手厚い保証に力を入れた」としている。

渡辺氏はこうした対抗関係を通じて、結局ことごとく「市民国家派」の主張が通ったとみなしており、次のように概括している。

起草グループ内の議論を経て結局のところ市民的国家像が採択された理由はいくつかあるが、そのもっとも大きな理由は、占領軍内部に帝国主義的侵略を遂行した天皇制国家が社会の半封建性を基盤にした前近代的・専制的な性格をもったものだという認識があり、またその国家は明治憲法のもと強い行政権と中央集権主義によって成り立っていたことから、その復活を阻止することを第一の目的とするＧＨＱとしては、強い行政権と中央集権主義を持つ福祉国家は敬遠されることとなった点にあったと思われる。（同前、一三〇頁）

このように、戦前と戦後との断絶が強調され、戦前は「強い行政権」であるのに対し、戦後は「弱い行政権」と市民的自由の重視というふうに総括的に理解されている。

渡辺氏は、戦後は制度的には「弱い行政権」になったが、とはいえ、それを運用する支配層自身は戦前から連続しているので、その運用においては憲法の理念に矛盾した運用がなされ、また個々の法制レベルでは戦前的なものが部分的に存続したと主張している。

> 占領期の憲法運用の第二の特徴は、支配層が憲法の市民的国家構想に沿って明治憲法体制下の旧法制の全面的再検討をするのをサボり、占領権力が容認するかぎり、できるだけ旧法制を存続させようとしたことである。……こうした支配層による旧法存続の試みの典型的事例は、刑法の不敬罪規定や尊属犯の規定に見られた。前者は、ＧＨＱの発見するところとなり、吉田首相の抵抗にもかかわらず廃止されたが、後者の方は存続し、……七三年まで機能し続けたことは、周知のとおりである。（同前、一三五頁）

このように、断絶こそが主要な側面で、連続性は部分的で副次的な側面であると理解されている。この認識こそが重要である。なぜなら、誰も完全な断絶も完全な連続性も主張していないのであり、問題はどちらの要素が主たる側面なのかである。そして、一九九〇年代の（そしてそれ以前の）渡辺氏は明確に、断絶こそが主要な側面であるとさまざまな面から主張していたわけである。

さらに渡辺氏は、一九六〇年代の企業社会的秩序の形成によって、国家の治安体制が後景に退いたことについても、次のように明確に主張している。

企業社会の成立により、支配層が復古主義的枠組みによらず企業の成長を促進する経済成長政策とその結果増大した税収を基礎とした利益政治を核とする新たな政治＝「戦後型政治」を展開することを可能にしたということである。……

こうした企業支配の上に乗った自民党政治は、秩序の枠を狭隘化するのではなく、この企業支配の存続条件たる経済成長を促進し、また企業支配に組み込まれない農村や都市零細企業層に対して利益政治を展開することによって支配の安定を図ることが可能となった。これが自民党に憲法の市民的枠組みを受け入れさせた要因である。この時期にはあからさまな治安立法の制定も抑制された。

（同前、一四三～一四四頁）

このように、大都市の大企業部門における企業主義的支配の確立、それに基づく持続的な経済成長、その恩恵を都市零細業者や農村部にも行き渡らせる利益政治という「三位一体」の体制が成立したことで、治安体制の強化や戦前への復古の試みは大きく後景に退いたと述べている。また、司法と市民社会との関係についても、この企業社会成立期に変容を見せたとして、次のように述べている。

以上のような憲法運用の変化を受けて、この時代の司法審査もいくつかの特徴を帯びた。第一に、五〇年代に「活躍」した公共の福祉による人権制約の正当化は徐々に後退した。これは明らかに、市民社会化に伴う憲法運用の変化を反映したものであった。しかし、第二に、司法審査は、たとえば、「企業秩序」論に見られるように、企業の活動についてはこれを広く容認し、逆に企業による人権の侵害については、三菱樹脂最高裁判決に典型的に見られるように、違憲判断を露骨に回避することにより企業社会の確立を支援・補完する傾向を見せたのである。（同前、一四六頁）

このように、公共の福祉論による市民的自由の侵害は鳴りを潜め、司法は企業支配を補完する役割を果たしたとされており、ここでも国家や行政府ではなく、大企業を中心として戦後的秩序が成立し発展していることが力説されている。ここには、戦前からの開発主義体制や行政府中心の国家が連綿と現在も続いているというような、「のっぺらぼうな」（渡辺氏の好きな表現）歴史観はまったく見られない。

二、戦後日本の成長主義の普遍性と特殊性

渡辺氏が二〇〇〇～二〇〇一年以降に開発主義論を採用するまでは、戦後日本の成長主義は、あくまでも現代資本主義一般の普遍的傾向を徹底したものとして理解されていた。後藤道夫氏の開発主義論では、先進資本主義国の中で日本だけが唯一、国家の全面的なバックアップとその主導による成長を行なった国であり、その意味で日本はきわめて「特殊な国」（後藤氏によれば、他の先進資本主義国は不況対策としてケインズ主義をやっただけだそうだ）とされているが、旧渡辺理論では、それとはまったく反対に、戦後日本の成長主義は現代資本主義一般のもつ普遍的性格を体現しており、ただその成長の徹底さ（現代資本主義の「成長と福祉」という二本柱のうち前者に強く偏っていたという意味で）に特殊性があるという理解だった。つまり、ここでいう特殊性とは、普遍性からの逸脱としてではなく、普遍性の徹底という意味での特殊性であった（後藤氏も、開発主義論に転換するまでは、「煮詰められた

資本主義」論という言い方で、同じような立場だった）。そして、そうした普遍性と特殊性を実現したのは、国家ではなく、大企業であったというのが、渡辺氏の理論の根幹であった。

以上の点を示す典型的な論文は、一九九一年に『現代日本社会』（東大出版）の第一巻に序論として書かれた「現代日本社会の構造と特殊性」という論文である。以下、最も重要なところを引用する。

こういう現代世界の中で、日本は、きわめて特殊な地位と役割を占めるに至っている。……まず第一に、日本は、成長を特質とする「現代資本主義」の中でも飛びぬけた成長を遂げていることは周知のことである。高度成長期は言うまでもなく、オイルショック以降の不況をもいちはやく乗り越えて、成長率は半減したとはいえ、成長を持続した。今や日本は第二次大戦後の資本主義世界の「生産力的基軸国」であるばかりか、モデルとさえなりつつある。ここでは、「現代日本社会」は成長を特質とする「現代資本主義」の普遍的性格を体現している。（渡辺治「現代日本社会の構造と特殊性」、『現代日本社会』第一巻、東京大学出版会、一九九一年、三頁）

上記のような「現代」の特質から見ると、日本社会は一面ではその典型をなしているが、他面、きわめて例外的でもある。典型というのは、先述のように「現代資本主義」の〈成長〉と富裕化をもっともみごとに達成したからである。

けれども、他面例外性も眼につく。〈成長〉と並ぶ現代資本主義のもう一つの柱たる〈福祉〉の方を見ると、なるほど日本も広義ではまぎれもない福祉国家であるが、しかしそれが低位にあることは否定できない。……例外性は他にもある。富裕化にともない先進諸国で一様に生起している労

働規律の解体は、日本には生じておらず、むしろ「過剰」規律が問題となっている。(同前、一一二～一一三頁)

現代日本の成長は、国際的条件と、会社主義の二つの柱によって達成されてきた。……こうした「会社主義」の起源を、前近代からの慣行とみる見方もあり、なるほどある程度の連続性は否定できない。けれども、「会社主義」の核を従業員同士の昇進・昇格をめぐる長期にわたる競争構造とみると、それはすぐれて戦後的なものといわざるをえない。……(同前、一一三～一一四頁)

このように、戦後日本のシステムは「成長を特質とする『現代資本主義』の普遍的性格を体現している」とされ、また、日本は「広義では」と限定されつつも、「まぎれもない福祉国家」だときちんと認識されており、その特殊性は福祉国家ではないことではなく、それが「低位」であることに求められている。さらに、戦前との連続性もあるにはあるが(当たり前だ)、戦後日本の「会社主義」は「すぐれて戦後的」だと明言されている。ことごとく、その後の開発主義論とは対立する。とくに重要なのは、「国家の脆弱性」というタイトルのついた以下の部分である。そこでは戦後の日本国家の脆弱性と、成長要因としての企業の主導性とが正しく強調されている。

こうしたアメリカへの従属は、軍事費の増加のみならず、軍事・外交的国家機構の肥大化と成熟を妨げた。また、憲法と結びついた、戦前軍国主義への嫌悪は、戦後ナショナリズムのイデオロギーの復活を妨げた。そのため、イデオロギー面でも国家は後景に退いたままであった。こういう面では戦後日本国家は脆弱性を特徴としている。戦後の保守党政権は改憲と軍国主義復活を一貫して追求したというイメージが従来比較的流布しているが、それは必ずしも事実ではない。五〇年代までは、保守党はたしかに改憲を志向したが、平和・民主主義運動の高揚によって、六〇年代に入ると、復古的統治の方向を断念することを余儀なくされ、国家の強調をやめてしまった。また、教育においても、政府の追求した戦前型国家主義教育への復古は、企業社会に教育が巻き込まれるにしたがい、六〇年代に入ると後退した。国民の統合は、成長と繁栄のイデオロギーによってなされるようになり、国家は企業の背後に退いたのである。

国家の脆弱性は、しかしこの面に限られるわけではない。高度成長の要因として、しばしば〈日本株式会社〉たる国家の役割が強調されるが、実際には、成長は企業の設備投資を主導力にして行なわれた。さらに、労働組合と社会民主主義勢力の脆弱性により資本蓄積を規制するような国家介入が抑えられたことも、成長を促進した。この面でも日本の国家は「弱い国家」であった。（同前、一一六〜一一七頁）

このように、渡辺氏は、戦後日本の高度成長を国家の主導性に求めるのではなく、「実際には、成長は企業の設備投資を主導力にして行なわれた」と断言し、さらに戦後日本国家の特質として四重の意味での「弱い国家」論を展開していた（アメリカへの従属ゆえの軍事・外交面の弱さ、戦後民主主義運動の制約によるイデオロギー面での弱さ、企業の主導性による経済面での弱さ、労働組合と社会民主主義の脆弱性による福祉国家的介入の弱さ）。これらはすべて実に鋭い指摘だ。そして、この企業中心体制のおかげで、「国家は企業の背後に退いた」とまでされている。このように渡辺氏は、国家主導ないし官僚主導による上からの経済成長論や抑圧的な日本国家論という通説とは最もきっぱりと手を切った戦後日本社会論を展開していたのである。これは今日から見ても慧眼で、学ぶべき点が非常に多い。

三、戦後史における一九六〇年代の画期性

一九九〇年代の渡辺理論においては、戦前と戦後の断絶性と戦後改革の画期性が強調されるだけでなく、また単に一九六〇年代における企業社会の確立が強調されるだけでなく、この企業主義の成立こそが、戦後における保守政治の新たな根本的な画期をなすものであったと把握されている。なるほど、一九五〇年代にも国家による復興政策、開発政策、成長政策はあったが、一九六〇年代のそれは、五〇年代の単なる延長・発展ではなく、そこには断絶と飛躍があり、後者にあっては官主導ではなく、大企業主導であり、その蓄積運動が国家の政策全体を飲み込んだ結果として生じたのだとされている。

以上の点を典型的に示す引用を以下に紹介する。引用するのは、『日本通史』第二〇巻所収の一九九五年の論文「戦後保守支配の構造」である。まずこの論文の大きな「三」の見出しが、「企業が国家をつかんだ——企業社会と保守政治」となっており、以下のように論じられている。

> 日本の経済成長の主たる要因が「日本株式会社」といわれる国家の経済への介入政策にあるのか、旺盛な設備投資を中心とした資本蓄積の側にあるのかについては議論があり、また経済政策の果たした役割の評価についても議論があるが、経済成長の枠組みを作るのに国家の果たした役割が極めて大きかったことは否定できない。とくに、大蔵省や通産省といった官僚機構が戦後初期の段階から経済の復興、さらには産業構造の高度化・重化学工業化にむけて、系統的に政策を展開してきた

ことは注目される。こうした官僚機構の志向は、近代天皇制国家以来官僚機構の有した「国家」優位の体質の延長として理解されるが、日本帝国主義の国家目標を強制的に廃棄させられた戦後には、官僚機構はいちはやく新たな経済的国家目標を設定してそれに取り組んだのである。……（渡辺治「戦後保守支配の構造」、『日本通史』第二〇巻、岩波書店、一九九五年、九五頁）

まさにここでは、戦後日本の経済成長が「国家の経済への介入政策」にあったのか（開発主義論）、「旺盛な設備投資を中心とした資本蓄積の側」にあったのか（企業主義論）、というズバリの問題提起をしている。その上で、まず、戦後の経済復興期において官僚機構が「経済の復興、さらには産業構造の高度化・重化学工業化にむけて」系統的に努力してきたことが事実として取り上げられる。このような官僚機構の志向は一般に、「近代天皇制国家以来官僚機構の有した『国家』優位の体質の延長として理解され」ているが、実際には、「日本帝国主義の国家目標を強制的に廃棄させられた戦後」において、官僚機構が「いちはやく新たな経済的国家目標を設定してそれに取り組んだ」結果だとされている。まずはここに戦前との断絶が確認されている。しかしこれはまだ本論ではない。この論文の眼目はここにあったのではなく、それは単なる前振りであって、それに続く部分にこそ、ここでの渡辺氏の主張の核心がある。まずもって、次のように述べられている。

こうした点だけを見れば、経済成長に対する官僚機構の役割は、政治とは一応無関係に展開されていたといえるし、すでに六〇年代以前から経済成長政策は一貫して進められてきたともいえそうである。しかし、そういってしまうことはすぐ後で述べるように、六〇年代以降の企業と国家・保守

政治との体系的結合の画期的性格を過小評価することになる。（同前、九六頁）

渡辺氏はこのように「六〇年代以降の企業と国家・保守政治との体系的結合の画期的性格」に触れたうえで、一九五〇年代後半から企業と政治との関係が大きく変化し、大企業が財界として組織的にかつ系統的に政治に関与し、その国家政策の基本を決定するような影響力をもつようになる過程を叙述していく。その上で、次のように述べている。

こうした財界の政治への組織的な介入こそ、池田内閣の政策転換を経済成長政策に収斂させた第二の理由だったのである。この点から見れば、六〇年における保守政治の転換の意味は画期的であった。近年、むしろ自民党の経済成長政治、合意の政治はすでに五〇年代から始まっているというリビジョニスト的見解が台頭しているが、これは第一に、五〇年代における支配層の復古主義への衝動とそれを阻止した戦後民主主義の大衆運動の力を過小評価し、六〇年以後の自民党政治のもっている「戦後」性を理解できない点で、また第二に、企業社会の形成という社会変化の画期的性格を見逃している点で、第三に、六〇年の保守政治の転換によって国家政策全体が経済政策に収斂させられるに至る画期的性格をつかみ損ねている点で、誤っている。（同前、九八頁）

このように、一九六〇年代においては、国家による経済への系統的介入の延長ではなく、逆に「財界の政治への組織的な介入」こそが重要な戦後日本の特質として描かれている。そして、戦後の過程それ自体を、国家主導の経済成長政策の単なる連続性や延長においてとらえる見方をきっぱりと否定し、一九六〇年代以降に新たに確立された自民党政治の「戦後」性と企業社会の「画期性」がこれ以上ないぐらい強調されている（「画期的」という形容詞がこの短い引用文だけで三回、「転換」も三回登場している）。なお、ここで言われている「リビジョニスト的見解」とは、『通産省と日本の奇跡』を書いたチャルマーズ・ジョンソンなどの官僚主導説（まさに、後に渡辺氏自身が肯定的に依拠するようになる議論）を指している。つまり、この時点での渡辺氏の議論は、後に自分が肯定するようになる議論を主敵として、それに対する全面的な論駁を試みていたのである。

渡辺氏は次に、今では開発主義として提示されている自民党政治のさまざまな開発政策、成長政策について詳しく論じている。この論文では、これらの開発政策は、「開発主義国家体制」の現れとしてではなく、その反対に、企業が全面的に国家をつかんだ結果として展開された資本蓄積支援政策として理解されている。引用するのがたいへんなので、同書の九九頁と一〇〇頁を熟読してほしい。

以上をまとめれば、この時期の渡辺理論においては、戦後一貫して（もっと言えば戦前から連綿と）存在する開発主義体制なるものを想定していたのではまったくなく、いわば二重の断絶性と画期性が強調されていた。すなわち、まず第一に、戦前と戦後の断絶性がさまざまな面から徹底的に強調され、第二に、戦後史においても、戦後すぐの復興主義的経済政策（どちらかというと官僚主導、国家主導）の段階から、一九六〇年以降に企業社会という体制の成立という新しい段階（企業主導）に移行したのであり、それ以降、この企業主義体制がしだいに国家と社会全体をつかんでいくのだ、という見方をしていたわけである。

「開発主義」という言葉をあえて使うとすれば、それが支配的な段階であると言えるのはせいぜい一九四〇年代末から五〇年代末までの経済復興期に限定されるべきであって、一九六〇年代以降は、国家の「開発主義」政策は企業支配体制の一モメントに引き下がり、あるいはその背後に後退し、企業主義的体制こそがすぐれて戦後的な安定した支配体制として存立した、ということであろう。

しかし、最新号の『ポリティーク』では、これとは反対に、開発主義体制が戦前からの連続性のもとに戦後に再確立され、それが戦後日本を一貫して支配し、ついで、その主要な柱の一つとして企業社会が一九六〇年代に成立し、次に一九七〇年代半ば頃にもう一つの柱として利益政治的統合が成立したとみなされ、その後、それが動揺し、しだいに経済発展にとって桎梏になっていき、ついに新自由主義の主敵になったと把握されている。このような「開発主義史観」が、一九九〇年代の渡辺理論と真っ向から対立することは明らかだろう。

これら一九九〇年代の一連の諸論稿を読み直せば、この時期、渡辺治氏は、一九八〇年代のころ以上に、戦前と戦後の断絶性を強調し、国家主導説を全面的に否定し、戦後においても復興期である五〇年代と企業社会が成立する六〇年代との非連続性を力説していたことがわかる。まさに渡辺理論が非連続説と企業主導説の方向に最大限突き進んだのがこの一九九〇年代（とりわけその後半）だったのだが、驚くべきことに、とことんこの説を徹底した後に、二〇〇〇年代になって突然、正反対に引っ繰り返り、明治期以来連綿と存在する行政府主導の開発主義体制という議論へと「転回」したのである。

四、「過剰貫徹論」の誤り

このような根本的な転換が起こったことには、何らかの内的原因がなければならない。理論的な体系性を重視する知識人が単なる偶然によってその理論を転換させることは普通ないからだ。それはやはり旧理論そのものに、そうした転換を可能とした（必然としたわけではなくとも）弱点があったと考えるのが合理的だろう。その一つとして考えられるのが、かつての渡辺理論の最も大きな特徴の一つであった「過剰貫徹論」である。この点について、以下、簡単に論じよう。

かつての渡辺氏は、日本社会後進性論を否定するという志向があまりにも強かったために、後進性論の逆の誤り、すなわち日本における資本主義の過剰貫徹論を最近までとってきた。これは実は、後藤道夫氏の「煮詰められた資本主義論」からヒントを得ていると思われるが、いずれにせよ、渡辺氏は、企業社会において資本主義が「過剰に」貫徹されているとみなしていた。

私は、数年前に出版した自著『資本主義と性差別』（青木書店、一九九七年）の中で、過剰貫徹論という立場は取らないと一言いっておいたが（私は、あくまでもヨーロッパと比べて「相対的に無規制な貫徹」という立場をとった）、そのときはなぜ「過剰貫徹論」が誤りであるかについて詳しく言及しなかった。なぜなら、あの時点では渡辺氏のこの誤りを取り立てて問題にするべき理論状況にはなかったからだ。当時、私が主敵にしていたのは木下賃金論であった。

しかし、現在では、この「過剰貫徹論」の誤りについて詳しく考察しておく必要がある。なぜなら、渡辺氏が木下氏とともに政治雑誌を出し、後藤開発主義議論を「後進性論」的方向で受容しつつあるからであり、こうした事態を理論内在的に説明しうるものがあるとすれば、まさにこの「過剰貫徹論」だからである。

では、なぜ「過剰貫徹論」は誤りなのか？

まず第一に、これは、企業内にも及んでいる戦後民主主義運動の規制力を完全に過小評価ないし無視しているからである。単に「貫徹」するだけでなく、「過剰に」貫徹できるということは、大企業内の資本の蓄積運動に対して労働運動側がまったく何の規制力も発揮していないという論理的帰結になるだろう。しかし、年功賃金や終身雇用の維持に見られるように、そういうことはなかった。渡辺氏の見方は明らかに行き過ぎである。

第二に、「過剰に」貫徹しているということは、それ以上の貫徹がありえないという論理的帰結を生む。すでに過剰に貫徹しているのだから、これ以上どうやって貫徹するというのか？　しかし実際には、現在の企業側の攻勢を見てもわかるように、企業は一九七〇年代や八〇年代よりもさらにいっそう資本の論理を企業内に貫徹しようとしている。その最たる現われが、年功賃金体系を破壊してもっと競争主義的な賃金体系（成果主義、職務給）を導入しようとしていることと、終身雇用を破壊して、首切りの自由化、正規労働者の大幅な削減、昇進も昇給も雇用保障もないパート・派遣労働者を中核部分にまで広げようとしていることである。このことからも明らかなように、年功賃金と終身雇用は、資本の蓄積運動に対する一定の歯止め、規制でもあったのだ。

第三に、もしかつての企業主義的体制が資本主義の「過剰貫徹」だとすれば、そこで行なわれている労務慣行を否定し破壊することは、「より小さな悪」になるという論理を容易に導き出しうる。すでにかつての企業主義体制が資本主義の過剰貫徹なら、それ以上の貫徹形態はありえないわけだから、それをとにかく破壊すれば、その後にできるものが何であれ、それは「よりまし」であるはずであり、「より小さな悪」であるはずである。そして、これこそ木下賃金論のよって立つ論理である。

第四に、もし日本企業社会が資本主義の「過剰貫徹」なら、アメリカ企業内部の労使関係は、日本のものよりもましであり、「より小さな悪」であるという論理にならざるをえない。これは明らかにアメリカ資本主義に対する美化論にならざるをえない。実際には、アメリカ企業内部の慣行は恐るべきものである。

第一に、アメリカ企業では、首切りは自由である（解雇自由原則）。アメリカでは、理由は何であれ解雇してもいいことになっている。しかもその解雇権は、直属の上司に握られている。よくアメリカの映画やドラマで、上司が「お前はクビだ！」と叫んでいるシーンがあるが、そう言われた労働者は、その日のうちにＩＤカードを受付に返して、自分の荷物（家族の写真の入った写真立てが定番）をダンボールの箱にまとめて帰宅しなければならない。また、直属の上司に解雇権（雇用・昇進権も）があるために、典型的な対価代償型セクシュアル・ハラスメントが横行することになる（ちなみに、日本では人事は人事部が中央集権的に統括・管理しているので、いくら上司と寝ても出世できない）。

もっともアメリカでは、一九六〇～七〇年代の公民権運動のおかげで、女性であること、有色人種であること、障害者であること、エイズ患者であること、などの理由で解雇することは「公民権侵害」とみなされ、企業は裁判で多額の賠償金を払わされる。つまり、アメリカでは、原則としての解雇自由が、公民権の差別禁止規定によって規制されているのである。アメリカの民主主義がいかに一九六〇～七〇年代の公民権運動によってようやく「現代化」したかを顕著に示す事例だ。

いずれにせよ、アメリカでは解雇自由原則が厳然と生きている。しかし日本では、「整理解雇四原則」という有力な既得権があり、これまではそう簡単に解雇できなかった（解雇に代わる主たる形態は退職者不補充と出向、あるいは、いやがらせによって職場を辞めざるをえなくすること）。それゆえ、一九九〇年代後半になって、この整理解雇四原則が、資本主義のさらなる貫徹にとっての邪魔者になっており、裁判所でも次々と反動的判決が出され、さらには、ごく最近では、労働基準法を改悪して解雇の自由化を盛り込もうとしている。

第二に、アメリカの職務給は、年功賃金よりも資本主義的な賃金制度である。この点についてはすでにるる述べたので繰り返さない。

このように、まさに年功賃金と終身雇用というこの日本型企業社会の二つの柱において、日本はアメリカよりも資本主義が貫徹していないのである。

もちろん、日本の方が資本主義が貫徹している側面もある。それは第一に、生活態度ややる気まで含めた情意考課のある人事考課、そしてこれがブルーカラーにも実施されていること（人事考課の非公開性という問題もあるが、それ自体はたいしたことではない）、第二に、企業内での配置転換が自由に行なわれ、労働者はまったく自分の望まない部署や勤務先に平気で飛ばされる。この二点こそ、日本型企業社会のすぐれて資本主義的で、資本蓄積を保障している制度である。

だが、実は、この二点は、それぞれ年功賃金と終身雇用という非競争主義的なシステムを競争主義的に、したがってより資本主義的に運用させるために必要なものとして導入された制度なのである。年功賃金と人事考課との関係についてはすでに過去の投稿でも書いた〔Ⅲ「年功賃金システムの再検討」を参照〕。本来、非競争主義的で資本規制的な年功賃金体系を競争主義的に、蓄積促進的に運用するためにこそ、生活態度まで含めた人事考課が必要だったのである。同じく、本来は非競争主義的で、資本蓄積規制的な終身雇用慣行を競争主義的に、資本蓄積促進的に運用するためにこそ、配置転換の自由が導入されたのである。つまり、日本における配置転換の自由は、制限された解雇自由原則の代替物なのである。解雇が自由でないからこそ、配置転換が自由なのだ。

以上の考察によって、日本型企業社会のさまざまな特徴が、実際には「資本蓄積規制的、競争規制的な」システムを「資本蓄積促進的に、競争主義的に」運用するために生じているものであることがわかる。したがって、こういう両面を持った日本型企業社会は、けっして「資本主義の過剰貫徹」ではありえない。もし「過剰貫徹」と呼べるような状況がありうるとすれば、それは、解雇も自由だし配置転換も自由、賃金体系は職務給あるいは業績給あるいはパート並み時間給だし、しかも生活態度ややる気を評価する人事考課もある、という「日本型の資本主義的部分とアメリカ型の資本主義的部分」とを結合したタイプだろう。そして、このタイプこそ、現在、日本の大資本の側がめざしているシステムなのである。

以上のことから明らかなように、日本後進性論の逆の極端である「過剰貫徹論」は、それ自身のうちに、木下理論（彼の立場は基本的に日本社会後進性論である）に転化する内在的契機を持っていたといえる。つまり、本来は最も対立すべき両者の理論が（一方の「過剰近代化」論と他方の「近代の不足」論）、あたかも両極端は一致するという弁証法を証明するかのように、相互にあい通じる側面を持っていたということである。

しかし、それは、あくまでも「転化の可能性」にすぎない。渡辺氏は今のところ、まだ明確には木下理論を肯定してはいない。しかし今の時点で明らかなのは、渡辺氏がなぜ木下氏を公然と批判せず、それどころかなぜいっしょに仲良く『ポリティーク』を編集できるのか、この謎を解く一つの鍵がここにあるのではないか、ということである。

渡辺氏がごく最近になって「開発主議論」や戦前との連続性重視論に転換した理由も、このことと深く関係していると言える。「過剰近代化論」だけで説明しきれない現象にぶつかったときに（日本の官僚の振る舞いやその政策体系など）、渡辺氏は、かつての過剰貫徹論を投げ捨て、この過剰貫徹論の中に萌芽的にあった「近代の不足論」と共通の論理を無批判に発展させ一般化させてしまったのである。

Ⅴ、日本の福祉国家と新自由主義改革に関する覚書（二〇〇四年八月）

1、まずもって日本も福祉国家の一形態であることを理解すること。ヨーロッパは福祉国家、日本は企業国家であるという類型は一面的。違いは、福祉国家か否かにあるのではなく、理念的・体系的福祉国家かデ・ファクトな、事実上の、パッチワーク的な、階層的福祉国家か、という点にある。日本の福祉国家は、保守政権のもとで、戦後民主主義運動勢力の圧力のもとで形成されたので、体系性に欠け、理念性に劣っている。しかし、後藤道夫氏が言うような救貧的福祉国家などという水準にあるのではなく、基本的に先進国の基準である、第二段階福祉国家の水準をパッチワーク的に、張り合わせ的に満たしている。

たとえば医療。全国民的な公的医療保険制度は第二段階に近い福祉国家制度であり、しかも、その医療保険は基本的にほとんどすべての疾病をカバーしており、無差別平等の医療が保障されていた。さらに、ほんの十年ちょっと前まで、健康保険本人無料、老人医療費無料という制度があり、実際に医療を受けるかなりの部分が事実上無料医療であった。また、診療に関わる価格は、包帯代から検査や手術費や薬代に関わるまですべて公定価格制度をとっており、きわめて安い価格に抑えられている。また、高額医療制度を通じて、ひと月当たり一定額以上の医療費（収入によって細かく分かれているのが難点だ）は公費で賄われる。

日本の医療制度が、公的医療保険制度さえないアメリカと比べてはるかに優れているのは言うまでもないが、イギリスやオーストラリアなどの無料医療制度と比べても、ある面ではすぐれている。イギリスでは無料医療制度がかろうじて生き残っているが、その内実は劣悪であり、貧乏人向けの格差医療でしかなく、しかも、重要な手術などは相当長く待たされる（ある意味で、費用の代わりに時間を払わされている。貧乏人にお金はないが、時間だけはたくさんあると言いたいかのようだ）。まともな医療をただちに受けようと思えば無料医療サービスではなく、有料医療を受けなければならない。

それに対し、日本では、基本的にその病院で可能な最高の医療が、現在の改悪された条件のもとでさえ、三割負担で受けられる（高齢者はより低い割合）。日本の診療報酬制度は、検査すればするほど儲かる仕組みになっているので、検査を惜しまずやってくれる（もちろん、無駄検査、無駄薬、という別問題はあるが、検査されないよりははるかにましだろう）。

2、しかし、日本の福祉国家は張り合わせ的、階層的である。たとえば、医療保険も年金制度も、所属階層によってまったく異なる制度のもとにある。最も有利なのが、公務員と中大企業会社員で、最も不利なのが、零細企業労働者と自営業者や農民である。これらの不利な階層に対する手当として、あるいは代替措置として、いわゆる利益政治が一九六〇～七〇年代に本格的に導入される。農業への補助金、公共事業発注などがそうである。また最も有利な公務員と会社員の場合も、たとえば、世代的再生産のための福祉（児童手当など）は非常に貧困であったため、それは企業内福祉によって代替される。年功賃金と終身雇用が典型的だ。

3、この福祉制度の階層的・パッチワーク的性格ゆえに、福祉国家に対する新自由主義的攻撃への国民的反撃を形成するのが困難になっている。階層間差別が存在するため、階層同士を争わせ、戦わせることができる。もし、理念的・体系的福祉国家ならば、新自由主義への反撃が全階層共通の課題になるので、反撃を組織しやすいが、階層ごとにバラバラな制度のため、統一した反撃が困難になっている。これは、企業社会的統合の存在と並んで、日本で新自由主義的改革下にあるにもかかわらず左翼の反撃が弱い根拠の一つである。

4、したがって、日本における新自由主義改革の最大の標的は、やはり福祉国家である。利益政治は、その一環として攻撃されているにすぎない。にもかかわらず、この後者の側面が目立っているように見えるのはまさに、国内の階層同士を争わせる目的で、その側面がイデオロギー的に前面に出されているからなのである。

5、戦後日本の国家類型を、何か一言で全面的に表現しようとするのはどだい無理な話である。政治的には、戦後日本は、リベラル国家、政治的・軍事的対米従属、小国主義的平和主義、経済成長主義などを基調としており、社会統合様式としては、中位の福祉国家、企業社会的統合、利益政治的統合などが複雑に絡み合ったものである。これらの諸統合様式の中で、最も「日本的なもの」は何かといえば、やはり「企業社会的統合」であろう。しかし、ヨーロッパの「福祉国家」類型に対立させる形で「企業主義国家」と命名するのは問題である。なぜなら、それではあたかも日本がそもそも福祉国家類型にまったく入らないように観念されてしまうからである。ましてや、開発主義国家は論外である。この言葉からは一般の人が連想するのは「開発独裁国家」の親戚のようなものであろう。この言葉からは、戦後日本が事実上の「リベラル国家」である側面がまったく無視されてしまうし、不十分とはいえ「福祉国家」

である側面も無視されてしまう。

6、したがって、日本における新自由主義的攻撃に対して、労働者・市民の側は、階層によってさまざまな「福祉国家的なもの」を守る闘いに立ち上がらなければならない。しかし、すでに述べたようにこの日本的「福祉国家」の根本的性格である「パッチワーク的性格」ゆえに、それを守る力は非常に弱くなっている。なぜなら、ある階層の相対的に恵まれた「福祉国家的なもの」を他の階層は享受していないので、それに対する企業や国家の側の攻撃があっても反撃を組織しにくいからである。その階層の「特権」を守っているにすぎないと、他の階層から冷ややかに見られてしまうし、場合によってはいっしょに攻撃されさえするからである（典型的には公務員攻撃）。そして、運動をする主体の側も、他の階層の不利益に十分取り組んでいなかったので、今さら熱心に「既得権擁護」を叫ぶのに躊躇してしまう状況にある。こうしたことが新自由主義派によって巧みに利用され、ますます既得権が掘りくずされているのである。

Ⅵ、福祉国家と年功賃金に関する覚書（二〇〇五年一月）

一、言葉上・定義上の意味の正確化

1、最初に、「福祉国家」と「年功賃金」について言葉上・定義上の問題を整理しておく必要がある。まず福祉国家だが、ここでいう「福祉国家」はすべて広い意味での福祉国家であり、北欧に見られるような高度福祉国家のみを福祉国家とみなすのではなく、戦後に先進資本主義国に広く成立した、救貧的

水準を越えて生存権・社会権・教育権などの積極的保障の原理にのっとった中高度の社会福祉・社会保障の体系、労働者や弱者保護的な法体系や行政措置、それを裏づける積極財政、累進所得税中心の課税体系などを伴ったシステムを指し、ヨーロッパやカナダやオセアニア諸国のみならず戦後の日本やアメリカ合衆国さえも広範に含む概念として用いる（したがって、必ずしも社会民主主義政権の成立を必要条件とはしない）。ただし、福祉国家の度合いには各国によって違いがあったので、場合によっては「強い」「弱い」という形容詞を福祉国家につけて用いることにする。

またさらに言えば、現在存在している、あるいはこれまで存在していた福祉国家はすべて資本主義の支配下の福祉国家であり、そのもとでの良好な資本蓄積と右肩上がりの経済成長を保障するとともに階級妥協を政治的に体現する装置であったが、そのような限界を越える臨界点にあるような福祉国家も「福祉国家」の概念に含めて用いる。とくにこの覚書で「将来の福祉国家」と言うときには、資本主義の枠を絶対視するのではなく、資本主義から社会主義への過渡期に成立しうる国家を念頭に置いている。

「年功賃金」も広い意味で用いる。論者の中には、「年功」は、「年（年齢）」と「功（能力や査定など）」の両者によって構成されているから、年齢別賃金とは根本的に異質であると主張する者もいるが、これは日本語の理解からしておかしい。「年功」とは日常の使い方からしても、辞書における意味としても、「年の功」の意味であり、年齢を重ねることによって生じる功績のこと、労働に関して言えば、年齢を重ねるごとに熟練を重ねていくことを意味する。熊沢誠氏のように、本来の意味を知っていて、「日本では『年の功』ではなく『年と功』になっている」と主張する分には問題ないが、「年功賃金」が言葉上・定義上からして年齢別賃金と根本的に異質と主張するのは、明らかに無理がある。ここで言う「年功賃金」とは、年齢と勤続年数を基礎として昇給がなされる賃金体系のことであり、競争的査定を昇給の形式的ないし実質的条件としている戦後日本型の年功賃金も年齢別自動昇給を核心としていた電産型年齢別賃金、公務員や民主経営の年功賃金も「年功賃金」の一種であり、その中の多様なタイプとみなされる。

二、問題の設定

2、 後藤道夫氏や木下武男氏らの議論においては、日本国家の非福祉国家的性格と日本企業の賃金体系の福祉国家的性格（つまり年功賃金）とは相関関係ないし相互補完関係にあるとみなされている。そして、ヨーロッパにおいては、国家は福祉国家的で、年齢とともに上がる生計費の上昇に応じて給付も増大するが、ブルーカラーの賃金は相対的にフラットで非福祉国家的であることが、その証拠とされている。したがって、年功賃金の擬似福祉国家的性格はいわば本来の公的な福祉国家の代替物であるとされている。この主張自体は一理ある。しかし彼らは、ここからさらに、そうした賃金体系があるがゆえに日本では公的な福祉国家が発展しなかった、という因果関係論になっている。

この「年功賃金の福祉国家的性格→日本国家の非福祉国家的性格」という因果関係説に関しては、私はすでに以前の投稿で批判している。したがって、因果関係論はとりあえずわきにおいて、現実として、日本社会において、戦後日本国家のある一面での福祉国家的要素の弱さ（子どもの養育関係の費用や教育費の公的負担の弱さ、など）と賃金の福祉国家的性格とが一定の相関関係ないし補完関係にあるというのは、すでに述べたように一定の根拠がある。

3、 以上のことから、そうした公的な福祉国家的側面の弱さが根本的に解決されない段階で、それどころかますますそれが削られている段階で、年功賃金を廃止するならば、それは一般の労働者にとっては大打撃となることは明らかであろう。それは労働者の社会的・経済的地位の劇的な低下となるであろうし、ブルーカラー労働者の子どもは大学どころか高校にも行けない事態になるだろう。したがって、現在の段階で年功賃金の廃止を声高に主張することは、賃金体系のそもそも論を超えて、反動的な意味を持っている。このことは、木下武男氏もしぶしぶ認めざるをえなくなっており、年功賃金の廃止を強く主張する一方で、ごく控え目に「福祉国家が実現するまでは一時的に年功賃金の存続を認めてもよい」と記述している場合がある。まるで、数年後には北欧並みの福祉国家がこの日本で実現されるかのような書き方だが、もちろんそんなことはありえないし、逆にますます福祉国家的なものは破壊されていっているので、相当のあいだ、年功賃金が維持されなければならないのは言うまでもない。

4、さてここから今回の投稿の本題となるのだが、現状では福祉国家的側面がますます削り取られているもとで年功賃金の維持は必要であるとしても、将来においてはどうなのか？　木下理論にもとづくなら、戦後の先進資本主義諸国では次の二つの組み合わせしか図式化されない。つまり、(一)「国家における強い福祉国家的性格と賃金における弱い福祉国家的性格」(戦後ヨーロッパ型)と(二)「国家における弱い福祉国家的性格と賃金における強い福祉国家的性格」(戦後日本型)である。もっとも、第三の型として、「国家における弱い福祉国家的性格と賃金における弱い福祉国家的性格」という最悪の組み合わせもありうるだろう(アメリカ型)。そして、もちろん、木下武男氏は第一タイプを理想的なものとして推奨し、日本の将来のあり方もそうなるべきであると主張している。しかし、第四の型として「国家の強い福祉国家的性格と賃金の強い福祉国家的性格」という組み合わせはどうなのか？　これは絶対にありえないタイプなのか、あるいは、あってはならないのか？　これが問題である。私は、この第四の型こそ、年功的規範がいまなお一般労働者の中に強力に存在している日本において左翼がめざすべき組み合わせではないかと考える。この結論を引き出す前に、あらかじめいくつか明らかにしておかなければならない問題がある。これについてはすでに「Ⅲ」で少し述べたが、ここでもう少し体系的に述べておく。

三、年功賃金をめぐる諸論点の整理

5、まず同じ年功賃金といっても、戦後日本型の企業内年功賃金もあれば、企業横断的年功賃金もありうる。この二つを分けて理解しなければならない。従来の年功賃金批判は、年功賃金は企業内賃金体系であって、労働者の企業横断的な規制をあまり受けず、企業の支払能力に依存していて、企業規模別の大幅な賃金格差があるというものだ。このことは同時にまた、日本型の年功賃金が職種別賃金ではないと言われるゆえんでもある。つまり同じ職種に就いていても、零細企業と大企業では賃金に二倍以上の格差がある。たとえば、最近『しんぶん赤旗』で報じられていたが、日本のアニメ産業は世界に冠たる輸出産業なのに、その現場と来たら超低賃金で、末端の零細の下請けアニメ会社で働くアニメーター（超熟練労働者のはずなのだが）の手取り賃金は月額一〇万円ちょっとである。スタジオ・ジブリで働くアニメーターならその数倍はもらっているだろう。

こうした賃金事情は、しかし、実は裏面があって、一方ではたしかに低賃金労働者の膨大な層を生み出しているが、他方では中小零細企業が生き残ることを可能にもしており、こうした膨大な中小零細企業の存在（日本の中小零細企業率は先進資本主義国の中でもダントツに高い）のおかげで失業率が低くとどまることができたという側面もある（いわゆるケインズ的「完全雇用」ではなく、「全部雇用」と呼ばれるもの）。

それはさておき、こうした問題は、企業内年功賃金のせいであって、年功賃金そのものに内在するものではない。たとえば公務員の賃金は一定の全国的基準にもとづいて支払われており、年功賃金であるが、同じ仕事をしていても地域によって格差が二～三倍あるということは絶対にない。地方公務員の給与は、その地域の物価水準を考慮に入れて地域差があるが、民間企業ほどの差はない。したがって、「企業横断的年功賃金」で何がダメなのか、が独自に論じられるべきなのである。ちなみに、職務給でも、赤堀正成氏が指摘したように、アメリカの職務給は企業内職務給であるという限界を持っている。

6、年功賃金は賃金の上がり方に関する概念にすぎず、けっして、職務別賃金や職種別賃金と矛盾するものではない、あるいは両立しないものではない。日本型の年功賃金は、正社員に関するかぎり、きわめて大雑把な分類（一般職と総合職とか、生産職と技術職と事務職とか）と企業内ヒエラルキー（命令系統関係の職階）による格差があるとはいえ、同じ企業に属していれば、初任給はほぼ同じで、その後、年齢と勤続年数と家族数などを基本にしつつ、一定のハードル（職能資格など）を越えていけば給与が上がっていくというシステムをとっている（もちろん、査定による昇進格差や個人間格差はつけられ、そこに性差別や思想差別も挿入される）。これは「自由配転」制度と補完しあっているからであって、どの仕事ないし職務に就くかは、そしてどの地域で勤務するかは、その時々の企業の都合や、あるいは一定のローテーションにもとづいている（ちなみに、かの有名な小池理論は、このローテーションを理由として、日本の労働者は多能工的な熟練を蓄積するので、年功賃金はそうした熟練形成と関連していると主張する。これは日本の年功賃金の一部を説明しているが、しかし一部でしかない)。

このローテーション制は日本の民間企業では競争的意味合いを持っていて、そうした配転を積極的に受け入れて成果を出していく労働者が査定で高く評価され、出世することになっている。しかしこれはあくまでも、企業内賃金体系と配転自由原則とが組み合わさった日本独自のシステムにすぎず、年功賃金そのものに内在的なものではない。むしろ、すでに何度か述べてきたように、本来は非競争的な年功賃金を競争的に運用するために導入されたものとみなすべきである。だから、年功賃金を廃止して職能給ないし職種別賃金をというのは、ある意味で論点をはずしているのである。

たとえば、Aという職種では年功賃金の出発点となる賃金が二五万円で、Bという職種では三〇万円、ということは十分ありうる。たとえば公務員では、職種によってそうした違いが存在するし、民間でも資格職に関してはそうした違いが存在する。典型的なのは病院だが、病院では、一般事務、ソーシャルワーカー、栄養士、レントゲン技師、薬剤師、看護師、医師などはそれぞれ出発点となる賃金額に差があり、上がり方にも差があるが、しかしすべてやはり年功的(年齢プラス勤続)に賃金が上がっていくのである。

しかし、日本型の年功賃金にもいいところはある。大雑把な分類を除けば、どの職務に就いていても同じ賃金がもらえる(査定による格差を除いて)というシステムは、労働者間競争を制限する要因でもある。したがって、日本型のこの部分は部分的に継承してもいいように思う。大括りな職種別で一定の賃金格差を認めざるをえないとしても、企業内の細かい職務別に異なった賃金体系を導入する必要性はいささかもない。

もちろん、職務によっては明らかに重労働(精神的なものを含む)である、明らかに危険性が付きまとう、という場合がある。日本型だと、そうした場合、「手当」という形でその差を埋めている。つまり、職務別に別の賃金体系を定めるのではなく、明らかに平均の仕事よりも重かったり、危険であったり、つらかったり（朝早いとか、夜遅いとか）する場合には、追加的な「手当」を支給しているのである。この「手当」という形態を通じて、実は日本の年功賃金も、不完全で部分的ながら「職務別」賃金の性格を帯びている。ただ、まったく別個の賃金体系として存在しているわけではないので、後で述べるような「身分意識」にはあまり結びついていない。ちなみにこの「手当」の存在は年功賃金論争でけっこう無視されているように思う。

こうした日本型の仕組みは将来の社会（それを「新福祉国家」と呼ぶかどうかは別にして）においても継承してもいいのではないか。つまり、仕事の軽重や危険性の度合いやつらさの度合いに応じて、労働者自身の討論と自己決定とにもとづいて一定額の「手当」をつけることで対処する。その代わり、特定の仕事に特定の労働者が固定されるのではなく、日本型のローテーションを脱競争化した上で残して、各労働者がある一定の範囲でいろいろな職務を順番に担っていく（もちろん、民主経営でそうなっているように、本人の希望と組合の規制にもとづいて）。そうすれば、仕事間の賃金格差はあっても、労働者間の賃金格差はほぼないことになるだろう。

7、しかし、このように言うと、ただちにいくつもの異論が出されることだろう。たとえば、年功賃金だと正社員とパート労働者の格差が広がる傾向にある、という異論が考えられる。これは、パートには年齢と勤続年数に応じた昇給が保障されていないという問題であって、年功賃金そのものの問題ではなく、パート差別の問題である。パートにも勤続年数に応じた昇給を法律によって義務化すればよい。そんな現実性がどこにあるか、という異論はもっともだが、しかしこの問題は年功賃金を廃止することによってもけっして解決されない。実際、たとえば派遣労働者の賃金は基本的に非年功賃金であり（年齢によって賃金は上がらない）、派遣されている職務によって賃金額の異なる一種の職務給だが、本人の取り分を見れば、やはり圧倒的に低賃金である。

またパート差別に関しては、何よりも最低賃金を大幅に引き上げることは絶対に必要である。パート労働者の時給額と年功賃金における出発点の賃金はどちらも、基本的に最低賃金と連動しているので、パート差別解消のためにも、若年労働者の賃金上昇のためにも、最低賃金を大幅に上げることが必要である。そうすることで、年功賃金体系においても、若年層の賃金が全体として底上げされることで、全体としての昇給曲線がより緩やかなものになるだろう。

8、 年功賃金は組合による賃金闘争をしなくても昇給するので、組合の意義を低める、あるいは労働者の階級意識を弱める、という異論はどうか。まず第一に、これは現実を知らない議論である。通常、組合はベースアップのみならず、定昇分も賃金闘争の課題に含めている。資本主義の支配のもとで組合の関与なしに自動定昇が実現すると思ったら大間違いである。定昇分をきっちり獲得することは、十分立派な闘争課題なのである。とりわけ、昨今の厳しい労働環境においてはそうである。

第二に、このような異論が成り立つなら、労働者が獲得したいかなる既得権も組合の意義を弱め、労働者の階級意識を弱めると言いうるだろう。たとえば、ヨーロッパの一部やオーストラリアでは法律によって労働時間が厳格に規制されているが、これは長時間労働を許さないための労働組合の闘争を不要にするので、組合の意義を低め、労働者の階級意識を弱めると言うことができてしまうだろう。

9、年功賃金だと年をとってからの転職が難しい、なぜなら、転職すると年齢に見合った高い賃金を受けようとすると職がなかなか見つからないからだ、したがって、労働者を特定の企業に従属させやすい、という異論についてはどうか？　これは、私が考慮に値するほとんど唯一の年功賃金批判論だと思う。ある職務ないし職種に関して、求人倍率が一を下回っている場合を考えよう。つまりこの場合買い手市場であって、労働力の売り手の一部は自分の労働力を売れない状態にある。たとえば、ある職種に関して四人の求人があり、そこに五人の応募者があるとしよう。職種別賃金なら、この五人は年齢にかかわらず、全員が同じ賃金でよい。競争は全員にとって相対的に平等である（そうはいっても、やはり若い労働者の方が有利だろうが）。年功賃金を前提すれば、賃金が相対的に安くてすむ若い人々の方が相対的に有利であり、経験があまり問われない単純労働の場合、若い順番から雇われるだろう。こうした市場的ハンデがあるがゆえに、日本の労働者はなかなか転職ないし「転企業」することができず、企業社会的秩序を受け入れやすい、という事態になる。この異論は、ある程度説得力のある異論である。これは、特定の年功賃金ではなく、年功賃金全般にあてはまる異論である。

では、これをどう考えるべきか？　それに対する私の回答はこうだ。完全な賃金体系は存在しない。いかなる欠陥も、いかなる短所もない賃金体系は存在しない。この欠陥はたしかに年功賃金に内在的であるが、それを補う長所もある（後述する）。さらに、これが重大な欠陥となるのは、資本主義的市場原理の支配という前提条件においてのみである。適正な仕事を得る権利が生存権の不可欠の一部であるという考えが普遍的なものとなり、それが資本の利益をも凌駕する社会の根本原理となるならば、この欠陥を除去する措置をとることは可能である。つまり、労働者を雇用するさいには、職務上の特別の理由がないかぎり、社会全体の労働力人口における各年齢と性別と障害者の比率におおむね一致した労働力構成をとらなければならないという法律をつくればいいのである。たとえば、労働力人口中、五〇代の者が二割いるなら、新規に人を雇う際も二割程度を五〇代のものにしなければならない。また労働力人口中、女性が五割なら、職場の性別構成も男女それぞれ五割前後でなければならない。もちろん管理職もそうだ。労働力人口中、障害者が五％いるなら、どの企業においても障害者が五％前後いなければならない。もちろんこの構成比の一致はそれほど厳密である必要はないだろう。ある程度の幅を持っていてもよい。たとえば男女比の場合、どちらか一方の性別の比が四〇％以下になってはならないというように。このシステムはヨーロッパの政党の議員候補者の選定などで部分的に取り入れられている。こうすれば、雇用に関する年齢差別や性差別、障害者差別の多くの部分がなくなるだろう。

10、年功賃金は「同一労働同一原則」に反するので、正しくない賃金であるという異論についてはどうか（舟橋尚道氏を始めとする古くからある議論）。「同一労働同一賃金」原則というものを機械的に理解するなら、たしかに同じ職務・職種に属していても年齢や勤続年数（や家族数）によって賃金額の異なる年功賃金は、この原則と矛盾するだろう。しかし、職種別・職務別賃金にしたって、支払わなければならない最低水準ないし基準額が決められているだけであり、企業規模によってやはり賃金格差は存在するのである。また、年功賃金は個々の時点ではなく、生涯の労働全体をとれば、査定による格差がつかないかぎり、同一労働同一賃金原則を基本的に満たしている。

この異論との関係で、年功賃金は「年齢差別」であるとする異論がある。だが、これは一面的である。年齢は基本的に万人が平等に経るものである。ある一群の人々は五〇歳以上になれるが、別の一群の人々は構造的に三〇歳にしかなれない、ということはない。したがって、「差別」といってもまったく非固定的なものであり、労働生涯全体で見ればまったく平等である。それに対して、職種や職務というのはきわめて固定的である。誰でも平等に高賃金の職種や職務につけるわけではない。年功賃金を年齢差別と言う人が、どうして職種別賃金や職務別賃金を差別と言わないのか不思議である。

しかも職種別・職務別賃金体系は一方では巨大な賃金格差の原因になっていると同時に、高い職務・職種につく人間の身分意識、特権意識を強める（ちなみに日本が、企業社会の支配にもかかわらず、最も所得格差の小さい国であったのは、かなりの程度、年功賃金のおかげである。なぜなら年功システムのもとでは賃金格差はせいぜい二〜三倍しかつけられないからである。職種別・職務別ならこの格差設定は無限に可能である）。木下武男氏は、仕事給は仕事に値段がつくだけで人に値段がつくわけではないので、労働者間差別が少ないという趣旨のことを言っているが、ナンセンスであろう。その高給な仕事に就ける人間と就けない人間とのあいだで差別意識・上下感覚が生じるのは不可避である。

とりわけ、アメリカのように直属の上司に部下の雇用・解雇権がある場合はなおさらである。まるで主人・下僕関係のような関係がアメリカの雇用関係には存在している。もちろんこれは「封建的」なものではなく、すぐれて資本主義的な階層関係である。日本の場合は、直属の上司に人事権はなく、いっさいの人事権は会社の人事部に集中している。その意味で、日本の労働者は上司よりも会社全体に従属している。この違いは、アメリカは個人主義的で日本は集団主義的であり、したがって日本は後進的でアメリカは先進的という俗説を生む一つの根拠にもなっているが、しかし実際にはどちらも資本主義的な階層関係を表現しているにすぎない。木下武男氏は『日本人の賃金』で、アメリカではどんな底辺の労働者でも尊敬され、敬意をもって扱われているという趣旨のことを書いているが、むしろアメリカの方が下を見下す意識は強いのである。日本でも、この種の身分意識、特権意識は、大学や病院のように、職種別・職務別賃金の傾向が強い職場では顕著である。医者や教授がどれほど威張り散らしているかは、そこに勤める誰もがよく知っている。

ただし日本では、別の特権意識、身分意識が存在する。それは「正社員」としての特権意識、身分意識であり、非正規労働者に対する差別意識である。この最大の物質的根拠は雇用上の地位と給与体系（およびそれに伴う各種の付加給付）がこの両カテゴリーにおいて根本的に異なるからである。

11、年功賃金は家族賃金を前提にしており、したがって女性の専業主婦化や女性差別を内包しているという異論。これは年功賃金かどうかと、それが家族賃金かどうかとをいっしょくたにするものである。職務給であっても、そのほとんどは家族賃金である。したがって、男女平等の年功的な家族賃金をめざせばいいだけの話である。

ただし「家族賃金」の根拠を、「妻を働かせなくてもよい賃金」「妻と子ども二人を養える賃金」という性別役割分業的発想にもとづいて主張するのはもちろん間違っている。それが暗黙のうちでも根拠になっているかぎり（最近はさすがにそれを公然と主張する労働組合はないだろうが）、実際には女性労働者にも家族賃金が支払われている場合でさえ、それは、「男性化した女性」「男性的役割を（不幸にも、あるいは酔狂にも）担っている女性」に支払われる男性賃金にしかならない。それはやはり性差別的な要素をひきずった賃金体系であろう。

年功的であれ何であれ、家族賃金の本来の要求根拠は、（単に可能的な場合も含めて）子どもの養育費および家事・育児労働への正当な評価である。労働者の生活は実際には、生活費＋家事労働によって支えられている。両者は相互補完的であるとともに互換的であり、生活費を減らそうとすれば家事労働を増やさなければならない。この家事労働は労働力を維持・生産する労働でもあり、したがって家事労働分は労働力価値に反映する（この点に関し諸説分かれるが、私は家事労働は労働力価値に一定反映しているし、反映すべきであるという立場）。しかし、実際の賃金要求は家事労働分を完全に無視している。歴史的に労働者階級は、「妻も養える賃金を」と主張することで、実質的・客観的には家事労働分の賃金反映を要求していたと考えることができる。家族賃金の根拠が家事労働であるなら、男女が平等に家事労働をやることを通じて、男女平等に家族賃金を要求することができるだろう。

12、 年功賃金は属人給なので、正しくない賃金であるという異論、あるいは、属人給なので、査定による格差付けなどの恣意的な賃金差別が導入されやすいという異論がある。これは正しいだろうか？

まず「属人給」であるという主張について。年功賃金を単純に属人給に分類することはできない。それはある意味で勤続年数階層給ないし年齢階層給である。とくに純粋な年功賃金（年齢ごとの自動昇給制）であれば、ある勤続年数階層ないし年齢階層に、ある一定の額の賃金が照応しているのであって、個々人に値段がつけられているのではない。木下武男流に言えば、年功給は年齢や勤続年数によって異なる椅子に座るにすぎず、その椅子（年齢や勤続年数）に値段がついているのである。職務や職種の椅子との決定的な違いは、職務・職種の椅子の場合は、いったん座れば、そこから立ち上がって別の椅子に座るのがきわめて困難で、事実上、人と椅子とが一体化する傾向が強いのに対し、年齢階層別ないし勤続年数別の椅子の場合、ずらっと年齢順、勤続年数順に椅子が並んでいて、人が一年ごとに次々と次の椅子に座っていくという点である。この点から見れば、むしろ、職務別ないし職種別賃金の方が、椅子とそれに座る人との一体性を強く持っているので、より属人的であるとさえ言える。

　年功賃金は年齢や勤続年数や家族数という個人の属性にもとづいて賃金が決まるから属人給だと言う人が多いが、そうではなく、値段のついた各種の椅子に誰が座るのかを決定するさいに、客観的な基準として年齢や勤続年数や家族数が基準になるだけなのだ。職務給にしても、値段のついた特定の椅子（仕事）に誰が座るのかを決定するさいに、その人の能力や熟練度（ホワイトカラーの場合にはしばしば勤続年数で代替されるのだが）や資格、経験、やる気（ホワイトカラーの場合）、勤務態度などのさまざまな個人的な特性が判断基準になるのである。つまり、どんな給与形態であっても、属人的要素がゼロになるわけではないのだ。もし属人的要素がゼロの賃金があるとしたら、誰でも無条件に同じ給料という完全均等賃金しかない。しかしそのような給与形態が存在しえないのは言うまでもないだろう。問題は、その属人的要素がどれだけ非競争的で、客観的で、非差別的であるか、どれだけ恣意的要素が入り込まないものであるか、である。この基準に照らすなら、年齢や勤続年数や家族数という基準は、最も客観的で、非競争的で、非差別的であり、最も恣意的要素が入らない基準であるのは明白である。それに対して、職務給、とりわけホワイトカラーの場合のそれは、年功給に比べてはるかに恣意的判断が入りやすい。たとえばそれ自体客観的な「資格」にしても、その資格の持ち主が一つの職務に対して複数いればどうするのか？　当然、その他の属人的要素で決めるしかない。アメリカの場合は、この仕事をするにふさわしい人間かどうかの判定は直属の上司がする場合がほとんどなので（もちろん結果の公開が原則だが）、より属人的になりやすいし、またセクハラの温床にもなりやすい。

　たしかに昇進昇級にともなう個人査定はしばしば属人的性格を持つが、何度も書いたように、査定そのものは年功賃金に内在的なものではない。査定のない年功賃金はいくらでもあるし、職種別・職務別賃金でも、査定を入れて、個人的な賃金格差を導入することは十分可能である。実際に、アメリカのホワイトカラーにはこの査定が導入されている（遠藤公嗣氏は、アメリカの査定と日本の査定の違いを強調するが、査定がある事実に変わりはない）。「査定」そのものは年功賃金に不可欠なものでも何でもないし、年功賃金でないと導入しえないものでもない。「査定制度」が日本でブルーカラーも含めて広く導入されているのは、以前の論稿でも述べたように、年功賃金それ自体がきわめて非競争的な賃金体系なので、それ自体として競争を組織できる職務給と違って、きめ細かな基準にもとづいて個人間競争を意識的に組織しないかぎり、競争を組織することができなかったからである。完全な年功賃金であるが、査定がほとんど、ないしまったくない職場も存在する。多くの公務員や「民主経営」の職場はその典型である（公務員にも査定が導入される傾向にあるが）。

四、将来の福祉国家と年功賃金の未来

13、では、戦後日本型の特殊な年功賃金ではなく、広い意味での年功賃金（年齢別・勤続年数別賃金）そのものの積極的なメリットは何だろうか？　それをあえて将来においても選択する積極的な理由は存在するのか？　たとえば国家がすでに理想的な福祉国家であるとしても、それでもなお賃金が年功的であるほうがよい理由は何か？

まず第一に、これまで述べたことから明らかなように、この賃金体系は競争的諸制度・諸慣行を取り除くならば、（一）ほぼ完全に非競争的であり、（二）各賃金階層への所属が完全に非固定的であり（つまり年齢と勤続年数によって年々変わっていく）、（三）各賃金階層への所属可能性は全員にとって平等である（全員が基本的に同じように年齢を重ね、勤続年数を重ねる）。これほどの「非固定性」、「非競

争性」、「平等性」を内包した賃金体系は他には存在しない。唯一の弊害である「非開放性」（途中からの転入職の難しさ）も、すでに述べたように労働力人口の構成比におおむね一致して入職者の構成比を決定する原則（クォーター制）が適用されるなら、「非開放性」の弊害はなくなる。

第二に、人間というのは、年齢を重ねるほどに、経験を蓄積する一方で、体力はしだいに衰えていくという単純な事実にもとづいている。まず、経験の蓄積についてだが、これは必ずしも仕事上の熟練度とは対応しないという異論は知っているが、だとしてもけっして無関係ではないのであり、経験の蓄積を賃金額に一定反映させることは、十分理にかなっている。次に、体力の衰えだが、これはなぜ年功賃金を一定正当化するのに役立つのか？　体力がしだいに衰えていくということは、それだけ長時間労働や過密労働に耐えられないということである。この事実は、資本主義的観点からするなら、賃金をしだいに下げる理由になるが、生存権が社会の根本原理となる社会では逆に、しだいに時間当たり賃金を上げる理由になるのである。なぜか？　体力がしだいに衰えるのだから、当然、健康と人間らしい暮らしのためには、実労働時間をしだいに縮小していかなければならないが、もし単位時間当たりの賃金が同じであれば、しだいに生活水準が下がることになる。育児や子どもの教育にかかる経費がたとえ福祉国家でまかなわれたとしても、個人の生活水準が体力の衰えとともに下がってよいはずがない。したがって、単位時間当たり賃金をしだいに上げていくことによって、労働時間を個人的に縮小したり、きつい労働を避けたりすることによって下がる賃金を補うのである。年をとるごとに、労働時間あたりの賃金額を上げていくことは、生存権原理にのっとった賃金体系なのである。

第三に、単純に長く真面目に働くことによって、その労働者が社会に対してなした貢献に、賃金額の一定の上昇でもって報いることは、それなりに意義のあることだろう。アメリカのように、大卒かＭＢ

Aを取得したばかりのぺーぺーのホワイトカラーが、何十年も現場で汗水たらして働いてきた中高年労働者の賃金の何倍もの賃金を得るのは、どう考えても不健全であり、エリート主義的である。どこかの新自由主義者が、ある自治体の「給食のおばさん」（正規）が年収八〇〇万円ももらっている（それが本当に事実かどうかは別にして）ことに怒りを露わにしている文章を以前に読んだことがある。こんな低級な労働にこんな高給を税金から払うとは何たることか、というわけだ。この怒りの理論的根拠は一種の「職種別・職務別賃金」論であり、低級の仕事には低級の賃金という発想である。しかし、いわゆる調理労働者が、大企業の男性若年ホワイトカラーよりも高い給料をもらっていることは、社会的平等と生存権の観点からすると、とくに問題とは言えない。

第四に、長くつとめれば賃金が上がるという仕組みは、福祉国家や社会主義のもとでも、非エリート労働者の勤労意欲を一定刺激することに役立つだろう。社会主義は何も怠け者の社会ではない。ある限界内の勤勉さはどんな社会においても美徳である。しかし重要なのは、年功賃金体系における「勤勉さ」は非競争的であるということである。誰かを蹴落とすことに向けられたものではない。職務給の場合は、賃金の高い上級の職務に向けた競争が生じ、そのかぎりで「勤勉さ」も生じるだろう（逆に、構造的敗者は「勤勉さ」を失うだろう）。そのポストの数は限られているので、この場合の「勤勉さ」は他のライバルと競争し、それらのライバルを蹴落とすことに向けられる。だが、年功賃金体系における「勤勉さ」は、長く真面目に働きつづけることが確実に賃金で報われることによって生じる「勤勉さ」である。誰もが一様に年を取り、勤続年数を重ねるので、誰かを蹴落とす必要がまったくない。

しかしながら、以上の理由づけはいずれも、年齢間ないし勤続年数間における賃金額の大きな格差をけっして肯定するものではない。したがって、年功給の出発点たる若年労働者賃金の極端に低い状況を抜本的に改善した上で、査定なしの緩やかな右肩上がりの年功賃金が正当なものとなろう。

14、 理想的な福祉国家（ないし過渡期国家）のもとでこそ、むしろ年功賃金はその積極面を十分に発揮できるだろう。なぜなら、こうした国家システムのもとでは、女性が家事や育児のせいで仕事をやめる必要もないし、また競争や長時間労働が厳しく制限されるので、体力や「能力」に劣る労働者が職場からはじき出されることもないし、パート差別や非正規差別もないだろうからである。最低賃金の大幅底上げを前提としつつ、一部の高度資格専門職を除いて、危険度や仕事の重さやつらさや複雑さなどを考慮して一定の必要な「手当」を払いつつ（もちろんその額は労働者自身の集団的自己決定にもとづく）、基本的な給与体系が誰でもほぼ同じで、競争的査定がなく、男女差別がなく、さまざまな仕事を順番に担いあい（その範囲や人選は本人の希望と組合の規制にもとづく）、年齢や勤続年数（特定企業のではない）に応じて緩やかに上昇していき、昇進による給与アップ度が適度に抑制された賃金体系は、少なくとも普通の労働者（労働者の九〇％以上）にとっては非常にすばらしいものであろう。それは労働者間競争を抑制し、労働者間の賃金格差を縮小し、特権意識、身分意識、エリート意識を減少させ、労働者間の平等意識と連帯を強めるだろう。

以上、「福祉国家と年功賃金」というテーマに即して、私の考えるところを述べてみた。年功賃金自体は、何らかの理念に沿ってできたというよりも、戦後階級闘争の流れの中である程度偶然的にできたものだが、それにもかかわらず、それが日本中に広まり、長く定着したのには、それなりの理由がある。そこで、日本型年功賃金にともなうさまざまな副次的弊害を取り除いた上で、積極的に年功賃金の福祉国家的メリットを考えてみた。年功賃金は、福祉国家の代替物として左右から敵視されてきたが（右にとってはなお残る福祉国家的なものとして、左にとっては本来の福祉国家の実現を妨げた元凶として）、実際には国家レベルでの福祉国家的政策と矛盾しないし、むしろそれを補う福祉国家的賃金体系として再定義できるのではないかと考えてみたわけである。

Ⅶ、戦後日本は開発主義か？（二〇〇六年一二月）

戦後の日本社会ないし日本国家の全体を、後藤・渡辺氏のように、「開発主義」として特徴づけることができるだろうか？　まずもって、政治学用語としての「開発主義」とは普通は、一、後進国を経済的に発展させるための持続的仕組み、二、国家が積極的かつ主導的に経済成長に関与し、それを積極的に主導すること、三、政府の統治形態が抑圧的ないし権威主義的である、という三要件が少なくとも必要であって、日本の戦後の高度経済成長は、一、二、三のいずれの要件も満たしていないので、定義上、「開発主義」とは言えない。

日本の戦後の経済成長は何よりも次のような特徴を有している。まず第一に、すでに戦前に一度は先進帝国主義国の仲間入りをした国が一時的に戦争で荒廃した後における、再成長・再キャッチアップであったこと（命題一の否定）。第二に、国家ではなく民間大企業の旺盛な設備投資が成長を主導し、その成長を国家がバックアップし調整する形態であったこと（命題二の否定）、第三に、戦後日本は戦後改革によってすでに民主化された政治社会体制のもとで経済成長したこと（命題三の否定）。それどころか、戦後改革は経済成長にとって決定的な役割を果たした。農地改革による土地と労働力の流動化と農民の地位向上、財閥解体による独占資本の近代化、労働改革による労働者の地位向上、弾圧体制の解体による社会主義・共産主義政党の進出とそれによる部分的な福祉国家の実現、それらによる国内市場の大規模かつ持続的な拡大、等々。

以上、開発主義のいずれの要件も日本には当てはまらない。このことは旧渡辺理論がつとに指摘してきたことだ。

「開発主義」という言葉を（後藤道夫氏を通じて左翼の中で）普及させる上で重要な役割を果たした村上泰亮氏は、経済発展のパターンを「自由主義」と「開発主義」に分類している。「自由主義」とは、まずブルジョア民主主義革命によって社会の自由化ないし民主化があり、その後に経済成長があるパターン、「開発主義」とは、まず国家主導の経済成長があり、その後で自由化がなされるパターンを指す。この分類に従うなら、戦前の日本はたしかに「開発主義」のパターンに当てはまるが、戦後日本は、まず最初に戦後改革（社会の自由化）があり、その後で経済成長が始まったわけだから、実は典型的な「自由主義」のパターンであったと言える。ただし、「自由主義」といっても一九世紀ではないので、国家の関与する度合いも大きい。

また、諸外国の文献（ハーヴェイを含む）でも、戦後日本を開発主義に分類しているものはほとんどない。朴独裁政権のもとで経済成長した韓国や、国民党独裁のもとで成長した台湾などは開発主義に入っても、戦後改革による民主化を経てから経済成長した日本は明らかに次元が異なる。自民党の与党体制が戦後ほぼずっと続いたことはたしかだが、これは基本的に、民主主義的な選挙制度（中選挙区制）のもとで成り立っていたものであって、いわゆる「独裁」とは、まったく異なる。

さらに重要なのは、社会党が野党第一党として保守支配を制約し続けてきたことだ。この一½政党制のもとで、純粋保守体制よりもはるかに社会民主主義的だが、西欧社会民主主義政権よりははるかに保守的な独特の「保守・社民」混合的な国家体制ができあがった。この二重性は、革新高揚期においては、国家・自治体関係における二重体制、すなわち国家与党は自民で、主要大都市の自治体はすべて社共が与党という体制とも結びついていた。このいわば「二重の二重システム」こそが日本における戦後政治体制の独特の相貌を作り出し、戦後日本国家を曲がりなりにも福祉国家に引き上げることを可能としたのである。

戦後日本の特質を全体として「開発主義」に分類することは、この戦後改革と戦後保守・社民混合体制、それにもとづいた戦後民主主義運動、そして戦後型の独特の企業社会体制の果たした決定的な役割を看過することにつながる。これは、戦前戦後単純連続説にもとづく、野口悠紀雄的な「四〇年代体制論」や有象無象の「日本株式会社」論などの国家主導説の系譜に連なる誤った認識である。またこれは、日本は官僚主導の国なので、規制緩和と民営化で主導権を「民」の側に移すべきだという日本版新自由主義イデオローグの議論に根拠を与えるものにもなる。戦後日本社会における「開発主義的」側面はあくまでも従属的な特徴として位置づけるべきだろう。

第六章　新しい政治的対抗関係と民主党の歴史的性格

【解題】以下の論稿は、左派の小雑誌『飛礫』の第四三号（二〇〇四年七月）に掲載された論文である。本書に収録するにあたって注の構成などを若干変え、多少の加筆修正を行なった。この論稿では「ポリティーク」派をほとんど批判していないが、開発主義仮説をいっさい用いることなく、むしろ渡辺＝後藤氏の旧理論とかなり重なる枠組みを用いながら、戦後日本における政治状況の変容と分岐を分析している。なお、この時点（二〇〇四年）では、当時の経済不況がまさかそれからさらに十数年以上続くとは思っていなかったことが、行間から読み取れる。この二〇年以上に及ぶ長期不況は、日本の帝国主義的地位を著しく低下させ、ここで論じたような、日本の経済大国化による帝国主義化への衝動という理論枠組みをいささか古臭いものにしている。とはいえ、小選挙区制の導入による保守野党の成立がけっして、保守・リベラルの二大政党制の実現を保障するものではないという展望は今日から見ても正しかったことがわかる。それを可能にするような階級的基盤の不在という分析は、マルクス主義的なものだが、社会・政治のマルクス主義的分析が投げ捨てられている今日、マルクス主義の理論的優位性を一定示すものだろう。

この論稿では、自民・公明ブロックと民主党ブロックの二大ブロックに対抗する第三の護憲・革新のブロック（共産党、社民党、新社会党、左派市民派）を形成することが当面する政治的課題であることが言われている。しかし、このような第三極形成の政治的追求は行なわれず、第二極の民主党ブロックも、一時的に政権を取った以降は急速に没落し、今では維新の会が新しい（ただし右の）結集軸になりつつある。

一、転換期にある日本政治

この数年間、日本政治は重大な転換点にある。平和の問題ではすでに、戦後史上初めて、武器をもって自衛隊が海外の戦闘地域に派遣され、人道支援の名のもとに米軍によるイラク占領に協力するという事態が生じている。ほんの一昔前なら、とうてい考えられなかったような事態である。さらに、戦後、保守勢力が執拗に制定しようとし、そのたびに革新勢力と国民側の大規模な反撃にあって挫折してきた有事立法が、ついに昨年の国会で強行採決され、今や日本は有事立法を持った「普通の国」と化している。政府・与党勢力はこれでは満足せず、国民保護を名目として、さらなる有事立法の体系化、整備をめざしている。

憲法の問題に関しては、これまでの解釈改憲ではまだ十分に、アメリカと日本の支配勢力の欲する水準の軍事的貢献ができないとして、今度こそ憲法の明文改憲が本格的に目指されている。国民への世論調査でも改憲に賛成という意見が多数を占め、改憲派の最先鋒たる『読売新聞』は今年の憲法記念日にまたしても大々的に改憲試案を発表し、改憲世論を熱心に先導している。

経済問題に関しても、郵政事業の民営化や国立大学の行政法人化や各種の規制緩和などの新自由主義的政策が急速に押しすすめられ、医療や福祉が切り捨てられるとともに、労働保護体系がますます骨抜きにされている。最近では、低額年金受給者の生存権をも脅かす年金の大改悪法案が今年四月の厚生労働委員会で強行採決された。

こうした、戦後社会の大変革をめざす動きを挙げていけばきりがないほどである。まさに全戦線にわたる攻勢というべきものが、巨大な音を立てて進行している。

こうした状況の中で、各分野では多くの人びとが反対と抵抗に立ち上がっているが、その動きはなおきわめて弱い。とりわけ、反対と抵抗の動きを制約しているのは、国会内における最大野党である民主党の姿勢と立場である。反対勢力が、たとえ議会への不信をもっていたとしても、その運動が大きな全国的影響を及ぼすことができるのは、国会の中に強力な共鳴盤を有している場合だけである。その点で、現在の日本は、社会党が野党第一党を占めていたときと根本的に異なる。現在、日本の国会で野党第一党の地位を占めているのは、社会党右派・中間派の系譜をつぐ人々と自民党の新保守主義勢力とが後者の優位性の上に統合された政党、民主党なのである。

民主党は、イラクへの自衛隊派遣に関しては、いちおう公的には反対の立場であるが、それはまったく中途半端なものであり、国連のお墨付きさえあれば、自衛隊の派遣にも反対しないというものである。戦後政治における保守と革新の根本的分水嶺を形成していた憲法問題に関しても、内部の有力議員に大量の改憲派を抱えているだけでなく（この数年間で最も熱心にマスコミで改憲論を展開したのは小沢一郎と鳩山由紀夫だが、どちらも民主党の最高幹部層である）、党の公式見解としても「創憲」という名の改憲の立場である。もちろん、安保・自衛隊という戦後政治の最重要論争点に関しても、民主党は最初からそれらの存在をあっさりと認める立場である。

経済問題に関しては、自民党以上に熱心に新自由主義政策を唱えており、その主たる政策的目玉は、伝統的革新に共通する社会主義的なもの、あるいは福祉国家的なものの構築にあるのではなく、自民党の伝統的な利権政治、土建型ケインズ主義政策に反対して、市場原理をよりいっそう活用するという点にある。今回の年金改悪問題でも、もともと自民党とさして変わらぬ独自案を持っていたが、最終的には三党合意という形で自民党案に同調している。

福祉国家的なものに対する民主党の見方は、二〇〇〇年一月に発表された同党の綱領的な政策宣言書である「『新しい政府』を実現するために」に典型的に見ることができる。それは福祉国家に関して次のように述べている。

民主党は、「市場万能主義」にも「福祉国家至上主義」にも与しません。なぜなら、前者は不公平を拡大し不安と不満をもたらす弱肉強食社会に通じるものであり、後者は依存心を増長し個人の尊厳と自律した人格の破壊に通じるものだからです。

「市場万能主義」という言葉はよく用いられるが、「福祉国家至上主義」という言葉はいったい何なのか。「至上」なる言葉には何の意味はなく、ここで民主党が言っているのは基本的に、「福祉の充実は依存心を増長し個人の尊厳と自律した人格の破壊に通じる」ということでしかない。これが原理的に完全なる反福祉の思想であり、まさに市場万能主義に通じる論理であることは明らかである。

民主党がこの「福祉国家至上主義」なるものに対置しているのが、例の「セーフティネット論」である。だが「セーフティネット」とは何か？　それはもともと、サーカスの綱渡りにおいて、演技者が足を滑らせて綱から落ちたときにその命を救うために下に設けられた安全網のことであり、社会政策としてのセーフティネット論も、この理論の最も雄弁な代表者である金子勝氏が説明しているように、こうした発想にもとづいている。だが、普通の労働者、普通の庶民にとって大切なのは、綱渡りをしなくても生きていける社会である。セーフティネット論にあっては、「標準」が綱渡りで、ネットによる救済は「例外」でしかない。このような社会が、根本的にわれわれの望む社会ではありえないことは明らかであろう。

つまり民主党は、日本新党や新生党や新進党といった、生まれては消えていった保守的諸野党の流れをくむ諸政党の一つであり、ついにかなり持続な基盤を獲得するに至った保守的野党なのである。

二、日本の戦後政治における対抗関係の特殊性

いわゆる五五年体制の成立から九三年政変にいたるまで、すなわち戦後政治の大部分において、与党と野党との分水嶺は基本的に保守と革新との分水嶺に一致していた。支配層間の意見の相違は別政党の形成と対抗という形で調整されるのではなく、同じ政党内部における諸派閥の形成と調整として表現された。諸派閥を抱えたこの保守与党に、社会主義的・革新的諸政策を持った諸野党が対立するという政治的対抗関係が、戦後の基本的な政治構造だった。俗流的な見方からすれば、これは国際的に存在する冷戦構造の国内的な反映と言うことができよう。たしかに、冷戦構造のゆえに、支配層自身が、内部の意見の相違を別の保守政党の形成と対抗という形で調整するというやり方を自己抑制する方に傾いたとは言える。しかし、戦後の日本政治のあり方が、世界の先進資本主義諸国の中ではかなり特異なものであることを考えれば、国内的な政治的対抗関係を冷戦構造の単なる反映に還元する見方はやはり一面的であると言えよう。

もちろん、アメリカにも、保守（共和党）とリベラル（民主党）との対立関係が歴史的にかなり昔から存在していたし、ヨーロッパにおいても、戦後政治において保守政党と社会民主主義政党との対立関係が存在した。これらの諸政党は、それなりに市民社会における階級的・階層的諸関係を反映し、適時の政権交代を通じてそれぞれの依拠する階級的・階層的利益を実現してきた。しかし、これらの対抗関係と日本における保守・革新の対抗関係とのあいだには、二つの点で重大な相違があった。

第一の、そして最も重要な相違点は、日本においては、保守に対立していた革新側の政策が、日米支配層の許容範囲を明らかに超える内実をもっていたことである。それは何よりも、軍事外交問題における安保・自衛隊への原則的な反対姿勢に見ることができる。日本における革新諸政党がこうした急進的な政策をもっていたことは、必ずしも、これらの政党の指導者たちがヨーロッパの社会民主主義政党の指導者よりも革命的であったとか急進的であったということを意味するものではない。これらの指導者は、もしかしたら、ヨーロッパの同僚たちよりも保守的で臆病でさえあったかもしれない。しかし、彼らは、ヨーロッパの同僚たちよりも急進的な政策を掲げないかぎり、その地位にとどまることができないような社会的・政治的状況の中で政治家となったのである。戦後日本における大規模な階級闘争と戦後民主主義運動とがそのような社会的雰囲気をつくり出したのは言うまでもない。またアメリカ占領軍の支配の下で制定された日本国憲法そのものが、そのような急進主義にとっての最大の支えになった。戦後革新諸政党の指導者たちは、自らの独自の論理と「革命的」決意に頼らなくても、日本国憲法の文言の素直な解釈によるだけで軍事同盟と軍隊そのものに反対することができたのである。

このような特徴は、北米のリベラル政党は言うまでもなく、ヨーロッパの社会民主主義政党にも見られない。これらの政党は、労働者の保護体制の確立や福祉国家の実現、男女平等の推進、人権保護の熱意などの点で、日本の革新諸政党を上回っていたかもしれないが、各国支配層の根幹の利益にかかわるような軍事外交政策をけっして持ってはいなかった。

以上の特殊性は、ただちに第二の特殊性と結びつく。ヨーロッパにおいても北米においてもオセアニア諸国においても、これらの発達した資本主義諸国では、基本的に保守的諸政党とリベラルないし社会民主主義諸政党とのあいだで適時に政権交代が実現し、それがその国の民主主義に一定の生命力を与えていた。しかしながら、日本においては、戦後の比較的早い時期に一瞬だけ社会党内閣が実現した以外は、一貫して保守政党が政権を担当しつづけている。野党の革新諸政党が日米支配層の許容範囲を超える急進的政策を持っていたために、支配層としては他の先進資本主義諸国におけるような政権交代を簡単に許容するわけにはいかなかったし、戦後の西側帝国主義の国際的枠組みを逸脱することに対する世論の不安は、反共意識も手伝って、つねに革新諸政党が政権に届かない程度の、だが保守与党の独走を妨げる程度の得票にとどめる方向に働いた。

だが、戦後ほぼ一貫して政権交代がなかったことで、革新的諸野党が単なる保守党に対する制約要因としてしか機能しなかったと考えるのは一面的であろう。その下からの圧力は、一九六〇年代ないし七〇年代に保守党政権が少なからず福祉国家的政策や小国的平和主義の政策をとらざるをえなくしたし、また大都市を中心としたいわゆる革新自治体運動を通じて、地方的な政権交代を実現させ、地方的な規模での（だが主要な大都市圏において）福祉国家的政策を推進することができた。

三、戦後日本社会の変質と政治的対抗関係の変容

しかしながら、以上のような政治的対抗関係は、一九八〇年代以降に急速に崩れていくことになる。その下準備をしたのは、民間大企業において一九五〇年代半ばから六〇年代にかけて各民間企業で成立していった企業社会的な労働者統合システムである。これは、終戦直後に激しく高揚した階級闘争に対する日米支配層と日本独占資本による激しい闘争と階級的妥協の結果として生じたものであり、レッドパージ、謀略とでっち上げ、暴力、テロ、法的排除、警察的弾圧、などあらゆる手段が行使されて成立したものである。その掉尾を飾るのは三池闘争とそれに対する流血の弾圧である。マルクスの表現にならうならば、企業社会とは、その毛穴という毛穴から血と汚物を滴らせて生まれてきたものなのである。

このことをあえて強調するのは、最近、一部の革新系の学者の中にさえ、あたかも企業社会が、年功賃金や終身雇用といった制度的側面から半ば自動的に流れ出てくるかのような牧歌的見方を開示している者が少なからずいるからである。実際には、年功賃金や終身雇用そのものは戦後労働運動が死に物狂いで勝ち取った成果なのであり、この戦後階級闘争の敗北の結果として、企業社会の構成要素となったにすぎない。しかも、企業社会の構成要素になりながらも、なお年功賃金体系と終身雇用の慣行は、資本蓄積に対する一定の制約要因として機能しつづけた。だからこそ、現在の資本の攻勢において、経営側はこの二つを何とかして破壊し骨抜きにしようとしているのである。[1]

この企業社会システムは、戦後民主主義運動の一つの支柱をなしていた民間労働運動を革新陣営から奪い去り、一九七五年以降の世論の保守化・右傾化の基盤の一つを形成した。この統合システムは、ブ

ルーカラー労働者を含む民間労働者の多数派のなかで「労働者の団結と闘争→労働者政党への政治的結集→政権交代の実現→革新政策の実施」といった変革回路を決定的に断ち、彼らの幸福を「会社従業員としての個々人のがんばり→会社の繁栄→日本経済の繁栄→個々人の生活向上と出世」という回路に回収していった。「政治」は、日本経済の繁栄が続くかぎり、そしてそれを妨害しないかぎり、民間大企業正社員にとって「保守的」であれ「革新的」であれ、しだいに縁遠いものになり、彼らはしだいに膨大な「無党派」層のなかへと溶解していった。

一九七〇年代初頭の石油ショックによる高度成長時代の終焉と狂乱物価の到来は、これらの層のあいだでも一時的に革新意識を高めたが、大企業と保守政府の側の猛烈な反転攻勢によってこのかすかな動きも早々に打ち砕かれ、逆に民間労働者はいっそう深く企業社会的統合に組み込まれるようになった。正社員の労働時間は果てしなく延長され、サービス残業は常態化し、労働密度も著しく強化された。彼らは、肉体的にも物理的にも「政治」にかかわる余裕と体力をなくしていった。

しかしながら、労働者のいっさいの自由時間と肉体的・精神的能力を企業が吸収してしまったことは、革新陣営の弱体化、世論の保守化をもたらしただけでなく、保守政治を支える能動的な諸分子の供給源をも断つことになってしまった。欧米においては、民間大企業のホワイトカラー層(家族を含む)はしばしば保守政党を支える能動的基盤となっており、投票者としてだけでなく、献金者、運動員などとしても活動しているが、日本ではあまりにも企業社会への労働者統合が成功してしまったために、そのような政治的余力さえも奪う羽目になった。つまり、企業社会的統合は、革新諸政党からブルーカラー労働者を奪っただけでなく、保守政党から上層ホワイトカラー労働者をも奪ったのである。そのため保守政権は、その社会的基盤として、「政治」に頼る度合いがより大きい諸階層、すなわち、大小の土建業者およびそこの社員、自営農業者、都市中小零細業者などに頼らざるをえなくなった。

この奇妙なねじれは、一方では、自民党の保守政治が過度に土建ケインズ主義政策や農民・自営業者保護（保護といっても、その自立的基盤を絶えず掘り崩しながらの「保護」にすぎないのだが）に固執する事態を促進するとともに、他方では、保守化した都市中上層と自民党とのあいだに微妙な（時に先鋭な）対立を生むことにもなった。大企業ホワイトカラーや高度専門職従事者を中心とする都市の「強い市民」層の多くは、すでに旧来の革新陣営の急進的政策についていけなくなっていたが、同時に自民党の古い利権・汚職体質にもすっかり嫌気がさしており、また農民・自営業者に対する保護政策は自分たちの利益を犠牲にしていると感じていた。この対立は、後に保守的野党の形成の重要な要因となる。

戦後的な政治的対抗関係を変質させた第二の要因は、自民党政府による一九七〇年代末から八〇年代にかけての行革路線、民営化路線が、民間ブルーカラー労働者の運動に続いて公共部門労働者の労働運動をも著しく弱体化させ部分的に解体したことである。とりわけ、一九八〇年代半ばにおける国鉄の分割民営化は、公共部門労働運動の背骨を打ち砕いた一種の労働クーデターであり、三池闘争の敗北に匹敵する日本戦後労働運動史上に残る大打撃となった。

第三の要因は、成功しすぎた企業社会的統合の上に乗っかって、日本において一九八五年以降に急速な多国籍企業化とバブル経済に象徴される富裕化が進んだことである（馬場宏二氏の言う「過剰富裕化」）。これらの事態は、一方では、海外赴任する企業戦士たちに、日本のとてつもない特権的地位を鋭く自覚させるとともに（特にアジアでは彼らは半ば貴族のような生活を享受することができた）、その海外活動での安全が何ら日本の国家によって保障されていないことを痛感させることになる。これは、憲法九条どころか、専守防衛という戦後政治の枠組みさえ不十分なものであることを、資本家のみならず企業戦士にも感じさせることになった。

他方では、過剰富裕化と日本経済の国際化は、民間ホワイトカラーだけでなく、全国民的に、夜郎自大な特権階層意識を蔓延させ、個人の才覚と努力による豊かさの実現という規範を隅々まで浸透させた。とくに、バブル経済に日本全国が浮かれた一九八六年から一九九一年までの五年間は、けっして消えることのない刻印を日本人の意識に刻みこんだ。ちょうど麻薬などによるあまりにも強烈な快感の経験が脳の機能を一部変質させてしまうように、日本人の意識もまた不可逆的な変質をこうむった。連帯と寛容の精神は大きく損なわれ、弱者への不寛容、他人の痛みへの無関心が急速に広がった。この精神は、バブル経済崩壊に続く長期不況時代にいちじるしく狭量で攻撃的な性格を帯びるに至った。

たとえば、イラクでの人質事件をめぐる右翼世論の異常なまでの人質バッシングについて、日本人の普遍的な性質なるもの（国民性？）によって説明しようとする識者が少なからずいるが、それはまったく一面的であろう。あの醜悪な人質バッシングは、経済大国化と長期不況の中で形成された攻撃的な「帝国主義的メンタリティ」の副産物とみなすべきであろう。

戦後的な政治的対抗関係を変質させた最後の第四の要因は、資本主義に対抗するものとして存在した社会主義的な理想や理念が、現存「社会主義」諸国の国内状況の悲惨さ、他国へのあいつぐ介入と侵略によって徹底的に破壊され、さらにはソ連・東欧が一九八九〜九一年にかけてあっさりと崩壊したことによって、社会主義的なオルタナティヴが決定的なダメージを受けたことである。もちろん、革新諸政党を支持していた人々は、直接に社会主義的な変革を支持していたからというよりも、それらの諸政党の平和主義的理念や政策、福祉国家的な諸政策、民主主義の防波堤としての役割ゆえに支持していたのであるが、とはいえ、社会主義理念の崩壊は革新諸政党にとって重大な政治的打撃となったことは疑いない。

以上の諸要因が相互に絡み合い、相互に促進しあいながら、戦後的な政治的対抗関係を変容させ、与党と野党との分岐点をしだいに保守と革新との分岐点から切り離したのである。

四、新しい対抗関係の模索

しかしながら、旧来の政治的対抗関係の変容と崩壊は、ただちに新しい政治的対抗関係の成立を意味したわけではない。むしろ、それが成立するまでには幾多の紆余曲折を経なければならなかったし、時間的にかなり長引くことになった。すでに、一九七〇年代終わりから一九八〇年代初頭には、旧来の政治的対抗関係にひびが入り、それは自民党と革新諸政党の同時的な長期低落として（ただし革新政党の側の低落の方がより深刻であった）、そして無党派層の持続的増大として現象していた。そして、一時的には新自由クラブのような保守新党が自民党から分化したり、参院比例代表選挙の導入に伴ってミニ政党ブームなどが生まれたりもした。しかし、こうした保守・半保守新党はまったく小規模で短命なものであり、新しい政治的対抗関係をつくり出すには程遠いものであった。

旧来の革新陣営から離れて保守化しながら自民党に十分アイデンティファイできずにいた、あるいは、旧来の自民党支持から離れながら革新化しなかった都市の新中間層は、しばらくのあいだは、その政治的不満をしかるべく表現する手段を持っていなかった。彼らには独自の政党もなければ、草の根の運動を組織する余力も時間もなかった。彼らの声がマスコミの「論調」としてしばしば表現される以外は、彼らはいわば「静かな不満層」として沈潜しつづけた。

彼らの分散し潜在化していたパワーがはじめて政治的に凝集してその力を見せつけたのは、一九八九年参院選における社会党ブームのときである。古い労働組合依存体質の象徴とみなされていた社会党の党首に都会的雰囲気をもった清新な土井たか子が就任し、候補者に労組出身者ではない多くの若手、女性候補者を立候補させたことは、政治的はけ口を探していた都市新中間層にとって絶好の支持対象を与えるものであった。彼らは熱狂的に「新しい」社会党を支持した。その時ちょうど消費税反対運動のブームも重なったことで、旧来からの革新支持層の支持とともに、新しい都市中間層の支持をも勝ち取った社会党は大躍進を遂げた。その次の衆院選でも社会党は躍進を遂げたが、しかし、政権には及ばず、自民党政権を変えることはできなかった。

社会党という古い入れ物に注ぎ込まれたこの新しい力は、その入れ物の枠を突破することができなかった。この事実は、都市新中間層の急速な幻滅を生み出し、彼らはあっというまに社会党から離れていった。都市部で新しい風を受けて当選した若手議員たちは、社会党の古い体質、革新的政策への固執に反発し、入れ物そのものを変えようとした。こうした圧力のもと、社会党は右へと大きく舵を切ろうとしたが、なお多くの革新支持者を周囲にかかえ、内部にもなお多くの伝統的な党員・議員を抱えていたために、新しい都市中間層の期待に添うような変身を遂げることはできなかった。しかしながらその右傾化は、旧来の革新支持層の幻滅と怒りを買うに十分なものであった。新しい保守的野党の実現を期待する新中間層と、革新的野党の躍進を期待する旧来の革新支持層という二つの力の合流によって分不相応に押し上げられた土井社会党は、それ以降、どちらの層からもしだいに見放されることになり、急坂を転げ落ちるように衰退していった。

さらに土井社会党が大躍進を遂げた時期は、ちょうどソ連・東欧の崩壊の時期と重なっていた。それまでは、あえて自民党を割って出てまで、「怒れる都市新中間層」の潜在的な政治的パワーの受け皿になろうとする保守勢力は存在しなかった。しかし、ソ連・東欧の崩壊によって革新政権の成立可能性という潜在的脅威が取り除かれたことで、そうした政治的な「命懸けの飛躍」が可能になった。

他方では、この時期、保守政治に対する日米支配層の不満も高まっていた。ちょうど、旧来の企業社会的統合があまりにも成功したために、新しい統合システムへの移行を遅らせ、それが一九九〇年代の長期停滞をもたらしたように、戦後の自民党政治があまりにも長期統治に成功し、旧来のシステムに適応しすぎたため、多国籍化しグローバル化した世界経済と世界政治の要請に保守政治はすぐには対応することができないでいた。国民の平和主義的意識に配慮した小国主義、支持基盤たる農民・自営業者層に配慮した土建・保護行政――これらは、世界的なメガコンペティション時代を生き抜く「強い国家」、「強い経済」という要請にとって桎梏となっていた。

こうして、ついに、本格的な保守的野党が次々と生み出されていく時代が始まるのである。その先鞭をつけたのは日本新党であった。続いて、新しい時代的要請に最も敏感な保守政治家であった小沢一郎が自民党を飛び出して新生党を結成した。さらに新党さきがけなどもできて、これらの保守的野党と旧来の革新的野党である社会党（脱革新化しつつあると言うべきだが）との連合勢力がついに一九九三年の総選挙で自民党の総議席を上回り、細川内閣を成立させた。ついに都市新中間層が夢にまで見た政権交代が実現したのである。

結局、この政権は短命に終わったのだが、その後の日本政治を決定的に変質させる大事業をやってのけた。小選挙区制の導入がそれである。与党自民党がいくらやろうとしてもできなかったこの大事業を、何と「反自民」のはずの野党連合政権が「政治改革」という名のもとに成立させたのである。この選挙制度は、社会党と共産党を議会政治から締め出して、けっして革新野党が政権を取れないようにするためのものであり、保守的与党と保守的野党による政治空間の独占を目的とするものであった。日米支配層が目指す帝国主義的階層政治——対外的には多国籍的企業進出と帝国主義政策の推進、国内的には福祉国家的要素をしだいに破壊して、一握りの「勝ち組」と大多数の「負け組」との階層政治を推進すること——にとっては、どうしても革新的野党の政権可能性を制度的に封じておく必要があった。小選挙区制こそ、こうした目標の核心に位置づけられる制度であった。これに賛成した社会党は、いわば自分の死刑執行書にサインしたようなものであった。社会党にこの毒リンゴを食べさせるため、単純小選挙区制というラディカルな制度はとらず、小選挙区制と比例代表制の並立制が選択されたが、これは即座の死刑執行を十年単位のゆっくりとした死刑執行に置き換えただけであった。

しかし、保守的与党と保守的野党との対抗関係の創出は、その後、必ずしも順調にいったわけではない。多くの保守的野党を統合した新進党は、一九九〇年代半ばの国政選挙でかなりの躍進を遂げたが、結局政権を取るところまではいかなかった。社会党がアクロバティックに自民党と連合政権を組んだこともあるが、もっと重要なのは、これらの保守的野党を支えるべき支持基盤があいかわらず脆弱なものでありつづけたからである。

まずもって、その第一の基盤である都市新中間層は、すでに述べた理由からして、またそれが基本的に未組織であることからして、あまりにも分散的で、気まぐれで、その政治的凝集力は長続きするものではなかった。

第二に、それは農村部に持続的な支持基盤を持っていなかった。小選挙区制度は、革新政党を弱体化させるには非常に都合のいい制度であるが、都市部にしか基盤のない保守的野党にとってもマイナスに作用するものであった。もし純比例代表選挙であったならば、とっくに政権交代が実現していただろう。なぜなら比例代表選挙は、純粋に支持者の人口に比例した議席を各党に与えるからであり、都市部における得票の優位性が保守的諸野党の連合を政権に押し上げることができただろうからだ。だが定数の著しい不均衡を伴った小選挙区制は、農村部や地方を含む全国にくまなく支持基盤を持った伝統的保守政党に著しいアドバンテージを与えるものであった。

第三に、新進党の指導者たる小沢一郎の強権的イメージは、旧来の対抗関係を破壊するには好都合だったが、広く世論を結集して新しい対抗関係を作るには不利に働いた。第四に、それが公明党＝創価学会をもう一つの基盤にしていたことは、組織や票読みの面では有利であったが、やはり広く世論を結集するには不利に働いた。第五に、新進党の躍進に驚いた自民党が、新進党のお株を奪うような新自由主義的改革路線を打ち出したことである（橋本内閣の六大改革路線）。

五、民主党と新しい対抗関係の成立

そうした中で、一九九六年に生まれたのが民主党である。それは、新進党に結集しきれない旧社会党の右派・中間派議員、市民運動出身の活動家、リベラルな（あるいはその振りをしている）保守議員の寄り合い所帯として出発した。それは最初のうちは、「硬い」新進党の「柔らかい」補完物程度にしか見られていなかった。一九九六年の総選挙ではそれなりの議席を獲得したが、実際にはそこに結集した議員たちのもともとの議席を確保しただけであった。しかし、その後、政局の思わぬ展開の中で、しだいに民主党は自民党に対抗しうる唯一の保守的野党という地位を占めていくことになる。

その最初のきっかけとなったのは、新進党の自壊である。ただちに政権を取ることを夢見た議員たちを掻き集めた寄り合い所帯であった新進党は、即座の政権獲得という目標が破れたことで、たちまちその求心力を上回る遠心力が働きはじめた。小沢一郎の気まぐれもあって、新進党はあっさり崩壊し、小沢の自由党や公明党などの各政党に分解した。こうして、民主党の最大のライバルは勝手に消え去った。

しかしこの時期、民主党に対する第二のライバルが現われた。それが共産党である。社会党に幻滅した伝統的革新支持層のかなりの部分が同党への得票になだれ込んだこと、そして新進党の不在と民主党のふがいなさゆえに一部の都市新中間層も共産党に一時的に投票したことで、共産党は一九九五〜九八年に、かつての社会党と同じく、その実力以上の得票で膨れ上がった。違うのは、一九八九〜九〇年の社会党の場合は、都市新中間層が増大分の主たる部分を占めていたのに対し、一九九五〜九八年の共産党の場合は、かつて社会党に投じられていた伝統的革新票が増大分の主たる部分を占めていたことである。だが、いずれの場合も、それぞれの党指導者の幻想をはぐくみ、その後の没落のきっかけとなったという点では、同じ効果をもった。共産党は、この調子での得票増がその後も続くと思い込み、政権が目の前に迫っていると勘違いして、保守的野党たる民主党との連合政権をとなえ出した。これは、共産党に革新野党らしさを望んだ投票者の期待を裏切るものだった。一九九八年の参院選を最後に、共産党の得票は選挙ごとに急落していくことになる。

こうして第二のライバルも自滅し、野党の中での民主党の一人勝ち状態が明らかとなった。その間、小沢の自由党も、一時的に自民党と連合したり、離脱したり、小分裂を繰り返したりして、やはりその重要な地位をしだいに失っていった。小沢は起死回生策として、民主党に合流する道を選んだ。小沢の合流は、民主党内の新保守派の比重を著しく高めるとともに（核武装発言と強姦発言で有名な極右の西村真悟も今では民主党議員なのだ！）、民主党に決定的に欠けていた鉄の心棒を与えた。それは財界の信任にとっても必要なものであった。

こうして民主党は、その指導部の優秀さのゆえでも、その組織メンバーの堅忍不抜さのゆえでもなく、ただ歴史のめぐり合わせとライバルたちのふがいなさゆえに、野党第一党の地位を確保し、ついに保守的与党と保守的野党との対抗関係という、まったく新しい政治的対抗関係を成立させたのである。これによって、日本型の新しい帝国主義的政治構造がいちおうの成立を見たとみなしてよいだろう。

六、今後の展望と労働者の闘争

だが、戦後日本の一貫した特徴である、都市新中間層の政治的脆弱さは何ら克服されていないし、自民党にとって結局は有利な小選挙区制も変更されていない。それどころか、小選挙区制の要素はますます強められており、民主党自身が比例代表議席の大幅削減を提案しさえしている。また、自民党は、民主党の機先を制するように、その政策的目玉を横取りした「構造改革」路線を掲げた小泉政権を二〇〇一年に成立させ、同政権はすでにかなりの長期政権となっている。そのため、公明党の協力を得た自民党の政権基盤は、思ったよりも強固である。結局は、かつての社会党の万年野党的地位が保守的野党たる民主党に取って代わっただけで、ブルジョア政党同士の適時の政権交代による帝国主義的階層政治の安定した推進という「理念型」には至らない可能性も大いにある。そのときには、再び、帝国主義的階層政治を推進するにふさわしい新しい政治的組み合わせが模索されるかもしれない。

だが、どんな組み合わせになるにせよ、労働者は、このような政治的対抗関係全体に対して反対しなければならない。自民党が主導であるにせよ、民主党が主導であるにせよ、それが推進するのは同じ帝国主義的階層政治である。違いがあるとすれば、自民党主導である場合には既存の利権構造がより強く温存され、民主党が主導である場合には、その帝国主義的階層政治に市民主義的・リベラル的「イチジクの葉」がつけられることになることだろう。だが、両者に本質的な違いはない。

　われわれ労働者市民は、この対抗軸とまったく異なる第三の対抗軸の形成に向けて長期的な努力をしなければならない。それは、マスコミの宣伝（自民か民主かという問題設定）、小選挙区制という制度的制約、長期にわたる企業社会的統合による労働運動の解体状況、経済大国化による帝国主義的メンタリティの広範な形成、労働者諸政党のふがいなさと衰退、労働運動指導者の臆病さ、等々のせいで、困難をきわめるものとなるだろう。そのあまりに巨大な困難さゆえに、既存の巨大野党（民主党）への幻想に逃避したり（市民運動が個々の議員を利用することはもちろん必要であるが）、あるいは自民党政治ガタガタ論のような安直な楽観論に走ったりするかもしれない。だが、幻想は幻想である。帝国主義的階層政治全体に対抗する第三の極の形成に向けた、下からの地道で長期的な努力だけが、唯一の突破口を開くのである。

　この闘争において、戦う労働運動は中心的な位置を占めなければならない。反戦デモも集会もそれなりに大切なものだが、ヨーロッパの大規模な反戦行動が実際には労働運動という確固たる基盤に支えられている事実は意外に知られていない。現代社会においては、労働運動なしに、市民主義的な諸団体・諸グループだけで広範な運動を構築することは不可能なのである。日本においてイラク反戦行動が小規模にとどまったのは、労働運動が貧弱だったからである。左派系の労働問題研究者や活動家でさえ妥協と話し合いと譲歩ばかりを勧める今日の深刻な反動期において[2]、よどんだ空気を吹き払う突破口を開くのは、たとえ小規模でも闘う労働者の大胆な行動であろう。

二〇〇四年五月一一日脱稿

注

1　以上の点に関し、拙著『資本主義と性差別』（青木書店、一九九七年）の第七章を参照。

2　この種の論調の典型的なものが、『ポリティーク』第七号（旬報社、二〇〇四年四月発行）掲載のインタビュー記事「男女賃金差別裁判と女性運動」（木下武男、中野麻美、森ます美）に見られる。この記事において木下氏らは、世界で最もストライキの少ないこの日本の貧弱な労働運動に対して、何と、闘いすぎることを非難し、もっと妥協と話し合いと一致点の探りあいを優先させるよう説教している！

第七章　渡辺理論の開発主義的「転回」とその批判

――ハーヴェイ『新自由主義』における解説論文の問題点

【解題】本稿は、私も翻訳に参加したデヴィッド・ハーヴェイの『新自由主義』（作品社、二〇〇七年）に付せられた渡辺治氏の解説論文を全面的に批判した長大な論考で、二〇〇七年三月に執筆し、議論系のメーリングリストに連日にわたって少しずつ投稿したものを編集したものである。これは、「『ポリティーク』派に関する批判的覚書」の一環をなすものだが、あまりにも長大になりすぎたので、別個の論文として独立させるとともに、さらに三つの節を割愛した。収録にあたって、二〇〇八年の追加注を本文に入れるとともに、二〇二三年の注も別途入れている。

本稿を読めば、本稿が単に、古い渡辺理論の見地から二〇〇〇～〇一年以降の新しい渡辺理論を批判するものではないことがわかるだろう。本稿は、新渡辺理論を批判するだけでなく、過去の旧渡辺理論も（そしてその影響を受けていた私自身も）陥っていた、日本の新自由主義化に関する不十分な理解を克服して、新しい立場を展開しようとしている。優れた理論家に対する深い批判を遂行することは常に、自己の理論そのものの不十分さに対する自己批判にもなるのであり、そうであってこそ批判という行為に弁証法的な意味が生じるのである。

アメリカの著名なマルクス主義地理学者デヴィッド・ハーヴェイの『新自由主義』（作品社、二〇〇七年）に付録として収録された渡辺治氏の「日本の新自由主義――ハーヴェイ『新自由主義』に寄せて」は、基本的に二〇〇一年以降の渡辺治氏の日本政治論・新自由主義論を総括した大部の論文であり、渡辺氏の考えがきわめて簡潔に語られており、非常に便利である。そして、この論文には、二〇〇一年以降における渡辺理論（それ以前の渡辺理論と区別して、「新渡辺理論」と呼ぼう。それに対して、二〇〇〇年以前の渡辺理論を「旧渡辺理論」と呼ぶ。その中間に挟まれた二〇〇〇年を過渡期と考える）の弱点と一面性がかなり体系的に示されている。

まず最初に、今回の渡辺解説論文の弱点を集中的に示す次の一句に注目したい。渡辺氏は、日本における新自由主義化の特徴を概括して、次のように述べている。

日本の新自由主義化は、ハーヴェイが新自由主義化のねらいとして強調するような、労働運動への攻撃と階級権力の再確立という契機を含まなかったのである。（ハーヴェイ『新自由主義』、三〇一頁、強調はママ。以下、頁数のみを表記）

これは実に驚くべき主張である。これは現在進行中の「労働ビッグバン」の問題を新自由主義化の本質的契機として理解できないだけでなく、後に詳しく述べるが、一九七〇年代後半以降に着実に進行してきた、労働運動への攻撃と階級権力の回復過程の意味を理解することも不可能にする。

この「渡辺テーゼ」は一方では、後藤＝渡辺派の古い仮説の誤り――一九六〇年代以降の日本を極端な企業社会とみなして、「資本主義の過剰貫徹」（渡辺）あるいは「煮詰められた資本主義」（後藤）とみなす誤り――にもとづいており、他方では後藤＝渡辺派の新しい仮説の誤り――戦後日本を「開発主義体制」とみなして、新自由主義の攻撃対象をもっぱらこの「開発主義」に求めるドグマ――にもとづいている。

この二つの仮説は、きわめて対照的な仮説だが、日本の労働運動の力を過小評価するという点では一致しており、結果的に、新自由主義の過小評価に行き着いている。もし新自由主義が単に、古い自民党政治の開発主義を攻撃対象としているにすぎないのなら、新自由主義はそれほど悪いものではないし、あるいは少なくとも労働運動にとっての主敵ではないし、その範囲では、新自由主義派と左派との統一戦線は可能だということになってしまうだろう。これこそ、少なからぬ市民派（典型的には『週刊金曜日』）が小泉内閣を支持し郵政民営化を歓迎した理由である。後藤＝渡辺派は、当初は、新自由主義への市民派のこうした親和性を理論的に解明するために開発主義テーゼを取り上げたのだが、いつしか「ミイラ取りがミイラ」になって、開発主義論で戦後日本の基本的性格を説明するというドグマにはまり込んでしまったのである。

渡辺治氏の例のくだりが、「日本の新自由主義化は、ハーヴェイが新自由主義化のねらいとして強調するような、労働運動への攻撃と階級権力の再確立という契機は、欧米に比べると相対的に弱かった」と書いてあるのならまだしも（その場合でも不正確だが）、渡辺氏は「契機を含まなかった」と断定してしまっている。これはまったく間違っているだけでなく、新自由主義の階級的意味を根本的に過小評価するものである。単にペンが滑って（ワープロが滑って？）しまったのではないことは、わざわざその部分に強調を意味する傍点が付されていることからも明らかである。

もっとも、別の頁には、「日本では、ハーヴェイのいう、階級権力の再確立の要請は強くなかった」

（三〇四頁。強調は引用者。以下同じ）とも言われており（つまり、階級権力の再確立の要請はあったが、強くはなかった）、この点での渡辺解説論文の動揺が垣間見える。しかしながら、この渡辺解説論文の全体はまさに、先のテーゼ、すなわち「日本の新自由主義化は……労働運動への攻撃と階級権力の再確立という契機を含まなかった」という立場で書かれており、またそこには強調点まで付されているのだから、それこそがこの解説論文の核心をなすテーゼであると言ってよかろう。

本稿の課題は、この渡辺テーゼに見られるような、日本における新自由主義化の階級的過小評価がなぜ生まれたのか、それがどのような論理に、そして戦後日本の歩みに対するどのような認識にもとづいているのか、そしてそれがどのような結果と帰結をもたらすのか、について多角的に考察することである。

一、資本蓄積危機の外在的説明

先の「渡辺テーゼ」は、新自由主義化における階級権力回復の契機、労働運動への攻撃の契機を排除しているが、この点の一つの現われが、日本における競争力の喪失についての渡辺氏の解釈である。渡辺氏の理解は、基本的に、グローバル競争の激化による日本経済の沈滞説である。三〇二～三〇三頁で、日本における開発主義体制がどうして行き詰まったかを説明しているくだりがあるが、そこでは、「第一に」として、アジア、とくに中国の台頭によって日本の競争優位性が失われたこと、「第二に」として、グローバル競争のもとでは官僚の介入主義が成長の桎梏になったことが挙げられている。最後に、「また」として、自民党の利益誘導政治が財政を圧迫したことが挙げられている。

いずれの要因も日本企業の資本蓄積にとって外在的な要因であり、その内在的な要因が一つも取り上げられていない。一般に、日本を含むすべての先進資本主義国で一九七〇年代に資本蓄積危機が起こっているのだから、日本にもそれと共通の内的構造があることを指摘するとともに、そこにおける日本の特殊性がどこにあるかを言わなければならない。先進資本主義国で資本蓄積危機が起こったのは、ごく大雑把に言えば、一方では長期にわたるケインズ主義的完全雇用政策と福祉国家政策によって相対的過剰人口メカニズムがあまり機能しなくなったこと、他方では労働者階級の高度な組織化と戦闘性があったおかげで着実な賃金上昇が実現したこと、これらのことによって利潤率の持続的な低下が起こったからである（その他多くの要因を指摘できるが、ここではポイントを絞っておく）。

同じことはおおむね日本にも当てはまるが、日本の場合の特殊性は、第一に、もともと農村に膨大な過剰人口が存在していたことで、高度成長期においても相対的過剰人口メカニズムがかなり機能し続けたこと、第二に、都市部における企業社会的統合の成立によって労働者階級の組織性と戦闘性が相対的により弱かったことである。この（相互に関連した）二つの要因のおかげで、日本は、一九七〇年代初頭の資本蓄積危機（第一次資本蓄積危機）を比較的早急に乗り越えることができ、その後、中成長時代と日本の一人勝ち時代が生じた。しかし、その後、かつては日本企業の高成長・高蓄積に貢献した日本独特の労働者統合体制そのものがしだいに桎梏になっていき、一九九〇年代初頭により本格的な資本蓄積危機へと至った（第二次資本蓄積危機）。これとの相関で、中国などの周辺国の台頭が重要になってくる。以上の点を、もう少し敷衍しよう。

日本における労働者統合とは、ごく簡単に言うと、年功賃金と終身雇用という「階級妥協」にもとづいた労働者の熱心な働きぶりにある。この「階級妥協」要素は、高度経済成長期には、たいへんな低コスト要因になった。当時の日本の人口構造は、発達した資本主義国としては珍しい第三世界タイプのピラミッド型で（林直道氏がつとに指摘していた戦後日本の特徴）、そのため若年人口が圧倒的に多く、中高年人口は少なかった。この人口構造は、若年者の給料ほど安い年功賃金体系と、それにもとづいて成立する終身雇用システムに非常に適合的で、企業にとって、給料が安いのに熱心に働く労働者を大量に確保することが可能になった。そして、農村では、戦前の古い寄生地主制度と低い技術水準のおかげで、主として若年者からなる過剰人口（『資本論』で言うところの潜在的過剰人口）が大量に存在していた。この人口部分が、戦後の農地改革と農業技術の高度化によって流動化し、それが続々と都市へと流入し、企業の高成長にとって必要な大規模な労働需要を満たしていった。その後、日本はしだいに少子高齢化を迎え、人口構造もピラミッド型から、終戦直前とベビーブーム世代が突出したいわゆる「クリスマスツリー型」に移行するのだが、それは数十年かかる過程だった。

それゆえ、石油ショックによる高度成長の終焉という第一次資本蓄積危機において、なお、戦前生まれの労働力の主力はまだ三〇代であり、欧米先進国と比べて賃金コストがいちじるしく安くついた。さらに、戦後のいわゆるベビーブームで突出した人口部分をなしていた団塊世代は、一九七〇年代前半時点ではまだ二〇代前半から半ばだった。おかげで日本経済は、とっくに釣り鐘型の人口構造になっていた欧米諸国と比べて、きわめて速やかにこの第一次資本蓄積危機を乗り切ることができたのである。このとき、たしかに大規模な経営合理化がなされ、すでに企業社会的統合に組み込まれていた大企業民間労働組合はそれを受け入れるが、主として整理解雇の対象となったのは、正社員ではなく、臨時工、季節工、社外工などの当時の「典型的な非正規労働者」であった。つまり、この時点ではまだ「階級妥協」は少なくとも正社員との間では存続していたのである（したがって後藤氏の「資本独裁」論は誤り）。日本の主流労働組合は、協調主義的であったとはいえ、あくまでも正社員の地位と既得権を守ることを条件に、この経営合理化と労働強化、賃金抑制を受け入れたのであり、そこには明らかに、労働運動の一定の力（正社員を守るという意味で）とその相対的弱さ（それと引き換えに合理化と労働強化、賃金抑制を受け入れたという意味で）の両方が示されている。

その後、正社員を補完する形で新しい「典型的な非正規労働者」たる女性パート労働者が大規模に動員されることで（一九八〇年代）、しだいにコスト増となる正社員の年功賃金&終身雇用体制がかろうじて維持されてきた。しかし、年功賃金体系が企業にとって相対的に低コスト要因となるのは、労働者の主力が四〇代になるまでであり、四〇代以降になるとしだいに高コスト要因となる。年功賃金とは、終身雇用を前提とした賃金の部分的後払い制度だから、労働者が若年のうちに企業が得した分は、後に労働者に返さないといけない。たとえば、一九四七年生まれの典型的な団塊世代は、一九八七年にはこの四〇歳の分水嶺を越える。一九八〇年代後半こそ、まさに、低コスト要因であった年功賃金&終身雇用体制がしだいに高コスト要因へと転化する「転換期」ないし「過渡期」だったのである。

ところが、日本企業にとって幸か不幸か、この時期に日本経済は史上空前のバブル景気を迎えてしまう。これまでの長年にわたる低コスト構造と産業合理化と日銀の超低金利政策による日本の大企業・大銀行の過剰蓄積、それに加えて、アメリカの高金利ドル高政策によるアメリカ市場の空洞化とそれの日本製品による支配、金融の自由化による金融市場の爆発的拡大、公共事業の大規模な拡張による建設市場の拡大、円高後の日本企業の多国籍化による世界市場の拡張などが、このバブル経済の背景にある。つまり、一方では、日本企業・銀行の過剰蓄積状況と、他方では、その過剰蓄積を投資する市場（アメリカの輸出市場、金融市場、公共事業、世界市場など）の大規模な拡張という二つの要因の結合によって、バブル経済が生まれたのである。こうして、日本の大銀行と大企業は、そのだぶついたお金を猛烈に株や土地への投機と国内外の大規模設備投資に振り向けた。

しかし本来、このだぶついたお金は、これまでの年功賃金のおかげで得した分を労働者に返還するために使わなければならなかったものだ。それにもかかわらず、まさにその返還期日が迫ったこの過渡期に、それを過剰な設備投資とバブル投機に使い果たしてしまったわけである。子供の大学進学費用としてコツコツ貯蓄してきたお金を、それがいちばんたまった時期に、つまり今からそれを使わなければならなくなった時期に、親父が博打に使い果たしたようなものだ。

最初のうちは、バブル効果で資金がみるみる増大していったのだが、それで強気になった企業は、もっと投資する資金を増やせばもっと大きな金が儲かると思い、ついには借金までして投機にのめりこんでいく。ところが、そうやって多額の借金を背負い込んだあげくに、バブルがはじけたわけである。これは、借りた側にとっては巨額の債務であり、貸した側（銀行）にとっては巨額の不良債権となる。

しかも、このバブルがはじけた頃に、かつては低コスト構造であった年功賃金と終身雇用体制が高コスト要因に転化していった。一九四七年生まれの労働者は、一九九二年には四五歳である。バブルがはじけた後も、しばらくは労働者の平均賃金は上昇するが、これは単に年功賃金にプラスしての新規雇用抑制によって、平均賃金額が計算上増大したからである。しかし、バブル崩壊の最初の混乱を乗り切った企業は、これまでの「階級妥協」そのものを破壊しようと努力しはじめる。それが一九九〇年代半ば以降の、猛烈な中高年リストラと非正規雇用化である。このとき以降、労働者の名目賃金（実質賃金は言うまでもなく）が横ばいないし下降する長い時代が始まる（戦後初めての事態）。

このような状況下で、日本以上の低賃金労働者を土台にして高成長を続ける中国の躍進が日本企業の競争力にとって深刻な問題になる。こうして、より本格的な第二次蓄積危機が起こるのである。ちょうど英米が、一九七〇年代にすでに、自国内での階級妥協を維持している状況のもとで、低賃金構造を背景に躍進する日本に押されて経済が衰退し、そのために一九八〇年代に自由主義への先駆者としての役割を果たしたのと同じである。

ところで、渡辺氏も、日本でも小さな「階級妥協」が福祉国家とは別の形でだがあったと、たしかに書いている（二九八頁、三〇〇頁）。しかし、この階級妥協が、一九九〇年代における蓄積危機（第二次蓄積危機）の要因であったとは書いていない。ここが決定的な認識の相違である。小さかろうと大きかろうと、階級妥協が蓄積危機の要因であったとしたら、日本における新自由主義化の一契機として、労働運動への攻撃と階級権力の回復も入ってきたはずである。この点を完全に抜かして、もっぱら新自由主義化の矛先を「開発主義」（その定義はあいかわらず曖昧だが）にのみ限定したことに、後藤＝渡辺派の誤りの根源がある。

二、新自由主義化の諸段階と労働運動

渡辺テーゼは、サッチャー政権下やレーガン政権下での労働運動への攻撃のようなものは、日本ではなかったという認識にもとづいている。一見すると、このような認識はそれなりに正しいように思える。現在進行している、「労働ビッグバン」は、イギリスのサッチャー政権がやった炭鉱労働組合への攻撃などに比べると、いかにも、労働運動への大規模な攻撃というほどのものではないように見える。しかしながら、このような認識には実は、「労働ビッグバン」の過小評価という以上のより深い問題がある。

決定的なポイントは、中曽根改革に対する評価である。渡辺解説論文では、あれは単に早熟な新自由主義化にすぎず、本格的な新自由主義化ではなく、後者はようやく一九九〇年代以降（より正確にはその後半）に始まるのであり、しかもそれにもジグザグがあって、本当に本格開始されるのは小泉政権下である、と主張されている。このような認識には決定的な誤りがあり、しかも、かつては、この解説論文にも書かれているように、氏自身も中曽根改革を新自由主義化の決定的な環として理解していたわけだから、この中曽根改革の評価の大きな変遷に、渡辺理論の変質、より正確に言えば、開発主義のドグマに感染したことで生じた認識の転換が象徴的に示されている。

なるほど、たしかに本格的な政策的新自由主義化の開始は一九九〇年代半ば以降である。この時期にまさに、渡辺氏も言うように、資本蓄積危機が始まっているわけだから、政策的新自由主義化も本格化したわけだ。しかしながら、このことは、中曽根改革を「早熟な新自由主義化」と低くみなして、日本における新自由主義化の過程を構成する本質的な一契機から省くことを正当化するものではない。

アメリカとイギリスでは、（一）本格的な資本蓄積危機、（二）労働運動ないし社会主義勢力への本格的攻撃と解体、労働者の既得権破壊、（三）福祉国家の縮小・解体、（四）緊縮財政、市場化・民営化・自由化、金持ち・大企業減税などの政策的新自由主義、などがほぼ同時に起こるというわかりやすい形態をとった。しかしながら、これらの諸契機がすべて同時に起こる必要はない。重要なのは、日本では、（二）の契機がまさに、それ以外の諸契機、とくに（一）や（四）の契機よりも早く起こったことである。

新自由主義化の本質的メルクマールの一つを労働運動への政治的攻撃と解体として理解するなら、日本的特殊性を理解するには、日本では労働運動への攻撃が新自由主義化の契機ではなかったと総括するべきではなく、その攻撃は、中曽根改革として、すなわち、その目玉である国鉄の分割民営化として、より早期に起こったのだと総括するべきなのだ。

中曽根改革こそ、日本社会の新自由主義的変質の決定的なメルクマールであった。ここでなされた諸改悪、とりわけ国鉄の分割民営化こそ、その後の日本社会の命運を半ば決定することになった経済的クーデターであり、サッチャー政権下の炭鉱労働運動の解体とパラレルな政治的意味を持っていた。ただ、その直後に、バブル景気が訪れ、本格的な資本蓄積危機（第二次蓄積危機）が到来する直前に、むしろそれを後でいっそうひどくするようなどんちゃん騒ぎが起こっただけである。

後藤＝渡辺派のように、日本における新自由主義化をもっぱら脱開発主義として矮小化して捉えるなら、中曽根改革はたいして重要なものではなく、それはせいぜいのところ「早熟な新自由主義化」にすぎず、新自由主義化の本質的契機の中に入れられさえしないということになってしまう。しかしこれは、最初から前提の中に結果が含まれている「分析」なのだ。最初から、新自由主義化を脱開発主義と矮小化して捉え、ここから演繹して、日本における最強最大の労働運動であった国鉄労働運動の解体を過小評価して、それを分析枠組みから排除し、そして、一九九〇年代半ば以降だけに分析を限定して、サッチャーがやったような労働運動解体攻撃はなかったと結論づけるわけである。※

※二〇〇八年の注

二〇〇四年の渡辺治氏の論文「開発主義・企業社会の構造とその再編成」（渡辺治編『変貌する〈企業社会〉日本』一橋大学大学院社会学研究科先端課題研究〈一〉、旬報社、二〇〇四年）では、中曽根改革についてもかなり詳しく触れながら、国鉄の分割民営化についても、それによる国鉄労働運動の解体についても一言も触れられていない！（六五～六八頁）ちなみにこの著作のタイトルはなぜか旧渡辺理論にもとづいた「企業社会日本」という言葉が使われている。にもかかわらず、全体の総括をなす冒頭論文では、開発主義を日本の戦後体制を総括する用語として採用すると渡辺氏は明言している（同前、三二頁）。実におかしな話ではないか？　その謎を解く鍵は、この著作の企画が二〇〇〇年にスタートしたことで説明できる。二〇〇〇年こそ、渡辺氏が企業社会論から開発主義論へと転換したまさに境界線に当たる年である。この段階ではまだ旧理論を引きずっていた渡辺氏は、旧理論どおり「変貌する企業社会日本」というタイトルで企画を開始したのだが、その後急速に開発主義論へと移行し、こうして、著作のタイトルと総括論文とが整合しない結果になってしまったのである（ちなみに、論文そのもののタイトルは「開発主義・企業社会」というように両者が並列されており、苦心の跡が見える）。なお、この論文は、ここで取り上げた渡辺解説論文の原型とも言うべきものであり、基本的にほとんど同じ内容が展開されている（情勢の新たな展開による相違は別として）。この時点から渡辺氏の認識が一歩も前進していないことがよくわかる。デヴィッド・ハーヴェイがせっかく『新自由主義』において、新自由主義の核心が単なる市場化にでも自由化にでもあるのではなく、階級権力の回復にあると指摘したにもかかわらず、渡辺氏はそこから何も学ばず（解説論文を書いているというのに！）、三年前の誤った認識を機械的に繰り返したのである。

たとえば、ファシズム独裁の諸契機として、（一）共産主義、社会主義諸勢力および労働運動の根絶、（二）ブルジョア諸政党をも弾圧して一党独裁体制をつくること、（三）中間諸団体を解体して、ファシズム諸組織に統合して全体主義体制をつくること、（四）特定の人種ないし民族に対する弾圧とジェノサイド、といったものが挙げられるとしよう（本稿はファシズムの本格的研究ではないので、とりあえずの諸契機の列挙）。これらの諸契機がほぼ同時期に発生するわけではない。たとえば、イタリアのムッソリーニ政権では、（一）と（二）はかなり時期が離れているし、（四）の契機はほとんどなかった。しかし、ファシズムの本質的規定に、（一）が決定的役割を果たすことを認識するならば、たとえ、ある国で、（一）の遂行が他の諸契機よりも七〜八年早くに起こったとしても、まともなファシズム研究者なら、その国におけるファシズム化は社会主義・共産主義勢力への弾圧を契機として含まなかった、などと総括することはけっしてないだろう。

新自由主義化の本質を、ハーヴェイのように階級権力の回復に見て、その核心に労働運動に対する攻撃を把握するならば、日本における新自由主義化は、この決定的な契機が、他の諸契機よりも早めに起こったことに日本の特殊性があると言うべきであって、けっして、日本における新自由主義化は、階級権力の回復と労働運動への攻撃を契機として含まなかった（あるいはほとんど含まなかった）と言うことはなかっただろう。

開発主義のドグマがいかに、まともな研究者の目をも曇らせて、まったく間違った新自由主義把握に陥らせるかを、この事例は鮮やかに示している。

三、開発主義の両義性

後藤道夫氏の議論にも基本的に共通する問題であるが、渡辺解説論文にあっては、日本独特のものとして指示されている〈開発主義体制〉あるいは〈開発主義国家〉なるものが、きわめて両義的に使われており、その時その時でかなり恣意的に使用されている。

一方では、それは、後藤氏が言うように「持続的経済成長を目的とした長期的な政府介入を含む資本主義体制」としてきわめて一般的な意味で使われる。渡辺氏も、「資本蓄積にきわめて有利な体制」として、そしてそこでの「資本の権力は強力」（二〇〇頁）なものとして、開発主義体制を想定している（福祉国家に対立するものとしての「開発主義」）。

しかし、もしそうだとすると、このような体制がどうして新自由主義の要請と矛盾するのかまったく理解不能である。新自由主義国家こそまさに、資本蓄積危機を打破するために既存の国家体制を改変して、経済成長と資本蓄積に適合的なものへと再編したものに他ならないのだから（ただし実際に経済成長をもたらすかどうかは、ハーヴェイが指摘するように別問題）。したがって、このような一般的な意味での「開発主義」は、新自由主義と矛盾するどころか、むしろきわめて新自由主義に適合的であると言わざるをえない。ハーヴェイも本書で指摘するように、資本の利益になるのなら、平気で新自由主義の正統理論に反して国家による大規模介入を行なうのがまさに新自由主義国家なのだから。

実際、熊沢誠氏などは、かつて日本における国家はすでにレーガンやサッチャーが目指した国家に近いのだと言っていたし、渡辺氏もそれに類することを以前は言っていた。だがもしそうだとすると、どうして、日本における新自由主義への転換が渡辺氏の言うようにジグザグの過程になったり、官僚が頑強に抵抗したりするのかも理解不能になる。「資本の権力は強力」なのだから、さっさと抵抗を打ち破ればいいではないか？　また、資本蓄積にとって適合的であるはずの体制が、どうして不適合になったのかも、まったく理解不能である。

そこで、渡辺氏らは、「開発主義」を今度はかなり違った意味で用いはじめる。ここでの「開発主義」は「資本蓄積にきわめて有利な体制」としてのそれではなく、官僚主導の経済システム、あるいは非効率部門や農業に対するバラマキ政治、利益政治としてのそれである（新・自・由・主・義・に・対・立・す・る・も・の・と・し・て・の・「開発主義」）。このようなイメージにおける「開発主義」こそ、一般に「開発主義」という言葉で想定されているものであり、新自由主義派のイデオローグたちが何よりも形式的に攻撃の対象としているものである。だが、この意味での「開発主義」は、第一の意味での「開発主義」とは根本的に異なる。

この矛盾がはっきりと示されているのが、二〇三頁のくだりである。その頁で、渡辺氏は、既存の日本の〈開発主義体制〉がグローバル競争の中でどのように「成長の桎梏」になったのかを説明しようとしている。中国の台頭についてすでに説明した。ここでは、もう一つの理由を提示している部分を引用しよう。そこにはこう書かれている。

> 第二に、それまで、日本の強蓄積体制の梃子となってきた官僚機構の介入主義体制も、また安定した社会統合を実現することで強蓄積体制を支えてきた自民党の利益政治体制も、企業の海外展開とグローバル競争激化の下で、かえって成長にとっての桎梏となった。海外展開を行ない、海外での強烈な競争に打ち克つには、国内の産業構造を再編し非効率産業を淘汰し、外国の企業や商品の参入を自由化することが不可避となった。財界は強くそうした産業構造の多国籍企業本位の再編を望んだ。しかしそうした産業構造再編には、ほかでもなく官僚機構が立ちはだかった。官僚機構は、一方で大企業の蓄積に効率的な体制づくりに一貫して努力してきたが、同時に、常に、それによって衰退する地場産業や農業部門への手当も行なってきたからである。（二〇三頁）

この文章は明らかに自己矛盾している。冒頭部分で、「日本の強蓄積の梃子となってきた官僚機構の介入主義体制」（「開発主義」の第一の意味）と「安定した社会統合を実現することで強蓄積体制を支えてきた自民党の利益政治体制」（「開発主義」の第二の意味）とを列挙して、ともに「成長の桎梏となった」と書いている。この点をまず記憶していただきたい。ところが、続いて、具体的にどのように「桎梏」になったのかを説明する段になると、「日本の強蓄積体制の梃子となってきた介入主義」の桎梏性については何も語られず、ただ「利益政治」の桎梏性だけが語られている。そして、この文章の最後の部分では、官僚機構が「大企業の蓄積に効率的な体制づくりに一貫して努力してきた」こと（第一の意味での「開発主義」）と、「それによって衰退する地場産業や農業部門への手当も行なってきた」こと（第二の意味での「開発主義」）とが今度は対照的なものとして並べられ（引用文中の「一貫して努力してきた」の後の「が」という逆節の接続語に注目せよ）、後者だけが多国籍企業にとって桎梏だと言われているのである。

つまり、渡辺氏は、結局、「資本蓄積にとって効率的な体制」としての〈開発主義〉（第一の意味での開発主義）が、どうして現在、「成長の桎梏」になったのかについてまったく説明できず、逆に、それは事実上、桎梏でないことを吐露してしまっているのである。

このような矛盾が発生するのは、過去の渡辺理論と現在の渡辺理論がまったく対立した見地に立っているのに、どちらも「開発主義」という言葉で総括しようとしているからである。

過去の渡辺理論、すなわち「企業社会論」時代の渡辺理論にあっては、戦後日本の経済発展をいわゆる官僚主導や国家主導によって説明しようとする有象無象の議論を適確に批判して、戦後日本の経済成長の主導者は大企業と大銀行であり、とくに前者の旺盛な設備投資に経済成長の源泉があったことを指摘している。官僚が支配し指導するというまさに「開発主義」的な国家イメージを徹底的に批判した点にこそ、旧渡辺理論の積極的意味があった。

現在の渡辺理論は、後藤氏の「開発主義」ドグマを受け入れたあとの渡辺理論であり、かつて批判してきた官主導の経済成長体制のイメージを受け入れ、この体制が新自由主義の要請と矛盾すると主張する。もちろん、自民党の利益政治については以前から、企業主義を補完するものとして指摘されてきたが、旧理論ではそれは単なる補完物にすぎなかった。しかし、新理論では、戦後日本の体制全体を総括する「開発主義」の核心を構成するものへと、すなわち副次的で派生的で補完的なものから、一次的で本流的なものへと格上げされたのである。

この旧理論と新理論はまさに、国家と資本との関係において対照的であるにもかかわらず、渡辺氏は、それらを両義的な「開発主義」という言葉で総括することで、自己の理論の転回を糊塗しているのである。もちろん、この「糊塗」は意図的なものではない。それはたぶん無意識的なものである。渡辺氏はおそらく、自分の理論が正反対のものに転回したという事実さえ認識していない。彼は自分の理論が首尾一貫していると思っている。そうした幻想を支えているのが、「開発主義」という言葉の両義性なのである。

もし、渡辺理論が旧理論のままであったとしたら、利益政治体制に対する大企業の側の攻撃は、日本における新自由主義の核心を構成するのではなく、あくまでも、日本における新自由主義化の副次的側面にすぎないという結論になっただろう。したがって、日本においても、世界のあらゆる所でそうであるように、新自由主義化の真の目標は、階級権力の回復であり、労働側の抵抗を完全にふみつぶし、その歴史的既得権（年功賃金や終身雇用だけでなく、正社員としての身分も、八時間労働制も、そして医療保険制度に見られるさまざまな福祉国家的既得権も！）を粉砕することであったことに気づいたであろう。そして、この過程において、労働運動に対する政治的攻撃およびその解体として決定的な意味を持ったのが、中曽根政権下における国鉄分割民営化であったという結論になっただろう。

四、資本蓄積危機と政治的な階級権力の回復（1）——革新自治体つぶし

ハーヴェイは新自由主義の本質を正しく、資本による階級権力の回復とみなしたが、これはさらに二つの異なった次元を区別することができる。一つは、直接的に労働運動と大規模労組を攻撃・解体するという、経済的な意味での階級権力の回復である。もう一つは、一つ目と深く関係しているが、労働者階級の政治的代表者たる社会主義勢力を破壊・解体・封じ込めるという、政治的な意味での階級権力の回復である。最初から社会主義勢力が脆弱だったアメリカでは、この後者の要素はわずかで、イギリスでは労働党のネオリベ的変質という形で達成された。労働運動が相対的に弱く、社会主義的政治勢力が強い日本のような国では、後者の政治的権力回復運動の意義が大きかった。そこで、次にこの側面に焦点を当ててみよう。

日本における新自由主義化（日本の場合は帝国主義化もプラスされるが）に向けての決定的な政治的梃子となったのは、一九七〇年代後半における革新自治体つぶしの策動（自治体レベルでの政治的階級権力の回復）と一九九〇年代初頭における政治改革（国政レベルでの政治的階級権力の回復）であった。この二つの政治的権力回復運動に挟まれた中間の時期である一九八〇年年代半ばに、中曽根の国鉄分割民営化を通じて公共部門の労働運動に対する解体・攻撃という経済的階級権力の回復がなされているわけである。そして言うまでもなく、社会党はこの公務労働運動に依拠していたのであり、この労働運動の破壊は、一九九〇年代において、小選挙区制導入と結びついて、社会党の解体・破壊をつくり出したのである。

しかし、この二つの政治的契機に関して、渡辺解説論文では、後者の「一九九〇年代初頭における政治改革」については詳しく言及されているが、前者の「一九七〇年代後半における革新自治体つぶし」についてはまったく触れられていない。たしかに、革新自治体に関する言及そのものは論文では二ヵ所なされている。最初に出てくるのは、日本における左翼が近代主義的であったという議論の中でだ。

六〇年代に日本の政治に大きなインパクトを与え、階級妥協を強いた革新自治体は、こうした〈開発主義国家〉の官僚制の権威主義や秘密主義をやり玉に上げて、労働者や市民層の支持を獲得したのである。このように、日本では、労働者や市民の中に広汎な反官僚制や民主主義への要求が渦巻いていたのである。（三〇五頁）

ここでは革新自治体は「階級妥協」の一形態として語られている。もう一箇所はほぼ最後のところに出てくる。

ヨーロッパ福祉国家の場合には、新自由主義に対して常に、オルタナティブとして福祉国家経験があり、かつてそれを担った政党も存在した。ところが日本では、福祉国家経験は自治体レベルを除いてなく、したがって新自由主義へのオルタナティブは自民党抵抗勢力により主張されている公共事業投資の利益誘導型政治しか示されていない。（三一七～三一八頁）

ここでは、革新自治体は「日本における福祉国家経験」として語られている。わずか二ヵ所、しかもことのついでに触れられているにすぎないとはいえ、どちらにおいても日本における革新自治体の経験は、「階級妥協を強いたもの」であり「福祉国家の経験」として語られている。だがもしそうだとすれば、この革新自治体を解体した政治的キャンペーンは、日本における新自由主義化においてきわめて重大な契機を構成したと考えるべきではないのか？

日本における革新自治体が、日本型福祉国家の構成部分としてきわめて重大な役割を果たしたことは言うまでもない。日本は、渡辺氏が強調するように、たしかに国政レベルでは、労働者政党による政権獲得が片山内閣の一瞬を除いてはなく、一貫して保守政党によって統治されていた。しかしながら、一九五〇年の蜷川虎三の京都府知事就任を先駆として、一九六〇年代後半から一九七〇年にかけての革新自治体の広範な出現は、時期や期間はいろいろとはいえ、京都、東京、大阪、福岡、神奈川、埼玉などの主要大都市圏を網羅し（プラス沖縄）、そこに住む人口で言えば、国民の三分の一程度が事実上、社共の政権下にあったのである。そこで実施された福祉国家的政策は、国家レベルにまで拡張されることがしばしばあり、革新自治体がつぶされた後も改悪されながらかなり長期にわたって存続した（たとえば老人医療保険制度や乳幼児医療制度など）。

国政レベルでの保守党政権の持続にもかかわらず、日本が事実上福祉国家たりえた一つの大きな要因がこの革新自治体の大規模な成立である。渡辺氏も、日本を除く他の諸国に関しては、この革新自治体に対する政治的攻撃が新自由主義化の本質的な構成要素であったことを認めている。

イギリスやアメリカなどは、第二次世界大戦後の階級妥協の形態である福祉国家体制が蓄積の障害となったためその改変によって新自由主義化を開始したのに対し、中国やロシアは、いずれも既存社会主義国家体制の改変によって、その国家の権威主義的性格を残しつつ新自由主義化を始めている。他方、韓国などは、開発主義国家体制を維持しつつ、その部分改変によって新自由主義化を開始した。いずれの国家においても新自由主義化には、労働組合運動や労働者党、……革新的自治体の行政など既存の制度を支えた社会的力との激しい権力闘争と既存制度の根本的改変が不可避であった。（二九九〜三〇〇頁）

この引用文に示されているように、イギリス、アメリカ、中国、ロシア、韓国が列挙され、「いずれの国家においても新自由主義化には、労働組合運動や労働者党、革新的自治体の行政など既存の制度を支えた社会的力との激しい権力闘争と既存制度の根本的改変が不可避であった」とされているが、この列挙から日本だけがなぜか除かれている。しかし、日本における革新自治体つぶしが本格化したのは、一九七一年のドルショックと一九七三年における石油ショックによって現出した第一次資本蓄積危機（およびそれに基づく財政危機）がきっかけであった。そして当時の自治省などが「ＴＯＫＹＯ（東京、大阪、京都、横浜、沖縄）」作戦とまで称して、系統的かつ目的意識的に革新自治体つぶしを行なったのであり、それはまさに周辺からの階級権力回復運動であった。この脈絡から考えるなら、実は、日本は、新自由主義化が遅れた国なのではなく、むしろ資本蓄積危機を克服するために既存の階級妥協体制と福祉国家的要素を解体・破壊して階級権力の回復をめざす取り組みを着実に行なってきた国とさえみなすことができるのである。

この自治体レベルでの政治的な階級権力の回復と呼応して、渡辺氏が言う、早熟な新自由主義化としての臨調行革が取り組まれる。これも、基本的には第一次資本蓄積危機をきっかけとしていたのだから、やはり日本における新自由主義化の大きな歴史的流れに位置づけるべきである。たしかに、その後、資本蓄積危機が急速に（ただし一時的に）克服されたために、渡辺氏も言うように、国家政策上の新自由主義化は一九八〇年代末には影をひそめ始めるが、それ以前に、中曽根改革による労働運動に対する決定的な政治的攻撃がなされている。この問題についてはすでに述べた。

つまり、日本における資本蓄積危機を一九九〇年代初頭のバブル崩壊後以降における大不況期にのみ見出し、したがって、日本における新自由主義化を一九九〇年代半ば以降にのみ見出すならば、日本における新自由主義化の過程における労働運動への政治的攻撃と階級権力回復の契機は見失われがちになる（その場合でも、今日の労働ビッグバンの過小評価につながるが）。だが、日本における資本蓄積危機が第一次資本蓄積危機（一九七〇年代半ば、これは世界すべての国と共通）と第二次資本蓄積危機（一九九〇年代、これは日本にのみ見出せる）の二回にわたって段階的に発生し、そのそれぞれにおいて政治的階級権力の回復と政策上の新自由主義化が追求されたとみなすなら、事態はまったく違った様相を帯びる。そして、その中間に日本経済の一時的な一人勝ち状況という独特の時代が存在したのだが、この一人勝ち時代においてさえ、新自由主義化は停止していたのではなく、一九八〇年代前半における英米の本格的な新自由主義化を見習い、またより長期的な展望で日本における階級権力の回復を目指した中曽根内閣による国鉄分割民営化をはじめとする新自由主義化の取り組みが存在したのである。

五、資本蓄積危機と政治的な階級権力の回復（2）――政治改革

さて、次に、「一九九〇年代初頭における政治改革」について見てみよう。渡辺解説論文は、この政

治改革を、サッチャー政権による炭鉱組合つぶし、およびレーガン政権による航空管制官組合つぶしに匹敵する事件として捉えている。

日本では、新自由主義への国民の同意調達は、反自民党政治・反開発主義となって現われた。日本での新自由主義への動きが、八〇年代末のリクルート疑獄という、自民党政治の構造的とも言える汚職腐敗に対する国民の反発を機に、「政治改革」という形で始まったことは、こうした日本の新自由主義運動の特殊性を象徴している。「政治改革」、イギリスのサッチャー政権が一九八四年に敢行した炭鉱大合理化と閉鎖、炭鉱労働組合に対する攻撃、またレーガン政権が八一年に行なった全米航空管制官組合への攻撃に匹敵するものであった。(三〇七頁)

このように「政治改革」が日本の新自由主義化の決定的契機としてきわめて重視されていることがわかる。しかしながら、そこでの「政治改革」の捉え方はきわめて一面的である。この文章の冒頭部分で「日本では、新自由主義への国民の同意調達は、反自民党政治・反開発主義となって現われた」とあるように、政治改革の主要な側面が、自民党型の開発主義政治を打破することであると理解されている。これは、たしかに、「政治改革」を推進した側の主要なイデオロギーの一つであったことは間違いないが、後藤氏と同じく、渡辺氏の場合も、イデオロギーの根拠を探るはずの分析がいつしか、そのイデオロギーが実体のある客観的現実そのものであるという取り違えに陥っている(「ミイラ取りがミイラになる」)。

もちろん、政治改革推進派の、自民党の古い統治形態に対する不満や異論があったのはたしかであり、このイデオロギーにまったく根拠がなかったわけではない。だがそれは副次的なものであって、本質的なもの、主要なものではない。「政治改革」の本質、あるいはその主要な側面は、自民党の古い政治体制の解体再編にあったのではなく、社会党を解体し、共産党をゲットー化することで、保守によって独占可能な政治空間を形成すること、すなわち、まさに政治的階級権力の回復そのものにあったのである。

戦後日本はたしかに、国政レベルでは保守党政権がほぼずっと存続したが、それにもかかわらず、社共が野党として大きな地歩を占め、つねに自民党に対する単なる抑制装置としてだけでなく、自民党が心ならずも福祉国家的政策を遂行する上で不可欠の圧力装置としても機能していた。このように、一貫した保守党政権下にもかかわらず日本が福祉国家たりえたもう一つの理由が、この強力な革新野党としての社共の存在だったのである。したがって、新自由主義化の本質をなす階級権力の回復のためには、地方自治体を制圧した後には、この国政レベルでの階級妥協の構造を担う革新野党を解体ないし封じ込めなければならなかった。

したがって、「政治改革」の中心的ないし主要な側面はまさに、この、社会党解体と共産党封じ込めによる政治的な階級権力の回復にあり、古い自民党政治の解体再編は「政治改革」の副次的側面にすぎなかった。主要な側面を隠して、副次的側面を前面に出すことこそ、イデオロギーのイデオロギーたるゆえんがある。どんなイデオロギーにも一定の根拠がある。しかし、それがあくまでもイデオロギーであるのは、それが現実の主要な側面を隠蔽ないし否定して、副次的側面を前面に押し出し、あたかもその副次的側面が主要な側面ないし全体であると偽る点にある。

それゆえ、イデオロギー批判をする場合は、それが単にイデオロギーであると主張するだけでなく、それにも確かに現実の一部を反映しているという意味で一定の根拠があることを明らかにする必要があるが、同時に、それがあくまでも現実の副次的部分を反映しているにすぎず、主要な側面が別の点にあることを明らかにしなければならない。そうしてこそイデオロギー批判になる。

ところが、後藤＝渡辺派は、イデオロギーの根拠を探る試みに没頭するあまり、それがイデオロギーであることを忘れて、いつしか、現実そのものが支配層の意識に正確に反映したものであると取り違えることになった。渡辺氏は自説の根拠として、財界やそのイデオローグたちの言説を縦横に引用する手法を得意としているが、これはしばしばこの種の「取り違え」を生みやすい。たとえば、今回の渡辺解説論文でも、日本における新自由主義化の主たるターゲットが開発主義であることの「証拠」として、経済同友会の文章（『こうして日本を変える』、一九九七年）が無批判に引用されている。

こうして、開発主義的官僚による規制、自民党利益政治による高負担と弱小産業保護こそ、グローバル経済下の競争力阻害の二大柱となったのである。経済同友会はそれをこう表現した。「二一世紀の我が国が活力ある経済基盤を保持し、国民生活の豊かさと安全を確保していくうえで、我が国が現在直面する最大の課題は、第一に、我が国経済の高価格・高コスト構造であり、第二に、公的部門の肥大化による負担増大である。これらの課題を克服しないかぎり、世界的な大競争に勝ち抜いていける強い経済基盤も、豊かな高齢社会を作ることもできない」と。（三〇四頁）

ここでは経済同友会の主張が本当に正しいのかどうかはまったく吟味されていない。たとえば、「わが国経済の高価格・高コスト」というが、日本における下請け産業の広範な存続こそが部品を低コストで調達できた最大要因であることは、渡辺氏自身もかつては日本型企業社会の効率性の最たるものとして挙げていたはずである。ところが、渡辺氏は、今回の解説論文では、「弱小産業の生き残りによる部品等の割高」などと無批判に経済同友会の言い分を肯定しているのである。だが、一九九〇年代の大不況下でさえ、日本の製造業の労働生産性は、OECD諸国でトップであり、総合的な競争力はアメリカについで二位であった（二〇〇一年一一月二一日付『しんぶん赤旗』）。

経済同友会のこの文章が発表されたのは一九九七年である。『しんぶん赤旗』が報道した日本の製造業の労働生産性指標は一九九五〜九八年の平均数値である。つまり、経済同友会が、日本経済は割高だ、高コストだ、だから競争力がないんだ、と大騒ぎしている一方で、実際の統計数値は、日本の労働生産性や競争力がOECD諸国トップか二位であることを示していたのである。つまり、経済同友会の言い分は「イデオロギー」そのものなのである。

ところが、渡辺氏は、現実の統計を分析するよりも支配層の言説分析に大きく偏り、こうした言説がなされるのはそれに見合った現実があるからだという思い込みにもとづいて、現実の理論的再構成をはかる。そのため、きわめて逆説的なことだが、支配層の言い分を追認する結果になっているのである。

「政治改革」に話を戻すが、すでに述べたように、政治改革の主要な側面はあくまでも、社会党の解体と共産党の封じ込めによる政治的な階級権力の回復にある。この側面については、渡辺氏もさすがに言及していないわけではない。たとえば、別の頁では次のように述べられている。

> こうした政治改革のねらいは、帝国主義化と新自由主義を遂行するうえでの大きな政治的障害物であった社会党と、既存自民党の体質を変えることに置かれた。小選挙区制中心の選挙制度を採用することにより、既存の中選挙区制下では安定して一〇〇を上回る議席を確保することのできた社会

党は、他党と連繋しなければ議席を激減せざるを得なくなり、他党と連携するには、社会党の党是であった非武装中立や安保反対を転換せざるを得なくなる。こうして、帝国主義化の最大の障害物であった社会党を解体・変質することがめざされた。（三一一～三一三頁）

このように、たしかに社会党に対する解体攻撃についても語られている。しかし、まず第一に、古い自民党政治の解体再編については、「政治改革」に言及するたびに必ず言及されるのに対し、社会党に対する解体攻撃の側面は、この引用箇所にしか存在しない。それ以外に「政治改革」について言及されているところでは常に、自民党の古い開発主義体制の変革についてのみ語られている。このような「不均衡」は明らかに、渡辺氏が、「政治改革」の主要な側面を、古い自民党政治の変革に見出していることを示している。

第二に、この引用文にはある重要な不整合がある。冒頭で「帝国主義化と新自由主義を遂行するうえでの大きな政治的障害物であった社会党」と書きながら、つまり、社会党の存在が帝国主義化だけでなく新自由主義化にとっても障害であったと書きながら、引用文の最後のところでは「帝国主義化の最大の障害物であった社会党を解体・変質することがめざされた」となっており、「新自由主義化の障害物」という側面がいつのまにか消えてなくなっているのである。では、「新自由主義化の障害物」は何かというと、先に引用した文章にすぐ続いて次のような文章が存在する。

他方、今や新自由主義改革の大きな障害物と化した自民党の利益誘導型政治も、小選挙区制で大きく改変されることが目論まれた。（三一三頁）

つまり、結局ここでも、新自由主義化にとっての障害物は「自民党の利益誘導政治」に一面化されてしまっている。渡辺解説論文が断言した「日本の新自由主義化は労働運動への攻撃と階級権力の再確立という契機を含まなかった」という命題は、このような二重三重の一面化の上に成立しているのである。

六、戦後日本の福祉国家性と社会保障改悪

これまで述べてきたことをまとめると、日本における新自由主義化の流れは次のようになるだろう。

（一）新自由主義化の第一段階（一九七〇年代半ばから後半）……一九七〇年代初頭における第一次資本蓄積危機→革新自治体つぶしによる自治体レベルでの政治的階級権力の回復→臨調行革による政策的新自由主義化の部分的開始

（二）新自由主義化の第二段階（一九八〇年代半ば）……一九八〇年代初頭の英米における本格的な新自由主義化の開始→国鉄分割民営化と国労解体を筆頭とする中曽根改革による労働組合レベルでの経済的階級権力の回復→政策的新自由主義化のさらなる遂行

（三）新自由主義化の第三段階（一九九〇年代初頭以降）……一九九〇年代初頭における第二次資本蓄積危機→小選挙区制導入を柱とする「政治改革」による国政レベルでの政治的階級権力の回復→政策的新自由主義化（その主たる側面は、「開発主義」の改変ではなく、社会保障改悪と労働者の既得権の破壊）の全面的な開始

渡辺解説論文は、（一）のうち、革新自治体つぶしについてはほぼ完全に無視し、（一）の臨調行革と

（二）を早熟な新自由主義化として、本来の新自由主義化から排除し、（三）に関しても、政策的新自由主義化の主たる目標を、社会保障改悪と労働者既得権の破壊に見るのではなく、開発主義体制の改変に見るといういくつもの一面化と矮小化が見られる。

しかし、現実はきわめて雄弁であり、また左派の理論家たる渡辺氏としても、今日における政策的新自由主義化の内実が社会保障改悪と労働者既得権の破壊にあることを否定することはできない。しかし、それでも、「開発主義」仮説から戦後日本の変遷も今回の新自由主義化もすべて説明しようという理論的無理をしているため、実際の現実と衝突して、あちこちで矛盾が生じる。この点をまず、社会保障改悪についての渡辺論文の議論に即して見てみよう。

まず、一方では、この第三段階における社会保障改悪について説明する時には、現実に促されて、明らかに「開発主義」仮説と矛盾することを言わざるをえなくなっている。たとえば、渡辺解説論文では次のように言われている。

その典型例は、社会保障分野で福祉国家型の普遍主義的保障を改変し、所得の差に応じて、福祉機能に差を設けることを認めるような制度が積極的に導入されようとしていることに見られる。小泉政権期の医療制度改革で実質的に解禁されるに至った混合診療は、公的医療保障部分を薄くし、代わりに保険診療と自由診療の併存を認めることにより、所得のある階層は、自らの費用でより高度な医療を受けられる道を拡大しようという制度である。こうした公私二階建ての制度づくりは、教育の領域でも見られるが、これは明らかに従来の福祉制度理念を変更して階層型福祉や教育の制度を導入拡大しようというものであり、国民統合のあり方の抜本的再編をねらっている。（三二一頁）

この引用文では二度にわたって、小泉政権期の社会保障改悪の対象として「福祉国家」的なものに言及されている。「福祉国家型の普遍主義的保障」と「従来の福祉制度理念」である。おかしいではないか？　戦後日本は福祉国家ではなく、開発主義的国家であり、社会保障も福祉国家型ではなく、開発主義型の社会保障ではなかったのか？　実際、渡辺解説論文はそうはっきりと規定している。

〈開発主義国家〉の社会保障や所得再分配は福祉国家のそれに比べてはるかに脆弱であり、分立的であり非制度的なものでもあった。（三二七頁）

そしてこれには注が付され、戦後日本の社会保障を福祉国家型ではなく開発主義型だとした後藤道夫氏の論文が指示されている。にもかかわらず、同じ論文の中で、渡辺氏は、第三段階の社会保障改悪が、「福祉国家型の普遍主義的保障」や「従来の福祉理念」を改変ないし変更するものだと特徴づけているのである。これは明らかに自己矛盾である。

このような矛盾が発生するのは、実際には戦後日本は、後藤＝渡辺派が言うようなさまざまな限界（分立的、非制度的など）があったとしてもそれでも、福祉国家レジームの枠内に入るものであり、したがってこの福祉国家的側面こそ、新自由主義化にとっての最大の攻撃対象の一つであるという現実を、やはり否定しきれないからである。しかし、他方では、戦後日本は福祉国家ではなく「開発主義国家」だというドグマが両者に存在するため、絶えず、新自由主義化のこの側面に対する軽視が起こる。総論としては、新自由主義化のターゲットはあくまでも古い自民党型の開発主義政治であり、各論としては、福祉国家的なものへの攻撃にも言及されるという構造になっているのである。

戦後日本の体制規定を、「開発主義体制」という曖昧で多義的で何でも放り込める便利な箱の中に突っ込んでしまうのではなく、相対的に強力な革新野党、革新自治体、企業主義的統合、開発主義的な利益政治、等々によって補完された独特の福祉国家体制であったとみなすべきであり、したがって、日本における新自由主義化の特殊性は、あくまでも新自由主義化全般に共通する本質を共有した上での特殊性であると把握すべきであった。にもかかわらず、渡辺解説論文では、開発主義のドグマに支配されているため、階級権力の回復と労働運動への攻撃という決定的な「環」が欠落した新自由主義化（新自由主義化の最も本質的な契機が欠落しているのだから、それはいわば実体のない「新自由主義化」になってしまうのだが）という極端に特殊なものとして把握するはめになったのである。

※　※　※

この問題に関しては、なお言及しておくべきことが二点ある。
一、渡辺氏は今回の解説論文において、「労働者党による政権獲得」という契機と「福祉国家の成立」という契機とを不可分なものとして提示している。たとえば、戦後日本における開発主義体制の、福祉国家とは異なる二つの特質として次のように述べている。

〈開発主義国家〉の国民統合は、福祉国家のそれと比べて二つの特質をもつ。一つは、日本の〈開発主義国家〉の場合、保革の二大政党体制ではなく、自民党一党政権が存続し、その下で国民統合が行なわれたことである。……日本の〈開発主義的統合〉のもう一つの特質は、労働者党政権による福祉国家的再分配に代わって、成長による税収の増加を梃子にした自民党の利益誘導政治、公共事業投資の形での再分配政策によって、成長の恩恵を直接被らない地域、農業部門や中小地場産業の保守政権への統合が行なわれた点である。（三〇一～三〇二頁）

ここでは、二ヵ所にわたって、福祉国家と労働者党政権とがセットで論じられている。最初は「保革の二大政党体制」として、次には「労働者党政権による福祉国家的再分配」として。どちらにおいても、要するに、日本とは異なる福祉国家体制においては、労働者党ないし革新政党が政権を担った経験があり、それが福祉国家体制にとって本質的な契機であると理解されている。ここには、二つの問題がある。

まず第一に、欧米（後藤＝渡辺派はしばしば両者をセットにしている）の福祉国家においても、労働者党が政権を担うことが福祉国家成立の本質的契機では必ずしもなかった。典型的な例は、アメリカであり、アメリカにはそもそも、一九二〇年代以前のアメリカ社会党の歴史を除けば、連邦や州の上下院議席の一定部分を占めるような大衆的労働者政党が存在せず、民主党と共和党はどちらも資本主義政党である。民主党は、どちらかというと、マイノリティや労働組合にも基盤を有しているが、やはり労働者政党でも革新政党でもないし、またアメリカで福祉国家的規制が最も大胆に進んだ時代は、ハーヴェイも指摘しているように共和党のニクソン時代であった。また逆に本格的な新自由主義的福祉改革が進められたのは、民主党のクリントン政権下であった。ヨーロッパでも、イタリアは基本的に労働者政党が政権に参画することなく福祉国家が成立した国である。イギリスでも、サッチャーが登場するまでは、保守党政権下でも福祉国家が存続・発展した。戦後フランスでも――戦前の人民戦線の経験が重要であったとはいえ――ドゴール政権のもとで福祉国家化が進んだのであって、社会党の政権獲得はけっして本質的契機ではなかった。

このように、労働者党の政権獲得はけっして福祉国家成立の決定的な必要条件ではないのである。労働者党が政権を獲得した方がたしかにより制度的に首尾一貫した福祉国家を建設することができるだろうが（典型例はスカンジナビア諸国、ドイツ、オセアニア諸国など）、福祉国家という社会的・制度的範疇そのものが成立する絶対的要件ではない。この決定的な事実を後藤＝渡辺派が言わないのは、それを言ってしまうと、戦後日本が福祉国家体制ではないと言い切る場合の重要な根拠の一つが崩れてしまうからである。

第二に、日本ではたしかに「労働者党の政権獲得」はなかったが（一瞬だけ存在した片山内閣を除いて）、先に触れた大都市圏の革新自治体に加えて、「保革二大政党制」に近い政治システム（一½政党制）が存在したし、そのもとでの「福祉国家的再分配」は存在した。しかし、渡辺解説論文では、「労働者党政権による福祉国家的再分配に代わって」存在しているのは、「自民党の利益誘導政治」と「公共事業投資の形での再分配政策」だけだとされており、自治体福祉も国家的福祉も指摘されていない。

二、日本における福祉国家的要素の過小評価と並んで、アメリカにおける福祉国家的要素の過大評価が存在することとである。

『ポリティーク』の座談会などでも、たしかに後藤＝渡辺派は、戦後日本にも福祉国家的側面があったことを部分的に認めている。にもかかわらず、彼らは、その福祉国家水準がヨーロッパの先進福祉国家よりも低いことを理由にして、福祉国家の範疇から日本を排除する。

このような発想は、宮本憲一氏の「福祉国家（ヨーロッパ）、軍事国家（アメリカ）、企業国家（日本）」という三分類論に起源を求めることができる。だが、宮本三類型論ではアメリカは福祉国家類型に入れられていなかったが、後藤＝渡辺派では、アメリカもしばしば無批判に福祉国家類型に入れられてしまっている。とはいえ、それで首尾一貫することができず、ヨーロッパに限定して福祉国家を語ることもしばしばある。たとえば、今回の解説論文でも、オルタナティブについて論じた最後の部分で「ヨーロッパ福祉国家の場合には、新自由主義に対して常に、オルタナティブとして福祉国家経験があり」云々と書かれている（三二七〜三二八頁）。

しかし、ヨーロッパと一口に言っても、きわめて多様な諸国家の集合体であり、北欧のような高度福祉国家もあれば、南欧のようにその点で不十分な国家もある。北欧の先進福祉国家だけを福祉国家類型に入れるなら、たしかに日本はそこからはずれる。しかし、その場合、アメリカもその範疇からはずれなければならない。しかし、アメリカも福祉国家に入れられているのだから、ここで彼らが言う「福祉国家」とは高度福祉国家だけを指す特殊概念ではなく、もっと幅の広い概念、基本的には戦後の先進資本主義諸国で全般的に成立した一定水準の福祉と教育を国民的に保証して社会の安定と経済成長の基盤を確保するという意味での福祉国家であろう。とすれば、日本をそこから排除することは、まったく理論的に無理がある。

他方、後藤道夫氏は周知のように、福祉国家を二段階に分けて考え、第一段階を、ベヴァリッジプランのレベルに置き、第二段階を「豊かな社会」段階の福祉水準に置いて、日本には第一段階はあるが、第二段階はない（あるいは脆弱である）と把握し、ここから、日本を福祉国家類型から排除している。

だが、このような推論が可能なら、アメリカは絶対に福祉国家に入らないはずである。なぜなら、全国民的な公的医療保険制度さえ存在しないアメリカは、ベヴァリッジプラン以下の福祉水準にあるからである。またアメリカは、一度も労働者党の政権を経験したことがないだけでなく、有力な労働者党そのものが全国的に成立したことさえない。

それに対して日本は、第一段階を越える水準を一九五〇年代早々に実現しただけでなく、一九六〇年代後半から一九七〇年代前半にかけて、革新自治体の経験と国政レベルでのその受容を経て、明らかに第二段階の福祉水準をも獲得しているし、労働者党は政権をとらなかったとはいえ有力な第一野党として存在し、地方自治体レベルでは、国民の三分の一を包括するレベルで地方政権を樹立していた。

もちろん、北欧などの先進福祉国家に比べれば、多くの点で不十分さは存在する。それは言うまでもない。自民党政権なのだから当然である。だが、福祉水準が国ごとにかなり多様なヨーロッパ諸国を平均すれば、日本の福祉水準は、福祉国家レジームに入るレベルにあったと言えるだろう。もちろんそれは、自民党政府の善意のおかげではなく、基本的には下からの戦後民主主義運動と労働運動、革新政党の運動・闘争、とりわけ公務分野の労働運動やさまざまな住民運動、等々のおかげである。

少なくとも日本の福祉水準はアメリカより上であり、日本より下のアメリカが福祉国家範疇に入るなら、日本は絶対に入る。日本が入らないのならアメリカはもっと入らない。二つに一つだ。

このように、開発主義論のドグマを維持するために、無理に無理を重ねなければならない。その無理の一つが、アメリカを福祉国家に入れながら日本だけ入れないという無理であり、このことから、日本における新自由主義化の主要な構成要素が、福祉国家の解体攻撃であるという点を否定するという悲劇的帰結に陥っているのである。

七、福祉国家と開発主義国家――後藤道夫氏の場合

後藤道夫氏の議論の変遷をたどると、興味深いことがわかる。当初、後藤氏は、開発主義国家体制論に転換した後でも、まだ、戦後日本には福祉国家的な諸制度が存在することを認め、したがって、新自由主義改革の攻撃対象の一つに、この福祉国家的諸制度をも数えていた。

たとえば、『ポリティーク』第五号（二〇〇二年一二月発行）の巻頭言の中で、後藤氏は次のように述べている。

欧米の新自由主義改革が破壊対象としたものは福祉国家型の諸制度であり、同時に、強力な産業別労働組合を軸とした、それを支える社会諸関係であった。これにたいして、日本の「構造改革」においては、福祉国家的諸制度の破壊は目標の一部にすぎない。日本のジャーナリズムが「構造改革」によって処理されるべき課題とみなして、スローガンのように繰り返してきたものを部分的にながめるだけでも、このことは了解できよう。いわく、「膨大な官僚規制」「官僚の強い裁量権限」「官庁の縦割り行政」「政・官・財癒着」「自民党の利益誘導政治」「護送船団方式」「業界横並び体質」……等々。これらは開発主義国家と関連づけたほうが理解しやすい。

破壊対象の中心が開発主義国家であるため、「構造改革」への国民の支持は広い。政治的左派や戦後民主主義の系譜を引く市民派も、開発主義国家には強く批判的だったからである。だが、注意すべきは、こうした国民的な開発主義批判が福祉国家的諸制度の攻撃へと流し込まれることである。

開発主義は解体すべきだが、福祉国家的制度は維持・発展すべきものだろう。(『ポリティーク』第五号、五〜六頁)

ここには、後藤氏の典型的な思考方法が示されている。この引用文では、「官僚的規制」も「政・官・財癒着」も「官僚の強い裁量権限」も「自民党の利益誘導政治」もすべていっしょくたにされて、それらが「開発主義国家」と呼ばれている。だが、たとえば「政・官・財癒着」と「利益誘導政治」の最も露骨な事例はアメリカにこそ見られるのであり、一般にこうした癒着はすべての現代資本主義国家に見られる現象である。ブッシュ政権がいかに自分と直接的な利害関係のある特定の業界(石油産業など)を優遇してきたかはよく知られているし、彼はそのために戦争まで起こしたのである。「官僚的規制」にしても、その少なからぬ部分は、実際は国民の権利を保護するための規制に他ならず、野放図な資本蓄積を推進しようとする大企業にとってのみ「官僚的」と映るにすぎない。その種の規制は、福祉国家にこそ膨大に存在するのであり、それに比べれば日本はとくに多いほうではない。反福祉国家のイデオローグだけが、「膨大な官僚的規制」などという亡霊をでっち上げることができるのである。また、「官僚の強い裁量権限」なるものも、かなりの部分は大企業とマスコミのでっち上げにすぎない。企業社会であったはずの日本で、官僚の方が大企業よりも強い裁量権限を持っているなどというのは、日本型新自由主義者にこそふさわしい妄言である。

さらに後藤氏は、このような異なった性格を持ったさまざまな事象をいっしょくたにして「開発主義」と呼ぶだけでなく、いかなる具体的証拠も示すことなく、日本における新自由主義的構造改革の「破壊対象の中心」がまさにこの「開発主義国家」であると主張する。彼らにとって唯一の「証拠」は、マスコミ自身が出しているスローガン（先に後藤氏が列挙したもの）である。つまり、支配層のイデオローグたちが主張している言い分が、「証拠」にされているのである。それらが実際には、根拠のないイデオロギー、あるいは、部分的にしか根拠のないイデオロギーであって、真の「破壊対象の中心」を隠蔽するためのものでしかない（あるいは、大手マスコミにいる特権的上層市民の階層的利益にもとづく思い込みでしかない）とはみなさず、それが現実を客観的に反映したものだと思い込むのである。

後藤氏の論理からせいぜい言えるのは、日本における新自由主義的構造改革の対象は、福祉国家的諸制度だけでなく開発主義政治もだ、というぐらいだろう。ところが、このような並列では満足せず、後藤氏は、「福祉国家的諸制度の破壊は目標の一部にすぎない」として、福祉国家破壊の目標を部分化し、根拠なく開発主義こそ攻撃対象の中心だと規定するのである。

だがもし、新自由主義の破壊対象の中心が開発主義国家であり、また後藤氏によれば「開発主義は解体すべき」だとすれば、現在の新自由主義の主要部分は承認すべきであるということになるだろうし、まさに『朝日』『毎日』『週刊金曜日』などと肩を並べて、小泉構造改革への批判的支持を表明しなければならないはずである。そして、小泉構造改革で問題なのは、その中心部分ではなく、せいぜいその副次的部分だけであり、この正しい「中心部分」が「福祉国家的諸制度の攻撃へと流し込まれる」ことに警戒すればそれで事足りるということになるはずである。※

※二〇一三年の注

実際、後に、宇野派マルクス経済学者の中堅理論家であった新田滋氏は、まさにこのような立論を展開した。つまり小泉改革の核心部分は正しく、その副次的ないし周辺的部分のみが問題であるという立場である。私の以下の批判論文を参照。森田成也「開発主義論と新自由主義との政治的親和性――『情況』新田論文の教訓」、『情況』二〇〇八年七月号。加筆修正のうえ、以下の著作に収録。赤堀正成・岩佐卓也編著『新自由主義批判の再構築――企業社会、開発主義、福祉国家』法律文化社、二〇一〇年。

とはいえ、ここでは、福祉国家的諸制度も新自由主義の破壊対象の「一部」であることが明言されていることは重要である。

『ポリティーク』第五号の他の部分でもそうである。冒頭座談会の後藤報告では、彼ら自身の間でコンセンサスになっていたこととして、「構造改革の攻撃対象」が、一、企業主義的統合、二、自民党型利益政治、三、「脆弱ではあるが、とりわけ一九七〇年代以降に発達した福祉国家的要素」、四、軍事小国体制、の四つであったと述懐されている（同前、九頁）。つまり、このときまでは、「構造改革の攻撃対象」の一つが「福祉国家的要素」であったことは、彼らのコンセンサスであったのだ。

もっとも、企業主義的統合を新自由主義的改革の破壊対象に入れているのは、誤解の余地があるだろう。新自由主義的改革の破壊対象なのは、企業主義的統合の全体ではなく、その中の、労働者への譲歩、階級妥協の側面だけだからである。すなわち、正規労働者を労働者の多数・中軸にすえること、年功賃金、終身雇用、などである。企業主義的統合のうち、たとえば、労働者を自由に配置転換するシステム（いわゆる内部労働市場）、労働者間の強い競争の組織化、労働者の企業間分断、厳格な労務管理、等々はいささかも破壊対象ではない。あくまでも、資本蓄積にとって有利な側面は温存発展させ、資本蓄積にとって制約となるような妥協面だけは再編しようというのが、新自由主義の企図である。

とはいえ、四つの攻撃対象のうち、三番目として福祉国家的要素が挙げられているのは、重要である。しかしながら、後藤氏がこのように、戦後日本の制度に福祉国家的なものを認めるのは、おそらくこれが最後となる。この同じ『ポリティーク』第五号に収録された氏の独立論文（座談会の後に書かれたもの）ではすでに、戦後日本における福祉国家的なものについての言及はなく、もっぱら開発主義論で首尾一貫させる努力がなされている。

さらに、決定的な転換を画したのは、二〇〇四年八月に出版された『高度成長と企業社会』（吉川弘文館）に収録された後藤道夫氏の論文「日本型社会保障の構造」であり、ここでは全面的に、戦後日本の社会保障が福祉国家的なものではなく、徹頭徹尾、開発主義的なものであったということが「論証」されている。

こうして、後藤＝渡辺派の議論の中から、戦後日本における福祉国家的なものの承認が消失していき、ついには、今回の渡辺テーゼ、すなわち「日本の新自由主義化は、ハーヴェイが新自由主義化のねらいとして強調するような、労働運動への攻撃と階級権力の再確立という契機を含まなかった」というテーゼに行き着くのである。

そもそも日本には開発主義的社会保障しかなく、福祉国家的な要素がないのだとすれば、『ポリティーク』第五号で後藤氏が注意したような「国民的な開発主義批判が福祉国家的諸制度の攻撃へと流し込まれる」危険性など最初から存在しないだろうし、したがって、「維持・発展すべき」「福祉国家的制度」もまた最初から存在しないことになる。後藤氏によれば「開発主義は解体すべき」なのだから、「開発主義的社会保障」もまた解体すべきだということになるだろう。

もちろん、後藤＝渡辺派はそこまで言わない。理論から必然的に出てくる結論を彼らは口にしない。なぜか？　それは彼らが「左翼」だからである。誤った理論にもとづいていても、左翼であるがゆえに、新自由主義的改革には賛成しないのである。新自由主義の標的が何であろうと、それが「解体すべき」

開発主義でしかなかろうと、彼らは新自由主義には賛成しない。「敵の敵は味方」という後房雄的論理はとらない。

だが、誤った理論と左翼的心情とは、いつまでも共存できるのだろうか？　あるいは、彼ら自身にあっては共存できても、その影響を受けた周辺部、より左翼的心情の弱い部分にあっては共存できるのだろうか？　これが問題である。木下武男氏はすでに半ば共存できていない。年功賃金を解体するためなら露骨な新自由主義者（八代尚宏）とでも共闘しかねない。※

※二〇二三年の注

その後、実際に彼らは共闘するようになった。木下武男氏は、二〇〇九年四月三日付『朝日ジャーナル』において、まさに八代尚宏氏と実に友好的な対談を行ない、日本型システムたる年功賃金と終身雇用を解体するために、労使が「知恵を出しあう」ことを公言している。

八、戦後左派のイデオロギー分析

後藤＝渡辺派に共通する誤り、すなわち、イデオロギーの「根拠」分析がいつのまにか当該イデオロギーと同じ現実認識を共有することへと転回してしまうという誤りが、最も顕著に表れているのが、戦後左派のイデオロギー分析においてである。

この方面に関しては、渡辺論文は単に後藤道夫氏の「戦後左翼における近代化と近代の超克の予定調和的共存」というテーゼを基本的にそのまま採用している。だが、この後藤テーゼは、もともと、後藤＝渡辺派が「開発主義」のドグマを採用する以前に、社会主義の観点から、あるいは、脱資本主義の観点から、戦後左派の近代主義的傾向を批判するものであった。

当時の後藤＝渡辺派は、戦後日本の主たる問題を「国家主導」や「官主導」には見出しておらず、何よりも企業の支配の強さに見ていた。後藤氏は「煮詰められた資本主義」という仮説を唱え、渡辺氏は「資本主義の過剰貫徹」論をとっていた。これらの仮説の是非についてはすでに以前に書いたとおりだが、いずれにせよ、この時代の後藤＝渡辺派は、戦後日本の主要な問題点を資本主義の論理そのものに見出し、この資本主義の論理が制約なしに貫徹していることに日本の特殊性を見出していたのである。

このような観点から出されたのが、戦後左派イデオロギーにおける根強い近代主義的傾向という批判だったのであり、この射程は、単にあれこれの戦後左派イデオローグだけでなく、実際には、共産党の綱領そのものに対する批判にまで伸びていた（けっして公言はしなかったが）。

もともと、渡辺氏は、東大時代に、近代主義的傾向の強い講座派マルクス主義ではなく、宇野派のマルクス主義の洗礼を受けて理論家となった人物であり、渡辺氏と仲のよい馬場宏二氏も宇野派の論客であった。このような知的背景のもとで、渡辺氏は戦後日本の問題点を「前近代性」や戦前との連続性に見出すのではなく、戦後改革の画期的性格を高く評価した上で、戦後的な独自の支配形態にこそ戦後日本の問題性があるとみなしたのである。

たとえば、私自身が渡辺氏に対して行なった一九九五年のインタビューの中で、渡辺氏は戦後改革の革命的性格について次のように述べている。


これは必ずしも戦後の改革が不徹底だったということではない。それどころか、革命をやってもこれぐらいできますか、というぐらい徹底したものだった。（『トポス』第七号、一六頁）

この言葉に当時私が非常に強い印象を受けたことを今でもよく覚えている。さらに、同じインタビューの中で、戦後における高度成長についても、その主要要因を企業の旺盛な設備投資と企業支配の成立に見ていて、国家（開発主義であれ何であれ）の役割については、ただの一言も触れていない。

日本の経済成長を成り立たせてきた要因は、まず第一次高度成長の場合は、旺盛な設備投資による重化学産業化という、国内市場を前提にした成長でした。そして、それを裏づける競争的な企業社会の構造が、日本の商品、とくに重化学工業製品の国際的な競争力をつくった。これが起動力になって、六〇年代後半以降の第二次高度成長をもたらし、さらにオイルショック以降の洪水輸出を生み出した。すなわち、日本経済の巨大化の背景には、設備投資による不断の技術革新と企業支配、そして企業の下請け支配という三本柱による重化学工業製品の輸出競争力があったと言えます。

（同前、一五頁）

ここで挙げられている「三本柱」（設備投資による技術革新、企業支配、下請け支配）はいずれも民間企業の行動にかかわるものであって、国家はまったく姿を現わしていない。一本目の柱でないどころか、「三本柱」の中にさえ「開発主義国家」は入っていなかったのである。

もちろん、当時の渡辺氏も国家の役割について完全に無視していたわけではない。戦後の日本国家が資本蓄積に有利なさまざまな施策を行ない、「全総」に代表される開発主義的政策を行なっていたことも十分理解していた。しかし、それがどのように把握されていたかというと、それはあくまでも、戦前から連続する官僚優位の国家の成長政策としてではなく、一方では、あくまでも企業の蓄積に追随した副次的なものとして把握されるとともに、他方では、戦後に成立した新しい企業支配のシステムが「国家をつかんだ」ものとして把握されていたのである。

　このようなある意味、徹底した企業主導説の立場に立っていたときには、後藤テーゼは、戦後左派に対する批判として大いに意味があった。このテーゼの矛先は何よりも、戦前と戦後の単純な連続性論に依拠して、戦後日本の問題を明治期以来の官僚主導体制に見出していたリベラル左派（共産党系の知識人も含む）に向けられていたのである。

　ところが、これらのいっさいが、二〇〇一年以降に引っ繰り返る。後藤道夫氏が一九九三年ごろから唱え始めた「開発主義」論が一九九〇年代半ば以降に、戦後日本の副次的特徴から主要な特徴へとしだいに格上げされていき、それがついに「渡辺治をつかんだ」のである。

　戦前戦後との明確な断絶をあれほど強調し、また一九六〇年代に成立した独特の企業社会の画期的意義をあれほど強調し、そして、何よりも戦後日本の特徴を戦前型の官僚主導から戦後型の企業主導への転換に見ていた渡辺氏が、まさにパラダイム転換とも呼ぶべき大転換をして、明治期以来今日まで連綿とつづく官僚主導の体制、あるいは行政優位の開発主義体制こそが、戦後の経済成長をもたらしただけでなく、戦後日本の主要な問題であるとみなすにいたったのである。

　このような立場は、今回の渡辺解説論文にもはっきりと示されている。同論文は次のように述べている。

　もともと、戦後の〈開発主義国家〉は、先述のように、強い官僚制による企業本位の規制によって運営されてきた。しかもこうした強い官僚の系統的規制体制は、実は日本の近代化を推進した天皇制国家の国家主義を引き継いだものだった。……また、戦後、日本の天皇制の民主的改革に力を入れた占領権力も行政の円滑な運営のためにこの官僚制の温存をはかったために、官僚制は戦後にまで生き延びることとなった。さらに、戦後の〈開発主義国家〉は、蓄積の道具としてこれを徹底して活用したため、官僚優位のシステムは高度成長期以降にも存続・強化されたのである。（三〇五頁）

以前の私の論稿〔本書の第五章のⅣ〕で見たように、かつての渡辺理論にあっては、まず戦後改革による戦前との根本的な断絶があり、次に、一九六〇年代における企業支配の成立による転換があり、これによって、企業が国家をつかんだ結果が、国家によるさまざまな「開発主義」政策（そういう言い方は当時はなされていなかったが）だった。この「二重の断絶論」ないし「二重の転換論」こそが、渡辺理論の真髄だった。ところがこの解説論文では、どちらの転換も消失している。戦後の開発主義は、「強い官僚制」による「系統的規制体制」を特徴とし、それは「日本の近代化を推進した天皇制国家の国家主義を引き継いだ」とされ、占領権力も「この官僚制の温存をはかった」とされている。さらに、第二の転換をなしたはずの一九六〇年代に関しても、「官僚優位のシステムは高度成長期以降にも存続・強化された」とされている。結局、明治以来ずっと国家主義と官僚優位のシステムがだらだらと続いているという「のっぺらぼうな」歴史観になってしまっているのである。これをパラダイム転換と呼ばずして、何をパラダイム転換と呼ぶのか？

こうして、後藤＝渡辺派のパラダイム転換によって、かつて戦後左派イデオローグの近代主義的傾向を批判するためのテーゼであった後藤テーゼが自分自身に矛先を向けるものになってしまったのである。実際、戦前から続く官僚優位の体制というパラダイムにもとづくなら、戦後左派が、とりわけリベラル市民派が何よりもこの「官主導」の体制を主敵としたのは間違いではなかったし、したがって、現在、新自由主義派に転向している人々の現状認識もそれほど間違いではないということになろう。これらの、新自由主義派に親和的な「左派」「リベラル派」がなぜ生じたのかという根拠を探る作業をしているうちに、彼らはいつのまにか、それらの「リベラル派」と同じ戦後認識に陥ってしまったのである。

実際、渡辺解説論文では、「左翼の認識に触れ合うところが少なくなかった」として引用されている露骨な新自由主義派である野口悠紀雄の主張や、以下に見る経済同友会の日本観は、まさに開発主義的イメージそのものである。

欧米の近代化は市民革命を経て、「民」主体で進められ、市民社会の上に近代国家が形成された。ところが日本では、近代民主主義国家の前提となる市民社会が十分に育っていなかった。そのため官主導の形で「上からの」近代化が進められた。形の上では民主主義国家であったが、実態は「官主主義」だったのである。（経済同友会『こうして日本を変える』、一九九七年、渡辺解説論文、三〇六頁）

このような「開発主義的日本観」に対して最も精力的に批判を加えてきたのが、かつての後藤＝渡辺派であった。われわれはそのオリジナリティと分析の深さに大いに感銘を受け、この理論を熱心に受け入れたものである。ところが、現実は残酷なものだ。近代主義左派に対する最も強力な批判的潮流であった後藤＝渡辺派さえも、近代主義の陣営に取り込まれ、かつて自分たちが批判していた戦後日本論の軍門に下り、野口悠紀雄や経済同友会の主張が、「後藤＝渡辺派の認識に触れ合う」ものになってしまったのである。

この事態は、ある意味で、後藤テーゼの正しさを別の面から示していると言えるだろう。後藤テーゼの正しさは、批判的な意味でこのテーゼを唱えた潮流そのものが近代主義に飲み込まれることによって、日本の戦後左派イデオローグにおける近代主義的傾向の強力さを身をもって証明したのである。

九、「新自由主義化の遅れ」テーゼの誤り（1）――自民党政治の特殊性論

この渡辺解説論文のみならず、二〇〇〇年以降の渡辺氏のほぼすべての新自由主義関連の論文・著作には共通するテーゼが存在する。それは、日本においては新自由主義改革が遅れたこと、その主要な原因が、日本における新自由主義のターゲットが福祉国家ではなく自民党政治そのものであり、より特定的には自民党の古臭い開発主義政治（「開発主義」という言葉を使うまでは「利益政治」と言っていたが）であったからだ、という「新自由主義化の遅れ」テーゼである。それがはたして妥当するのかをここで改めて考察しよう。

渡辺氏には、実を言うと、似たようなテーゼがもう一つある。それは、日本において帝国主義化が遅れて進行したという「帝国主義化の遅れ」テーゼである。こちらの方は、一九九〇年代から言っており、その遅れの諸要因は、一、国内外の革新勢力や平和勢力による規制、二、平和憲法による規制、三、企業社会的統合の成立による輸出依存の体質の形成と多国籍企業化の遅れ、四、自民党の依拠する農民・

中小企業・自営業者層の平和主義的規範、五、多国籍企業化推進のためには国内市場も外国の多国籍企業に開放し自由市場化を進める必要があるが、それには自民党の依拠する農民・中小企業・自営業者層の利益と対立する、というものであった。

一見すると明らかなように、「帝国主義化の遅れ」テーゼの方が多面的な要因が指摘されており、したがってまた説得力がある。実際にも、日本の帝国主義化が著しく他の先進資本主義国よりも遅れていることについても、議論の余地はない。お隣の韓国は、一九七〇年代にすでにベトナム派兵を行ない、外国で直接戦争に従事しているが、日本はいまだに人道援助の名目で自衛隊をイラクに送るのが関の山である。帝国主義化にとって基本的な「軍隊と戦争の合法化」もまだなされていない。

その経済力の絶対的大きさ、および資本主義世界におけるその経済的比重に比べての、日本のこのような明白な「帝国主義化の遅れ」は一見して明白であり、その要因の解明も説得的である。では、「新自由主義化の遅れ」テーゼの方はどうだろうか？

「帝国主義化の遅れ」テーゼと「新自由主義化の遅れ」テーゼとを比較すると、いくつかの重大な違いを見出すことができる。

一つ目は、なるほど、「帝国主義化の遅れ」テーゼにも、後に「足枷としての開発主義」という理論枠組みに収まるような諸要因も出されてはいるが（主として要因五。要因三も部分的に入る）、それは多くの要因の一つであるにすぎず、しかも主要な要因ではまったくなかった。基本的には、主要な階級的・政治的対抗関係（自民党および財界vs.革新勢力ないし労働者・農民・勤労市民）に即して、「帝国主義化の遅れ」テーゼが提出されていた。それに対し、「新自由主義化の遅れ」テーゼの方は基本的に、開発主義と新自由主義化との矛盾という単一の要因に還元され、ここから全面的に「新自由主義化の遅れ」が主張されている。主要な階級的・政治的対抗関係はむしろ後景に押しやられ、それどころか、新自由主義化の攻撃対象は福祉国家でも労働運動でもない、という立場が押し出されている。

二つ目の相違は、何と比べての「遅れ」なのかという点に関わる。「帝国主義化の遅れ」テーゼの場合は、基本的にすべての先進資本主義国と比べての「遅れ」であった。いやもっと言えば、七〇年代の韓国などの「中進資本主義国」と比べてさえ、日本の帝国主義化は遅れていた。したがって「遅れ」という言葉の含意は明瞭であった。ところが、「新自由主義化の遅れ」テーゼの方はどうかというと、もっぱら新自由主義化の最先進国であった英米と比べて「遅れている」と言われているにすぎない。世界で最も早期に本格的な新自由主義改革を行なった世界でたった二つの国と比べて、日本の新自由主義化は遅れていると主張されているのである。英米とだけ比べて日本の法人税は高いと主張する新自由主義イデオローグみたいな議論になっているのである。

以上の二つの本質的な相違は、いずれも、「新自由主義化の遅れ」テーゼの信憑性を大きく損なうものである。

まず一つ目の点から見ていこう。渡辺氏の立論にあっては、新自由主義改革の対象が政権自身、すなわち自民党自身であったから改革が遅れ、ジグザグになったのだというのが理論の核心をなす。今回の渡辺解説論文では、これに加えて、日本における資本蓄積危機が一九八〇年代には現出しなかったという論点や日本におけるグローバリゼーションの遅れも要因として出されている（一九七〜一九九頁）。これは、従来の、「日本における多国籍企業化の遅れ」テーゼと基本的に共通する論点であり、別段新しいわけではない。実際、渡辺解説論文は、以下のように述べている。

そうした新自由主義の大きな流れの中に日本を置いてみると、日本の新自由主義への移行が、極めて遅れて始まったことがわかる。筆者は、つとに日本の新自由主義改革の遅れを、日本資本のグローバリゼーションの遅れや自民党利益誘導型政治のもつ低効率産業保護主義的性格と結びつけて指摘してきた。(二一九六頁)

ここには注が付されていて、『「構造改革」で日本は幸せになるのか』(萌文社、二〇〇一年)を参照するように指示されている。この文献を見ると、同書の六四頁以降に、「日本ではなぜ新自由主義改革が遅れたのか?」という表題があって、そこで新自由主義化の遅れの要因について語られている。そこでもやはり、新自由主義改革の最大の攻撃対象が福祉国家でも労働運動でもなく、自民党政治そのものだったからだ、という議論が展開されている。ちなみに、この文献では、「新自由主義改革にとっての最大の敵は、労働組合よりもむしろ、自民党の政治だった」(同前、六五頁)と書かれており、今回の渡辺解説論文のように、新自由主義化の契機から完全に労働運動への攻撃を取り除いてしまうような極論は採用されていなかった。

このように、新自由主義化の遅れに関しては他の要因も時おり指摘されてはいるが、それでも、敵が自民党政治自身だから新自由主義化が遅れた、というのが渡辺テーゼの基本点なのである。たとえば、渡辺解説論文は次のように述べている。

この新自由主義化の大きな特徴は、他の先進国のそれが、労働組合運動と労働者政党による政治を否定して進められたのに対し、ほかでもなく、高度成長期の政治を領導した自民党政治を自己否定して進められたことにともなう独特の困難の故に、その進行が遅れ、かつジグザグの道を取らざるを得なかった点にある。（三一一頁）

ここでは、資本蓄積危機の話やグローバリゼーションの話はどこかに消え去って、もっぱら敵が自民党政治自身だから新自由主義化が遅れたと述べられている。さらに、日本における新自由主義化の諸段階を振り返った後に、もう一度、こう述べられている。

以上のように、日本の新自由主義は既存の〈開発主義〉体制の改変を通じての新自由主義であったため、独特のジグザグの道を余儀なくされたのである。（三一八頁）

さて、ここで重大な疑問が生じる。敵が労働者政党や労働組合ではなく、自民党政治自身だったから新自由主義化が遅れた、という命題が本当に正しいとすれば、いったい、現代社会における資本・賃労働の階級関係とはいった何なのか？　労働者の力はそんなに副次的で、無力で、政治的な影響力の乏しいものなのか？　敵が、政権も取れるような労働者政党や強力な労働組合だったら新自由主義化はサクサク進むが、敵が同じ穴のむじなで、同じ大資本家に仕えている保守政党だったら、新自由主義化はなかなか進まず、ジグザグを強いられるというのか？

むしろ逆ではないのか？　もし主要な敵が、政権を取れるような労働者政党でもなければ、強力な労働組合運動でもなく、同じ保守政党にすぎなかったのなら、なるほど、それなりに抵抗は受けるかもしれないが、相互の利害調整はずっと容易であり、弱者の犠牲のもとに全体として新自由主義化を着実に進めていくことは十分可能であろう。実際、イギリスのマーガレット・サッチャーも改革当初、保守党内の守旧派の抵抗を受けたのだが、それは速やかに克服され、新自由主義革命へと結実した。日本における新自由主義化の主敵が自民党政治自身であるという命題と、日本における新自由主義化の遅れ・ジグザグという命題とは、渡辺氏自身の中では順接的につながっているようだが、よく考えれば、これは明らかに矛盾する二つの命題なのである。

この点を理解するために、もう一度、「帝国主義化の遅れ」テーゼを振り返ってみよう。日本における帝国主義化の遅れを生み出した最大要因は何か？　それはもちろん、自民党の依拠する保守層の抵抗ではない。それも一定の効果を持ったが、最も大きかったのは、平和憲法を武器にしつつ展開された強力な革新政党と公共部門を中心とする強力な労働組合運動の闘いであった。これこそが、日本における帝国主義化の遅れをもたらした主要要因である。だからこそ、一九八〇年代後半に国労が解体され、一九九〇年代前半に社会党が解体した後に、日本の政治的帝国主義化が一挙に進行したのである。「帝国主義化の遅れ」テーゼのこの説得性に比べれば、「新自由主義化の遅れ」テーゼの非現実性は明らかだろう。

一〇、「新自由主義化の遅れ」テーゼの誤り（2）——英米との比較論

次に二つ目の問題を見てみよう。

たしかに、イギリスとアメリカは、ハーヴェイも指摘するように、最も早期に本格的で急進的な新自由主義革命が行なわれた国である。だが、実を言うと、この二つの国はいわば、世界の新自由主義化の

流れの中では例外に属する国なのである。ハーヴェイは、「新自由主義化の地理的不均等発展」という視点を打ち出している。どの国においても、それぞれの国の特殊性に応じて、新自由主義化はジグザグを強いられたし、むしろなかなか進まなかった。たとえば、フランス、ドイツなどでは、一九七〇年代から新自由主義的な動きは保守派ないし連立の諸政権のもとで試みられているが、それは、英米に比べてずっと長期の、ジグザグの過程であった（参照、権上康男編『新自由主義と戦後資本主義』、日本経済評論社、二〇〇六年。ただしこの著作は、「新自由主義」の概念が非常に広い）。したがって、この意味では、日本は別にとくに遅れたわけでも、とくにジグザグの長引く過程であったわけでもない。それゆえ、「日本における新自由主義化の遅れ」という言い方そのものがミスリーディングなのである。

一般に、何らかの革命（反革命）が起こる場合、一気的かつ急進的に起こった場合が強く人々に印象づけられ、それがあたかも、その革命のモデルであり、完成形態であり、理念型であるように観念されがちである。たとえば、ブルジョア民主主義革命の理念型として、しばしば一八世紀のフランス革命が持ち出されるが、フランス革命は、世界のすべてのブルジョア民主主義革命の中で例外中の例外に属している。あのような短期間にあれほどまでの急進的なブルジョア民主主義革命が起こったのは、世界でフランスだけだと言っても過言ではない。それに匹敵するのは、二〇世紀のロシア革命だけだが、このロシア革命はすでに単なるブルジョア民主主義革命ではなかった。他の諸国ではもっと中途半端なブルジョア民主主義革命が断続的に起こり、ずっと長引くグズグズとした、行きつ戻りつの複雑な過程であった。

それはともかく、本格的な新自由主義革命があれほど短期間にかつ急進的に実行された先進資本主義国はイギリスとアメリカだけであり（旧ソ連東欧では、ＩＭＦの指導のもと、ショック療法的な急進改革が行なわれたが、あれは移行経済の特殊性を反映している）、むしろ問うべきは、なぜイギリスとアメリカではあの時期にあれほどの急進的な新自由主義改革が行なわれえたのか、である（ちなみに、その中でもとくに異質なのがイギリスであって、最も典型的な福祉国家と見られていたにもかかわらず、なぜあのような急進的新自由主義革命が起こりえたのかがとくに問題となる）。

そしてその理由は、イギリスとアメリカでは必ずしも同じではなく、多くの点で本質的な相違があった。イギリスで決定的であったのは、何よりも資本蓄積危機の深刻さであり、その度合いは、先進資本主義国の中で最悪であった。高度経済成長時代でさえ、イギリスの成長率は先進資本主義国の中で最低レベルであり、その利潤率の傾向的低下は際立っていた。そして、その危機の主要要因の一つが労働組合の強力さにあると資本家たちはみなした。労働運動が強力だったからこそ、強襲という手段によって一気に労働運動の力を殺ぐ必要があったのであり、それは一九八〇年代半ばの激しい炭鉱闘争に見られるように、内戦に近い様相を呈するほどのものだった。この点もハーヴェイが指摘している通りである。もう一つイギリスにおいて特殊だったのは、旧覇権国家としての伝統的地位であろう。旧覇権国家としての威信の回復という要素は、後でみるように、アメリカにおいても重要な役割を果たしている。だが、話はそれで終わりではない。

まず第一に、ハーヴェイも指摘しているように、サッチャー革命にもかかわらず、イギリス福祉国家の主要な成果は奪われることなく残った。とりわけ、無料医療制度がそうであるし、教育制度もそうだ。つまり、本格的な新自由主義化といっても――当時にあってはすさまじかったが――現在から見れば、実はそれほどすごいことをしたわけではないということである。サッチャーがやった程度の新自由主義化は、日本では一九八〇年代から九〇年代半ばにかけて、徐々にであれ、すでに実行されている。金融の自由化しかり、労働運動への解体攻撃しかり、法人税と所得税の抜本的引き下げしかり、種々の国営企業の民営化しかり、である。つまり、渡辺テーゼは、日本では本格的な新自由主義改革は遅れて始まったというが、そのいわゆる「本格的な新自由主義改革」が起こる小泉政権の成立以前に、サッチャー革命の主要な改革内容は実行済みなのである。

第二に、サッチャーは結局、人頭税という超新自由主義的な税制度を導入しようとして挫折し、それ以降、イギリスの新自由主義化は同じようなジグザグの過程を歩むし、そのジグザグ化をもたらしたのは、何よりも労働運動の力であった。

アメリカで新自由主義革命が先駆的に起こった理由は、たしかに資本蓄積危機という点では一定の共通性を有しているが、その深刻度はイギリスほどではない。むしろ、経済に関しては基軸通貨としてのドルを発行している国（シニョリッジ特権）として、金融権力の拡張による経済的ヘゲモニーの再構築という面が大きかった。イギリスでもこの側面は存在するが、アメリカの方がもっと強力な要因になっている。

また別の面での相違はもっと大きい。イギリスよりもはるか労働運動が弱く、伝統的に市場自由主義、個人主義、自立自助主義の強いアメリカでの方が、はるかに新自由主義化を受け入れる政治的・経済的・社会的素地があった。そして、主流の白人労働者階級の相対的地位の低下に対する不満をばねにして、レーガン革命が起こった。レーガン政権下における航空管制官組合への攻撃は、イギリスにおける炭鉱組合への攻撃ほど決定的な要素ではない。ハーヴェイがニューヨーク市を舞台にした政治的攻防を通じて描き出しているように、むしろ財政赤字問題が重要であり、それは、公民権運動の成果であるマイノリティへの配慮にもとづくものだと支配層および主流白人に思われた。つまりここでは、労働運動よりも公民権運動が新自由主義化の主要な標的だったのだ。

そして、レーガン改革によっても、サッチャー革命と同じく、主要な福祉制度は解体されずに残った。アメリカ型福祉は基本的に、福祉国家型の国民的福祉ではなく、貧民救済型福祉であり、制度的には、貧困層への生活扶助、フードスタンプ、一人親家庭（基本的に母子家庭）への公的扶助（AFDC）の三つが柱である。とくに焦点となったのが最後の母子家庭への公的扶助であり、母子家庭の多数派は黒人の母子家庭である。それは何よりも公民権運動の成果である。それはレーガン時代に大いに攻撃されたが（「福祉の女王」キャンペーン）、結局、解体されなかった。これらを最終的に解体したのが、ハーヴェイも書いているように、クリントン政権の福祉改革である。

他方、クリントン政権は、国民医療保険制度を導入しようとしたり（あっさり挫折したが）、レーガン時代に引き下げられすぎた所得税と法人税を一定引き上げたりというように、新自由主義改革に逆行することもやっている。なので、やはりジグザグの過程が見られるわけだ。とはいえ、もともと基本的に市場主義と個人主義の風潮が強く、福祉国家的要素と労働運動の弱いアメリカ（アメリカの労働組合組織率はきわめて低く、公共部門でさえ、日本よりずっと低い）で最も新自由主義化が進んでいる。だからこそ、アメリカが日本の新自由主義派にとってのモデルとなっているわけである。

以上見たように、イギリスとアメリカではいくつかの理由が重なって、先駆的に本格的な新自由主義革命が起こったが、第一に、その成果は、その華々しさにもかかわらず、きわめて限定されたものであった。渡辺氏は基本的に、この時期の新自由主義革命を過大評価している。第二に、両国は例外であり、その中でもとくにイギリスは例外であり、その他の諸国、とりわけ、福祉国家的要素の強い諸国では、基本的には新自由主義化の本格的開始（初歩的な開始は英米と同じく一九七〇年代後半だが）は英米よりずっと遅れた。これらの諸国で新自由主義化が本格化するのは、グローバリゼーションと金融化が本格的に世界で進行する一九九〇年代になってからであり、それでもジグザグの過程を強いられた。第三に、その中では日本は比較的着実に新自由主義化が進行した国である。

このように一九八〇年代初頭における英米の新自由主義革命を持ち出して、日本における新自由主義化の遅れを主張するのは、二重三重に誤りであることがわかる。

では、日本の新自由主義化に関してどのような把握がより正確であろうか？　以下にいくつか思いつくままに列挙する。

一、日本は、英米ほど早くは本格的な新自由主義改革が起こらなかったとはいえ、労働運動が日本より強力であるヨーロッパの大陸諸国に比べればはるかに新自由主義改革は早く起こり、着実に進行している。つまり、日本は、特殊に新自由主義化が遅れた国なのではなく、新自由主義化の中進国なのである。この「中進性」を日本的特殊性と呼ぶのなら、そう呼ぶことができるだろう。そしてそれを可能にしたものこそ、その経済的前提としての一九五〇〜六〇年代に成立した企業社会的統合であり、その政治的前提としての自民党一党政権である。

二、日本でも、新自由主義化の最大の障害物は労働者政党と労働運動であり、したがって、政策的新自由主義化以前に、あるいはそれと平行して、それらに対する攻撃と解体が起こる必要があった。英米のように、新自由主義の諸政策のセットの本格的推進と運動への攻撃解体が同時に一気に起こったのではないにせよ、その不可欠なモメントとして、労働者政党と労働運動に対する攻撃が起こった。それが、一九七〇年代後半における革新自治体つぶしであり、一九八〇年代半ばの国労つぶしであり、一九九〇年代の社会党解体と共産党封じ込めである。

三、日本はイギリスよりは労働者政党および労働運動は弱いが、アメリカほど弱くはない。それゆえ、アメリカの場合と比べれば、日本における労働者政党と労働運動への攻撃は新自由主義化においてはるかに重要な契機であった。

四、日本の蓄積危機は一九九〇年代になってはじめて生じたのではなく、一九七〇年代初頭と一九九〇年代初頭以降に、二回に分けて起こり、その中間に日本経済の一人勝ち状況が起こった。そして、それぞれの時期に、日本における新自由主義化を構成する重要な諸課題が実行されたのだが、サッチャー＝レーガン革命を新自由主義化の理念型と見る人々にとっては、あたかも、日本の新自由主義化がいつまでたっても本格的に起こっていないように見えるという錯覚、ないし意図的な詐術が起きた。いつまでたっても日本では改革が進んでいないと不満を唱える財界や、ブルジョア・マスコミ、そして新自由主義派のイデオローグがその代表である。

五、実際、主要な政策的新自由主義化は、すでに小泉政権成立以前に実行されている。金融自由化は一九八〇年代を通じて着実に進行し、橋本・小渕内閣時代に基本的に完了した。法人税と所得税の引下げは小渕・森内閣で完了した。主要な国営企業や公共部門の民営化は、まず中曽根内閣時代に大きな波が起こり、その後、繰り返し起こって、日本は世界で最も公務員および公共部門の割合が少ない国となっている。

六、小泉内閣の構造改革＝新自由主義改革を「本格的な新自由主義化」と規定しても間違いではないが、その意味を取り違えてはならない。それは、今まで新自由主義化がほとんど進んでいなかったということを意味するのでもなければ、ようやく一九八〇年代初頭におけるレーガン＝サッチャー革命レベルの新自由主義化がこの時期に本格化したという意味でもない。現在、日本の財界や政府が目指しているのは、サッチャーやレーガンが一九八〇年代初頭にやったようなレベルの新自由主義化ではなく（当時にあっては本格的であったが、すでに述べたように、主要な福祉・教育の制度は手つかずであった）、もっと本格的で、もっと深刻な、労働者と国民の既得権への攻撃と破壊である。すなわち、福祉国家のより全面的な解体であり、労働者が歴史的に獲得してきた二〇世紀的権利そのものを解体することである。このような意味で、それは「本格的な新自由主義化」なのである。

七、日本における新自由主義化の特殊性は、新自由主義化が遅れたことではなく、新自由主義改革と同時並行的に、一九九〇年代に不況克服のためとして大規模な公共事業投資が行なわれたことである（いわゆる「土建ケインズ主義」）。これはしかし、レーガン政権が新自由主義改革をしながら大規模な軍事支出を行なったことと似ている。これは、一般に「軍事ケインズ主義」と呼ばれているが、ある意味、「軍事開発主義」と言ってもよい。なぜなら、この大規模な軍事支出こそ、経済的には、日本における大規模な公共事業と同じ役割を果たしたからである。すなわち、一方では、その恩恵を直接受ける諸企業（狭義の軍需企業だけではない。IT産業、建設業界、エネルギー産業なども大いに潤った）にとっては成長要因として、他方では、それによる巨額の財政赤字の負担を被るその他の企業や国民にとってはマイナス要因として。新自由主義化の本質を「脱開発主義」に見るなら、このような同時並行的な大規模公共事業は、新自由主義化が本格化していない証拠に見えるだろうが、新自由主義化の本質を労働者市民の福祉国家的・労働者保護的な既得権の破壊に見出すならば、このような同時並行的な「土建ケインズ主義」は必ずしも新自由主義化の進行を「鈍化させる」（三一六頁）ものではない。むしろ、大規模公共事業による財政赤字の雪だるま式の増大は、弱者向け、あるいは一般国民向けの予算（その最大部分は社会保障）を削減する絶好の口実にさえなる。それはちょうど、レーガン政権が大規模な軍事予算による巨額の財政赤字を福祉削減の絶好の口実に使ったのと同じである。レーガン政権において軍事が果たした役割を、日本では公共事業が果たしているのである。

以上見たように、「日本における新自由主義化の遅れ」なるテーゼは、渡辺理論の弱点と一面性を集中的に示していると言える。なぜ日本では新自由主義化が遅れたのかという問題は、最初から間違った問題設定である。むしろ、なぜ日本には、事実に反して「新自由主義化が遅れている」と主張する人々が、新自由主義派にも左派にも大勢いるのか、彼らの錯誤の原因はいったいどこにあるのか、と問うべきなのだ。渡辺氏もおそらく最初はそういう問題意識から出発したはずなのだが、いつのまにか、根拠なきイデオロギーのうちに「正当な」根拠を見出し、それを自分の主要な主張にまで格上げしてしまったのである。

一一、新自由主義化と帝国主義化との関係

渡辺解説論文は、「四、新自由主義化と帝国主義化の並存」の中で、「日本の新自由主義化の大きな特徴」として、「それが日本の新帝国主義化と並存していた点」にもあったと述べている（三〇九頁）。これ自体は非常に正しい。日本における新自由主義化の特質を理解するには、この面を十分、考慮の中に入れなければならない。

しかし、この問題に関する今回の渡辺解説論文の記述には、さまざまな問題が見られる。

まず第一に、日本における帝国主義化の遅れを生み出した原因に関して、これまでの渡辺論文なら必ず書かれたであろうことがほとんど抜け落ちて、もっぱら戦後国際政治の特殊性とアメリカ帝国主義の

戦略という文脈で説明されていることである。とくに重要なのが、戦後憲法の規範性とそれを一定現実のものにしてきた戦後民主主義運動の抑止力についてほとんど何も書かれていないことだ。たしかに、戦後初期の「帝国主義復活の試み」が「平和運動の力」によって挫折したことは、いちおう一言だけ書かれているが、それだけである。また、後で述べる、新自由主義化と帝国主義化の同時遂行の困難という文脈では、戦後日本の「軍国主義復活に反対する運動」の「階層横断性」についても語られている。

しかし、帝国主義化の遅れをもたらした主要原因は何かという文脈では、戦後憲法も戦後民主主義運動も登場しない。そもそも、この渡辺解説論文では、「憲法」は司法部との関連でしか出てこないし、「戦後民主主義運動」にいたっては、一度も登場しない。

短い論文に何でも書くことはできないというのはその通りであるが、日本の帝国主義化の遅れをもたらした最大要因である憲法と戦後民主主義運動について触れないのは、現在の情勢からしても解せない点である。

第二に、渡辺解説論文は、この新自由主義化と帝国主義化の並存が「支配階級に大きな困難をもたらすこととなった」と述べているが、その文脈で、開発主義のドグマからの逸脱が見られることである。

渡辺氏が言うところでは、その困難とは、一つには、新自由主義化に関しては上層市民を動員できたが、帝国主義化に関しては、先に述べたように「階層横断」的な反発があるので、「支配層にとっては、帝国主義復活反対の声が、新自由主義への警戒と結びつくことを怖れなければならなくなった」ことである（三一一頁）。困難の二つ目は、帝国主義復活への同意には強い国民統合が必要だが、新自由主義化はそうした国民統合を破壊し、「とくにその中核をなす労働者階級への階級的妥協を解消することによって、不可避的に、国民統合基盤の脆弱化をもたらさざるを得な」いからである（三一一〜三一二頁）。

この二つは、それぞれ、帝国主義化が新自由主義化を制約する側面と、新自由主義化が帝国主義化を制約する側面である、と総括することができるかもしれない。

だが問題は、二つ目の困難の指摘の中で、「とくにその中核をなす労働者階級への階級的妥協を解消する」と述べられ、そのことがあたかもそのまま日本にも適用できるかのように書かれていることである。渡辺氏の基本テーゼにおいては、日本の新自由主義化は、こうした労働者階級との階級妥協の解消という面はそもそも契機として含んでいなかったはずだ。したがって、日本での新自由主義化が進行しても、この面での困難は生じないはずである。

「労働者階級への階級的妥協」云々の文章それ自体は、欧米の帝国主義について述べている部分であるが、この文章に続いて、「日本の場合は、この時点で帝国主義化を始めざるを得ないため、その困難は倍加したのである」とだけ書かれている（三一一頁）。つまり、日本でもこの面での困難はそのまま妥当すると考えているようである。ここには「開発主義テーゼ」の片鱗も見られない。

もし開発主義のドグマをそのまま貫徹するなら、日本では、新自由主義化によってもとくに労働者への階級妥協の解消は問題にされず、したがって、この面での固有の困難は生じない、という結論になるはずである。ところが、そうはならず、欧米と同一視されて、日本における新自由主義化と帝国主義化の同時性の困難という結論になっているのである。これは、開発主義テーゼのドグマと現実分析との矛盾をきわめて明瞭に示している。

もし、脱開発主義としての新自由主義化というテーゼを堅持したまま、それでも帝国主義化にとっての困難をもたらすと主張したければ、自民党の開発主義の恩恵をこうむってきた農村住民や都市の自営業者層が新自由主義化によって離反することで、これらの階層を帝国主義化に動員することが困難になる、という論旨になったはずである。実際、こうした主張は、これまでも渡辺氏は各所で行なってきたし、その主張には一定の根拠がある。ところが、ここでは、こうした、開発主義テーゼとも両立しうる議論がちっともなされていないのだ。

第三に、渡辺解説論文にあっては、新自由主義化と帝国主義化との関係がもっぱら矛盾、困難、制約という面から語られていることである。はたして、両者はこのようにもっぱら矛盾する関係なのか？　まず、一つ目の困難として指摘されている、新自由主義化への同意調達の階層的基盤と、帝国主義化への同意調達の階層的基盤との相違について考えてみよう。この相違論を受け入れたとしても、この相違は単純に困難をもたらすものとは言えない。むしろ逆のパターンもありうるのではないか。本来なら、同意調達困難な帝国主義化であっても、その帝国主義化を進める政権が同時に新自由主義化をも遂行するならば、本来は帝国主義化に反発する階層（上層市民の中のリベラル層）も、新自由主義化を推進しているのだから黙認できる、とみなす可能性があるのではないだろうか？　それこそ、小泉政権に対する『朝日新聞』と『週刊金曜日』のとった態度だったのではないのか？

次に、二つ目の困難である、新自由主義化による国民的統合の破壊が帝国主義化の基盤を弱める、という点について考えてみよう。これも、やはり一面的であると言わざるをえない。そもそも、帝国主義の成立において国民統合が果たす役割を渡辺氏は（後藤氏もそうだが）、過大評価している。

渡辺解説論文は、「二〇世紀初頭の古典的帝国主義は、帝国主義と総力戦に国民を動員するために社会保障や労働者の同権化、参政権の拡大などを打ち出した」と述べ、次に戦後の「現代帝国主義」に関しては、「福祉国家という階級妥協によって、自国国民に帝国主義への同意を調達した」と述べている（三二一頁）。

だが、最初の古典的帝国主義における統合水準ならば、今日の日本の新自由主義化のもとでも十分維持されているだけでなく、それ以上の水準さえ十分維持されている。当時の「社会保障」よりはるかに水準の高い社会保障が今日の日本にも存在するし、当時の「労働者の同権化」よりもはるかに高度な内容の「労働者の権利保護」が今日の日本にはある（労働基準法、労働組合法を見よ！）。「参政権の拡大」にしても、最も先進的であった欧米諸国でさえ男性の参政権しか保障されていなかったのに対し、今日の日本には女性の参政権が存在する（当然だ）。

戦後の帝国主義に関しても、世界最大最強の現代帝国主義であるアメリカは、福祉国家が現代日本より貧弱で、かつ露骨な人種差別がある状態で、朝鮮戦争とベトナム戦争を戦ったのである。強力な国民統合があるに越したことはないが、それは帝国主義化にとっての不可欠な前提ではない。とりわけ圧倒的な軍事力がある場合にはそうである。戦争が国民的総力戦ではなく、弱小国に対して三〇〇〇マイル上空から強力な最新鋭の爆弾を落としたり、空母からミサイルを撃ち込んだりすることでしかない場合には、強力な国民統合はあまり重要ではないのである。

さらに、新自由主義化がもたらす階層分化は、二重の意味で帝国主義化への同意調達を容易にするかもしれない。まず上層にあっては、明確に帝国主義化への同意をもたらすだろう。自分たちの豊かな生活が、何よりも自国および同盟国の帝国主義的優位性にかかっていると確信するならば、彼らはきわめて積極的に帝国主義政策を支持するだろう。他方、下層にあっても、自分たちの地位の低下に対する精神的代償を、自国の帝国主義的地位の強化と、自国内の他民族や隣国に対する帝国主義的侮蔑に求めるかもしれない。実際、そのような徴候は、ネット右翼の中にはっきりと見出すことができる。また、現在の下層労働者（ワーキングプア）がかろうじて生活できるのは、中国や東南アジアで日本の多国籍企業が生産した超安価な生活手段のおかげでもある。一〇〇円ショップの諸商品が、中国や東南アジアにおける搾取的な児童労働や過酷な女性労働などを通じて生産されていることは周知のことであり、この面でも依存関係は存在するのである。

このように、帝国主義化と新自由主義化とは単純に相互に制約したり困難にしたりする関係にあるわけではない。それが本当に制約になったり困難になったりするのは、あくまでも、両者に反対する労働者・農民・勤労市民の広範な階級闘争が存在する場合のみなのである。この主体的な契機を無視することはできない。

第四に、支配層の側において、帝国主義化と新自由主義化とが同時進行したことの戦略的優位性の問題が完全に看過されていることである。

渡辺解説論文はそもそもの欠陥として、本格的な新自由主義化についても本格的な帝国主義化についても、どちらも一九九〇年代にその起点を求めている（とくにその半ば以降）。しかし、すでに述べたように、日本における新自由主義化は、一九七〇年代前半の第一次蓄積危機を契機に起こっている。そこで試みられたのは、まず第一に、地方自治レベルでの福祉国家の解体と政治的階級権力の回復としての革新自治体つぶし、第二に、国政レベルでは、反共キャンペーンによる共産党封じ込めと社共共闘の破壊（一九八〇年の社公合意に結実する）、第三に、労使関係レベルでは、徹底した経営合理化と労働運動封じ込め、労働者支配のさらなるバージョンアップによる経済的な階級権力の回復、であった。

しかし、その後、日本経済の一人勝ち状態が到来し、現象的には資本蓄積危機が回避されることになった。しかし、この時期も単に経済が好調であった時期として把握するのは間違いである。第一次資本蓄積危機の本質は過剰蓄積危機であるから、この過剰蓄積危機を回避するための手段として、日本では、欧米への集中豪雨的輸出という「空間的回避」と赤字国債の大量発行による大規模公共事業という「時間的回避」が試みられた（ハーヴェイ）。前者は、欧米諸国との貿易摩擦を生み出し、日本の国内市場の外国への開放要求を帰結し、その点で市場自由化としての新自由主義化の梃子となった。後者は、巨額の財政赤字を生み出し、財政再建という名目での政策的新自由主義化の梃子となった。ここから、臨調行革と中曽根改革も出てくる。

しかし、中曽根改革を新自由主義改革の枠内でのみ理解するのは一面的であり、中曽根改革の核心は、戦後的秩序を解体して、帝国主義的政治秩序を構築することにあった（「戦後政治の総決算」路線）。すなわち、日本では、新自由主義化の過程が、帝国主義復活の過程によって促進され、バックアップされたという関係もあるのだ。渡辺解説論文では、この両者は相互に困難をつくり出すものとしてのみ把握されているが、それは物事の一面にすぎない。別の面では、経済の一人勝ち状態でもなお中曽根改革のように、労働運動への攻撃（そしてこの攻撃は最終的には社会党の解体を目指したものだった）と階級権力の回復の試みが着実になされたのは、日本支配層における帝国主義化の衝動があったからであり、そのこととも関連づけて理解しないかぎり、十分に理解することはできないのである。

このように、帝国主義的な社会秩序の形成と新自由主義的な社会秩序の形成とは、ともに、階級権力の回復と強化という本質的な点では一致している。どちらにおいても、それが最も依拠する階層は同じであり、その階層への権力回復が、どちらの政策にとっても本質的な役割を果たしている。

さらに、そもそも、帝国主義化は国民統合で、新自由主義化は階層分化とだけ把握して、両者の対立性のみを見るのは一面的である。国民統合なき帝国主義化などいくらでも存在したし、存在しうる。むしろ国民上層に依拠した帝国主義こそ、本来の帝国主義であるとさえ言える。帝国主義が本質的に内包している、弱者への軽蔑と排除、人種差別主義、民族差別、性差別主義、エリート主義、弱肉強食の論理、等々は、福祉国家的国民統合よりも階層的統合にこそマッチしている。これは何も、ナチズムの歴史的事例に戻るまでもなく、最も新自由主義改革をやったレーガンとサッチャーが同時に猛烈な帝国主義政策をやった事例を見ただけでも十分明らかである。

帝国主義と福祉国家との両立は、（一）国外でのソ連を中心とする「社会主義」陣営の存在に対する政治的対抗の必要性、（二）国内での強力な労働者政党・労働組合の存在とその圧力、（三）福祉国家を実行しても経済的にやっていけるほどの高度な経済成長、という種々の歴史的諸条件によって規定されたものであって、別に帝国主義それ自身にとって本質的な条件なのではない。

渡辺解説論文は、帝国主義と福祉国家とをあまりに親和的に見すぎている。これは、左翼的にとらえると、既存の欧米福祉国家への左翼的批判として機能しうるが、この渡辺解説論文ではそのようには機能していない。それは、事実上、帝国主義に対する無意識の美化として機能している。渡辺解説論文を読んでいると、まるで帝国主義化のためには、（新自由主義化ではなく）福祉国家化が必要であるかのようだ。

一二、帝国主義と階層社会

「一一」で、帝国主義と福祉国家とはそんなに親和的な関係にはない、むしろ帝国主義の本質からして、それにふさわしいのは階層的統合の方である、という趣旨のことを書いたが、それに対する補足をしておきたい。

渡辺解説論文は、帝国主義と福祉国家とをもっぱら親和的に、したがって、帝国主義と新自由主義化とをもっぱら対立的に見ているが、実をいうと、かつての福祉国家（広い意味での福祉国家）の時代においても、欧米諸国にははっきりとした階層的統合の側面が副次的な要素として存在していた。

この場合の階層性は、（一）自国内の支配的民族・人種と、従属的民族・人種とのあいだの階層性、（二）支配的民族・人種内部での、上層と下層との、より限定的にはホワイトカラーとブルーカラーとの階層性、の二つがある。このどちらにおいても、欧米諸国の多くは、高度経済成長期の日本よりも階層的な社会であった。そして、この点は、欧米諸国の帝国主義的地位と深く関連しているし、逆に日本社会の階層性の相対的弱さは、日本の非帝国主義的な社会構造と深く関連していた。

まず（一）の階層性であるが、ヨーロッパでは、たとえば、典型的な福祉国家とされているイギリスでのアイルランド人の地位にはっきりとこのことは示されている。イギリスでのアイルランド人（カトリック）差別はきわめて露骨であり、北アイルランドでは、アイルランド人であるというだけでまともな職につけないほどであった。これは、日本における沖縄差別と似ているが、より深刻である。このような差別の存在はもちろん、アイルランドに対する侵略とその長期にわたる植民地支配というイギリス帝国主義の歴史と不可分である。

フランスでは、アルジェリア人（および全般に中東・アフリカ出身者）に対する人種差別がきわめて深刻である。彼らの間の失業率は飛びぬけて高く、多くが生活保護を受けざるをえない状態にある。そのため、郊外に押しやられた彼らはたびたび大規模な暴動を行なっているし、この暴動はもちろん、新自由主義化の時代にいっそう深刻になったが、福祉国家の時代から存在していた。これはもちろん、アルジェリアを植民地統治していたフランス帝国主義の歴史から直接に来ている。フランスでは、それと同時にアジア人差別も深刻である。フランスは一般に、やはり古い帝国主義国として、白人優越主義が強固であり、同じ移民でも、イタリア、スペインからの移民に対しては非常に寛容だが、アフリカとアジアからの移民にはきわめて差別的である。フランスに留学していた私の知り合いは、その差別体験の数々を語ってくれたが、いずれも絶句するほどのものであった。

ドイツでは、トルコ人に対する分離と差別が存在する。ソ連東欧の崩壊以後は、これに、ベトナム人（および一般にアジア人）差別がつけ加わった。ちなみに、この影響は、オランダにも及んでいて、オランダではすでに大量に流入した東欧出身者が典型的な下層社会を形成し、売春をはじめとする多くの劣悪な仕事をさせられている。

ちなみに、イタリアは特殊で、南北格差という独特の階層性が存在する。これは、支配民族と従属民族間の階層性ではないが、それに近い性質を有している。

以上のように、ヨーロッパの主要福祉国家のもとでも階層社会が歴然と存在していたのである。ヨーロッパでさえそうなのだから、アメリカはもっとそうである。伝統的に存在した黒人差別は言うまでもなく、アメリカ経済の膨張とともに大量に流入したラテン系の移民に対する差別と階層化は、アメリカ社会の本質的側面を形成している。

（二）の階層性についてはやや両義的である。イギリスとドイツではとくに、この支配民族内の階層差別が強い。イギリスはよく言われるように、「貴族」という階層がなお確固として存在している国であり、俗に言うところの「階級社会」である。ドイツでは教育制度自体がそうなっている。この階層性は、一方では、熊沢誠氏や後藤道夫氏などによって、ブルーカラー労働者の自立を促した積極的側面として語られる場合が多いが、そういう面は確かにあるにせよ、そうした階層差別が差別であることに関わりなく、単純に肯定しうるものではない。

実をいうと、渡辺氏は、「開発主義」のドグマにはまる以前は、ヨーロッパ福祉国家のこうした階層性を折に触れて強調していた。今でも覚えているが、暉峻淑子氏が、ドイツ福祉国家の素晴らしさを賛美した本（『豊かさとは何か』、一九八九年、岩波新書）を出版した時、渡辺氏は、いささか軽蔑気味に、ドイツの民族間および職工間階層性の存在について彼女はわかっているのか、と言っていたものだ。

以上見たように、欧米諸国には、福祉国家的側面と並んで、支配・従属民族間の、および支配民族内部の二重の階層性が歴然と存在したし、この階層性こそ、その国の帝国主義的な地位や社会構造と深く関連しているのである。いわば新自由主義は、すでに存在している階層性を梃子にして、福祉国家的側面を解体することで、社会全体を階層社会化することをめざすものであり、この意味でも、新自由主義と帝国主義とはむしろ親和的なのだ。

それに対して日本はどうかというと、戦後の日本は、このどちらの階層性も相対的に弱かった。まず第一に、（一）の支配民族と従属民族の階層性であるが、これは、敗北帝国主義として、いっさいの植民地を失うとともに、帝国主義時代の軍隊、治安立法、治安警察などがすべて全面的に解体されたことで、決定的に弱体化した。さらに、帝国主義的階層性を支えた、戦前の教育制度、地方自治制度も解体された。天皇制が生き残るという大問題があったが、これも直接的な権力を剥奪された（ただしイデオロギー的権威は残された）。

在日朝鮮人問題という少数民族問題は戦後も残ったが、他の欧米諸国（ドイツとイタリアを除く）が戦後も帝国主義的地位を維持したことで、引き続き、植民地国や旧植民地国からの移民の大量流入が見られたが（一九六〇年代まで植民地が広範に残っていたことを思い出そう）、日本ではその面は決定的に弱く、逆に、戦後の一時期、帰国運動が起こり逆流が生じた。

さらに、日本では、第三世界的なピラミッド型の人口構造と農村への膨大な人口の滞留という状況が存在したおかげで、高度経済成長のために必要な膨大な若年労働力をほぼ自前で確保することができた（農村から都市への若年労働力の大量移動）。この点が、同じ敗北帝国主義でもドイツなどと決定的に異なる点である。とっくに先進国的な釣鐘型の人口構造をとっていたドイツでは、高度経済成長のために必要な労働力を自国内で確保することができず、トルコからの大量の移民を必要とし、国内における民族間階層社会が形成されていった。ところが、高度成長がストップすると、このトルコ人社会は、ドイツにとっての「重荷」に転化し、さまざまな矛盾がそこにしわ寄せされるようになった。

同じような現象はフランスにも見られる。フランス政府は、高度成長期には、積極的にアルジェリアをはじめとする中東・アフリカ諸国からの労働力移動を奨励したが、高度成長がストップすると、フランス当局は移民規制を開始し、出稼ぎ移民（主として男性）が家族と分断されるという悲劇的事態をもたらした。人道的配慮から、家族を呼び寄せることはその後認められたが、やはりフランスでも移民（国籍取得者を含む）は、フランス人の雇用を奪う存在、あるいは、社会保障費を無駄に浪費する存在と見られ、各種の差別に見舞われている。

以上見たように、日本は、敗戦による帝国主義的地位の完全喪失と、高度成長期による労働力人口の自国内確保、という二つの決定的な要因によって、戦後ずっと、（一）に関して相対的に非階層的な社会を構築することができた。これが、一方では、広範な戦後民主主義運動の国民的基盤になるとともに、他方では、自民党の国民主義的統合の基盤ともなるのである。

次に（二）についてだが、これも、戦後階級闘争における職工差別撤廃運動のおかげで、ホワイトカラー、ブルーカラー間の階層性は著しく軽減された。この点については、ずっと以前から渡辺氏や熊沢誠氏らが強調している通りである。これは、明らかに戦後民主主義運動の成果であり、平等主義の現われであった。たしかに戦後階級闘争は、GHQの弾圧や大資本による反転攻勢によって敗北させられ、このせっかくの平等主義的獲得物は、一九六〇年代における企業社会的統合へと組み換えられることになった。しかし、この面だけを強調するのは誤りである。職工差別撤廃運動の中で形成された職工間の団結は、戦後民主主義運動と戦後労働運動を支える一つの重要なファクターになったからである。だからこそ、企業側は、ブルーカラーも含めた統合に配慮せざるをえなかったのである。

また、企業社会的統合の成立が、ただちに大企業労働者層を保守化させたと見るのも一面的である。その保守化の過程は長いジグザグの過程であり、いっときは、職工差別の撤廃運動のおかげで、本来はよりエリート主義的で階層的であるはずのホワイトカラー層が、戦後民主主義運動にかなり親和的な存在になった。そしてこの層は、なるほど、闘う組織労働者として登場することができなかったにしても、春闘にはそれなりに参加したし、また投票者としてはしばしば、社共への投票や、革新自治体選挙における革新候補者への投票という形で、現実にも戦後民主主義を支える役割を果たしたのである。

この層が基本的に脱落するのは、高度経済成長による日本の経済大国化の達成と、高度成長がストップして経営合理化攻撃が猛烈に行なわれる一九七〇年代半ば以降であった。この時期以降におけるこの階層の政治的転向と政治的脱落が、その後の、新自由主義的および帝国主義的改革を一定支える階層的役割を果たした。

以上見たように、戦後日本は、階層性の(一)に関しても(二)に関しても欧米諸国に比べて相対的に弱かったと言うことができる。もちろん、戦後日本には別の階層性が存在した。先進資本主義国の中で圧倒的に強い男女差別と、労働市場の企業分断によって生じた独特の企業規模間差別がそれである。したがって、階層性の強弱というのはあくまでも相対的概念であり、それを絶対化したり、過大評価するのは誤りであろう。しかし、それにもかかわらず、戦後日本における階層性の相対的に弱い側面を過小評価するのも誤りなのである。

そして、今日の新自由主義化は、日本において相対的に弱かった階層性を欧米並みに強くし、一握りのエリートが、莫大な富と権力を手に入れるような体制にすることを目ざしているとも言える。この点では、ハーヴェイが『新自由主義』において、一九八〇年代の日本（とドイツ）は経済成長という面では成功したが、一握りのエリートに富と権力を集中させるという意味では成功しなかった、と指摘している通りである（一二九頁）。

一三、日本における新自由主義国家の特殊性

渡辺解説論文は、「六、新自由主義国家の特殊性」として、日本における新自由主義国家の特殊性について述べている。

しかしながら、まずもって疑問なのは、日本はすでに新自由主義国家なのか、である。渡辺解説論文によれば、安倍政権になってもまだ新自由主義化が遅れており、戦前戦後日本の一貫した体制である開発主義の体制と闘っていることになっている。ということは、日本はまだ新自由主義国家ではないということになりはしないか？　渡辺解説論文は、小泉政権について論じる中で、それが「ハーヴェイの言う『新自由主義国家』を完成に近づけた」と述べている（三一七頁）。小泉政権ですでに日本国家は

「新自由主義国家」の完成に近づいている。ところが、安倍政権下でも新自由主義が遅れていると言う。この点もまったく不整合である。

渡辺解説論文は、この節の冒頭で「新自由主義改革の過程を瞥見したなかですでに指摘したように、日本の新自由主義国家は、それにふさわしい特殊な構造を持っている」と述べている（三一八頁）。この出だしからして、日本の新自由主義国家には他の新自由主義国家にはない特殊な構造が指摘されているのだと読者は期待するだろう。ところが、そこで指摘されている三つの点はいずれもアメリカ型の統治体制と共通するものである。

一つ目は「保守二大政党制」、二つ目は「司法の強化」、三つ目は「階層型統合」の追求である。いずれも渡辺解説論文自身がアメリカ型として指摘しているものである。ということはどういうことだろうか？　日本における新自由主義国家は、他のどの新自由主義国家とも違って、開発主義体制を再編する中で成立したというのに、その成立した新自由主義国家はアメリカ型と同じなのである。

さらに、そのアメリカ型と言われているものも、よく見るといずれも、アメリカが新自由主義国家になってから成立するようになった特徴ではない。まず保守二大政党制は基本的にアメリカ建国以来の体制であり、新自由主義国家になってから成立したものではない。司法の優位性も、渡辺解説論文自身が書いているように、一九三〇年代のニューディール時代以前に成立したものである。最後の階層的統合も、時代によって強弱があるとはいえ、アメリカはレーガン改革以前からかなりの程度階層的統合の特徴を有していた。レーガン以降に「階層型統合」はいっそう露骨になったが、むしろ、ケネディ、フォード、ニクソン時代に階層性が一連の福祉政策のおかげで緩和しただけであって、もともとアメリカは階層型統合の国家であった。

ということは、日本は、アメリカがとっくの昔に確立させていた国家形態に、一九九〇年代の後半になってからようやく接近したことになる。日本だけが福祉国家ではなく、欧米はみな福祉国家であったというのに、唯一福祉国家にあらざる戦後日本が一連の本格的な新自由主義改革の末に確立させた体制は、とっくの昔に非新自由主義の時代からアメリカで成立していた体制なのだ。まったく辻褄が合わないではないか？

だがそもそも、日本の新自由主義国家の「特殊性」がこの三点で捉えることができるというのは本当なのだろうか？　明らかに違う。一つ一つ見ていこう。

まず、保守二大政党制だが、日本において特徴的（「特殊」ではなく）なのは、保守二大政党制が追求されていることではなく、それにもかかわらず、（一）社共が（とりわけ共産党が）一定の陣地を保持していることであり（アメリカでは、少なくとも戦後、労働者政党が有力な議会政党となったことはないし、ましてや共産党がそうなったことはない）、（二）保守二大政党制と言いながら、適時に政権交代しうるような本来の「二大政党制」になっておらず、かつて日本に存在した保革の一½政党制の保守政党版にすぎないことである。自民党に対抗する半保守・半リベラル野党である民主党の構造的脆弱さ、これこそ日本の特殊性として指摘するべき事柄であろう。この点について私はすでに、『飛礫』に寄稿した論文「新しい政治的対抗関係と民主党の歴史的性格」で解明しておいたのでそれを参照してほしい〔本書の第六章〕。

次に「司法の強化」であるが、なるほど、今日の司法改革の中で、司法の一定の強化が目指されているのはその通りだろうが、その権威も権力もおよそアメリカには及ばない。渡辺解説論文は日本における司法改革を明らかに過大評価している。開発主義テーゼからすればむしろ、司法強化の目標にもかかわらず行政優位の体制が変わっていないことを指摘した方が、整合的であったろう。

最後に「階層型統合」であるが、階層型統合を目指すのは、日本の新自由主義国家の特殊性でも何でもなくて、新自由主義国家そのものの本質ではないのか？「大衆社会的統合」（後藤道夫氏の言葉を用いれば）を解体して、階層型統合にすることこそ新自由主義改革なのではないのか？

以上見たように、渡辺解説論文は、日本における新自由主義国家の特殊性を、結局何ら分析しえていないのである。

一四、新保守主義と開発主義

渡辺解説論文は「七」として、新自由主義と新保守主義について論じている。ここの部分は、何でも開発主義で説明するという図式主義の限界が、如実に表れている。

渡辺解説論文は、まずハーヴェイの新保守主義論を紹介し、それが基本的に「新自由主義の諸結果に対する支配階級の補完措置として捉えている」と述べている（三二二頁）。渡辺氏はこの把握に賛意を表明するが、それに続いて、「新保守主義についていくつかの点を補足しておきたい」として、次のように述べている。


新保守主義は、支配階級の分派が抱懐するイデオロギーであるが、通例、現代国家の下では主流的な潮流とはなれない。なぜなら、新保守主義は、幾分かにせよ、反成長、反個人主義、反自由主義の要素をもっているため、現代資本主義の主流イデオロギーにはふさわしくないからである。（三

二三頁）

ここの主張がよくわからない。なぜ新保守主義が「現代国家の下では主流的な潮流とはなれない」のだろうか？　なぜ「現代資本主義の主流イデオロギーにはふさわしくない」のだろうか？　新保守主義が「新」であるゆえんは、新自由主義と多くの点で同じ前提を共有しているからであろう。古い保守主義であれば、新自由主義的な市場原理主義とは多くの点で対立するが、新保守主義は、レーガンやサッチャーに見られるように、新自由主義と両立し、それを部分的に包含する。したがって、それは、「現代国家の下では主流的な潮流とはなれない」どころか、まさにレーガン、サッチャーに見られるように、現代国家のもとで「主流的な潮流」となっている。日本の中曽根・小泉・安倍政権もしかりである。フランスのシラクもそうだったし、イタリアのベルルスコーニもそうだったし、ロシアのプーチンもそうだ。

むしろ、そのままでは支配的になれないのは、原理的な意味での新自由主義の方であろう。原理的な意味での新自由主義は、既存の福祉国家体制に対する破壊イデオロギーとしては有用であるが、それだけでは現代社会における支配的潮流になれない。なぜなら、「支配」のためには、つねに「秩序」や「国民統合」という契機を必要とするからである。とりわけ、新自由主義を実践していけば、渡辺氏も認めているように、既存秩序や社会の安定性を壊していくのだから、なおさらである。また、理論としての新自由主義は、資本の階級権力回復のためのイデオロギー的ハンマーとしては役立つが、それを純粋に実行していけば、資本にとってさえ不利益になる場合が多々存在するからである。

それゆえ、純粋な原理としての新自由主義は、そのままでは支配的なものになりえない。それゆえ、ハーヴェイも主張するように、「理論としての新自由主義」と「実践としての新自由主義」は大いに矛盾するのである。

この矛盾を救い出して、現実に支配的で実効的なイデオロギーとなるためには、新自由主義に「秩序」と「国民統合」の契機を組み込んだものが必要になる。それこそが広い意味での新保守主義なのである。それは部分的に新自由主義を修正し、そうすることでそれが真に機能できるようにする。したがって、渡辺氏の言うこととは反対に、新自由主義はある意味で新保守主義としてのみ支配的な潮流となれるのである。

次に渡辺氏は、日本における新保守主義について述べている。渡辺氏によると、「日本の新保守主義は、新自由主義の特殊性に規定されて特殊な刻印を捺されている」(三二三頁)。その特徴の第一は「そのイデオロギーの本来の地盤を持ちえない結果、狭隘性と脆弱性をもっている」ことだと述べている。ここでも開発主義テーゼが決定的な役割を果たしている。渡辺氏によれば、「戦後日本では、保守主義のイデオロギーは、支配階級のイデオロギーとして有力ではなかった」という。その理由は、一方では、天皇制イデオロギーに代表される復古主義が存在し、他方では、戦後の保守は開発主義であり、「保守主義のイデオロギーとは正反対の、開発と成長の理念を掲げたからである」(三二三〜三二四頁)と。

ここでも疑問を感じないわけにはいかない。ここでは、「開発と成長の理念」に真っ向から反対するものだけが「保守主義のイデオロギー」だとされている。だがそんな保守主義など本当に存在するのだろうか? 経済水準がいつまでたっても同じでよいとするような、文字通りの真正保守主義など、世界のどこに存在するのだろうか? たしかに、ある種の宗派は、そのような真正保守主義を信奉している。アメリカには、アーミッシュのようにそういう宗教保守主義者がいて、一定の地域に自分たちだけの町をつくり、完全に自給自足生活をし、今なお馬車のみを用い、家電製品はいっさい用いず、ランプと井戸で生活し、服装も風采も完全に一八世紀のものを頑強に維持している……。

たしかに、このような漫画的な保守主義ならば、成長と開発の理念に真っ向から反対するだろう。しかし、これは明らかに例外中の例外であり、普通、政治学用語で言うところの保守主義とは、そのような真正保守主義を指すのではなく、基本的には資本主義の成長と開発のダイナミズムを受け入れた上で、秩序と保守的道徳の要素を重視し、性差別、人種差別、ナショナリズム、国家主義、反リベラル、反社会主義、反社会民主主義といった政治的特徴を持つ政治潮流のことである。

たとえば、アメリカの草の根保守主義を支えている福音派キリスト教勢力（アメリカのキリスト教の多数派）は、大企業の支配と市場主義を全面的に受け入れたうえで、キリスト教の優位性とメシアニズム、白人の文化ナショナリズム、世界に福音を広げるアメリカ国家の使命、といった理念を掲げている。

渡辺氏は、自説を補強するために西部邁の「戦後の保守は単に『反左翼の近代主義者』にとどまった」という言を引用しているが（三二四頁）、これは基本的に、現代資本主義の主流保守派全般に言えることであり、日本の保守にのみあてはまるわけではない。もし言えるとしたら、程度の問題として、日本の保守が、古い街並みや自然環境や伝統技能などの保護に対する思い入れが著しく乏しかったということぐらいだろう。ただし、性別分業や男尊女卑や上下関係や権威主義などの人間関係における「古いもの」の維持には十分熱心だった。

だが真の問題はその先にある。もし日本の保守主義が特殊に開発主義的であり、特殊に「成長と理念」を掲げていたのだとすれば、このような保守主義はまさに現代資本主義にふさわしいものであり、脆弱であるどころではなく、きわめて強固な基盤を持っていることになるだろう。いったいどうして、日本の保守主義は脆弱だ、などという結論になるのか？

開発主義で何でも説明しようとするため、このような混乱した議論になる。以前なら、なぜ日本の保守主義の基盤が脆弱なのかの説明としては、真っ先に、日本における企業社会的統合の独自性が出されたはずである。そしてこっちの方が説得力がある。日本においては、国民統合の中心に企業社会的統合が存在し、そこでの主要なイデオロギーは競争主義であり、またそれが企業単位であり、かつ経済主義的であるため、政治的運動としての保守主義（政治的イデオロギーとしての保守主義ではなく）の大衆的基盤が脆弱であった。大企業ホワイトカラーは、現状の体制の容認という意味では保守主義的であったが、超長時間・超過密労働ゆえに現実の保守主義的運動や政治行動の担い手にはなりえなかった。そんな時間も余力も残っていないし、大企業が安泰であるかぎり、そうする必要性もなかったからである。それゆえ、保守主義は農村や中小零細自営業層という別の大衆的基盤を求めなければならなかった。それゆえ、利益政治的統合が必要になった……。以前ならこれが説明の中心になっただろう。

これなら十分、説明機能を果たしている。私もそちらの仮説なら受け入れることができる。私も、『飛礫』に掲載した論文「新しい政治的対抗関係と民主党の歴史的性格」の中でそうした説明を行なっている。

もっとも、今回の渡辺解説論文でも、この面の説明はゼロではない。アメリカと違って、日本では新保守主義が労働者階級に基盤を持ちえない理由として、突然、「大衆社会的統合の主たる基盤をなしてきた大企業のブルーカラー・ホワイトカラー労働者のイデオロギーは、進歩と競争のイデオロギーであった」と言われている（三二四頁）。しかし、この大企業労働者の話は、なぜ日本の保守主義が脆弱であったのか、という説明部分には登場していない。渡辺解説論文では、もっぱら日本の保守が開発主義であったからという議論だけで日本の保守主義の脆弱性の説明が終わっている。その上で、新保守主義の話になったときに、まるで思い出したように、大企業労働者に対する独自の統合の話が出てきているのである。開発主義の図式への固執が生んだ混乱である。

渡辺解説論文によると、日本の新保守主義には大衆的基盤が存在しない。それにもかかわらず、「一九九〇年代後半に新保守主義が台頭し、二〇〇〇年代に入って急速に活性化した」(三二四頁)。これには当然、独自の説明が必要になる。ここでも、渡辺解説論文は開発主義を持ち出す。

こうした新保守主義の急伸長の背景は、いくつかある。第一の原因は、あとでもう一度ふれることになるが、日本での新自由主義が福祉国家を経ずに、開発主義を再編して登場した結果、新自由主義による社会統合の破綻と被害が、福祉国家を経た先進諸国と比較してもはるかに深く顕在化したことが挙げられる。そのことは、新保守主義が、主として、教育の荒廃と家族の崩壊に対する危機感を強調して伸張していること、彼らが主たる政策の柱として、教育基本法改正による教育の再生を掲げたことなどに現われている。(三二四〜三二五頁)

以上の説明には、開発主義の図式を最初から前提して、無理やりそこから説明しようとする姿勢がありありと現われている。図式主義が完全に現実の分析に取って代わっている! 渡辺解説論文によると、日本で新保守主義が伸張したのは、「日本の新自由主義が福祉国家を経ずに、開発主義を再編して登場した結果」であり、そのため「新自由主義による社会統合の破綻と被害が、福祉国家を経た先進諸国と比較してもはるかに深く顕在化した」からだというのだ。おかしいではないか? 世界で最も体系的に新保守主義が登場し支配的になったのは、渡辺解説論文によると福祉国家を経た国であるイギリスとアメリカではなかったか？　この両国でこそ、新保守主義はその真の権力を獲得したのではないのか？　そして日本では一貫して新自由主義化が遅れていたのではなかったか？　新自由主義化が遅れているのに、「新自由主義による社会統合の破綻と被害が」、福祉国家を経ている他の先進諸国よりも、「はるかに深く顕在化した」というのは、明らかに整合的ではない。

たしかに、日本の新自由主義化の進展のおかげで、その矛盾は以前よりも顕在化している。だが、日本の失業率はいまだに、ヨーロッパの平均水準の半分である。ヨーロッパでは、新自由主義の時代以前にすでに一〇％台だった。とくにイギリスがひどく、それが新自由主義革命の引き金の一つとなった。ところが日本では、戦後最悪の大不況期においてさえ失業率は四％台である。「教育の荒廃」？　統計的に、日本の教育の荒廃が他の先進諸国と比べてひどいことを証明できるのだろうか？

驚くべきは、新保守主義派の勢力の言い分が自分の説の「証拠」として持ち出されていることである。新保守主義の勢力が、「教育の荒廃と家族の崩壊に対する危機感を強調して」いることが、「新自由主義による社会統合の破綻と被害が、……はるかに深く顕在化した」ことの「証拠」にされている。ここでもミイラ取りがミイラになっている。

さらに、「教育基本法改正による教育の再生」という新保守主義派のイデオロギーさえ「証拠」にされている。「教育基本法改正」の真の目的が、そのような「教育の再生」なるものにあるのではなく、戦後民主主義的なものの清算、日本の帝国主義化にとって必要な教育体系の確立（愛国心教育）といった露骨に政治的な思惑にもとづいているのは、私があえて言うまでもなく渡辺氏にとっても明らかなことだろう。ところが、彼らのイデオロギーが現実性を持っていることの「証拠」にされてしまっているのである！

この図式主義の弊害は、日本において小泉と安倍の分業なる仮説にも示されている。渡辺解説論文によると、「日本では、新自由主義と新保守主義が別個の政治家やイデオローグによって分離して担われたという特徴をもっている」（三二五頁）という。アメリカではレーガンもブッシュも新自由主義と新保守主義の両方を信奉していた。イギリスでもサッチャーはそうだった。ところが日本では、小泉は新自由主義に特化し、新保守主義には関心がなく、逆に安倍は新保守主義が強い、と。渡辺解説論文によるとこれは、「日本の新自由主義改革の特殊性に規定されたもの」だと言う（三二五頁）。

どういうことかというと、新自由主義が開発主義と対決していたためにノロノロとしか進まず、それゆえそれを加速化させることが必要だった時に小泉が登場した。それゆえ小泉は、新自由主義に特化した。それに対して、「新自由主義の強行により、社会統合の破綻と社会の分裂が顕わとなった時代には、安倍のような新保守主義を前面に出す政治家が必要となった」（三二六頁）というわけである。

何という機械的な因果関係論だろうか！　この世に偶然など存在しない。すべては、厳格な因果関係によって必然的に起こっているというわけだ。だが実際には、小泉も安倍も新自由主義者にして新保守主義者である。小泉政権においてこそ自衛隊の本格的な海外派遣が初めて実現したし、現役首相の靖国参拝が大っぴらに行なわれるようになったし、改憲策動が本格的に進み、日本の世論の右傾化と保守化が最も急速に進んだのである。ただその個性の違いから両名の表面上の強調点が異なるだけである。

丁寧な現実分析がなおざりにされ、開発主義の図式から性急に何でもかんでも説明しようとする姿勢がここにはっきりと示されている。そして証拠として持ち出されているのは、客観的な統計数値ではなく、敵の側の「言い分」だけなのである。

一五、日本型ナショナリズムの特殊性

渡辺解説論文は、日本における新保守主義の台頭に続けて、現代日本におけるナショナリズムの台頭について論じている。この部分は、「開発主義」のドグマよりも、この論文自体がかなり急いで書かれたことによる混乱と杜撰さをはっきりと示している。

渡辺解説論文は、「現代日本のナショナリズムは、先進各国において、新自由主義とともに台頭したナショナリズムとは異なる特徴をもっている」として、次のように述べている。

一つは、先進各国のナショナリズムが、グローバリゼーションと新自由主義によって、打撃を受け、社会の分裂を余儀なくされたことに対する危機感から、それを回復するイデオロギーとして登場し、したがって反グローバリズム・反新自由主義を信条としているのに対し、日本で台頭したナショナリズムの主流は、こうした反新自由主義をとらず、むしろ階層的には新自由主義を支持する市民上層を支持基盤として浸透している点である。（三二六頁）

つまり、他の先進国では、ナショナリズムと反グローバリズム・反新自由主義とが結びついているのに、日本では、ナショナリズムの「主流」は反新自由主義ではなく、新自由主義を支持する階層を基盤としている、というのである。その典型例として出されているのは安倍である。

その典型は安倍のナショナリズムにみられる。安倍は一方でナショナリズムを鼓吹しながら、他方では小泉構造改革の継続を訴え、政策的にも、新自由主義の推進を主張している。安倍には、ヨーロッパ各国のナショナリズムにみられる、反グローバリゼーションの言説はない。（同頁）

安倍のナショナリズムにあるのは、新自由主義の遅れによる日本の経済的衰退に対する焦りであり、台頭する中国の成長に対する警戒と競争である。これは明らかに新自由主義への反発として生じたナショナリズムとは別物の、いわばグローバリゼーションの強者のナショナリズムである。（三二七頁）

「新自由主義の遅れによる経済的衰退」という、根拠のないイデオロギーについては、もう論じないとしても、ここでの「経済的衰退への焦り」論と、安倍のナショナリズムが「グローバリゼーションの強者のナショナリズム」であることとはあまり整合的ではないようだ。「経済的衰退」に直面しているのだから、「グローバリゼーションの強者」というよりも、「グローバリゼーションの強者から弱者へと後退しつつある」と捉えるべきだろう。しかし、こうした形式的な不備は措いたとしても、先進各国と日本との比較の対象がまったくおかしい。

渡辺解説論文は、先進各国のナショナリズムは、「反グローバリズム・反新自由主義を信条としている」と言うが、いったい何を念頭に置いているのだろうか？　反グローバリズムのナショナリズムとして真っ先に思いつくのは、やはりフランスのルペンである。しかしルペンは、先進各国のナショナリズムの主流なのか？　いや違う。あれは明らかに傍流であり、フランスの大統領選では、主流のシラクと決選投票をし、シラクが圧勝した。他の先進国にも、それぞれのルペン的勢力がたしかに存在する。彼らはぞれぞれの国において主流だろうか？　いや、いずれも傍流であり、まさに「反主流」という点にそのアイデンティティがある。

では、先進各国の主流のナショナリズムを担っているのはどういう勢力か？　アメリカでは、もちろん、共和党であり、ブッシュ政権である。彼らは、反グローバリズムで反新自由主義か？　いや違う。その正反対であり、グローバリズムと新自由主義の根源的推進者である。イギリスでナショナリズムを担っている主流勢力は何か？　もちろん保守党である。では、保守党は反グローバリズムで反新自由主義か？　これも違う。サッチャーを筆頭に、イギリス・ナショナリズムの再興を果たした勢力こそ彼らである。

イタリアのベルルスコーニは？　フランスのシラクやサルコジは？　ロシアのプーチンは？　ドイツのCDUは？　いずれもナショナリズムと反グローバリズム・反新自由主義とが結合しているのではなく、ナショナリズムとグローバリズム・新自由主義とが結びついている。主流なのだから当たり前である。

他方、日本でも、ナショナリズムの主流を見るのではなく、傍流を見れば、ナショナリズムと反グローバリズムとのある種の結合パターンを小規模ながら見出すことができる。西部邁がそうだし、佐伯啓思がそうだし、小林よしのりがそうだし、『国家の品格』のおかげで一躍、単なる一数学者から現代イデオローグとなった藤原正彦もそうだ。

つまり、渡辺解説論文は、先進各国の反主流ナショナリズムと日本の主流ナショナリズムとを比較して、日本の特殊性なるものを導き出しているのである。これは明らかに、論理のごく初歩的な誤操作であろう。日本の特殊性を言うなら、先進各国の主流ナショナリズムと日本の主流ナショナリズムとを、そして先進各国の反主流ナショナリズムと日本の反主流ナショナリズムとをそれぞれ比較するべきであろう。

では、そうした本来の比較をした場合、ただちに明らかになるのは、日本における反主流ナショナリズムの圧倒的な脆弱さである。ルペンは強力な大衆的政治運動を形成し、大統領選で二位につけることさえできた。他の先進各国のルペン的勢力もそれなりの政治的基盤を有している。それに対して、日本の反主流ナショナリズム、すなわち反グローバリズムや反新自由主義の言説を吹聴する日本の小ルペンたちは、孤立した知識人としてのみ存在し、彼らの味方は、運動に汗を流すことをしないネット民だけである。反主流ナショナリズムのこの運動的基盤の脆弱さこそ、日本の特殊性である。

これらの小ルペンたちは、自分の著作をベストセラーにすることはできるが、デモ行進一つ組織できないし、大規模な集会を開催することもできない。彼ら自身の政党を作ったり、それを議会の有力勢力にすることは、なおさらできない。小林よしのりでさえ、新自由主義に親和的なナショナリストであった段階から、9・11とイラク戦争を機に反米・反グローバリズムのナショナリストに転向したとたんに、既存の右翼世論から見離された。

オウム真理教は、運動的・組織的基盤をもった反主流ナショナリズムをめざしていたが、ほとんど社会的支持を得られずに終わり、社会を逆恨みし、大規模なテロへと突き進んだ。テロへのオウムの傾倒は、日本における反主流ナショナリズムの脆弱さを別の面からはっきりと示している。※

※二〇二三年の注

このオウム真理教事件については、当時の私の拙論、西島栄「オウム事件と『強い市民』の政治学」、亀山純生・後藤道夫・中西新太郎・中村行秀編『離脱願望――唯物論で読むオウムの物語』(労働旬報社、一九九六年)を参照せよ。以下に、加筆修正のうえアップ。https://www.academia.edu/46135605/

では、このような、日本における反グロ右翼ナショナリズムの脆弱さはどこから来ているのか? すでに述べたように、渡辺解説論文によれば、日本において「新自由主義による社会統合の破綻と被害」は、福祉国家を経た他の先進国よりも「はるかに深く顕在化」しているとのことである。ジニ係数の急速な上昇、貧困化率の急速な上昇は、一見するとこの渡辺解説論文の主張を支持しているように見える。しかし、他方では、犯罪発生件数の急上昇にもかかわらず、絶対数としてはまだ非常に低いという状況、失業率の急上昇にもかかわらず、絶対的な率としてはまだ低いという状況、家庭崩壊の危機あおりにもかかわらず、離婚率や母子家庭率がまだきわめて低いという現状、ホームレスの急上昇にもかかわらず、絶対数としてはアメリカに遠く及ばないという事実は、そのような「破綻と被害」の絶対的規模がまだそれほどでもないことを物語っている。

たとえば、福祉の貧困を象徴するホームレスの数だが、アメリカは二〇〇五年の数値で、七四万人のホームレスがおり(「ホームレスをなくすための全米連合」の調査数字)、毎年寒波が来ると数千人のホームレスが寒さで死ぬ。日本は、一九九〇年代半ば以降にほぼ倍増したが、全国で約二万人である(厚生労働省の調査)。最もホームレスの多い首都東京で約六〇〇〇人である(二位は大阪で五〇〇〇人)。ちなみに、アメリカはニューヨークだけで約六万人であり、一〇倍の規模である。

日本の貧困率(平均所得の半分以下の所得しかない人々の率)は一九九〇年代後半以降急上昇し、アメリカに近い数字にまで跳ね上がった。この貧困率を年齢階層別に見ると、日本の特徴が浮かび上がる。日本では若年層と高齢層の貧困率が著しく高い。若年層での正規雇用の破壊と、高齢化＋国民年金の貧困さがその最大要因である。

アメリカでは現役ばりばり世代での貧困率が高い。これは、全体としての福祉の貧困さと（医療保険を持たない現役世代の四〇〇〇万人の人々は、病気になればあっというまに最底辺の貧困層になる。他方、高齢者には公的医療保険制度がある）、失業率の高さ（とくに有色人種でのそれ）、離婚率の高さと母子家庭率の高さ（これも有色人種に多い）などが最大要因である。

両国とも、貧困率の数字だけはきわめて接近しているのに、社会の統合機能の解体度がアメリカの方が圧倒的にひどいのは、この現役世代における貧困率の差に起因する。若年層と高齢層の一定部分は、現役世代の家族および親族内の私的所得移転によって生活を支えることができるが、現役世代の貧困者はそうはいかないのである。

したがって、たしかに日本においては新自由主義の影響が深刻化し、それがさまざまな被害をもたらしているのは間違いないが、それでも過去から受け継がれた一定の社会的統合がなお機能しているのであり、そのことを示す一つの政治的事実こそ、この反グローバリズム的ナショナリズムの脆弱さなのである。

渡辺解説論文は、一方では、「破綻の顕在化」命題にもとづいて、日本における新保守主義の伸張を説明するが、しかし、他方では、この新保守主義のナショナリズムは、反グローバリズムでも反新自由主義でもないと説明している。この説明は整合性がない。破綻が「顕在化」しているのなら、日本には、自覚的に反グローバリズム・反新自由主義的な勢力が、ナショナリズムという右翼的形態であれ、反資本主義という左翼的形態であれ、いずれにせよ大衆的勢力として登場していなければならない。「顕在化」とは、それが大衆の意識にも十分反映しているという意味だろう。さもなくば、「顕在化」という言葉を使う意味がない。

フランスにはそのどちらも存在している。昨今フランスでいちばん支持を伸ばしたのは、ルペン派とトロツキストである。日本では、どちらの現象も見られない。日本においては、右翼的反グローバリズムも、左翼的反グローバリズムも、どちらも政治的に取るに足りない勢力であること、ここにこそ日本の特殊性を見出すべきである。これは、「新自由主義による社会統合の破綻と被害がはるかに深く顕在化」してはいないこと、さまざまな統合装置が、あちこちに亀裂が走りながらも、なお一定機能していることを物語っている。

もちろん、日本におけるこうした草の根反グローバル保守主義の脆弱さには、他にも種々の社会的要因が考えられる。一つ目は宗教右派の構造的弱さ（アメリカの新保守主義を支えていることの決定的基盤が日本にはほとんど存在しない）、二つ目は、戦後長らく続いてきた非帝国主義的な社会構造（これはバブル景気とその崩壊以降、急速に変わりつつあるが）、などである。

一六、進歩的対抗勢力の消失

さて、日本における新自由主義の敵がもっぱら開発主義であり、そして、新自由主義化の中に「労働運動への攻撃と階級権力の再確立という契機」が含まれていないという理論から、必然的に、それに対する進歩的対抗勢力が事実上存在しない、という結論になる。

実際、渡辺解説論文の最終章である「八、日本の新自由主義の帰結と矛盾」のところで、新自由主義化に対抗しうる勢力について何も提示されていない。それもそのはずである。まず第一に、日本における新自由主義化が、開発主義を攻撃するものでしかなく、「労働運動への攻撃と階級権力の再確立という契機」を含まないのだとすれば、労働者は、この新自由主義化によってとくに得をすることもなければ損をすることもない、ということになるからである。そうすると労働者階級は、新自由主義化の進行に反対する勢力として登場しようがない。

しかしそれでいて、渡辺解説論文は、「日本では新自由主義改革がヨーロッパ各国の新自由主義の帰結と比べて、はるかに深刻な社会統合の解体と社会の分裂をもたらしている……。日本では新自由主義の社会への打撃がはるかに大きい」と述べ、また日本は福祉国家ではないので、「日本では労働者階級やその家族は新自由主義の破壊的な影響をもろに受けやすい」とも述べている（三二七頁）。

まずここで、新自由主義の帰結に関する比較の対象が「ヨーロッパ各国の新自由主義」に限定されているのは、これまでの議論と整合しない。渡辺解説論文では、日本と違って欧米はともに福祉国家であり、どちらにおいても新自由主義の攻撃対象は福祉国家と労働運動であった。しかしながら、その帰結について語る段になると、なぜかアメリカが比較対象からはずされて、ヨーロッパだけが比較対象になっている。さすがに、日本の現状がアメリカよりもひどいとは言えなかったのだろう。

福祉国家の水準が低く労働運動の抵抗力が弱い国ほど、新自由主義化のダメージをより受けやすいということは、明らかに真実である。ということは、欧米を一緒くたにして福祉国家の国とし、日本だけを例外として非福祉国家とすることは、明らかに、今日における新自由主義化の帰結という観点からしても正当化しえないし、また、日本では新自由主義化が遅れているというテーゼとも整合しない。

また、この帰結は、日本の新自由主義化の主たるターゲットが開発主義であるというテーゼとも整合しない。もし日本の新自由主義化の攻撃対象が開発主義でしかないのなら、どうして、ここまで一般の労働者や市民が打撃を受けるのだろうか？　労働者の既得権が破壊されたからではないのか？　福祉国家的諸制度が改悪されて解体されていったからではないのか？

「開発主義」のドグマから、新自由主義化の帰結論を展開するとすれば、開発主義によって守られていた農民・土建業者・都市自営業者層は貧困に陥るが、それ以外の労働者市民はとくに新自由主義のダメージを受けない、という結論にならなければならないはずだ。だが、現実は雄弁であり、一握りのエリートと大企業を除いて、国民全体が大きなダメージを受けているのである。

しかし、渡辺解説論文は、労働者階級とその家族の被害について語りながら、かといって、新自由主義化に対抗する勢力として労働者階級およびその政党や組合を持ち出すわけではない。渡辺解説論文は次のように述べている。

そのことは日本では、新自由主義に対抗する社会運動や思想が自動的に成長する可能性が強くなることには結びつかない。むしろ現在までのところ、新自由主義の破壊的結果の大きさに比べ、対抗運動の盛り上がりや対抗構想の具体化は遅れているといわねばならない。その最大の原因は、日本では新自由主義に対抗する政治的経験が蓄積されていないという点に求められる。ヨーロッパ福祉国家の場合には、新自由主義に対して常に、オルタナティブとして福祉国家経験があり、かつてそれを担った政党も存在した。ところが日本では、福祉国家経験は自治体レベルを除いてなく、したがって新自由主義へのオルタナティブは自民党抵抗勢力により主張されている公共事業投資の利益誘導型政治しか示されていない。これは、旧来型の福祉国家的構想以上に、グローバリゼーションと新自由主義の前では対抗軸たりえないものである。（三二七〜三二八頁）

日本を「非福祉国家」とみなすことで、新自由主義への対抗勢力として、社会保障運動と労働運動を事実上、切り捨てるような書き方になっている。そして、渡辺解説論文は「新自由主義へのオルタナティブは自民党抵抗勢力により主張されている公共事業投資の利益誘導型政治しか示されていない」のだと主張する。

しかし、このような二者択一こそ、後藤＝渡辺派の「開発主義」テーゼそのものではないのか？　彼らのテーゼこそが、「新自由主義vs.開発主義」という二項対立を確立し、新自由主義へのオルタナティブを「公共事業投資の利益誘導政治」に矮小化してしまったのではないのか？　「新自由主義の最大の敵は開発主義であって労働運動でも福祉国家でもない」というテーゼを提出することで、まさにこのような誤ったオルタナティブの枠組みを（左翼の中に）広げることに一役買ったのではないのか？

以上、実に長々と渡辺解説論文の問題点について書いてきたが、この論文にはまさに、渡辺氏の新理論の弱点のいっさいが集中的に示されているからである。そしてこの論文がこともあろうに、そうした立場と真っ向から対立するデヴィッド・ハーヴェイの『新自由主義』に「解説」論文として入れられた。それゆえ、ハーヴェイの著作を翻訳し、その基本的立場を支持する者として、この渡辺解説論文に対する徹底した批判が必要になったのである。

第三部　現代と日本政治の危機（二〇二一〜二三）

第八章　二〇二一年総選挙の結果と政治の危機

【解題】本稿は、『科学的社会主義』第二八六号（二〇二二年二月号）に掲載したものに、若干の加筆修正をほどこしたものである。ここでは、二〇二一年総選挙の結果という狭いテーマだけでなく、二一世紀における日本と世界の主要先進国における政治の変質をかなり俯瞰的に論じておいた。

二〇二一年一〇月末に投票が行なわれた第四九回総選挙は、選挙前の政権交代の掛け声にもかかわらず、自民党と公明党の与党勢力が、若干議席を減らしたものの、引き続き絶対安定多数を確保し、政権交代をめざして野党共闘をほとんどの選挙区で成立させた立憲民主党と共産党は議席を減らす結果に終わった。とくに共産党は選挙前に比例で八五〇万票という過大な目標を立てたにもかかわらず、ふたを開けてみれば、目標の半分にも達しない票数しか獲得できなかった。これら与野党の減った議席のほとんどは、議席を数倍化させた日本維新の会というネオリベ政党がかっさらった結果になった。

今回の選挙結果と野党共闘をめぐっては、対照的な二つの評価が見られる。マスコミの多くは、野党共闘が不発に終わった、あるいは大失敗だったとの評価を下した。それに対して、野党共闘を支持する側からは、共産党指導部自身を含めて、けっして大敗ではないとの評価がなされ、逆に「与党を追い詰めた」との強気の評価さえ見られた。

実際には、「大失敗」というほどひどい結果ではなかったにせよ、かといって、与党を追い詰めたというのは明らかに大げさだろう。野党の側が積極的に「政権交代」を掲げて選挙に臨んだにしては、その目標からははるかに遠かったことは事実である。たとえ、競り負けた接戦区（三〇ほどの小選挙区）の半分で勝っていたとしても、立憲は現有議席数を維持したにすぎず、たとえその全部で勝ったとしても、十数議席増えただけであり、政権交代には遠く及ばないものであった。

「予想」に大きく反して与党側が圧勝する結果となったことに関しては、すでに諸説展開されているが、その多くは非常に表面的で戦術的な分析に終始している。そこで、本稿では、一、選挙とそれに至る直近の時期にフォーカスした直接的で短期的な諸要因、二、日本の戦後史に即した歴史的・構造的な諸要因、三、日本のみならず先進資本主義諸国全体にある程度共通するシステム的要因を、それぞれ検討していこうと思う。

一、直接的で短期的な諸要因

今回の選挙で、与党陣営の圧勝をもたらした短期的で直接的な要因としては、さしあたり次の四つのものが考えられる。

まず第一に、与党側が選挙日程を一ヶ月ほど早めたことによって、野党共闘の候補者や政策を有権者に浸透させる時間が大幅に奪われたことである。各小選挙区で、最終盤になってバタバタと候補者の統一が実現したが、それは単に勝負の前提をつくったにすぎなかった。ほとんどの選挙区では、あの短期間ではとうてい有権者のあいだに候補者の政策どころか、候補者の名前を浸透させることさえできなかった（たとえば私の選挙区では野党統一候補の宣伝風景を見ることさえほぼなかった）。逆に、公示以前から粘り強く地道に宣伝と運動を行なっていた選挙区では、野党統一候補がそれなりに勝利している。

第二に、選挙の直前になって新型コロナの感染者数が激減し、野党に吹きかけていた風がやんだことである。七〜八月のオリンピックの時期には記録的なスピードでコロナ感染者が増大し、与党への信頼感が大きく揺らいでいたにもかかわらず（まさにそのせいで、オリンピックでの金メダルラッシュが政権支持率の増大につながると考えた与党側の思惑がはずれた）、その後、ワクチン接種率の急上昇に伴って、九月にはピークアウトし、選挙月である一〇月には感染者数が激減した。

第三に、菅首相・総裁のままで総選挙に突入する予定だったのが、菅の支持率が急低下したのを見て、政府与党幹部は、菅首相をさっさと切り捨てる戦術的判断を下し、選挙前にマスコミを総動員して大々的に総裁選挙を行なったことである。その総裁選で、比較的若くて、あまりスキャンダルがなく、清新な印象のある岸田文雄が新しい総裁に選ばれ、ご祝儀相場が下がらないうちに選挙に突入した。本来は政治的リーダーとしては弱点であるはずの、岸田の印象の薄さ、押しの弱さ、あくのなさ、政策的不鮮明さは、あまりにも長く続いた、あくの強すぎる安倍首相にうんざりしていた人々にとっては、プラスの効果を持ったし、またその若さと清新さは、老醜を絵に書いたような菅首相のすぐ後では、一種の清涼剤のように感じられただろう。

第四に、実際には政権交代の現実的可能性などなかったにもかかわらず、野党側が政権交代を強調したことが逆手にとられて、与党陣営がしきりに危機感をあおり、反共産党のキャンペーンを行なったことである。これがいわゆる「与党を追い詰めた」論の根拠になっているのだが、それは実際には与党陣営を引き締め、接戦区で与党候補が競り勝つことに貢献しただけであり、さらには、立憲民主党を支える組織的基盤の一つである日本労働組合総連合会（連合）の動揺と反発を引き起こしただけであった。

要するに、与党側が、野党に吹きかけていた風になりうる要因を一つ一つ封じる手を確実に打ったこと、そしてそれに対して野党側が有効な対抗手段をとれなかったことが、最終的には、その組織力と基礎票の差が確実に議席の差に反映する（そして小選挙区制効果を通じてそれが拡大的に反映する）結果をもたらしたのである。

そもそも、野党第一党である立憲民主党は純粋な議員政党であり、いまだ自前の党組織や党機関紙誌さえ持たず、基本的に風頼みの凧のような党である。きわめて強力な組織政党である自民党と公明党を向こうに回して政権を獲得しようとする政党が、地に十分足をつけていない風まかせの政党であるのだから、風が吹かなければ勝負の結果は最初から明らかだった。そして、それなりに一定の組織力をもって地に足をつけ、この凧政党の糸を握っていたのは、右においては連合であり、左においては市民連合（主力は共産党）であった。この両者はまったく違う方向に凧を引っ張ろうとしていたのだから、よっぽど強風が吹くのでないかぎり、凧が高く舞い上がることは不可能だった。したがって与党は勝つべくして勝ったと言える。

二、日本の戦後史に起因する構造的・歴史的な要因

しかし、以上は、あくまでも短期的で直接的な要因でしかない。そもそも、なぜ野党第一党が風頼み

の政党でしかないのか、なぜ連合のような労働組合のナショナルセンターが右に位置するようになったのか、そもそもなぜ野党共闘が必要になったのかを、もっと長期的視野で考察する必要がある。

この問題に関しては多くの論点を提起することができるが、国政選挙という制度的問題に即するならば、一九九〇年代初頭に、つまり、フォード主義的・ケインズ主義的な資本主義体制が新自由主義的な資本主義へと転換した後の時期に、「政治改革」の名のもとに、圧倒的に自民党に有利な小選挙区制が導入されたという決定的な問題を避けて通ることはできないだろう。しかも、この制度「改革」は、よりにもよって野党やリベラル派主導で実行されたのである。戦後政治史上、これ以上自滅的な振る舞いはあるまい。ここには二つの重要なポイントがある。連続性のポイント（戦後日本において持続的に存在した社会的構造）と、非連続性のポイント（一九八〇年代以降に急速に変化しつつあった状況的構造）である。

まず、連続性の点から見ていこう。周知のように、占領下の戦後改革とそれに続くいわゆる「逆コース」、そしてその後の紆余曲折を経て戦後的秩序が形成されたが、それは、おおむね次の三つの側面を持っていた。第一に、中選挙区制にもとづく一½政党制と言われる与党優位の政党配置が一貫して存在したことである。このような政治構造のもとで、第一党に圧倒的に有利な小選挙区制を導入することは、不可避的に自民党（ないし類似の保守政党）を半永久的な勝者とするのは明らかだった。

第二に、戦後階級闘争の敗北の結果として、民間大資本においては労働組合・正規労働者が基本的に企業別の協調主義的組合のもとに統合されており、欧米型の（保守‐革新ないし保守‐リベラルの）二大政党制を支える階級的基盤が日本には存在しなかったことである。一九九〇年代初頭において後房雄や筑紫哲也などのリベラル派の政治改革論者たちは、イギリスやアメリカの二大政党制を理想化して、何十年と政権交代のない日本の閉塞した政治状況を打破するには、わずかな票数の差が大きな議席数の差をもたらす小選挙区制の導入しかないと論じた。しかし、英米の二大政党制を成り立たせていたその階級的・社会的構造と日本のそれとはおよそ似ても似つかないものだった。さまざまな違いがあるが、最も違うのは、アメリカの民主党やイギリスの労働党を二大政党の一つに押し上げそれを支えてきた、産別労働組合を中心とする強力な全国的労働運動（＋強力な公民権運動）が日本には存在しないことだ。日本では戦後、産別労働運動の強力な波があったが、ＧＨＱの権力をバックにした独占資本によって粉砕され、戦後階級闘争のこの歴史的敗北の結果として、労使協調的な企業別組合が民間の労働組合の主流となった。それはむしろ保守政党、ないし野党の中の右派政党を支える役割を果たした。

第三に、野党第一党の社会党が安保・外交面ではイギリス労働党やアメリカ民主党よりもはるかに急進的で反帝国主義的な性格（反戦、反安保、反基地、反自衛隊、等々）をもっていたがゆえに、欧米型の、帝国主義的資本主義の枠内での周期的な政権交代がそもそも非現実的であったことである。つまり、民間大資本下の日本の労働組合が欧米の労働組合よりずっと右寄りで資本従属的だったのに対して、本来その政治的代弁者たる社会民主主義政党は、欧米の同僚たちよりもはるかに左寄りで反帝国主義的だったのである。この深刻なギャップは、日本社会党の政治的軌道の主たる変遷とその悲劇的最後に大きく寄与している。

もちろん、だからといって、社会党が最初から安保や自衛隊などを受け入れてヨーロッパ型社会民主主義政党になっていたら、日本で二大政党制が早期に実現しただろうということではない。その逆である。もし社会党が最初からその道を選択していたら、野党第一党にさえなれず、渡辺治が言うように、民社党と同じ少数野党に成り下がっただろう。それだけ、戦後日本における反戦・反安保・反基地・反自衛隊の世論は強力で広範だったのである。社会党の後継政党でありながら、同党の戦闘的伝統を拒否して単なる社会リベラル政党に成り下がった社会民主党が今日ではすっかり泡沫政党化していることも、その傍証となるだろう。しかし、旧社会党のこの「左翼性」こそが安定した資本主義的二大政党制をつくり出すことを妨げる一つの重要要因だったのである。

次に非連続性の面を見てみよう。小選挙区制が導入されたのは、戦後すぐの階級闘争が嵐のように発展していた時期でもなければ、一九六〇年代から七〇年代初頭にかけての革新高揚期でもなかった。それが導入されたのは、すでに新自由主義的反革命が社会と経済のありようを根本的に資本にとって有利なように改変していた時期であった。

戦後日本の社会党を支えたのは主として公共部門の労働組合だったが、これらの労働組合も、一九八〇年代初頭からの行政改革路線と何よりも一九八〇年代半ばの国鉄分割民営化による国労の破壊によって著しく弱っていた。政治改革以前に、いわゆる連合が、総評を飲み込む形で一九八九年に成立し、すでに労働戦線での階級統合が完了しつつあった。一九九〇年前後のソ連・東欧の崩壊は、イデオロギー面でも社会党の基盤を破壊した。そもそも構造的に二大政党制を成立させる階級的基盤が存在していなかったところに、一九八〇年代以降における新自由主義改革と一九九〇年前後のソ連・東欧崩壊によって、労働者階級とその政党の力がいっそう弱体化していたもとで、小選挙区制が導入されたのである。その結果がどうなるかは火を見るよりも明らかだった。

イギリスの小選挙区制もアメリカの小選挙区制も、一九九〇年代という新自由主義の時代ではなく、そのはるか以前に導入され、そのもとでの国内外の激しい階級闘争や戦争や産別労組運動や公民権運動などの幾多の歴史的激動を通じて、保守政党に対抗する労働者政党ないしリベラル政党が成立し成長したのである。これらの対抗政党は、一九八〇年代以降の新自由主義的反革命によって大きく力をそがれ、あるいはかなりの程度、ネオリベ的に変質したとはいえ、すでに確立していた強力な組織的・選挙的基盤は簡単には崩壊しなかった。しかし日本はまるで違う。日本は、すでに戦前の天皇制国家の下で労働組合は絶えざる弾圧にさらされ、絶えず破壊されて来たし、終戦と戦後改革によって天皇制国家の鉄の重しが取り除かれた後も、GHQの圧力によって産別労働運動にまで高まることが結局できなかった。そうしたもともと脆弱な社会的・階級的基盤に新自由主義改革が残酷な追い打ちをかけ、そして最後の仕上げとして小選挙区制が導入されたのである。それは結局のところ、日本社会の新自由主義的・帝国主義的再編にとって最大の障害だった社会党を解体することに行きついた。

日本の労働者人民は自分たちの政治的・経済的・社会的諸要求を国政に反映させるための決定的な政治的回路を奪われた。世論ないし民衆というものはそれ単独で左傾化したり右傾化したりするものではない。それは常に、その政治的表現物、その経済的・社会的利害の代表者との相関関係の下で変化する。左派的な世論を政治に反映させることができなくなった時（一九九〇年代の一時期、それは共産党の得票数の急増という形で反映したが、一時的なものだった）、世論そのものも決定的に右傾化し保守化したのである。

今日の野党共闘は、いわば、こうした政治的・階級的・社会的な焼け野原の上に成立した一種の緊急避難措置であった。立憲民主党の母体であった民主党を構成していたリベラル派の議員や党役員たちは、当初、共産党なしでも二大政党制の一翼を担える政党になれると見込んでいたのだが、それはすでに述べた理由からしても根本的に幻想だった。彼らはしだいに縮小再生産し、一時期は小池百合子の「希望の党」に合流すべく解党したが、結局、立憲民主党および国民民主党として自立的存在を維持した。しかし、二〇〇九〜二〇一二年に一時的に政権をとっていた時期と比べてその凋落ぶりは否定しがたかった。イデオロギー的組織政党として頑強に生き残った共産党の組織票や組織力なしには、立憲民主党はそもそも最初からほとんどの小選挙区で与党候補と勝負の場に立つことさえできなかった。だから彼らは市民連合の仲立ちを通じて野党共闘に同意したのだが、それは、与党の圧倒的な優位を保障する制度的・社会的・歴史的制約の下での次善の策でしかなかったのである。

たしかに、安保法制をめぐる共闘関係を引き継いで二〇一〇年代後半から本格化した「野党共闘」路線は、この寸断された政治的回路をつなぎ直す試みだったと言えるかもしれない。しかし、その芯であるべき立憲民主党は、地を這うような組織活動を展開して陣地を構築しようとする気概も能力も持ち合わせていない。政権を狙えるような野党は一朝一夕でできるものではない。無数の草の根活動家たちによる何十年にも及ぶ地道な活動と激しい階級闘争を通じて、そして度重なるさまざまな試練と外部からの攻撃と内部抗争を乗り越えて、ようやく歴史的に形成されるものだ。かつての民主党政権が失敗したのは、民主党そのものが単なる諸個人・諸派閥の寄り合い所帯にすぎなかったのに、小選挙区制効果で政権を取ってしまったからだ。それは一種のバブル政権だった。人民の中の広範な組織や集団に支えられていない政権は、いかにたくさんの議席を持っていても大したことができないのは当然である。その教訓が生かされているとは思えない。自民党は政権を失った後、徹底的な陣地戦をやった。文字通りのどぶ板的活動をくまなくやり、政権を失う以前よりも強固な組織政党として復活した。だが、下野した後の民主党や、その後の立憲民主党はそれに匹敵するようなことを何かやっただろうか。

三、世界的に共通するシステム的要因

以上の、より長期的な歴史的・構造的分析でもなお不十分である。なるほど、たしかにアメリカでもイギリスでも、あるいはカナダやオーストラリアでも、労働党や民主党などのリベラル・社民政党は二大政党制の一翼を担い続けている。しかし、これらの党にあっても、その階級的・社会的基盤は、第一に、先進国における産業の抜本的な構造転換（鉄鋼や自動車や石炭などの重厚長大型産業から、サービス、金融、情報などの軽薄短小型産業へ）によって、第二に、一九八〇年から英米両国で始まり、その後世界中に広まった新自由主義的反革命によって、第三に、ソ連・東欧の崩壊によるグローバリゼーションの全面化によって、深刻に掘りくずされている。リベラル・社民政党を支えてきた巨大産業労働組合は産業空洞化とともにしだいに縮小し、その基盤を絶えず掘りくずしていた[1]。

これらのリベラル・社民政党は、自分たちの階級基盤が弱体化していくのを見て、しだいに階級政治からアイデンティティ政治へと基軸を移行させていった。移民の持続的増大によるマイノリティ系有権者の膨張だけでなく、若者のあいだで急速に広がっていった性的アイデンティティ・ブームは、労働者や農民に代わる新しい大衆的基盤をリベラル派に与えた。昨今、欧米左派・リベラルの間でLGBT運動、とりわけトランス運動が急速に主流化していった背景にあるのは、実はこれである[2]。

そして、このアイデンティティ政治に親和的なのは、社会の中上層であり、とりわけその中の高学歴層である。階級的団結、労働倫理、貧者たちの相互扶助に代わって、個人の自己決定、選択、チャリティ、そして個人のアイデンティティが新しいメタメッセージとなった。そして、新自由主義、グロー

バリゼーション、情報化と金融化の数十年は、産業労働者の強力な基盤を絶えず破壊し解体しただけでなく、学者、研究者、弁護士、医者、地方および中央の政治家、大手NPOや財団のスタッフ、新聞記者（ネット記者を含む）や各種ライター、雑誌や出版社の編集者、作家やその他の文化人、グローバル企業幹部、社会起業家、コンサルタント、SNSインフルエンサー、ネット投資家、といった新しい雑多な知識・文化エリート層を大規模に創出する過程でもあった。かつて知識人や文化人は、労働者階級の諸組織・諸団体の同伴者であったが、今では彼ら自身が「主役」であり、階級組織はその添え物となっている。現代の左派・リベラル政党は労働者階級や農民や貧困者やノンエリートの女性といった被抑圧諸階級・諸階層を代表しているというよりも、かなりの程度、これらの知識・文化階層を（つまりは自分自身を）代表しているのである。[3]

かつて、ホワイトカラー労働者が労働者の中でしだいに多数になっていったとき、彼らを「新しい中間階級」とみなす理論がマルクス主義陣営の一部で盛んに唱えられたが、それはまったく事実に反するものだった。ホワイトカラー労働者、とくにその中下層はまったくの賃労働者であり、生産手段をいっさい所有せず、ブルーカラー労働者と同じく資本によって搾取されていた。しかし、「新しい知識・文化階層」は違う。彼らは、その経済的地位が賃金労働者よりもはるかに自営業者に近いというだけではない。彼らが有している「知の権力」（その「知」が実際にはしばしば「ブルシット」だったとしても）と「文化資本」、そして何よりこの種の人々を優遇する現代の社会構造のおかげで、彼らは、資産階級と並んで、社会のヘゲモニー的地位の一翼を担っているのである。[4]

諸個人が政治に影響を与えるスタイルも劇的に変わった。下からの地道な活動と組織化、そして労働組合のような巨大なピラミッド型階層組織が政治に影響を与えていく「組織戦」「陣地戦」の時代は過ぎ去り、巨大な金持ち慈善団体から資金提供されたNGOないしNPO団体や学者や弁護士、あるいはネット著名人たちが、ピラミッド構造を飛び越して、政党の有力議員や自治体幹部へのロビー活動を直接に展開し、それを通じて、自分たちの政策を採用させる一種の「機動戦」ないし「空中戦」の時代になっている。「労働者‐労働組合‐労働者政党」という古い階級的な三位一体に代わって、「知識階層‐ロビー団体‐リベラル政党」というエリート主義的な三位一体が支配的になりつつある。

　福祉供給のあり方も大きく変容した。かつては国家ないし地方自治機関とその中で働く公務員が福祉の主な供給者だった。今では、公的福祉からしだいに国家も自治体も退却し、ビリオネアの財団から資金提供されたNPOやNGO、あるいは民間営利会社が福祉の直接の供給者となっている。国家や自治体はこうした諸団体に予算配分したり、監査したり、団体間の調整をするだけになっている。

　このような新しい政治状況下において、自分たちの利益がまったく政治に反映されていないという強い不満を抱く労働者や庶民階層が大量に発生するのは不可避である。これらの人々は、一方では膨大な政治的無関心層となって、過酷な社会状況を自己責任の下で何とか生き抜こうとし、他方では、彼らの不満を代弁すると称するポピュリスト政党によって一時的に政治動員される。[5] アメリカでのトランプ主義の席巻や日本での維新の会の躍進もその現象の一つである（維新の場合は大阪のメディア・娯楽産業との結託という面も強い）。これらのポピュリスト政党は実際には労働者や庶民の利益を必ずしも代弁しないが、レトリックとしては反エリート、反権力、あるいは反中央なのである（維新の場合は反公務員）。

　とはいえ、アメリカやイギリス、あるいはカナダやオーストラリアでは、民主党や自由党や労働党のような左派政党は、二大政党制の一翼を担う十分な地位と力量を長年にわたって蓄積し行使してきたその延長上に、アイデンティティ政治への移行があるし、そのようなアイデンティティ政治が一定の社会的基盤を獲得しうるだけの社会全体の「リベラル化」という前史があった。それは、一九六八年革命の遺産の一つである。六八年革命は、運動の担い手たち（主として学生や若手知識人）が主観的に目指していた「先進国における社会主義革命」としては敗北したが、他方で、社会の広範なリベラル化をもたらすことで、運動の担い手であった若い知識・文化階層の社会的地位を著しく高め、高学歴のリベラル・エリートたちに大規模な出世と栄達の道を、そして「権力（ないしその一部）への道」を切り開いたという点では大成功であった。こうした歴史的背景と歴史的基盤にもとづいて現在の地位を保持している欧米のリベラル政党は、それゆえ、今なお強力な政治的基盤を維持しているのである。[6]

しかし、日本では、共産党を含むいわゆる立憲野党は、二大政党的地位を獲得するはるか以前にその階級的・社会的基盤を消失させつつあるのと同じく、今度は、社会全体の「リベラル化」という前史なしにアイデンティティ政治に前のめりになっている。日本では、一九六八年革命を頂点とする社会全体の左傾化は、欧米と違って、社会全体のリベラル化に帰結したのではなく、新左翼党派間の陰惨な内ゲバや連合赤軍事件という流血の中で幕を閉じた。それは、野党第一党であった社会党に二大政党の一翼を担う地位へと押し上げることには何ら役立たず、むしろ社会党の基盤を左から掘りくずし、同党の衰退を促進する役割を果たした。

すべての歴史はつながっている。今現在の結果は、過去のすべての歴史（客観的なものも主体的なものも）の累積的で複合的な帰結である。そのことを理解しなければ、主観的な自分たちの政治的正しさの確信と、政治的結果におけるその貧弱な現実とのギャップにいつまでも悩むことになるだろうし、その責任を一般有権者の無知や無能さに転嫁する発想にもなるだろう。[7]

四、日本政治の危機とオルタナティブの展望

以上の状況が示しているのは、端的に言って日本政治の危機、それも深刻な危機である。政治は階級的・経済的諸関係の直接的な反映ではない。両者の間には、複合的かつ累積的な無数の歴史的・構造的諸過程が横たわっており、それによって両者は複雑に媒介され、屈折している。経済的な点から見れば、日本はどの資本主義諸国よりも、左派が伸長する条件がある。主要先進国の中で日本だけ賃金が下がり続け、大企業は巨額の内部留保を貯めつづけ、福祉の国民負担は増え続け、年金は減り続け、六五歳以上の高齢者でも一〇〇〇万人近くが働かなければ生きていけない状況になっている。男女の賃金格差は先進国の中でトップクラスにひどく、女性労働者の大部分は非正規雇用であり、シングルマザーは深刻な貧困の下に置かれている。若者は見捨てられ、そのほとんどは最初から低賃金と非正規雇用しか与えられていない。本来なら、巨大な左翼運動や労働運動の波が起こってもおかしくないほどの悲惨な状況なのだ。小選挙区制が導入されず、社会党がその強力な地位を保持していたら、あるいはそうなっていたかもしれない。だが、日本の戦後政治を規定していた保革の政治的対立構造そのものが一九九〇年代に崩壊し、経済や生活の諸問題を国家政治の現実的選択肢へと転換する政治的回路が寸断されてしまったのである。

日本以外の資本主義諸国でも、狭義の政治は、高学歴の知識・文化階層と高所得層に依拠したリベラル政党と、同じ高所得層にプラスして伝統的な資産階級にも依拠している保守政党との、ネオ家産制的な権力ゲームと化しつつある。[8] どちらが勝っても、グローバル資本と知識・文化エリートの支配は揺

らぐことはない。

このように、保守派もリベラル派もエリート階級の利益を代弁するようになった一方で、いわゆるエッセンシャルワーカーを含む社会の主要な担い手たち、末端の労働者たち、庶民階層は置き去りにされ、新自由主義の数十年間の下でますます貧困と格差に苦しんでいる。そしてこうしたエリート主義的な統治構造の下で、地球温暖化はますます進行し、大災害はますます多く、ますます深刻なものになり、そのダメージを真っ先に、そして最もストレートに受けるのも、貧困者と庶民階層なのである。

この危機を乗り越えるには、あれこれの選挙戦術の改善や、政策の打ち出し方のあれこれの技術的工夫、政党のあれこれの組み合わせといった水準をはるかに超えた、長期的な視野と地道で広範な取り組みを、つまりは下からの民主主義的陣地戦を必要とする。そして、何よりも小選挙区制という制度的制約を打ち壊すことと、新自由主義的資本主義に代わる新しい社会を展望する、広範な組織化を必要とする。選挙はあくまでも社会変革のための、重要ではあるが一つの手段にすぎない。運動が選挙に従属してはならない。労働者、庶民階層、市井の女性たちのあらゆる不満、苦しみ、悩み、そして社会的なつながりや交流への欲求、そういったものを持ちより、結びつけ、大きな塊(あるいはネットワーク)にしていかなければならない。そこにおいては、民主主義的な対話と討論が必要不可欠である。その延長上においてこそ、選挙をまともに闘うことも可能になるのだ。足腰をきたえることなくして、選挙政治の高みへと手を伸ばすこともできないのである。

注

1　これらの国の組合組織率はこの一九八〇年代以降急速に下がっており、かつては過半数の組織率を誇っていたが、今では一〇％未満から多くて二〇％台であり、社会的影響力を喪失しつつある。

2　トランス問題については、以下の私の論考を参照せよ。森田成也「トランスジェンダリズムは究極のミソジニー」、https://femalelibjp.org/nf/?p=479

3　かつてバーバラ・エーレンライクはこれらの人々を「ＰＭＣ（専門職・経営管理階級）」と呼び、左派のキャサリン・リューはこの概念を受け継ぎ、左翼がこの階級によって支配され変質したことについてきわめて批判的に論じている。Catherine Liu, *Virtue Hoarders: The Case against the Professional Managerial Class*, University of Minnesota Press, 2021.

4　吉松崇「〝高学歴な人〟ほど左派政党を支持する『先進国の現実』」、https://shuchi.php.co.jp/voice/detail/6826

5　白井聡氏は『サンデー毎日』二〇二二年二月二八日号に寄せた記事「『価値』を入れ替える政治に転換せよ」の中で、ポピュリズムの跋扈、ポスト・トゥルース的状況、維新の会の躍進に関して「民主主義の危機」と語るのは間違いで、民主主義の本質そのものがイメージ操作なのだから、現在の状況は民主主義の危機ではなく、むしろその全面化であると主張している。たしかに民主主義にはそうした一面があるが、同時に労働組合や社会主義政党、女性団体、農民組合などさまざまな階級的・階層的な諸団体によって支えられ、実体化されてきた面もある。民主主義はこの両面の統一なのであり、今日のポピュリスト的状況の蔓延は、後者の力学が弱まったことで、前者の力学が支配的になったことの現われであり、したがってそれはまぎれもなく民主主義の危機でもあるのである。

6　とはいえ、イギリスの労働党は、アイデンティティ政治にのめり込みすぎ、普通の労働者や市井の女性たちを置き去りにしすぎたため、労働党の岩盤選挙区でも保守党に負ける事態が相次いでいる。アメリカの民主党もバイデン政権下で同じような事態になる可能性は大いにある。

7　私の以下の投稿を参照。https://www.facebook.com/seiya.morita.758/posts/3999419284455545

8　政治のネオ家産制化については、以下の拙著の第五章を参照。森田成也『「共産党宣言」からパンデミックへ』柘植書房新社、二〇二一年。

第九章　ニワトリがねぐらに帰るとき——安倍晋三銃撃事件の政治的意味

【解題】本稿はもともと英語で書かれ、以下の左派ネット誌に発表された。Links International Journal of Socialist Renewal, July 23, 2022. 日本語としてはこれが初出。もともと外国の読者に向けて書いた論文なので、日本の読者にとってはごく初歩的な説明をしているように見える箇所もあるだろう。ご寛恕願いたい。事件の現場となった西大寺駅は私の実家の最寄り駅の一つであり、いわば私の地元である。事件の第一報を聞いた時はさすがに驚いた。今回、本書に収録するにあたって、ほんのわずかな修正を施した。

日本の参議院選挙投票日の二日前の、二〇二二年七月八日の午前一一時半ごろ、日本の古都、奈良市の西大寺駅前のロータリーで街頭演説中だった安倍晋三元総理大臣が何者かに背後から銃で撃たれ、心肺停止状態（これは「死亡」の医療的婉曲表現である）になった。このニュースが流れるやいなや、日本中が騒然となった。テレビ各局は通常の番組を中断して、事件現場の中継に切り替え、断片的に伝わってくるわずかな情報や、当時撮られた事件の映像（ただし銃声にびっくりしたカメラマンの映像は乱れて、決定的な瞬間を撮り損ねていたのだが）を繰り返し繰り返し放映した。犯人はその場で取り押さえられ、その名前と顔写真、さらに奈良市在住で、元海上自衛隊員であったという個人情報もすぐに報道された。

安倍晋三の妻、昭恵が、晋三の運び込まれた病院に到着するのを待って、「救命」にあたっていた医師たちは晋三の死亡を確認した。その間、無理やり医療的に生存を維持するために、貴重な輸血用血液が大量に調達され輸血された。それは大きな穴の開いたバケツに水を注ぐような「延命」治療だった。

安倍元総理が銃で撃たれて死亡したというニュースはたちまち世界を駆けめぐり、世界各国の首脳たちからは、安倍の長年の政治的功績を称え、その冥福を祈るメッセージやツイートが次々と出された。そこには、ロシアのウクライナ侵攻をめぐって深刻な対立関係にあるプーチンとバイデンのものも含まれていた。対立しあう政治家や国家首脳たちが一致して哀悼の意を表したのは、別に不思議なことではない。権力者が一般市民を殺すことは容認できるが、一般市民が権力者を殺すことは絶対にあってはならないことだからだ。

安倍暗殺のニュースが世界に衝撃を与えたのは当然である。日本のような先進国の首相経験者が何者かに銃で撃たれたというだけでも十分衝撃的だが、安倍晋三は単なる首相経験者というだけではない。日本の戦後史で最も長く首相の座にいた人物であり、首相をやめた後も、自民党の陰の支配者として君臨していた。彼は日本の政治家の中で最も有名で、最も重要な人物であり、右派からは熱狂的に崇拝され、左派からは最も憎悪された政治家だった。その政治的重みからすると、かつてのイギリスの元首相故マーガレット・サッチャーに匹敵する。しかも、日本はアメリカのような銃社会ではなく、銃犯罪による年間の死者は数名程度である。そんな「平和な」日本で、よりにもよって日本の最有力政治家が銃で殺害されたのである。

事件直後、与野党を問わず日本のほとんどすべての政治家たち、主流マスコミ、評論家、その他の著名人たちはいっせいにこの事件を「民主主義への許しがたい挑戦」「民主主義の危機」であると規定した。他方、安倍が野党や左派に最も憎悪されていた政治家であったことからして、右派の論客やSNSの右派アカウントは、さっそくこの事件を左派による安倍攻撃のせいにした。しかし、狙撃犯であった山上徹也（四一歳）の生い立ちや政治的信条が明らかになっていくにつれ、様相は一変する。山上は左派の反安倍活動家であったどころか、もともと自民党支持者で、右派的な傾向の持ち主であった。しかし、彼の母親が心酔していた反共的なカルト宗教団体である「統一協会」（現、世界平和統一家庭連合）とのあいだに深刻なトラブルが存在していたこと、そして安倍晋三がこの宗教団体と密接なかかわりがあったことがしだいに明らかになっていった（安倍と統一協会との密接な関係は、左派の界隈では比較的よく知られていた事実だったが、世間的には知られていなかった）。当初から、山上は捜査員に対して、この宗教団体とのトラブルのことを語り、安倍の政治的信条に反対しての行動ではないと語っていたが、事実関係が明らかになるにつれて、彼の当初からの供述が口からの出まかせでなかったことが証明されたのである。

今から約五〇年前の一九六三年、ネイションン・オブ・イスラム（ブラック・ムスリム）の幹部であったマルコムXは、ケネディ暗殺事件について記者から尋ねられた時、これは暴力を国の隅々にまで蔓延させてきたアメリカ自身が招いた悲劇であり、「ニワトリがねぐらに帰った」のだと語った。これは暗殺そのものを肯定するものでも、暗殺者を弁護するものでもなかった。それは、ケネディを殺した暴力を含めてアメリカ全体にはびこる暴力を非難するものだった。にもかかわらず、当時、彼の発言はケネディ暗殺を肯定するものだとしてアメリカ中から囂囂《ごうごう》たる非難を招いた。この騒動のせいで彼はネイション・オブ・イスラムの指導者ムハンマドから活動停止処分をくらい、その後、彼はネイション・オブ・イスラムから政治的に自立するようになる。[1]
今回の事件も、ケネディ暗殺事件以上に「ニワトリがねぐらに帰った」事例として考えることができる。ここでも、安倍を殺害した暴力を肯定するためではなく、それをもたらした日本における構造的暴力の存在を明らかにするために、「ニワトリ」と「ねぐら」の関係を考察しよう。そのニワトリは少なくとも四羽いる。

一、最初のニワトリ――自民党と統一協会との癒着

最初の、そして最も大きなニワトリは、統一教会というカルト宗教団体と自民党との癒着である。今回の事件をきっかけに、野党や週刊誌、SNSの政治アカウントはいっせいに統一協会と、安倍晋三を含む与党政治家たちとの密接な関係について告発しはじめた。統一協会は正式名称を「世界基督教統一神霊協会」と言い、教祖である文鮮明によって一九五四年に韓国で創立され、当時の反共独裁国家に庇護されながら、しだいに成長を遂げた。その教えは独特で、韓国を神の国であるとし、同国を植民地化した日本と、共産主義が支配する中国はどちらもサタンの国であると教える。そして、日本は過去の朝鮮半島植民地化の罪を償うために、できるだけ多く統一協会に献金をしなければならないとして、日本人信者に対して多額の献金を強要してきた。

この統一協会の実際の活動にあっては、キリスト教の要素よりも反共主義の要素の方がはるかに大きく、一九六八年には国際勝共連合という反共政治団体を結成し、当時、急速に盛り上がっていた左派系の学生運動に対する政治的突撃部隊としての役割を担わせた。一九八〇年代になると、統一協会による

日本での資金集めの強引さが大きな社会問題となった。日本人信者の生活や家庭が破綻するほどの献金を押しつけたり、借金や売春までさせて献金額を集めさせたり、信者ではない他の親族からお金をだまし取ったりした。さらに、信者に各家庭を訪問させ、先祖が呪われているから病気や事故に遭うなどと一般市民、とくに高齢者を脅して、高価な壺や印鑑を買わせたりした。また、統一協会メンバーの仕業だと考えられている殺傷事件も複数起きている。これらの詐欺的・暴力的手法は広く社会問題化され、国会でもたびたび取り上げられ、元信者による提訴も何度もなされ、有罪判決も出ている。しかし、統一協会が日本から一掃されることはなかった。彼らはその活動のごく最初の頃から日本の与党政治家たちと深く結びついていたからである。

かつてはA級戦犯でアメリカの恩情により政界復帰して首相にまでなった岸信介は安倍晋三の祖父に当たる人物だが、岸はごく最初の頃から反共主義と対米従属という二つの政治的絆を通じて文鮮明と親しく交わっていた。一九八四年に文鮮明がアメリカで脱税の罪で収監されることになったとき、岸信介はわざわざアメリカの大統領レーガンに宛てて書簡を送り、文鮮明の釈放を依頼してさえいる。その手紙の中で岸は次のように述べている。

「文尊師は、誠実な男であり、自由の理念の促進と共産主義の誤りを正すことに生涯をかけて取り組んでいると私は理解しております」「彼の存在は、現在、そして将来にわたって、希少かつ貴重なものであり、自由と民主主義の維持にとって不可欠なものであります」[2]

日本の元首相がアメリカの現職大統領に犯罪者の釈放を要請するなど前代未聞だが、この一つの事例だけでも、統一協会と与党政治家との親密度がわかるだろう。岸信介の孫である安倍晋三もまた統一協会との密接な関係を築いていた。安倍は、統一協会系の雑誌である『世界思想』の表紙に何度も登場し、統一協会系の団体で繰り返しあいさつや講演をしてきた。また彼の理想とする国家像である「美しい国」というフレーズはもともと、日本統一協会の初代会長であり、日本勝共連合の初代会長でもあった久保木修己の言葉「美しい国日本」に由来する。統一協会は安倍だけでなく、与党の多くの政治家やさらには野党の政治家の一部にまで浸透していた。統一協会系のさまざまな団体やメディアに政治家を招いたり、信者をボランティアとして派遣して選挙活動を手伝わしたり、あるいは選挙参謀や政治秘書まで提供している。こうした癒着こそが、今回の事件の背景にある。

山上徹也の母親は統一協会の熱心な信者であり、総額で一億円以上もの献金を統一協会にしている。山上家はもともとは裕福な一家であり、会社を経営し、多くの不動産を所有していた。しかし祖父が亡くなり、その財産を受け継いだ徹也の母親は、受け継いだ不動産をすべて売却して統一協会に献金し、そのせいで会社も倒産した。そうした中で山上徹也の兄は自殺し、徹也本人も自殺を試みている。徹也は真面目な性格で、勉強もよくでき、成績も優秀であったが、家庭が崩壊したため、大学に行くのを断念し、海上自衛隊に入隊している。しかし、そこも三年でやめ、その後、非正規労働者として職場を転々とするようになり、最後も派遣労働者として工場勤務だった。つまり山上は典型的な宗教二世（親がカルト宗教にはまった家の子供）であり、統一協会のまごうことなき被害者なのだ。徹也はツイッターのアカウントを持っていて、今回の事件後に、その存在が特定されたが（今はツイッターから削除されている）、それを見ると、宗教二世としての苦しみと怒りが率直につづられており、読む者の同情を誘う。

また、彼のツイートからわかるのは、彼が左派でも野党支持者でもなく、むしろ保守派であったことである。事件を起こすわずか二カ月前のツイートでも、九条護憲にこだわる野党を嘲笑している投稿が見られるし、もっと最近では自民党の改憲案を支持するツイートも見られる。山上徹也は、母親を狂わせ家庭を崩壊させた統一協会を憎んでいたが、政治的には当初から自民党支持の保守的政治信条の持ち主であった。しかし、ある時、安倍晋三が統一協会と密接な関係にあることを知り、安倍にダメージを与えることで統一協会にダメージを与えることを追求するようになる。暗殺事件の前日に、反統一協会系のブログを主催していたあるフリージャーナリストに宛てた手紙（奈良県警が押収）では、次のように述べられている。

> 私と統一協会の因縁は約三〇年前に遡ります。母の入信から億を超える金銭の浪費、家庭崩壊、破産…。この経過とともに私の一〇代は過ぎ去りました。その間の経験は私の一生を歪ませ続けたと言って過言ではありません。……苦々しくは思っていましたが、安倍は本来の敵ではないのです。あくまでも現実世界で最も影響力のある、統一協会シンパの一人にすぎません。[3]

統一協会の幹部を殺すのは不可能であり、また教団幹部を殺してもあまり効果がないと考えた山上は、ターゲットを安倍に絞った。彼は、何とか銃を手に入れようと努力したが、それはかなわなかったので、鉄パイプ二本を組み合わせて銃を自作し、散弾も自分で作り、試し撃ちを繰り返した。彼はけっして頭のいかれた異常者ではなかった。利口で、我慢強く、そして努力家だった。

しかしチャンスはなかなかやってこなかった。そこへ二〇二二年の参院選挙が始まった。彼は選挙という機会を利用して、埼玉や岡山など安倍の遊説先について回ったが、いずれも警護が厳しく、手製の銃を向ける余地はなかった。しかし、奈良の自民党候補者が苦戦しているという理由で、急きょ奈良での安倍の街頭演説が決まった。同地での演説は予定外のことだったため、安倍の警備体制は通常よりも弱かった。また、ネットでこの情報を前日に知った山上は、自分の地元でもあるこの地で、手薄な警備のすきをついて安倍の銃撃に成功したのである。[4]

安倍政権を含む代々の自民党政権は統一協会と癒着しつづけ、それによって作り出された膨大な被害を放置し、その被害者たちが怒りと憎しみを昂進させていっていることに何の関心も払わなかった。こうして蓄積され内向していった憎悪の一片が、統一協会の最も有力な広告塔にして庇護者として活躍していた安倍晋三本人に向けられたとしても何ら不思議ではない。

だが、彼が最終的に安倍銃撃という異常な手段を選んだのには、もう一つの原因があった。それが第二のニワトリ、「貧困と絶望」である。

二、第二のニワトリ――貧困と絶望

事件後、マスコミ報道によると、山上徹也は取調官に対して、「金がなくなり、七月中には死ぬと思った。その前に殺そうと思った」という趣旨の供述をしている。彼は今年五月に、それまで勤務していた工場を体調不良が原因で退職し、彼の銀行口座の残高は事件当日の八日時点で二十数万円しかなかった。彼は少なくとも六〇万円以上の負債を負っていたので、七月いっぱいでもう生活ができなくなると考え、「襲撃は七月に決意した」。警察は、困窮の中、絶望感からこの事件を引き起こした可能性があるとみている。

安倍晋三は、日本で最長を記録する長期政権の首相だった（第二次安倍内閣は二〇一二年から二〇二〇年まで。第一次安倍内閣での期間を入れると、安倍の首相在職日数は歴代最長）。彼は、圧倒的な強さを誇る自公政権のトップとして長年にわたって君臨し、日本で最も大きな影響力と権力を有した政治家であった。だが彼の長期政権が日本にもたらしたものは何だったか？　繁栄と成長か？　いや、その反対に没落と停滞だった。第二次安倍政権は「アベノミクス」という造語をつくって、経済成長政策をその一番の目玉としたにもかかわらず、そして大規模な財政出動を繰り返したにもかかわらず、世界経済における日本の地位は下がる一方だった。第二次安倍内閣が成立する前年の日本の国民一人当たりの名目ＧＤＰは世界一四位であったが、第二次安倍内閣終了翌年の二〇二一年には二八位にまで順位を下げている。ちょうど順位が二倍になったのである。名目ＧＤＰではなく、購買力平価で見ると、日本は二〇二一年時点で三六位であった。

この地位低下の大きな原因の一つは、日本の労働者の賃金停滞・低下である。これらもまた、安倍政権を含む歴代自民党・公明党の連立内閣が遂行してきた新自由主義政策の当然の帰結であった。日本の労働者の平均賃金は一九九五〜九六年を頂点として、その後下がり続けている。戦争や内戦を経験していないのに二〇年以上も名目賃金が停滞するか下がり続けている国は、世界で日本しかないし、歴史的にもまったく稀有な事例である。

安倍政権においては若干の最低賃金引き上げが行なわれたが、それも、その間に目立たない形で進行していた物価上昇によって大部分相殺され、実質賃金ベースで見るとむしろ下がり続けた。名目及び実質賃金の低下をもたらした主な原因の一つは、非正規雇用の蔓延である。二〇二〇年時点で雇用労働者に占める非正規労働者の割合は平均で三七％であり、男性でも二二％が非正規雇用である（女性はすでにその半分以上が非正規雇用だ）。日本の経済が強力であった一九八五年の時点では、男性の非正規雇用者率はわずか数％で、そのほとんどは若年者であった。しかし長期不況が始まる一九九〇年代後半以降、この数字は急増する。

山上徹也もまたそうした非正規化の大波に巻き込まれた労働者の一人だった。派遣労働者は低賃金というだけでなく、雇用の保障もまったく存在しない。とうてい安定した人生設計など望めない就労形態である。四一歳の年齢になっても派遣労働しか見つけられない彼が絶望を感じたとしても当然である。このような貧困と絶望を放置してきたのもまた、安倍政権を筆頭とする現在の自公政権なのである。

銃の所持が禁止されている日本では、アメリカと違って、大量殺人や無差別殺人はめったに起きない。しかし、その珍しい大量殺人を引き起こした犯人に共通しているのは、失業者か不安定雇用労働者であることと、男性であることだ。貧困で絶望に駆られた男性はたいてい、その怒りの矛先をより弱い立場の人々に向ける。まったく警戒心を持っていない通行人か、電車の乗客、そしてとくに女性と子どもたちである。犯罪の動機や背景が何であれ、罪のない一般市民、とりわけ女性と子どもを狙う犯罪は絶対に許されない。だが山上は違った。彼は一般市民を狙う方がはるかにやりやすかったにもかかわらず、日本で最も政治権力のある人物をあえて狙ったのである。彼は無関係な人を誰一人犠牲にせず[6]、「ねぐら」にターゲットを絞り、そしてそれをたった一人でやり遂げたのである。

三、第三のニワトリ——自己責任イデオロギー

しかし、たとえ貧困に落ち込んだとしても、福祉制度や周囲の助け、公的な支援の仕組みがちゃんと存在していれば、山上は安倍殺害という最終手段に踏み切ることはなかっただろう。だがここでも、安倍政権を筆頭とする自民党政権は、一九八〇年代以降、新自由主義政策の下、自己責任イデオロギーを流布し、社会福祉の助けを得るのは恥ずかしいことだとの考えを人々に植えつけた。周囲の人間や政治に頼らず、自分の努力で何とかするべきであるという歪んだ「常識」を社会の隅々に蔓延させたのである。無力で脆弱な個々人の自助努力と自己責任を強調することは、政治や社会の責任を放擲し、社会的無責任を制度化することである。生活保護制度はますます利用しにくくなり、その支給額もますます切り縮められ、最低ラインの生活を維持することさえできない制度となった。そして、健康や生活問題で行き詰まったときに、政治や行政が相談に乗る仕組みは確立しておらず、日本人は個人や家族で解決することを余儀なくされている。

多くの日本人は、そうした自己責任（つまり社会の無責任）状況に放置されたとき、他人を殺すのではなく、自分自身を殺すこと選ぶ。日本の自殺者数はかつて三万人台で、現在も二万人台を維持している。これはアメリカにおける銃犯罪による死亡者数と同じレベルである。日本の殺人発生率は先進国の中で最低ランクだが、自殺率は先進国の中では常にトップクラスである。二〇二〇年だと人口一〇万人あたりの自殺死亡率は一六・七人であるが、男性の場合、これは二二・九人にまで上がる。

自殺原因の一位は「健康問題」であり、「生活・経済問題」の自殺が二位、「家庭問題」が三位を占め

る。しかしたいていの自殺は複数のことを原因としており、山上一家の場合もそうだった。彼の父親は幼い時に自殺している。彼の兄は幼い頃から重い病気を患っていて（母親が入信した理由の一つだ）、結局、自殺しており、徹也本人も自殺未遂をしている。しかし、山上は自殺という個人的「解決策」を試した後、同じく個人的ではあるが、まったく異なった方向性を持った解決策を模索したのである。「ねぐら」をめざしたのだ。

四、第四のニワトリ――民主主義の空洞化と劣化

統一協会による被害の問題にしても、貧困の問題にしても、自己責任イデオロギーの蔓延にしても、これらはすべて政治の問題でもあるわけだから、健全な社会においては、これは政治を変革するという方向で解決が図られるべきであろう。それが民主主義のあるべき姿である。だが、日本社会においてはこの民主主義が完全に空洞化していた。戦後、日本ではほんの短い時期を除いては、一貫して自民党を与党とする政権の下にある。とくに第二次安倍政権以降、与党と野党との間の力は開くばかりで、日本における政権交代はほとんど夢物語と化している。公式に複数政党制を取りながら、戦後八〇年近く、ほぼ同じ政党が政権を担い続けているのは、きわめて稀有な事例である。このような民主主義の空洞化が起きた構造的要因については、すでに私は以前の論稿で述べておいた[7]。

だが、問題は単に政権交代が起こっていないこと（起こりそうにないこと）だけではない。自民党の長期政権のもとで、与党と多くの利権集団とのあいだで深い癒着が生じ（カルト宗教団体との癒着もその一つだ）、政治の劣化と家産制化が進んでいることも、同じくらい深刻である。家産制とは、資本主

義以前の封建社会、あるいは第三世界の国々に見られたシステムで、公共的であるべき政治権力や行政制度が、一部の為政者とその一族、あるいはごく狭いグループによる私有物であるかのように扱われ、国家の要職の人事や公的政策がその一族の利益や思惑で決定されるようなシステムである。この家産政治が現代政治において復活しているのである。アメリカの政治学者フランシス・フクヤマは、この政治の「再家産制化」が世界各地で進行していることに警鐘を鳴らした。[8] ソ連・東欧が崩壊した直後にはフクヤマは自由民主主義が世界史的に勝利し、「歴史が終わった」と豪語したが、その後に訪れたのは、自由民主主義の世界的拡大ではなく、新しい家産制国家の蔓延だったのである。[9]

　日本ではまさに第二次安倍政権時代にこのような政治の家産制化が急速に進行した。同政権のもとで、安倍晋三とその一家の個人的友人に公的な便宜が計られた森友学園や加計学園の問題、あるいは、安倍個人を支援する「桜を見る会」が毎年公費を使って大々的に開かれ、多くの芸能人が招かれていたこと、安倍に忠実な官僚の任期が恣意的に延長されたこと、安倍と非常に親しいジャーナリストが起こしたレイプ事件がもみ消されたこと、等々である。安倍晋三とその家族および彼らに親しい人間たちに関わるかぎり、どんな問題も闇に葬られるか、たとえ社会的に問題化されても、結局は、真の責任者には何の法的裁きも社会的制裁も下されない。こうした状況が何年も何年も続いてきたのであり、与党の自浄能力や民主主義に対する信頼は完全に地に落ちていたのである。

　森友学園や「桜を見る会」程度の問題でさえ、為政者の責任が何ら問われないとすれば、それらよりもはるかに深刻で、はるかに政権中枢に食い込んでいる統一協会問題をどうして解決することができようか。民主主義国家における通常の異議申し立てのルートが完全にふさがれているとしたら、古今東西、一個人にできることはただ一つである。こうして、ニワトリはねぐらへと帰ったのである。

五、民主主義の危機か、民主主義再生のチャンスか

以上見てきたように、この事件が民主主義の危機を引き起こしたというよりも、すでに深く進行していた民主主義の危機がこの事件を引き起こしたと見るべきである。この事件そのものが民主主義の危機の一部であり、その帰結なのだ。通常、犯罪の被害者を非難することは避けるべきであり、それを自業自得とみなすのは言語道断である。だが、安倍政権とその取り巻きのイデオローグたち（その筆頭は竹中平蔵という名うての新自由主義者だ）が振りまいた自己責任論においては、あらゆる結果は本人の責任に帰せられる。彼らが信奉し、社会にさんざん振りまいてきたイデオロギーは彼ら自身にこそ適用されるべきである。したがって本来は許されない自業自得論は、ここでは正当化される。それこそ彼ら自身が望んだはずのことだからだ。彼らが解き放った多くのニワトリたちはちゃんとねぐらに帰ってきた。自分たち以外の誰を非難する資格が彼らにあるだろうか。

しかし、与党政治家や右派論客たちは、自分たちのこれまでの行ないを反省するどころか、この事件を利用して、野党や左派勢力を攻撃し、改憲策動を本格化しようとしている。暗殺事件の二日後に投票がなされた参議院選挙で自民党は予想通り圧勝し、国会での改憲の発議が可能になった。もしそれが強行されれば、民主主義はいっそう空洞化し、いっそう衰退することになるだろう。それはすでに取り返しのつかない状態になっている日本社会の危機をいっそう深刻化させるだろう。

この悲劇的事件を真によりよき未来につなげるためにはどうすればいいだろうか？　それはもちろん、安倍晋三を神格化したり、法的根拠の何もない国葬を強行することではないし、ましてや今回の事件を

つくり出した原因そのものである与党絶対体制をいっそう強化することでもない。自民党はしばらくはなお強力に政権を維持し続けるだろうが、一時期、衰退しかけた自民党を再び強力にまとめ上げる力を持っていた唯一の人物が死んだことで、自民党内では今後しだいに遠心力が働くようになるだろう。だがそれは、必ずしもより良い政治に帰結するとはかぎらない。より右派的なポピュリスト政党が右から自民党政治を解体するかもしれない。

今回の悲劇を「民主主義の危機」ではなく「民主主義再生」のチャンスとするために必要なことは、この事件をもたらしたあらゆる原因、とくにその社会的原因を究明し、その克服を目指すこと、そして自公の長期政権下で蓄積されてきた膿をすべて出し切ることである。その第一歩はもちろん、統一協会と与党政治との癒着問題を解明し、統一協会とのあらゆる関係を断つことであろう。すでに共産党をはじめとするいくつかの野党は統一協会問題を追及する特別チームを発足させており、週刊誌系メディアは次々と統一協会と与党政治家との癒着の新たな証拠を報道している。

だが、統一協会と政治家との癒着は与党だけではなく、野党政治家の一部を巻き込んでいる。野党の一部もまた、統一教会系の団体で講演をしたり、献金を受けたりしていたのである。追及する側の野党もまた自分たちの問題を直視しなければならない。しかも、宗教カルトやその他のカルトが政治に深く関与しているのは、何も統一協会だけではない。多くのカルト団体がその資金力、その異常な熱意と組織力を通じて、与野党問わず多くの政治家や政党に食い込んでいる。労働組合や農民組合などの伝統的な政治的・経済的諸団体がその影響力をなくしていったことで生じた隙間を、カルト諸団体が埋めているのである。カルト勢力のあらゆる影響を断ち、民主主義を復活させなければならない。

日本の民主主義はすでに危篤状態にある。与党が策す憲法改悪は危篤状態の民主主義に引導を渡すことになるだろう。絶対にそれを許してはならない。今回の悲劇的事件はもしかしたら、危篤状態にある患者に対する除細動器かエピネフリンのような役割を果たしうるかもしれない。そのような役割を実際に果たすのか、それとも危篤患者にとどめを刺す役割を果たすのかは、われわれの今後の闘いと運動にかかっている。

二〇二二年七月二三日脱稿

注

1　ネイション・オブ・イスラムからマルコムXが自立していく過程については、私が翻訳した以下の文献を参照。ジョージ・ブレイトマン『マルコムX最後の一年』新評論、一九九三年。

2　「安倍家と統一教会との〝深い関係〟を示す機密文書を発見　米大統領に『文鮮明の釈放』を嘆願していた岸信介」『週刊新潮』二〇二二年七月二八日号。

3　https://www.theheadline.jp/articles/659

4　普通は高い宣伝カーの上から演説するが、地元の自民党がそれをすぐに準備できなかったために、安倍は異例なことに、駅前のロータリーで道路に立ったまま演説を行なった。もし宣伝カーの上から演説していたら、山上の手製の銃ではとうてい弾は当たらなかっただろうし、当たっても致命傷にならなかっただろう。さまざまな偶然が作用したのだが、もちろん陰謀論者はこれをすべて事前に仕組まれたものであると解釈する。

5　「山上容疑者　負債六〇万円抱えていた『襲撃は七月に決意』経済的困窮が引き金か」『スポニチ』二〇二二年七月一七日号。

6　山上徹也は当初、圧力鍋から爆弾を作ってそれを使うことも考えたが、周囲の人々を巻き込むことになるので断念した。「山上容疑者、圧力鍋爆弾を断念し銃を製作『ピンポイントで狙えず』」『朝日新聞』二〇二二年七月二〇日。

7　本書の第八章「二〇二一年総選挙の結果と政治の危機」を参照。
8　フランシス・フクヤマ『政治の衰退――フランス革命から民主主義の未来へ』上下、講談社、二〇一八年。
9　この問題については以下の拙書の第五章を参照。森田成也『「共産党宣言」からパンデミックへ――歴史の終わりの弁証法』柘植書房新社、二〇二一年。

※補遺

安倍晋三銃撃事件をきっかけに、自民党と統一協会との根深い癒着が暴露されたが、そのせいで、日本でもアメリカと同じように宗教右派が政治を牛耳っているかのような議論が左派の間ではびこるようになった。だがこれは、戦後日本政治における宗教右派の影響力を極端に過大視するものだ。たとえばアメリカにおける宗教右派の代表格であるキリスト教福音派は、アメリカだけで約一億人もの信者を持ち（人口の二五％程度）、その本性を何ら隠すことなく、堂々と自分たちの政策を国民に訴えている。他方、日本の統一協会の信者数は公称でわずか五六万人であり（二〇一五年）、アメリカの宗教右派とは全然比較にならない。そして、統一協会の教義は、韓国を神の国とし、日本は韓国に服属し奉仕しなければならないというもので、およそ日本の保守派のナショナリズムと相容れない。彼らは日本では自分たちの正体を隠しながらでしか活動できないのである。

第一〇章　日本共産党の一〇〇年——三つの歴史的ポイントと今日の課題

【解題】本稿はもともと、『科学的社会主義』の二〇二二年一〇月号に寄稿した論文「中核と周辺の弁証法——日本共産党創立一〇〇年に寄せて」が元になっており、その後、大幅に加筆修正した上で、『日本共産党一〇〇年——理論と体験からの分析』（かもがわ出版、二〇二二年）の第二章「日本共産党史における三つの歴史的ポイントと今日の課題——創立一〇〇年に寄せて」と改題して収録し、さらに、今回、本書に収録するにあたって、標題を変えて、さらなる加筆修正を行なった。そのうち新日和見主義事件に関する節は、かもがわ出版版の論文にもともと入っていたのだが、論文全体があまりにも長くなりすぎたために、最終的に削除した部分である。今回、それを復活させたうえで、さらに全体にわたってかなりの加筆をした。他方、元の論稿に「補論」として入っていた短い論考「日本共産党創立一〇〇周年記念の志位講演を読んで」は割愛し、共産党の党首公選制に関する短い補論を代わりに入れておいた。

日本共産党は今年二〇二二年、創立一〇〇年を迎える。まずもって私は、同党が幾多の困難と逆境を乗り越えて、この一〇〇年もの歳月を同一の党名で通し、今日の圧倒的な保守的状況のもとで、なお日本社会と日本政治に強力な政治的基盤と影響力とを保持していることに、最大限の敬意を表したいと思う。戦前における絶え間ない厳しい弾圧、戦後のＧＨＱや独占資本による弾圧、一九八〇年の社公合意後の「共産党を除く」という政治的風潮、ソ連・東欧崩壊後の世界史的逆風、小選挙区制の導入による政治的ゲットー化、昨今における社会全体の保守化、等々の数々の困難を乗り越えて、今日なお、国政において数百万票を獲得し、地方議会に数千人の議員を維持し、減ったとはいえ二〇万人以上の党員を有する存在を維持している。もし日本共産党が存在しなければ、日本政治はどれほど悲惨なことになっていただろうか。

以上の全体的評価をした上で、日本共産党の一〇〇年に対して冷静な検討を加えたいと思う。日本共産党の歴史は、共産党自身および同党系の論者にあっては基本的に賞賛と栄光の歴史として一面化され、左右の批判者にあっては裏切りや暗黒の歴史として一面化されがちである。本稿はそのどちらでもなく、あくまでも社会科学的な観点から同党の歴史を評価したい。ただし、一〇〇年もの歴史をこの短い論考で論じるわけだから、論点を絞ることにする。本稿で取り上げるのは、一〇〇年の長い党史における三つの主要な歴史的ポイント、すなわち戦前における党の創立と壊滅、戦後の高度経済成長期における発展とその限界、そして最後に、一九九三年の政治改革前後から生じた政治的流動化の一〇年間における党指導部の政治的選択とその結果である。そして最後に、共産党にとっての今日的課題についても触れる。

一、戦前の共産党の特殊性——飛躍と挫折

まず、最初の歴史的ポイントである、戦前の日本共産党の創設とその後の一定の発展、挫折の過程に

ついて見てみよう。

先進性と後進性の弁証法

共産党の正統党史においては一九二二年七月一五日に、[1]堺利彦、山川均、近藤栄蔵ら八人が極秘のうちに渋谷のある家に集まって党が創立されたとされている。創立時のメンバーには他に、荒畑寒村、佐野学、野坂参三、渡辺政之輔、鍋山貞親などがいる。このいわゆる「第一次共産党」の創立メンバーを見てわかるのは、渡辺や鍋山などの例外を除いて多くが知識人出身であり、かつ、基本的には一九一七年のロシア革命の影響を受けてマルクス主義者になった人々であることだ。

マルクス主義政党の最初の創設者たちが革命化した先進的インテリゲンツィアであるのは、日本だけの現象ではない。たいていどこでも、マルクス主義政党の創設者たちの大多数は知識人であった。だが、日本における特殊性は、日本共産党を創設した人々の多数が単に知識人であったというだけでなく、マルクス主義者になったばかりの知識人であったということである。

創設メンバーの中で比較的古くからマルクス主義の立場にあったのは堺利彦ぐらいであり（その堺のマルクス主義もごく初歩的で素朴なものにすぎなかった）、それ以外はみな一九一七年のロシア革命以降に、あるいは実質的にはもっと遅く一九二〇～二一年頃にソヴィエト・ロシアとコミンテルンの影響でようやくマルクス主義者となった。この特殊性は、ドイツやロシアなど他の後発資本主義国と比べても明瞭である。どちらの国においても、共産党という存在が出現するまでに、マルクス主義政党（多くは社会民主党か社会党を名乗っていた）は何十年もの前史を有していた。ロシアで最初のマルクス主義団体である労働解放団が結成されたのは、ボリシェヴィキがロシア共産党となる一九一八年の三五年も前の一八八三年であるし、本格的なマルクス主義政党であるロシア社会民主労働党が結成されたのは一八九八年、つまり一九一八年の二〇年前であった。ロシアよりももっと早く資本主義が発達していたドイツでは、この前史はもっと長い。ヴィルヘルム・リープクネヒトとアウグスト・ベーベルがドイツで最初にマルクス主義政党を結成したのは一八六八年であり、その後、ラサール派と合同したのが一八七五年。これが第二インターナショナルの中心となるドイツ社会民主党の前身である。ドイツ共産党の結成は一九一八年であるから、共産主義政党の結成まで五〇年もの前史が存在することになる。このマルクス主義政党の中で、後に共産党を結成する人々はマルクス主義左派としての長い党活動を経ており、広範な大衆闘争と理論的研鑽に従事し、右派や中間派との闘争の経験を積み重ねてきた。いわばそうした長い政治活動と党内闘争の延長上に共産党の結成があったのである。

ところが、これら欧米諸国よりも遅れて資本主義に参入し、また海で隔てられた島国であり、当初から厳しい弾圧体制のもとにあった日本では、前史としては友愛会などの労働組合運動やごく短命に終わった社会党や社会民主党の一瞬の歴史を除けば、そのような長い修行と研鑽の時代は存在しなかった。第一次共産党に結集した知識人は広い意味ではみな以前から社会主義者であったが、その「社会主義」は、マルクス主義、無政府主義、サンディカリズム、社会改良主義、キリスト教社会主義、トルストイ主義などが入り混じった星雲状態の社会主義だった。欧米諸国では、この段階からまずは、マルクス主義の陣営と無政府主義やサンディカリズムの陣営との分裂が生じ、両者が労働組合や労働者大衆への影響をめぐって党派間闘争を行ないながら自立した発展を遂げ、次にマルクス主義陣営内部で革命的潮流と改良主義的潮流との分化が発生し、最後に、第一次世界大戦とロシア革命をきっかけに両潮流が組織的にも分裂し、前者が共産党へと結晶化するという過程を経ている。

しかし、後発国である日本ではこうした過程はきわめて圧縮した経過をたどった。一九二〇年代初頭における有名ないわゆる「アナ・ボル論争」は、ロシア革命とコミンテルンの結成を契機にした社会主義陣営の第一次分裂を象徴するものだが、アナキズムないしアナルコ・サンディカリズム一般とマルクス主義一般とが対立したのではなく、前者は反ボリシェヴィズムを掲げる特殊なアナキズムとして登場し、後者は最初からボリシェヴィズムとして登場し、この両者が対立したのである。一九二〇年代初頭にマルクス主義者となった知識人は、マルクス主義者となってから長い年月を経てボル派になったのではなく、ボル派になることでマルクス主義者となったのである。ここに、トロツキーが定式化した「不均等・複合発展法則」の典型（後発国における先進的要素と後進的要素との結合による歴史の圧縮・飛び越え）を見ることができる。[2]

日本における組織的ないし大衆的なマルクス主義の歴史が事実上、ボリシェヴィズムの導入とともに始まっただけではない。日本における歴史の圧縮過程はより強力だった。日本において、そもそもマルクス主義的と否とを問わず労働者政党の歴史そのものが、日本共産党の歴史とともに始まったと言っても過言ではない。もちろん、すでに述べたように、それ以前にも社会党や社会民主党の結成があったが、どちらもすぐに禁止され、ごく短命に終わった。日本の歴史において多くの大衆的な労働者政党（労農政党や無産政党）が結成されて本格的に活動を展開するのは、日本共産党が創設されて以降の話なのである。その基盤となったのは第一次世界大戦による戦争景気で爆発的に増大した都市労働者階級であったが、この労働者階級を組織する仕事が始まるやいなや、ロシア革命が勃発したため、この仕事の延長上に位置づけられる労働者政党の形成過程が、共産党の結成以降に生じることになったのである。こうして、これらの労働者政党ないし無産政党は、共産党の合法政党としてか、あるいは逆に共産党に対抗する政党として結成され、当時の厳しい弾圧下で離合集散しながらさまざまな活動を展開した。つまり、日本の労働者階級が（不十分ながらも）自分たちの独自の階級政党を持つためには、ロシア革命の衝撃と共産党の結成を必要としたのである。

話はまだ終わらない。日本における資本主義の発展によって都市部に広範に出現した労働者階級に近代的な知識や文化の要素を提供するという啓蒙的役割も、その多くはマルクス主義者や労働者政党に委ねられた。明治以降に出現した、富と教養をもった上層階層は欧米からの知識や習慣を導入しつつ独自のブルジョア文化を築いたが、彼らには、新たに台頭してきた労働者階級を包摂し統合するだけの力量も、そのための言語も持っていなかった。明治以前の武士文化から受け継がれた彼らの漢文調の文体は労働者や農民にとってまったく疎遠であった。明治末期から大正期にかけてようやく、いわゆる「大正デモクラシー」の展開と大衆的メディアの爆発的な成長が、ブルジョアジーによる労働者の文化的統合の可能性をつくり出したが、それが十分に成熟・発展するはるか以前にロシア革命が勃発し（大正六年！）、米騒動と都市ストライキの頻発、コミンテルンの結成（大正八年）と日本共産党の結成（大正一一年）という大事件があいついで起こった。ブルジョア知識人による大衆統合が成立する前に、それどころかそれが始まるやいなや、知識人自身がボリシェヴィキ的マルクス主義に感化され、その影響に巻き込まれることになった。大正デモクラシーの華やかな論客たちは、吉野作造や茅原華山のようにすぐに後景に押しやられるか、室伏高信のようにマルクス主義に一時的に傾倒して、その絶えざる影響圏内で言論活動をするようになった。

こうして、労働者階級の中に初歩的な知識と文化を持ち込む啓蒙的仕事は、その大部分が一九二〇年代後半の昭和初期におけるマルクス主義知識人ないしその諸団体の手に委ねられたのである。一九二〇年代末から一九三〇年代初頭にかけて、「プロレタリア」という形容詞を冠したさまざまな雑誌や書籍、諸団体が雨後のタケノコのように大量に出現するが、それらのほとんどは、文学、詩、音楽、短歌、絵画、映画、演劇、科学、語学、エスペラントなど文化や知識に関わるものだった。日本の都市労働者階級はまさにマルクス主義知識人ないしマルクス主義団体を通じて、先進的で大衆的な文化の要素に触れたのである（後で見るように、この過程は実は戦後の高度経済成長期においても繰り返される）。そして、こうした広範な知的・文化的領域は、日本におけるマルクス主義と共産党にとっての豊かな土壌となった。[3] ボリシェヴィキ的マルクス主義と、労働者階級の初歩的な文化的・知的欲求の充足とのこの独特な結合こそが、一九二〇年代後半から一九三〇年代前半におけるマルクス主義の爆発的な発展の重要な要因となったのである。[4]

このように、戦前の日本における共産党とマルクス主義の歴史は、日本における独自の不均等・複合発展の影響を受けて、きわめて独特な発展過程を経ることとなった。これは「先進性と後進性の弁証法」と言えるかもしれない。日本社会における近代化の水準と社会主義的要素があまりにも未発達で後進的であったからこそ、それはロシア革命後における最も先進的な革命思想と結合し、飛躍的発展を実現することができたのである。こうして、日本共産党はその結成から絶えざる弾圧のもとにあったにもかかわらず、その組織的レベルをはるかに超える政治的・思想的影響力を持つことができた。[5]

社会主義の第二次分裂――講座派と労農派

しかし、歴史の過程が極度に圧縮されたことで得られたこの大きな利点には、その裏面として、組織の内的脆弱さという不利さが伴っていた。ごく短時間で成長する樹木が折れやすいのと同じく、長期にわたる労働者政党ないしマルクス主義政党としての前史を経ることなく、ロシア革命とコミンテルンの影響を受けて即興的に結成された日本共産党は、最初から内的なもろさを抱えていた。結成直後の度重なる弾圧のせいで、第一次共産党は一九二四年にはあっさりと解党するに至る。このような短期間で解散した共産党の例は他のどの国にも存在しない。

その二年後に、コミンテルンの肝いりで第二次共産党が結成されたが、それも理論的・組織的準備が不十分なままの再結成だった。しかもその間に、マルクス主義者の間で多くの問題をめぐって理論的分岐と対立が生じていた。そのため、第一次共産党に結集した古参社会主義者の多くは第二次共産党には参加せず、一九二七年に「労農派」という独自のマルクス主義グループを結成した[6]。他方、第二次共産党に結集したマルクス主義知識人たちは後に「講座派」と呼ばれるようになった。この労農派と講座派との間では、日本資本主義の発展段階や日本国家の階級的性質、大地主の階級的性格、日本における革命の展望、あるべき組織形態、党と大衆組織との関係、等々をめぐって激しい論争が起きた。

本来なら、これらの諸問題は、共産党が成立するはるか以前に、マルクス主義者ないし社会主義者のあいだで論争されているべき問題であり、実際、他の後発資本主義国ではそうだった。たとえばロシアでは、一九世紀末にプレハーノフらの労働解放団とナロードニキとのあいだでその種の論争（ロシア社会の性質、ロシアにおける革命の展望などをめぐる論争）が起きていたし[7]、その後、一九〇三年以降にはボリシェヴィキとメンシェヴィキのあいだで、党のあり方や革命の展望などをめぐって、より精緻かつ具体的な形で起きていた。しかし日本の社会主義者たちは、ロシア革命後にボリシェヴィズムが日本に輸入されてはじめて、こうした具体的な理論的問題に直面し、マルクス主義のツールを用いて分析することができるようになったのであり、それゆえさまざまな理論的分岐がようやくその時点で発生したのである。

不均等・複合発展の法則が示唆するのは、単に、後発国において先発国の歴史が圧縮されて再現されることだけではない。それと同時に、他のどの国の歴史にも見られない独特の発展過程が起こるのだが、その一典型例が、ボリシェヴィキ的マルクス主義者の間で起こったこの講座派と労農派との分裂である。この分裂は、他の国々における分裂、たとえば、ドイツ社会民主党におけるマルクス主義陣営と修正主義陣営との分裂や、ロシア社会民主労働党におけるボリシェヴィキとメンシェヴィキとの分裂のような、マルクス主義の革命的翼と日和見的翼との分裂とは明らかに異なる。講座派は労農派をそのように位置づけようとしたが、それは明らかに誇張された規定であった。労農派は基本的にレーニン主義と正統マルクス主義に忠実であろうとし、ソヴィエト労働者国家を積極的に擁護した。それはまた、スターリニズム台頭後に各国共産党で起きたスターリニズムとトロツキズムとの分裂ともまったく異なる。労農派は、明確なスターリニストであった講座派に比べてトロツキーにより同情的であったとはいえ、いかなる意味でもトロツキストではなく、スターリニズムの支配するソ連とコミンテルンに基本的に忠実な立場を取り続けた。[8] だから、それは、ボリシェヴィキ化したマルクス主義陣営内部の分裂であるだけでなく、スターリニスト化したボリシェヴィズム内部の分裂でもあった。さらにそれは一九三〇年前後に起きた、スターリニスト内部の正統スターリニストとブハーリン主義者との小分裂とも異なる。労農派はブハーリン主義者ではなかったし（そもそも労農派はブハーリン主義的潮流ができる以前にできている）、一九三〇年前後の共産党の極左主義路線には否定的だったが、スターリンの強行した工業化や農業集団化を基本的に支持していた。

したがって、講座派と労農派との分裂は、他のどの国にもアナロジーを見出すことのできない日本独特のものだった。それは、日本があまりにも後発的であったことによって、マルクス主義発生のごく初期段階で起こるべき理論的ないし実践的な分裂と対立が、ボリシェヴィズムの輸入とスターリン主義の成立段階で生じたこととの結果なのである。共産党が創立された一九二二年時点ではまだよちよち歩きのマルクス主義者でしかなかった人々が、そのわずか数年後には、日本資本主義の性格や日本革命の展望をめぐって、マルクス主義の分析ツールを用いてきわめて高度な理論闘争を繰り広げるに至るまで成長したのは、驚くべき「歴史の圧縮」であったと言えるだろう。

さらに、この分裂が天皇制警察国家の過酷な弾圧下で起こったことで、単なる理論的対立に帰すことのできない特徴もそこに刻印されることになった。たとえば労農派が天皇制の問題を回避しつづけたのは、明らかに弾圧を回避するためであった。

内的脆弱さと社会的孤立

話を共産党に戻そう。戦前の日本における天皇制警察国家の激しい弾圧と、同党がその創立時から一貫して抱えていた内的脆弱さとがあいまって、戦前の日本共産党は、宮本顕治らが担った最後の党指導部が検挙されて以降（一九三三年）、事実上、その組織的存在を停止する。それと相前後して、日本の共産主義者たちは大量転向するのだが、これもまた、他の国の共産党の歴史には見られない独特の現象であった。これは、天皇制警察国家による絶え間ない弾圧の激しさや天皇制イデオロギーの強固な支配力だけからは説明できない。

それは、まず第一に、先に少し触れたが、共産党自身がその結党時から抱えていた内的脆弱さの劇的な表われであったと言うことができる。同党は、マルクス主義者（ボリシェヴィキ）になったばかりの知識人たちによって即興的に作られ、最初から過酷な地下活動を強いられた。長年にわたる組織活動やましてや地下活動の経験に乏しかった彼らは、秘密活動の技量に乏しく、精神的にも数年で疲弊してしまった。

第二に、これも先に少し述べたが、大正デモクラシーの発展がはじまるやいなやロシア革命が起こり、したがってリベラル派知識人の分厚い層が形成されるはるか以前に知識人の一部はマルクス主義ないし共産主義に傾倒するか、マルクス主義によって後景に押しやられた。このことは昭和初期におけるマルクス主義・共産主義の爆発的発展の要因となったが、同時に、マルクス主義知識人の周辺にリベラル派知識人や社会民主主義知識人・労働者の分厚い層を形成するのを妨げる要因にもなった。欧米では、共産党の周囲をこのような層が取り巻いており、それは労働者や知識人が共産党に行くのを妨げる役割を果たすだけでなく、共産党を支える役割も果たした。しかし、日本ではこのような分厚い層は存在せず、薄いリベラル知識人層（しかも彼らは最初から非常に民族主義的だった）が存在していただけだった。そのせいで、日本の共産主義者たちは社会的に孤立し、愛国主義と天皇崇拝に凝り固まった臣民たちの大海に浮かぶ小さな孤島のような存在になった。この社会的孤立は転向現象を促す強い社会心理的要因だった。単なる理論的確信は、周囲の人々の感情的な共感や支えなしには維持されえないのである。

第三に、一九三一年の満州事変から一気に加速した日本の大陸侵略の進展と国家的な戦争ムードの社会的支配は、共産主義者であれリベラル派であれ、その独立した思考の余地を著しく少なくした。国家、国民をあげてこの国難に立ち向かわなければならないという意識は、一般国民だけでなく、知識人をも飲み込んだ。共産党系の知識人も例外ではなかった。全面戦争と国家の危機という意識は驚くほど人々の思考を狭くするのである。また、日本の大陸侵略戦争が反欧米帝国主義という建前を取っていたことは、マルクス主義者の転向をより容易にした。とくに、アメリカとの直接対決をもたらした一九四一年の真珠湾攻撃は、これらの人々のあいだに熱狂さえ生み出した。

第四に、一九二〇年代末から日本のマルクス主義者の間で支配的となっていった「一国社会主義論」は、皮肉なことに、コミンテルンのソ連中心主義に対する反発と相まって、日本独自の（つまり天皇制を否定しない）国家社会主義へと行きつく理論的水路となった。

こうして共産党は、上からの弾圧と虐殺、内部からの大量転向、外部からの孤立といったさまざまな諸要因を通じて、その組織的な存在と活動を一九三〇年代半ばには停止するにいたる。共産党はそれ以降、獄中にいる非転向党員、獄外にかろうじて残っていたバラバラの知識人、そして海外で活動していた野坂参三らの小グループとしてのみ存続した。[9]

二、高度経済成長期における躍進とその限界

一九四五年八月に日本が無条件降伏し、同年一〇月にGHQが政治犯の釈放を命じて、非転向の共産党員たちが釈放されたところから、戦後の日本共産党の歴史は始まる。翌年の一月には中国に亡命していた野坂参三が帰国し、戦後共産党の組織活動が本格的に再開されるようになる。他方、労農派のマルクス主義知識人たちは、戦後、日本社会党に結集し、同党の独特の左傾化とマルクス主義化に寄与した。戦前における講座派と労農派との、主として知識人を基盤にした対立と論争は、戦後、日本共産党と日本社会党という強力な大衆的左翼政党を基盤にして再開された。もちろん、その時にはすでに戦前の論争の多くは時代遅れになっていたが、それでも両派は戦後もずっと理論的に対立しつづけるのである

（これもまた実に日本独特の現象だ）。

戦前戦中、マルクス主義者や自由主義者を含む大多数の知識人が天皇制国家とその侵略戦争を擁護するに至り、本心からであれ偽装としてであれ、八紘一宇と翼賛体制を公然と支持した事実は、非転向を貫いた一握りの共産党獄中組の政治的権威を著しく高めた。また、第二次世界大戦でナチス・ドイツを粉砕したスターリン支配下のソ連の絶対的権威もまた、戦後の共産党にとって大いにプラスに働いた。GHQは当初、政治犯を釈放したり、共産党や労働組合を合法化することで、戦後左翼運動の爆発的発展のお膳立てをしたが、そのあまりに急速な発展への恐れと国際的な冷戦の開始に促されて、いわゆる「逆コース」を取るようになり、レッドパージや下山・三鷹・松川事件をはじめとする謀略事件を通じて、共産党や戦闘的な労働組合運動を激しく攻撃した。それと並んで、あるいは占領期が終了した後も、日本の独占資本と大企業は、会社協調主義者を中心とする第二組合を次々と作って、民間大企業における戦闘的労働運動を封じ込めることに成功した。共産党自身の当時の極左主義的方針と活動はこの過程をいっそう容易にした。

中核と周辺の弁証法

しかし共産党それ自身は、そうした新たな弾圧にもかかわらず、戦前と違って壊滅することはなかった。たしかに、上からの弾圧と外国からの極左主義方針の押しつけ（それは朝鮮戦争と深く関連していた）とから起こったいわゆる「五〇年問題」をめぐって、党は一時的に解体と分裂の危機に瀕したが、宮本顕治の政治的手腕とイニシアチブのおかげで何とか持ちこたえることができた。だが、産別労働運動をはじめとする重要な民間労働運動は解体ないし縮小され、また官公労系の労働組合はおおむね社会党の強い影響下に置かれた。こうして共産党の政治的影響力はかなりの程度、周辺化されることになった。実は、皮肉なことに、この周辺化こそが、高度経済成長期における共産党躍進の物質的土台を形成するきっかけとなるのである。

生物進化の歴史にそれと類似の現象を見ることができる。ある歴史時代において、その時期の支配的な環境的条件に最も適合した生物種は最も繁栄し、最も有利で最も広い空間を占拠する。その一方で、この生物間競争に敗れた一部の生物種は周辺に追いやられ、より不利でより過酷な環境に適応するべく独特の進化を遂げる。その後、支配的な環境的条件が何らかの大きな事態（たとえば巨大な隕石の落下や海水温の急上昇など）がきっかけで激変すると、過去の古い環境的条件に最も適合していた生物種はこの新しい環境に適応できず滅んでしまうが、より不利で過酷な環境を生き抜いてきた周辺的生物種がむしろ新しい環境により急速に適応し、次の歴史時代において繁栄を遂げる。

これと類似したことが高度経済成長期の共産党にも起きた。戦後まもなく、民間大企業の労働組合が協調組合化し、その基幹活動家たちが反共的になったことで、あるいは官公労系の主要な大労組が社会党の影響下に置かれたことで、共産党は別の社会的基盤を組織化の対象とせざるをえなくなった。その主な対象となったのは、農村から都市へと絶えず大量に流れてくる若い未組織の男女労働者層、教師や下級公務員、大学の教員と学生、都市の小自営業者（民商の基盤）、町工場の労働者層（映画『キューポラのある街』や『男はつらいよ』などで描かれたような）、職人労働者、伝統的地域社会、団地を中心とした新興住宅地における主婦層や、小さい子どもを抱える若夫婦、そして共産党の活動家自身が都市部に組織した民医連系の病院・診療所などのいわゆる「民主団体」の職員、地域住民に依拠した反基地闘争や反公害闘争を担った諸個人、等々である。

これらの階層は、高度経済成長期においてますます膨大な数へと成長するとともに、高度成長によってさまざまな矛盾がしわ寄せされる部分でもあった（過剰な搾取、低賃金、失業、公害、家賃の値上げ、都市型の疎外と貧困、等々）。そこでは、悲惨な戦争体験から生まれた戦後の新しい平和主義と民主主義的な集団的文化への欲求やさまざまな生活要求が渦巻いていた。共産党は、各地域にくまなく生活相談所を設置して、一見政治的に見えないさまざまな生活上の悩み（子育てから借金の返済に至るまで）に取り組んだり、地方議員・国会議員の個人後援会活動（選挙だけでなく、レクレーションや情勢学習会なども）を通じて地域密着型の活動を展開した。共産党および民主団体は、農村という伝統的で抑圧的な（しかし相互扶助的な）古い共同体から切り離されて都市へと大挙してやって来た若者たちに、より民主的で高い理念に基づいた新しい共同体、新しいコミュニティ、新しい公共圏を提供したのである。そして、これらの領域は民間大企業と違って、相対的に資本の支配から自由な領域だった。

欧米の社会民主党系ないし共産党系の労働運動の中心が民間大企業や公務系の大労組であったのに対し、日本の共産党はそこから排除され、周辺化されたことで、別の社会的基盤を探し求め、その新しい基盤に適合した組織形態へと進化を遂げ、それが高度経済成長期において大きな利点となったのである。これはいわば「中核と周辺の弁証法」と呼ぶことができる。戦前の共産党の独特の発展のカギとなったのが「先進性と後進性の弁証法」という時間的なものであったとすれば、戦後における共産党の独特の発展のカギとなったのは、この「中核と周辺の弁証法」という空間的なものであった。[10]

宮本顕治指導下の日本共産党の二重の組織拡大路線（共産党自身の組織拡大と、共産党系の大衆団体の組織拡大）は、民間の大労組に依拠しなくてもなお影響力を広げ維持するために共産党が独自に進化させた、すぐれて陣地戦的な路線であった。そして、共産党が積極的に組織した大衆団体には労音（勤労者音楽協議会）や労演（勤労者演劇協議会）などの文化団体も数多く含まれていた。[11] ちょうど、戦前の一九二〇年代から一九三〇年代にかけて労働者階級の初歩的な知的・文化的要求・運動とマルクス主義組織との結合が生じたのと同じ過程が、その時よりもはるかに大きな規模で、そして天皇制警察国家の弾圧のない状況下で生じたのである。ただし、戦前と違って、それらの運動や団体には「プロレタリア」という形容詞が冠されるよりも、「民主」とか「勤労者」といった形容詞が付されたが、それは戦後の共産党が依拠した社会階層の多様性を表現していた。

民間大企業が協調主義組合で制圧され、その中の労働者が企業支配の中に包摂されていったにもかかわらず、共産党がその政治的・組織的力量をますます拡大することができたのは、その周辺において豊かな物質的・階級的基盤を見出し、その組織化にふさわしい形態へと進化を遂げていたからこそである。そしてこれはまた、一九七〇年代半ば以降の低成長期や、一九八〇年代半ば以降の新自由主義の席巻によって、民間大企業のみならず、公務労働者の労働運動も衰退した時期になっても、共産党が長くその組織的力量を維持しえた秘密でもあった。社会党が、一九八〇年代半ばの国鉄の分割民営化による国労弾圧をはじめとする公務労働運動の解体攻撃によってガタガタになり、急速に右傾化して、没落していったのに対して、共産党は周辺層に依拠することで強力にその組織的基盤を維持することができたのである。

このような多様で広範な物質的・階級的基盤は、戦後の日本共産党のさまざまな戦略や路線にも反映している。たとえば、共産党は、その名称を維持しつつも、しだいに労働者の階級政党としてよりも国民政党として、社会主義革命をめざす党としてよりも平和と民主主義をめざす党として、自党を押し出すようになっていった（いわゆる六一年綱領における二段階革命路線はこの戦略とうまく合致していた）。

また、いわゆる「自主独立路線」もこの物質的・階級的文脈に位置づける必要がある。共産党の宮本指導部が「五〇年問題」を克服して以降、しだいに自主独立路線を確立していったことは、日本の党が取るべき路線を、諸外国のあれこれの党の意向にもとづいてではなく、あくまでも日本の社会と政治の具体的状況にもとづいて独自に政治判断し、自己の基盤である諸階層・諸階級の独自の要求に合わせて、自らの戦略を選択することを可能にした。また、広範な組織的基盤にもとづいた安定した収入（党費＋機関紙収入）は、財政面でもこの自主独立を可能にした。

もちろん、高度成長期における共産党の躍進をこのような社会的基盤にのみ求めるのは一面的であろう。そもそも、当時、日本を含む世界は全体として急進的な政治的上昇過程の中にあり、キューバ革命の影響やベトナム反戦運動をはじめとする国際的な左翼的雰囲気が、共産党の伸長に役立ったのは言うまでもない。だが、どんな急進的雰囲気があっても、それを受け止めて組織的に結実させる物質的な社会的基盤が存在しなければ、党の成長にはつながらない。その方向を最大限追求した宮本指導部の手腕は並外れたものであると言わなければならない。

女性の参加と世代間継承

共産党のこの時期の順調な成長とその後の政治的持ちこたえの鍵となるさらなる要因として、二つの点を指摘しておきたい。これは、新しい社会的基盤の獲得と強く連関しつつも、相対的に独自のものであり、かつ従来あまり重視されてこなかった要因だ。

一つは、戦後の共産党がさまざまな年齢階層・就業形態の女性たちを広範に組織することに成功し、女性も安心して参加できる活動スタイルを構築したことである。共産党は周辺層の地道な組織化に取り組んだわけだが、この周辺層の半分以上はさまざまな階層の普通の女性たちであり、身近な諸要求（保育所や学童保育の設立など）の実現や平和問題などを軸にした組織化（や選挙活動）の地道な活動は女性も安心して参加できる活動スタイルだった。これら女性党員は、いわゆる居住支部においてかなりの割合（しばしば多数）を占め、地域社会に根ざした陣地戦の主力部隊となった。母親運動や新日本婦人会のような大衆運動・団体もそうした方向に沿ったものだった。戦後の共産党は、過酷な弾圧にさらされていた戦前と違って、大規模に女性党員を組織化することに成功し、そのこと自体が党の大衆化に大きく寄与した。人口の半分は女性であり、女性が大規模に参加できる運動体だけが持続性と大衆性を持ちうる。どれほど立派なスローガン、どれほど高邁な理論をもっていようとも、市井の女性たちに受け入れられないような組織に未来はない。

二つ目は、この女性の広範な参加とも相関しているが、共産党が世代間の継承を可能とするような活動や宣伝の工夫を系統的に行ない、それに成功したことである。発達した資本主義国における革命の事業は一世代の機動戦的事業ではなく、数世代にわたる地道な陣地戦的事業であり、したがって親の世代の思想や活動を子どもや孫の世代も受け継ぐことができなければならない。共産党や民主団体がある種の文化的・政治的コミュニティの役割を果たしたこと、そして女性の活動参加が、夫婦ともに共産党員であるという世帯を大量に生み出したことで、このような世代間継承を容易にしたが、それだけでは不十分であった。

組織の中心が、数世代にわたる労働者によって構成されている産業労働者・鉱山労働者・港湾労働者である場合には、工場や鉱山や港湾における労働環境そのもの、あるいはその周辺に形成される労働者街という生活環境そのものが、そのような世代間継承を可能とする物質的基盤となる。しかし、そうした中核部から相対的に排除されていた共産党は世代間継承の独自の工夫を必要とした。その最大の武器が『赤旗』であり、何よりも『赤旗日曜版』であった。

一九五九年という早い時期に創刊された『赤旗日曜版』は週一回の発行で、非常に低価格で、それほど共産党を熱心に支持していない世帯や、貧しい庶民層でも気軽に購読することができた。そしてその紙面には、狭い意味での政治の話題だけでなく、スポーツ、文化、芸能、家庭、医療、さらには小説や漫画（手塚治虫や矢口高雄のような超一流の漫画家たちが一流の漫画を提供した）、囲碁・将棋なども掲載され、文字通り老若男女の全世代が読み、楽しみ、学ぶことができるよう工夫がなされていた。これは、先に述べた女性の活動参加を促す役割を果たしただけでなく、活動家の世代間継承を可能にしたのである。購読者世帯は、子どもの頃から『赤旗日曜版』に親しむことで、自然と共産党という存在を身近に感じるとともに、政治と文化、高度な政治思想と日常生活とを結びつけ、政治の腐敗と社会の不条理に怒り、反戦平和や男女平等、民主主義的人間関係、世界の被抑圧民族への連帯を当然とみなす世界感覚を身に着けていったのである。[12]

新左翼との対比Ⅰ――社会的基盤の問題

以上、共産党が高度成長期に飛躍を遂げ、またその後の低成長期にもその陣地を維持することに寄与した三つの要素（広範な周辺層の組織化、女性の広範な参加、世代間の継承）について見てきたが、この宮本路線の独自性は、一九六〇年代以降に大規模に発生した新左翼運動と対比することによって、いっそう鮮明となる。

日本の新左翼は世界のどの先進資本主義国とも同じく、一九五六年のフルシチョフ秘密報告とハンガリー事件を契機に発生し、一九六〇年の安保闘争、その後の大学紛争を通じて社会的にきわめて影響力の大きい政治勢力となった。だが、戦前から左翼反対派やトロツキストの伝統が一定存在した他の先進資本主義国と違って、日本の新左翼はそうした伝統が皆無の状態から、戦後のフルシチョフ報告とハンガリー事件をきっかけに一気に出現することになった。彼らのこの政治的連続性の欠如は、ちょうどロシア革命とコミンテルン創設の影響で一気に成立した戦前の日本共産党と同じく、最初から内的脆弱さを抱えていた。戦前からの鍛え抜かれた指導部の欠如、大衆的労働者党での長い活動経験の不在、若者特有の焦燥さや極端さを好む傾向への安易な便乗、等々。それでも彼らは、時代そのものが急進的であった一九六〇~七〇年代初頭、大学や青年労働者の間で共産党や民青同盟と、あるいは新左翼党派間で激しいヘゲモニー争いを演じ、一部の大学では共産党・民青をはるかに凌駕する勢力にさえなった。

しかし、新左翼は、先に上げた共産党躍進の三つの要素をすべて欠いていたため、その勢いは結局一時的なものにとどまった。まずもって、新左翼の社会的基盤はほとんどもっぱら大学に集中し、カードルの大部分をそこから調達したが、長期にわたる陣地戦のための独自の物質的基盤をそれ以外の広範な社会階層に見出すことはできなかった。一九六〇年代後半と一九七〇年代初頭における革命的雰囲気の中で急進化した若い世代の高学歴者しか獲得できなかった彼らは、学生層が急速に保守化するにつれ、そしてかつての急進的世代が年を取っていくにつれて、新規獲得者の縮小再生産を繰り返すようになった。ますます小さくなっていくパイを相互に奪い合う必要性から、彼らは党派間闘争を過度に激化させていった。彼らの内ゲバ主義への退行は、まさに独自の社会的基盤の不在を根本原因としている。

日本の新左翼各派が三里塚闘争と反差別運動にのめり込んでいったことも、ある程度このことから説明できるだろう。

まず三里塚闘争についてだが、新左翼は建前上、プロレタリア革命を掲げていたにもかかわらず、労働者階級のあいだにほとんど大衆的陣地を築くことができず、かといって共産党と違って広範で多様な周辺的社会階層にも浸透できなかったので、一時的に急進化し先鋭化した一部の周辺層にのみ依拠することを余儀なくされた。その一つが、成田空港建設に反対した三里塚農民の運動であった。

ちょうど大学で学生運動が急速に盛り上がりはじめるころにこの三里塚闘争が起こったので（三里塚空港反対同盟の結成は一九六六年）、新左翼党派の多くは、三里塚農民の運動に自派の存立そのものを賭けた最大級のコミットメントをした。土地を持つ自営農民は一面では保守的だが、その生活基盤そのものである農地や農業経営そのものが脅かされるとき、労働者以上に戦闘的になりうる。成田空港建設によって自己の存在を脅かされた三里塚農民はまさにその典型だった。新左翼は三里塚農民のうちに、自分たちに欠いていた闘う労働者の代行物を見出したのである。また、その農地や家屋、農村地域は、長期的闘争を継続するための空間を提供することもできた。どんな運動もある程度、非支配的で自治的な物質的空間を必要とする。大学と並んで三里塚はそうした空間を提供するものだった。だが、本来は住民運動の一つでしかなかった三里塚闘争はたちまち「階級決戦」や党派間の激しいヘゲモニー争いの場と化し、やがて運動そのものも分裂して衰退していった[13]。

次に、種々のマイノリティ（被差別部落、在日コリアン、障碍者など）の反差別運動への関与について。これは、これまで主流の左派のあいだでは十分に取り上げられてこなかったマイノリティ問題を政治課題として前景化するという進歩的役割を果たしたが、新左翼が採用した差別糾弾路線はしだいに先鋭化し、より平等で民主主義的な人間関係や社会的状況をつくり出すことに寄与するよりも、むしろ殺伐とした敵対的人間関係や雰囲気をつくり出した。またそれは、共産党ないし他の党派を差別者として糾弾するというやり方を通じて、頻繁に党派闘争に利用され、またしばしば暴力を伴った。これは、差別を生み出す社会構造を問題にするよりも、差別した(とされた)特定の個々人や集団を糾弾することをしだいに自己目的化させていき、完全に袋小路にはまり込んでいった。

新左翼との対比Ⅱ――女性の獲得と世代間継承の問題

以上が、広範な社会的基盤を欠落させていたことの帰結だが、続いて、残る二つのポイントについても見ていこう。まず、新左翼が追求したマッチョな機動戦的活動スタイルと過激な党派間闘争は、当然にも、一般労働者のみならず、多様な年齢階層の女性たちを惹きつけることはできなかったし、内ゲバが頻繁になってからはますますそうなった。しかも彼らの主要な活動家調達分野は(当時にあってはまだ)男子学生が大多数を占める四年制大学であった。また、マッチョな組織の中に少数の女性がいる運動体ではよくあることだが、新左翼運動に参加した少数の若い女性たちはしばしば、男性活動家によって性的搾取の対象とされた。新左翼諸党派が取っていたウルトラ中央集権主義(この点では彼らは通常のスターリニストよりもはるかにスターリニスト的だった)もまた、権力を一握りの男性幹部に集中する傾向を持った。

この新左翼運動の周辺から、あるいは新左翼の男性至上主義に対する反発から、欧米の第二波フェミニズムの日本版であるウーマンリブの運動が起こり、これは若い世代の女性たちの政治的覚醒に寄与したが、新左翼の運動とは異なる軌跡を描いたし、またこの運動そのものが新左翼諸党派の暴力主義的堕落によってダメージを受けた。新左翼は結局、人口の半分を占める広範な女性たちのあいだに安定した陣地を築けないままに終わった。

さらに新左翼諸党派は、その機関紙誌を狭い意味での政治主義的な記事と理論的論文で埋め尽くした。彼らの短期決戦的で機動戦的な発想は、広範な女性や労働者を退けるものであっただけでなく、世代間継承を著しく困難とするものだった。完全に思想的に確信を持った一握りの活動家しか読まないような紙面づくりを延々と続けることで、彼らは自分たちの運動が一世代で終わることを自ら運命づけた。新左翼活動家たちも、共産党員と同じく、大学卒業後には結婚し、家庭を持ち、子どもを作ったが、この子ども世代が親の思想や活動を受け継ぐことはほとんどなかったのである。

先進国の長期的な陣地戦にあっては、党派の優位性は何よりもその民主主義的文化性の水準に、そして、世代間、階層間、地域間、男女間の疎隔を乗り越えてそれらの間に有機的結びつきをつくり出す能力（ヘゲモニー！）にあるのだが、そういう発想自体が新左翼にはほとんどなかった。彼らは、ヨーロッパ諸国のトロツキストが獲得したような大衆的基盤さえまったく獲得できなかった。彼らは、一九六〇年代と七〇年代前半における急進的世代の高齢化と共に着実に衰退し、今や消滅の危機を迎えている。[14] 彼らは、その野放図な暴力と大量殺人によって（内ゲバで約一〇〇人もの人間が殺され、さらにそれ以上に人が重軽傷を負ったり、一生残るような障害を負ったりした）、日本の左翼全体に致命的な打撃を与えた。

「新日和見主義事件」の意味

共産党は、三里塚と違って、大学という重要な基盤を手放すわけにはいかなかったので（それは中堅幹部の人材を獲得する場でもあった）、新左翼諸党派と激しいヘゲモニー闘争を繰り広げた。しかし、大学の党支部や全学連、民青同盟などを中心に活動していた若い活動家の中には、新左翼との対抗上、共産党の主張や活動スタイルをより先鋭で急進的なものにし、「層としての学生」にもっと依拠した戦闘的大衆闘争を遂行しなければならないという意識を発展させた一群の人々が現われた。それは、当時の急進的雰囲気においては必然的な成り行きだった。

彼らは同世代の活動家として相互に一定のつながりをもち、選挙中心の党中央に対しておおむね共通した批判的意識を持ち、民青同盟に対する党の官僚的な干渉に反発した。しかし、それはいわゆる「分派」と呼べる水準からは程遠いものであったし、ましてや反党的なものではまったくなかった。そこで生じていたのは、急進的時代の雰囲気の中で急成長した新しい若手世代と、より保守的な時代に自己を形成した上層部の古い世代との対立と軋轢であったと言ってよい。それは激動する歴史の中で活動するあらゆる党派が経験する内的矛盾であり、より有機的で民主主義的な方向で解決することは十分に可能だった。しかし、宮本を筆頭とする党指導部はこうした若い急進的活動家に強い警戒心を抱き、彼らの活動のエスカレーションが、指導部の絶対的ヘゲモニーを脅かし、さらには、党の本来の基盤である周辺層の穏健な政治意識と矛盾することになるのを恐れた。

このような過剰な警戒心と恐れがエスカレートして、ついに一九七二年、いわゆる「新日和見主義」事件が起こることになる。急進化した学生党員や全学連幹部、青学対メンバー、民青地方幹部の一部が独自の分派を作っていると思い込んだ党指導部は、彼らに対する監禁を伴う過酷な「査問」を実施し、一世代の若手活動家の中核部分を指導部や党機関、大衆団体から排除した（一〇〇人以上が査問を受け、処分を受けたと言われている）。「新日和見主義者」として摘発されたこれらの活動家は、実際にはそのほとんどが党に忠実な人々だったのだが、宮本ら党幹部の疑心暗鬼によって処分され、排除されてしまったのである。[15]

この事件は明らかに大学や青年層における党の影響力を大きく引き下げる役割を果たした。共産党は結局、青年学生分野でこの事件が引き起こしたダメージを回復することはなかったように思われる。また、党に忠実でありつつ、なおかつある程度自立的な思想や運動を展開する能力を持った活動家を大量に排除したことで、党と民青同盟自身のその後の官僚化と理論的・実践的能力の低下を明らかに促進し、一九八〇年代以降における党勢の停滞と衰退を準備することとなった。

しかし、青年学生分野と理論分野におけるこの事件の影響は甚大だったとはいえ、他方では、党の社会的・物質的基盤の中心が別のところにあったことで、この事件の直接的なマイナスの影響はなお周辺的なものにとどまったのである。

成長の限界

以上見たように、共産党は、戦後のGHQの「逆コース」や独占資本の企業社会的支配によって周辺化されたことで、かえって独自の社会的基盤を獲得できるよう適応・進化し、それが高度成長期に共産党の躍進基盤となったのだが、そこには必然的に限界があった。農村から都市へと大量に流入していく若年労働者の波は、一九七三年の石油ショックを契機とした日本経済の低成長への転化と、自民党政権が地方で追求するようになった大規模な公共事業政策によって一九七〇年代後半には完全に頭打ちになった。地方公務員の数も一九八〇年代以降の行政改革と新自由主義路線によって減少に転じた。自営業者や職人層も低成長と新自由主義の中で同じ衰退の運命をたどった。高度成長の中で収入を高めた労働者世帯が郊外で一戸建て住宅やマンションを買うようになると、伝統的な地域社会もますます衰退していった。さらに若い世代は、企業が提供するレクレーションやテレビ文化を通じて支配体制へとしだいに統合されていった（二一世紀になるとインターネット文化がいっそう直接的な形で支配的文化に統合した）。こうして共産党が新たな基盤とした層は明らかに増大から停滞ないし減少に転じた。

また、高度成長期の条件に過度に適応した共産党の組織拡大路線そのものもしだいに自足的で一面的なものとなっていった。すでにその対象となりうる階層の拡大が止まりその縮小が始まっていたにもかかわらず、あるいは、むしろそうであったからこそ、党勢を維持拡大するために、絶えずこれまでの到達水準を上回る党員数や機関紙読者数を達成するよう上級機関から一般党員や地方議員に圧力がかけられるようになった。一九八〇年代にはこの矛盾がしだいに耐えられないものとなっていき、多くの党活動家たちは年に何度もやってくる拡大月間に追われてしだいに疲弊するようになり、多くの未納・未結集党員を生むようになった。[16]

この一九八〇年代はさらに、上からの党内締めつけ、大衆団体や知識人に対する統制が過度に強まり、さまざまな事件が相次いで起こった時期でもある。この種の統制・排除の先駆的事例はすでに紹介した「新日和見主義」事件だが、一九七二年におけるそれが（大規模だったとはいえ）孤立した事件だったのに対して、一九八〇年代においてははるかに多様で広範な広がりを見せた。まず小田実と上田耕一郎との対談を契機にした『文化評論』事件、反共市民主義批判のキャンペーン、『民主文学』四月号事件を契機とした民主主義文学同盟の分裂、平和委員会と原水協での粛清事件、東大院生支部の伊里伊智事件、ネオ・マルクス主義批判のキャンペーン、その他大小さまざまな事件や混乱が起こった。これらの事件はいずれも、かつてあれほどの成功を見た宮本路線が明らかに限界に至り、現実とのさまざまな矛盾を引き起こしていたにもかかわらず、それを上からの統制強化で乗り切ろうとしたことで起きたものだった。その中で、多くの大衆団体幹部や党員知識人が傷つき、幻滅して党を去り、あるいは追放された。明らかに路線転換の必要性が多くの党員によって強く実感されるようになっていたが、宮本本人が健在であるかぎり、転換は著しく困難だった。

三、政治改革以降における政治的選択とその結果

一九八九〜九一年におけるソ連・東欧の崩壊は、世界的に共産党の危機をつくり出した。宮本体制の末期に起こったこの事件において、宮本指導部はソ連共産党の解散を「もろ手を挙げて歓迎する」という大胆な声明を出すことで乗り切ろうとした。これは晩年の宮本顕治のイニシアチブでなされた最後の政治的はったりであったと言ってよい。[17] しかし、このようなはったりだけで乗り切れないのは明らかだった。宮本路線そのものの見直しが必要になっていた。

宮本指導部から不破指導部へ

宮本指導部のもとで若いころから書記局長として（後に委員長として）重用され、理論的な仕事を兄の上田耕一郎と共に担ってきた不破哲三は、一九九〇年代に宮本がしだいに高齢と病気のせいで党内の実権を失っていくと、当然のごとくその実権を受け継ぎ、一九九七年に宮本が名誉議長に退くと、共産党は完全に不破の指導下に入った。不破がその後行なった宮本路線からの大きな転換は次の三つである。

まず第一に、すでに行き詰まりを見せていた、党員数や機関紙読者数の絶えざる拡大路線から脱却したこと、第二に、宮本時代の後半期以降ますます息苦しくなっていた党内の締めつけ体制をかなりの程度緩めたこと、第三に、宮本時代の（かなりの程度まだ革命的であった）綱領から革命的要素をできる

だけ除去したこと、である。これらの転換のうち第一と第二はほとんどの党員によって潜在的に望まれていたことなので、スムーズに受け入れられた。第三の転換についても、一部の左派党員からは強い反発が起きたが、[18]全体としては受け入れられた。宮本指導部の長い時代を経た後では、一般党員には党指導部のどんな転換をも受け入れるメンタリティが形成されていたからである。

こうして、この不破指導部（あるいは、一九九〇年の宮本時代末期に書記局長に抜擢され、不破全盛の二〇〇〇年に委員長に昇格した志位和夫とセットで、不破＝志位指導部と言ってもよい）のもとで、脱宮本路線が目指されたのだが、目まぐるしく変化する国際的・国内的状況のもとで新たな前進と飛躍を可能にするような新しい路線や新しい社会的基盤が獲得されたわけではなかった。不破共産党は基本的に、宮本共産党時代の政治的・組織的遺産を食いつぶしながら存続しつづけた。それでも、不破時代に共産党が新しい飛躍の可能性をつかむ機会は存在した。それが、一九九三年の政治改革をきっかけに起きた政治的流動化の一〇年である。

政治改革後の政治的機会の逸失

一九九二〜九三年の時期、小選挙区制の導入を柱とする政治改革は、「政権交代のある民主主義」を合言葉に、『朝日』『毎日』などのリベラル系新聞だけでなく、『情況』のような新左翼雑誌、後房雄や高橋彦博などのマルクス派知識人、筑紫哲也や久米宏などのリベラル派マスコミ人、有象無象の市民派、日本新党や新生党などの新興リベラル・新保守政党、最大野党だった社会党などをも巻き込んで、あっという間に支配的世論となり、共産党をはじめとする少数の反対論を押し流していった。社会党が、細川連立政権に入閣して小選挙区制の導入に賛成し（一部の青票議員を除いて）、さらにその後、自民党と組んで村山自社政権を形成し、安保・自衛隊を容認するに至ると、社会党は坂道を転げ落ちるようにその議席を減らしていった。[19]社会民主主義派とリベラル派のこの破滅的な政治的選択は、戦前の日本において日本の侵略戦争を支持したことに次ぐ歴史的裏切り行為だった。

この小選挙区制の導入とその後の社会党の没落、そしてそれによる保守政党による政治空間の独占こそ、現在の悲惨な政治状況をつくり出した元凶であるが、それでもなおこのような政治的経過が必然的であったとまでは言えない。社会党ないしその後継政党である社会民主党のその後の政治的選択、そして何よりも、不破共産党の政治的選択しだいでは、現在、われわれが目にしているような悲惨な状況を多少とも回避することができたはずである。

ではどのような政治選択をするべきだったのか。一九九三年の政変を契機に、あるいはその前から、これまでの政党配置が一気に流動化し、多くの新党が次々と結成・合流・解散を繰り返すようになった。一九九四年には新進党が結成され、一九九六年には菅直人や鳩山由紀夫を中心として民主党が結成された。これらの政党はいずれも、守旧派である自民党の体制をより徹底した新自由主義ないし反開発主義の立場から批判する「リベラル」な諸政党であったが、自社政権を解消した自民党自身が一九九六年以降に新自由主義へと転換すると、これらの政党は自民にお株を奪われたことで求心力を失っていき、新進党は一九九七年に解散するに至った。新進党から独立した公明党は、一九九九年に自公政権を作るに至る（当初は自由党も加わった自自公政権）。その後もさまざまな新党結成や離合集散が繰り返されたが、その詳細についてここで語る必要はないだろう。

共産党は、これらの新自由主義的ないし中間主義的な諸政党の離合集散騒動に巻き込まれることなく、あくまでも独自路線を貫いた。これ自体は間違っていない。このような離合集散に積極的に巻き込まれていった旧社会党ないし社会民主党の悲惨な末路を見れば、共産党がこの政治的仮面舞踏会から断固として距離を取ったことは正しかった。しかし、まったく別の立場から、まったく異なった戦略的目標をもって、この政治的流動化過程に共産党は積極的に介入するべきだった。すなわち、社会党（社民党）の良心的部分や新社会党、左派系の市民派に向けて積極的に共闘を呼びかけ、自民党ないし自公を中心とする新保守主義ブロックと、民主党（およびそれに類似する諸政党）を中心とするリベラルな新自由主義ブロックとに対抗する、護憲と革新の第三極をつくり出すイニシアチブを取ることである。

とりわけ、共産党が、一九九六年の衆議院選挙と一九九八年の参議院選挙において、社会党の裏切りによって投票先を失った旧社会党票やより広い護憲・革新票の大部分を集めてかつてない大量の得票と大幅な議席増を実現した時、その有利な政治的基盤をできるだけ有効に用いて、そうした統一戦線の呼びかけをするべきだった。これは歴史的に決定的な時期だった。二〇一〇年代末以降に共産党が野党共闘を追求した時のような熱意と自己犠牲の精神でもって（すなわち、場合によっては小選挙区で自党候補者を下すという選択を含む共闘）、この時期、「護憲と革新の連合」づくりに邁進していたとしたら、状況は大きく変わっていたかもしれない。「見返りは民主主義」という名言が必要だったのはまさにこの時だった。必要だったのは、野党連合政権という夢想にふけることではなく、現在の厳しい政治状況が今後も長く続くことを見通して、下からの地道な陣地戦を統一戦線型で遂行することだった。この指摘はけっして後知恵の産物ではない。私は一九九三〜九四年の政治改革騒動の時期から一貫してそう主張してきた[20]。たとえば、一九九四年の論文において私は次のように述べている。

では、帝国主義の二つの分派（能動派と受動派）と対決する真のオルタナティヴとは何か？　それは小選挙区制に反対投票した社会党議員をはじめとする誠実な社会民主主義者、主に「弱い市民」層に依拠した市民運動、そして共産党という、主要な三者を軸とした「護憲と革新」の統一戦線である。そしてこの統一戦線に、共産党より左の党派（ただし内ゲバ派は除く）も、戦闘的労働組合も、誠実なリベラル左派も参加することである。[21]

だが、不破指導部は、一九九八年七月の参院選で八二〇万票という過去最高の得票と議席の大幅増を獲得すると、それがあくまでも社会党の没落による一時的な得票増にすぎないことを理解せず、このまま共産党が順調に得票を伸ばしていって、民主党や自由党を中心とする新自由主義ブロックと手を結べば、政権に手を伸ばすことができるという幻想に陥った。[22] 共産党は、不破の主導のもと、同党の安保政策を「凍結」した上での野党による暫定連合政権論（「政権構想」ではなく「政権論」だというのが当時の主張）を打ち上げた。同年九月に開かれた第三回中央委員会総会では、「今日の情勢は、これまでのどの時期とくらべても、この方針がリアルな現実性をもっている」という楽観論が振りまかれ、次の総選挙ではこの野党連合政権論を掲げて闘うとまで言われた。当時、共産党指導部は本当にこのような野党連合政権が可能だと考え、そこに共産党も入れると信じた。だからこそ、他の野党から別に求められてもいないのに、「安保凍結」という具体的な譲歩姿勢を一方的に示したのである。これは致命的な判断ミスだった。小選挙区制という制度的制約と新自由主義の蔓延という時代的雰囲気のもとで、共産党がそのまま順調に得票を伸ばして政権に接近できるなどというのはありえないことだった。実際、民主党は冷淡な態度を示しつづけ、同年一一月には自民党と自由党との間の政権合意が実現して、野党連合政権の夢はあっさり潰え去った。完全に共産党の独り相撲だったと言ってよい。

宮本時代の共産党は、民間大企業の労働組合という、社会主義政党にとっての本来の中核部分から排除され周辺化されたことで、むしろその周辺の条件に適応し、それに応じた進化を遂げ、その後の発展の礎石を築くことができた。しかし、不破時代の共産党はまさにこの適応と進化ができなかった。自民党ブロックと民主党ブロックによって中核から排除され周辺化されたとき、共産党はその周辺的条件に適応して、「護憲と革新のブロック」を形成する党として新たな進化を遂げるべきだった。もちろん、そうしたからと言って必ず成功したとは言えない。旧社会党（社会民主党）のセクト主義ゆえに結局、失敗したかもしれない。しかしそれでも別の可能性はあったのであり、その可能性を最大限追求するべきだった。不破指導部は、この決定的な時期に大胆な政治的決断をする勇気と先見性を欠いていたのである。

こうして、一時的に共産党に避難所を求めた広い意味での護憲・革新票はその後、共産党から急速に離れていった。なぜか？　まず第一に、共産党があっさりと民主党との連合政権を云々しはじめたことで、共産党に革新政党としての立場の堅持を求めた主要な護憲・革新層を落胆させたことである。だが、これだけで説明することはできないだろう。当時、共産党に新たに流れ込んだ票の一部は、自民党に対するリベラルな対抗勢力を期待する層でもあった。このような層にとって、共産党という政党は、その性格上（自衛隊の解散や安保の廃棄等々を含む急進的な綱領を持った社会主義政党）、長期的に投票しつづけうる政党ではなかったということである。[23]

ただし、共産党がその綱領の核心的部分を変えてリベラル化すればいいというものではない。そんなことをすれば、共産党の急進的な政策に共感している護憲・革新層を裏切るだけでなく、党の綱領にイデオロギー的確信をもって日夜努力を惜しまない最も献身的な活動家の大部分を失うことになるだろう。

共産党がその政治的・組織的陣地を維持しているのはこのような急進的目標やそのイデオロギーのおかげなのであり、たとえそのことが大規模野党になるのを妨げているとしても、それを捨て去るわけにはいかないのである。これはジレンマだが、やむをえないジレンマである。

共産党がその綱領的核心を維持しつつ、なおかつより広範な票を（共産党それ自身でなくても）革新の陣営に維持するためには、「護憲と革新の第三極」という大きな政治的貯水池を作る必要があった。それによって、共産党一党だけでは維持できないより多くの票を革新陣営にとどめることができたろうし、それを基盤にしてより広範な支持を集めることもできたろう。しかし、この第三極が作られなかったため、共産党は、自民党に対抗しうる政治的選択肢の範囲から外れることになり、結局、共産党に一時的に流れ込んだ票は、対抗馬になりうるとみなされた民主党へと移動するか、棄権票になったのである。

それ以降も共産党は、「護憲と革新」の第三極づくりに本格的に着手することはなかった。一九九三年政変後の政治的流動化の一〇年という決定的な時期と機会をみすみす逃した結果、一時的に民主党が政権を取った一時期（二〇〇九～二〇一二年）を除いて、[24] 自公を柱とする保守政権が一貫して継続するという事態になった。その間に社民党は泡沫政党にまで落ちぶれ（その最大の責任はもちろん社民党自身にある）、民主党およびその後継政党である立憲民主党は、かつての社会党よりもはるかに小さな政治的・社会的影響力にとどまることになった。第三極を作るという展望と可能性は烏有に帰した。そして、共産党は時おり得票や議席を伸ばすことはあっても、一九九〇年代末に達した水準にけっして再び届くことはなく、三〇〇万票～六〇〇万票の範囲内にとどまっている。

こうして、われわれは、戦後史上最も保守的な政治状況の中で日本共産党の一〇〇周年を迎える事態に直面することになった。前衛党を自認する共産党たるものが（その後自認しなくなったが）、決定的な機会を見逃した過ちは罰なしですまなかったのである。

四、今日における日本共産党の課題

以上三つの歴史的ポイントに即して、日本共産党の一〇〇年を俯瞰してきた。最後に、現在の情勢に即して、共産党の課題について見ておこう。

停滞と新しいチャンス

周知のように、二〇一一年の福島原発事故をきっかけに起こった大規模な反原発運動、二〇一四～一六年におけるさまざまな政治的課題（とりわけ安保法制をめぐるそれ）での野党共闘の成立などを経て、二〇一九年の参院選以降、選挙でも野党共闘が本格的に追求されるようになった。だが、こうした変化は、一九九三年の政治改革後の政治的流動化の一〇年という決定的なチャンスが見過ごされ、共産党や社民党や立憲民主党を含むいわゆる「立憲野党」が低迷するようになってから、ようやく訪れたものだった。民主党およびその後継政党がもはや単独ないし類似政党同士だけではとうてい自公ブロックに対抗できないことが明らかとなり、またその左に第三極をつくり出す展望もなくなった後でようやく、各野党はお互いに手を結ばないかぎり、およそ自公ブロックに対抗するスタートラインにも立てないことに気づいたのである。

この野党共闘は、小選挙区においては与野党一騎打ちの構図をつくり出すことによって一定の効果を発揮したのだが、時すでに遅しだった。そしてこの野党共闘路線も、二〇二一年の総選挙では、政権交代への接近という期待した通りの結果が出なかったとき（実際には、力関係からしてそのような結果を期待する方が最初から間違っていたのだが）、すぐに宙に浮くことになった。[25]そして、連合からの横やりや立憲民主党の新指導部の不熱心さもあって、二〇二二年の参院選ではごく中途半端にしか野党共闘は追求されず、その結果は予想通り惨憺たるものだった。自公を中心とする改憲勢力は優に三分の二を超える議席を確保し、衆議院と合わせて、いつでも改憲の発議が出せる力関係になった。また、その半年前の二月に起きたロシアのウクライナ侵攻の悪影響もあって、[26]今度こそ念願の憲法改正に手が届くはずであった。

しかし、自民党にとってまったく思いがけないことに、参院選挙投票日の二日前に起きた安倍晋三銃撃事件の余波は、改憲どころではない政治情勢をつくり出した。その場で取り押さえられた銃撃犯の母親が、かつて霊感商法で社会問題となった統一協会の熱心な信者であり、この銃撃事件の背景に自民党と統一協会との深刻な癒着があったことが明らかになったからである。[27]この事件以降、次から次へと自民党が犯罪的なカルト教団である統一協会と密接な関係にあったことがメディアによって暴露され、大多数の国民からの不信の念を向けられるようになっている。さらに、この団体と密接な関係にあった安倍晋三を、法的根拠のない国葬に付そうとする自公政権のごり押しもまた、野党支持者だけでなく、自民党支持者からも強い反発を受けた。

小選挙区制と野党の分裂のおかげで漁夫の利を得てきた自民党は、これまでの長期安定多数政権に胡坐をかき、政治的緊張をすっかり失っていたことで、今回のような巨大なスキャンダルを引き起こす素地をつくり出してきた。野党にとってまさに起死回生のチャンスが巡ってきたと言えよう。これが本当に長期的な政治的成果として生かせるかどうかは、野党自身、とりわけ共産党自身の主体的な選択と努力にかなりの程度かかっている。

共産党の組織内課題

こうした状況のもと、共産党自身が深刻な自己点検と自己改革をしないかぎり、このチャンスを生かせないだけでなく、長期的には、党員の高齢化の結果として、しだいにじり貧になるだけであろう。

二〇二二年の参院選挙で共産党が伸び悩んだだけでなく、かなり得票も議席も減らしたことで、当然のことながら、すでに二〇年以上にわたって党委員長の座についている志位和夫とそれを可能にしてきた同党の党内体制に対する不信が沸き起こっている。しかし、それに対する共産党の公式回答は、旧態依然のものだった。共産党は二〇二二年八月二三日付で、「日本社会の根本的変革をめざす革命政党にふさわしい幹部政策とは何か——一部の批判にこたえる」という声明を日本共産党中央委員会党建設委員会の名前で出し、この間の指導部批判や党首選挙の要求を、「日本共産党の路線や歴史を事実にもとづいて報じるのでなく、あらかじめ決められたわが党への攻撃の〝ストーリー〟に、都合のいい〝断片〟をはめこんで、論じている」とみなし、現今の党内民主主義や幹部選出の方法は歴史的に試され済みのもので、何の問題もないという従来からの立場を繰り返した。[28]

しかし、インターネットとSNSの時代に、このような一方的な声明で党内外の異論を封じ込めることはできない。この声明に対して、党内外からすでに多くの疑問と困惑の声が出されている。声明は、党内における党指導部の選出メカニズムは十分に民主的であると強弁している。しかし、中央委員の選出をはじめ、各級党会議における代議員の選出メカニズムは名簿式の大選挙区完全連記制である。すなわち、指導部が定数いっぱいまで代議員ないし中央委員候補の名前が書かれた候補者名簿を党会議や党大会に提出し、その名簿に記載された個々人に対して○×投票が行なわれる。たとえば、中央委員の定数が一〇〇だとすると、有権者である党大会代議員は一〇〇票を持ち、指導部が提出する一〇〇人の名簿の個々人に○×をつけていく。この名簿外の立候補者はほとんど皆無であり、たとえたまたま立候補する奇特な者が出たとしても、名簿外の人に○をつける代議員はほとんどいない。いたとしても、この名簿外候補者が当選するには、最低でも五一の○を獲得しなければならない。実際には、名簿に登載された個々人への投票が多少分散するであろうから、八〇から九〇の○をとらないかぎり、この人物は当選しない。したがって、この方式によるかぎり、多数派が一〇〇%議席を獲得することができるのである。これは普通の小選挙区制よりもはるかに非民主主義的な選挙制度である。

このような選挙制度を取っているかぎり、どれほど形式的に選挙で中央委員や代議員が選出されていようと、それは民主的に選出されたとはとうてい言えないし、党首だけを直接選挙で選ぶシステムをたとえ導入しても、ほとんど意味はないだろう。マスコミが理解していないのはこの点である。

したがって、党の組織的改革は、党内の選挙制度を改めることから始めなければならない。方法はいろいろとある。指導部が作成する名簿を定数いっぱいにせず、せいぜい定数の六割程度にするとか、各代議員が定数と同じだけの票を持つのではなく、半分程度の票を持つことにするとか、あるいは累積投票制のように、自己の複数の票を特定の候補者に集中して投票できるようにするとか[29]、さまざまなやり方が存在する。旧来の方法に拘泥せず、大胆な改革が必要になっている。だが、この組織内問題は共産党が陥っている危機の本質ではない。共産党が依拠してきた社会的基盤の縮小と高齢化こそが問題の核心である。

新しい社会的基盤をめざして

すでに述べたように、高度経済成長期に共産党の躍進を可能にし、また一九八〇年代以降の低成長と新自由主義の時代においてもかなりの程度、その陣地を維持することに役立ったのは、社会の周辺層への依拠とその組織化であった。しかしこの周辺層自身が新自由主義の四〇年間の中で縮小し、空洞化し、高齢化し、未組織化している。とくに党の未来を左右する青年学生層の獲得に党は失敗し続けている。たとえば、民青同盟のメンバー数は一九七〇年代の二〇万人前後から、今では一万人程度に低迷している。党自身も多くの大学で学生支部が崩壊し、いわゆる空白大学（党支部の存在しない大学）がどんどん広がっている。その一方で、共産党は昨今、党内で比較的若くて生きのいい活動家がいたら、大衆団体に配置するよりも、すぐに議員候補者にしてしまう傾向がある。[30]この議会主義的偏重がなおいっそう、共産党の依拠する組織的基盤を縮小する役割を果たしている。大学支部の崩壊と議員候補偏重は、大衆団体の空洞化につながっているだけでなく、未来の理論幹部を育成することも困難にしている。[31]

共産党指導部も自党の高齢化と大衆的基盤の縮小に気づいているので、新しい層に手を伸ばそうとそれなりの努力をしている。しかし、それはかなりちぐはぐである。

たとえば共産党は、この数年来、「ジェンダー平等」や「ＬＧＢＴ」（実質的にはＴ＝トランスジェンダーが中心で、ＬＧＢ＝同性愛者・両性愛者、とりわけレズビアン（Ｌ）はほぼ無視されている）を重視する政策を全面的に打ち出すことで、高学歴のリベラル層とＮＧＯ活動家層に手を伸ばそうとしている。「ジェンダー平等」という言い方は、正直言って、活動家や高学歴層には響いても、庶民層には響かないスローガンだ。「男女平等」というわかりやすい言葉ではなく、あえて「ジェンダー平等」という言葉を使うことでアピールしたかったのは、明らかに「ジェンダー」という言葉を日常的に用いている高学歴層である。一般庶民を置き去りにして、このような小難しいカタカナ用語やアルファベット用語に走るのは、賢明な策とは言えない。メディアやアカデミズムではこれらのリベラル・エリート層が支配的なので、そこでの反応がいいと、まるで自分たちの政策が社会的に受け入れられているように感じるかもしれないが、この層が有している実質的な票数はごくわずかであり、得票増にはほとんどつながらない。

その一方で共産党がこの間、市井の女性たちの不安の声を無視して、トランス問題にのめり込んだことは、有権者の半分を占める女性の票を蹴散らすに等しい行為だった。「たとえペニスがあっても、本人が『女性』を自認していれば女性だ」とか「それを認めないのは差別だ」というような馬鹿げた主張が、先鋭化した一部の活動家やジェンダー学者を除く、ごく普通の人々にどうして受け入れられるだろうか。[32]

さらに共産党は、最近、「選挙ギャルズ」のようなイベントに積極的に関与することで、これまで手の届いていなかった非エリートの若者層にアピールしようとした。これはちょうど「ジェンダー平等」や「LGBT」政策が高学歴層向けであったのと対照的なのだが、残念ながら、むしろ非エリート層の若者を馬鹿にした取り組みとして厳しい批判にさらされることになった。新しい基盤を求める共産党の試みはあまり成功していない。

しかし、本来共産党が依拠すべき階層は最初から明らかなのだ。それは、新自由主義の四〇年間で貧困化し、周辺化され、生存と尊厳を脅かされている大多数の庶民層、非エリートの労働者層、市井の女性たちである。それは、共産党がかつて依拠してきた周辺層と大部分重なっているし、その中にすでに存在するこれまでの組織化の成果が今後の手がかりを与えてくれてもいる。必要なのは、高学歴エリートに手を伸ばそうとしてこれらの層に背を向けることではなく、愚直にこれらの層の要求をすくい上げ、その組織化に地道に努め、これらの人々の切実な諸要求を、真の平和と民主主義、そして新しい社会主義の大道へと結びつけることである。

大阪で日本維新の会があれほどの飛躍を遂げることができたのは、デマゴギー的手法とはいえ、このような非エリートの庶民層にアピールしたからである。右派のポピュリスト政党である日本維新の会は、高学歴エリートや富裕層に対する庶民のルサンチマンと、中国や韓国に対する排外主義的ナショナリズムの感情とを結合させることで、現在の政治的陣地を築いた。[33] ちょうど戦前ドイツのナチスが富裕層に対する零落した小市民のルサンチマンと反ユダヤ主義とを結びつけたのと似ている。[34] この反動的結合を打ち破り、その大部分が労働者である一般庶民の正当な怒りと要求を別のより民主主義的で社会主義的な展望に結びつけなければならない。それができるのは共産党だけである。二一世紀において共産党が生き残ろうとするなら、ぶれることなく、この道を進まなければならない。

もちろん、これは平坦な道ではない。共産党自身が高齢化や社会的基盤の縮小といった危機にあるだけではない。日本の政治そのものが危機にあり、政治の社会的基盤そのものが空洞化し、日本の有権者そのものが高齢化し脱政治化しつつあるのだ。新自由主義の四〇年と長期不況の三〇年、極度の経済格差の進行は、労働組合をはじめ既存のあらゆる中間団体を弱体化させ、社会全体の凝集性を弱め、人々の連帯を著しく困難にした。これは、一方では、カリスマ的指導者が原子化した人民を上から束ねていく現代ポピュリズム[35]と、他方では、極端に偏った教義のもとに信奉者たちを下から囲い込んでいくカルト政治の両方を同時に生み出している。共産党はそのどちらでもなく、広範な社会階層に依拠した下からの民主主義的陣地戦を遂行しなければならない。

もとより、数十年にわたる諸実践と諸事件の複合的で累積的な結果である現在の政治状況は一朝一夕では変わらないし、一党の努力だけでも変わらない。もっと言うと、一国の状況だけで大きな変化を期待することはできない。しかし、現在、世界の民主主義は危機に陥っているし（政治の家産制化）、地球温暖化問題を始め資本主義そのものも深刻な危機に陥っている。[36] 危機の根本的な克服は、民主主義的に刷新された新しい社会主義をめざすグローバルで多様な民衆運動によってのみ可能である。日本共産党はその重要な一翼にならなければならないし、そうならないかぎり日本政治の再生はないだろう。

補論　党首公選制について

『読売』の記事[37]や『週刊文春』の記事[38]で、志位和夫氏も共産党の広報担当も、党首公選制を認めれば派閥形成につながるから、そして共産党は分派を厳格に禁じているから、党首公選制はできないと答えている。実に奇妙な反論だ。分派禁止措置の是非はとりあえず措いておくとしても、選挙をするということは、当然、対立する候補や方針が出される可能性があることが前提のはずである。そのことが分派容認につながるというなら、現在も党内で行なわれている各種選挙（大会や各党会議の代議員を選ぶ選挙や役員を選ぶ選挙）もすべて分派形成につながるはずであり、したがって、するべきではないということになってしまうだろう。

いまも党内で行なわれている各種選挙は分派形成につながらないが、党首選挙だけは分派形成につながると志位氏や党指導部が考えた理由は何だろうか？　それは明らかだ。現在行なわれている「選挙」はまったく選挙の体をなしていないからである。上級機関が事前に準備した代議員候補名簿が「選挙」

で一〇〇％承認されるし、役員も推薦された人物が一〇〇％選挙で承認される。したがって、たとえ党内選挙を完全に廃止したとしても、代議員の顔触れや党役員の顔触れが変わることはまずないだろう。選挙はまったく形骸化しているのであり、それがもう何十年と続いているのである。

たとえ、ある支部に異論を持つ党員がいたとしても、そういう人物は地区大会や県大会（県党会議）の代議員にはけっして選ばれない。仮に、そうしたフィルターをうまくすり抜けて県大会や都党会議の代議員になれたとしても、党大会の代議員にはけっしてなれない。党大会に行くまでに何重ものフィルターがあるので、それらをすべてくぐり抜けるのは、ラクダが針の穴を通るぐらい難しい。このような厳重なフィルターがあるおかげで、党指導部は党大会の場で面と向かって批判されることなく、常に満場一致を確保できるのである。

だが党首公選となると話が違ってくる。異論を持った一介の平党員も立候補するかもしれないので（もっとも、制度上、立候補には一〇〇名以上の党員の推薦がいるとか、国会議員の推薦がいるとか、さまざまなハードルを設ければ、話は別だが）、実質的な意味のある選挙になってしまう恐れがある。そのような選挙が行なわれれば、分派が形成されるかもしれない、だからできない、というわけである。

つまり、党首公選制が許されない理由は、無意味な「選挙」なら許容してもいいが、何か意味のある選挙になりうるものは認められないということなのである。規約のどこにも党首を党員の直接選挙で選んではいけないという規定はないのだから、党首公選制の要求をただちに規約違反だと言うことはできない。そこで苦しまぎれに、党首公選制を認めれば分派につながるというきわめて牽強付会な「論理」を持ち出すしかなかったのであろう。

ただし、ただちに断っておくが、私個人は党首公選制がそれほど素晴らしいとは思っていない。本論でも書いたように、党大会の代議員や党内役員を決める選挙が現在のような推薦名簿式大選挙区完全連記制になっているかぎり、党内の権力構造は無傷なままだからである。また、共産党の党勢衰退の最大の要因は党首が公選でないことにあるのではなく、その社会的基盤が空洞化しつつあることにある。

党内改革としては、党内選挙をより民主主義的で実質的なものにすることこそが必要であり、また『しんぶん赤旗』に常設討論欄を設けるなどの措置が必要だろう。党内からその種の要求は何十年も前から出されているが、けっして実現されることはなかった。自主性や批判精神を持った多くの党員が、幻滅して、この数十年間でやめていったか、あるいは単に党活動に参加しなくなった。容赦のない高齢化の進展と並んで、このことは党の足腰と理論水準を確実に弱めていった。

現在、党勢の一三〇％増が呼号されているが、党員の誰もそれが達成可能だとは思っていないだろう。そもそも、現時点でそれが可能なら、一〇年前、二〇年前にはもっと可能だったはずだ。もっと党内の年齢構成が若かったときにできなかったことが、どうして今できるのか。志位和夫氏も小池晃氏も、頭のどこかでそれはわかっているはずである。しかし、いわゆる「立憲野党」の組み合わせによる政権交代という楽観的見通しが破綻し、現状打開の妙手が何も思い浮かばない状況下で、高度成長期に有効であった古い組織建設路線を持ち出すしかなかったのである。※

二〇二三年一月一八日

※党首公選制を最も熱心に主張していた松竹伸幸氏が分派活動をしたとして二〇二三年二月に除名され、その後、『しんぶん赤旗』紙上で氏に対する露骨に攻撃的なキャンペーンが展開されている。この除名を正当化するその独特の党内論理について論じるのはやめておくが、この除名騒動が大きくマスコミに報道され、共産党にシンパシーを抱いていた多くの

文化人や知識人から違和感と反発を招いたことは明らかである。無謀な党員・機関紙一三〇％増の方針や今回の除名劇には、党勢の長期衰退のもとでの党指導部の焦りといら立ちが垣間見れる。これもまた、共産党の危機の現われであり、ひいては日本政治の危機の現われであると言えよう。（二〇二三年二月一〇日）

注

1　この党創立時期に関しては、近年、研究者の間で異論が出されているが（一九二一年説や一九二三年説など）、ここでは取り上げない。実際に党創立の時点をどこに設定するかは、「創立」の意味をどのように考えるかで変わってくるが、どの説を取っても、誰もが納得できるものになるわけではない。共産党自身が七月一五日を創立記念日に指定しているわけだから、それに則ることに何か大きな問題があるわけではない。なので、本稿ではこの日を創立記念日とする説を受け入れることにする。

2　トロツキーの不均等・複合発展法則については、以下の拙書を参照。森田成也『トロツキーと永続革命の政治学』柘植書房新社、二〇二〇年。

3　戦前の天皇制警察国家も、共産党の本体そのものを弾圧した後は、その周辺に広範に組織された文化団体・文化運動の弾圧に乗り出した。しかしそれは、本体そのものよりも困難な作業だった。なぜなら、これらの文化団体・文化運動はかなり深く民衆に根づいていたからである。当時の新聞記事にもその一端がうかがえる。たとえば以下を参照。「大衆の底まで党の精神を浸潤――文筆を通じて巧みな宣伝　再建共産党の全貌」『大阪朝日新聞』一九三二年四月一〇日付。

4　この点についてより詳しくは、拙書『トロツキーと戦前の日本――ミカドの国の預言者』（社会評論社、二〇二一年）の第一章を参照。

5　この影響力の度合いについては、以下を参照。中北浩爾『日本共産党――「革命」を夢見た一〇〇年』中公新書、二〇二二年、九六～九七頁。同書は、日本共産党の百年史に関して何か独創的な分析を提示したわけではないが、反共でも共産党追随でもない立場から、主要な事件と人物、基本的な諸事実について手堅くかなり網羅的に記述しており、一種の日本共産党史小事典として有意義である。

6　労農派についての詳細な実証的研究書として、以下を参照。石河康国『労農派マルクス主義――理論・ひと・歴史』上下、社会評論社、二〇〇八年。

7　ロシア革命の展望をめぐる当時のロシア社会主義者内の諸論争については、以下の拙書を参照。前掲『トロツキーと永続革命の政治学』。

8　トロツキーに対する労農派の見方については、以下を参照。森田成也「トロツキーと戦前の労農派知識人」上下、『科学的社会主義』八月号&一〇月号、二〇二〇年。以下のサイトに大幅増補版をアップ。https://www.academia.edu/80149974/

9　しかし、この活動停止には、日本の党が、スターリンによる大粛清期に他国の党がやったように自己の手を汚す暗い経験をせずにすんだという一面もある。これは、戦争終結後、出獄した非転向共産党員にとってもプラスに働いた。ずっと後のソ連崩壊後、野坂参三が大粛清期に他の亡命党員をソ連当局に売っていたことが旧ソ連の秘密アーカイブから明らかになったとして除名されたが、それがたとえ事実だったとしても、その程度で済んだとも言える。

10　見方を変えれば、「先進性と後進性の弁証法」も広い意味での「中核と周辺の弁証法」の一形態と考えることができる。マルクス主義はヨーロッパではイギリスという中核国には浸透できず、その代わりドイツやフランス、イタリアなどの周辺国で定着し、その周辺的条件に適応・進化した。世界的には、アメリカという中核国には浸透できず、ロシアや中国のような周辺国で定着し、そこの特殊な条件に適応・進化し、最終的に革命を成功させた。したがって、トロツキーの「不均等・複合発展法則」はこの両弁証法の絡み合った統一であると考えることができるだろう。

11　『日本共産党一〇〇年――理論と体験からの分析』（かもがわ出版、二〇二二年）に収められた木下ちがや氏の論稿は、共産党が高度成長期において文化的公共圏をつくり出すことに成功したことに同党の成長の重要な要因を見出している点できわめて慧眼である。またその限界についても的確に指摘されている。

12　このような、世代を超えた文化的多様性と民主主義的共同性を体感できる形で空間化したものが、毎年開催される「赤旗まつり」であった。

13　この三里塚闘争には当初、共産党も深くかかわっていたが、新左翼が全面的に参加してくると、そこからさっさと離れ、その本来の社会的基盤の組織化に専念した。この変わり身の速さは、その後の大学紛争における（一時的に民青と共産党ものめり込んだ）ゲバルト闘争からの撤退にも示されている。

14　新左翼の悲劇は、ある種の「中核と周辺の弁証法」を部分的に再現するものであるかもしれない。新左翼は一九六〇年代後半の若者の急進化と大学紛争という特定の環境にあまりにも適合的に進化したため、他の諸党派とのあいだで急進的戦術のエスカレーションを競い合う形でしか自己の成長戦略を考えることができなかった。しかし、急進主義の度合いにはおのずから限界があり、一定の限界を超えるとそれはただ馬鹿々々しいものとなる。そして、彼ら自身の党派的急進性の先鋭化と裏腹に、一般学生はしだいに脱急進化していき、新左翼はそのギャップにますます苦しむことになった。そのギャップからの活路は、危機と戒厳状況を人為的につくり出すことに見出された。ここから内ゲバの惨劇は一直線である。

15　この事件をめぐる証言としてはやはり、新日和見主義分派の中心人物の一人と目された川上徹が書いた『査問』（筑摩書房、一九九七年）が重要だ。事件から二五年も経ってようやくその真相を語ったという一点だけからしても、彼らがいかに党に忠実な人々であったかがわかる。この事件の当事者による他の証言として、以下も参照。油井喜男『汚名――いわれなき罪で査問された元党員が、二七年の沈黙を破って告発』毎日新聞社、一九九九年。川上徹・大窪一志『素描・一九六〇年代』同時代社、二〇〇七年。また、この事件の周辺にいた人物からの以下の証言は、川上ら渦中の人物による証言を補完するものとして重要である。平田勝『未完の時代――一九六〇年代の記録』花伝社、二〇二〇年。川上氏や油井氏、平田氏のような当事者ないし周辺者の証言がもっと出されるべきだろう。共産党は関係者（弾圧された側もした側も）が全員死ぬのを待っているのかもしれないが、これ以上沈黙を守るのではなく、誠実に再調査して、処分されたすべての党員の名誉を回復するべきである。

16　新日和見主義事件で処分された党員の一人である久保護氏は、一九八〇年から一九九二年までの一二年間で一七回もの党勢拡大の全国的運動が展開されたとしている。久保護『「分派」と呼ばれた男――〝新日和見主義〟事件と日本共産党改革案』白順社、二〇一九年、八六頁。

17　この共産党の公式の立場とは異なる当時の私の見解としては、一九九一年の以下の論稿を参照。森田成也「ソ連共産党の解散と社会主義の展望」、https://www.academia.edu/83644174/。

18　その中で最も明確かつ最も体系的な立場を示したのは、一九九九年から二〇〇四年まで反対派党員によって運営されていたサイトである『さざ波通信』である。現在はこのサイトはネット上から消えているが、一部が以下のアーカイブサイトに残っている。今から見ても力作ぞろいである。https://web.archive.org/web/20170503122156/http://www.geocities.jp/sazanami_tsushin/top.html

19　この歴史的過程については、本書収録の「『政治改革』と帝国主義的民主主義の政治学」、「自社連立政権とヘゲモニー・ブロック」を参照のこと。

20　たとえば、本書収録の以下の論考を参照。「論争の中間的総括——明確となった土俵の違い」、「『政治改革』と帝国主義的民主主義の政治学」、「新しい政治的対抗関係と民主党の歴史的性格」。

21　本書第二章「『政治改革』と帝国主義的民主主義の政治学」、七〇頁。

22　この点については共産党の元幹部で二〇〇五年に離党した筆坂秀世氏も的確に指摘している。筆坂秀世『日本共産党』新潮新書、二〇〇六年。

23　この問題についてより詳しくは、本書収録の論文「新しい政治的対抗関係と民主党の歴史的性格」を参照のこと。

24　二〇〇九年における民主党の一時的な大躍進と政権獲得、そしてその後の没落は、一九八九〜九〇年に起こった社会党の一時的な大躍進とその後の没落を、より大きな規模で繰り返すものだった。民主党は旧社会党よりもはるかに非均質的な政治的集合体であり、旧社会党出身者から小沢派、ネオリベ派、帝国主義派に至るまでの政治的混合物だった。旧民主党指導部と小沢派とが手を組むことでかろうじて政治的凝集性を獲得していたが、両者に亀裂が入るやいなや分解した。さらに、民主党の社会的基盤は、旧社会党の社会的基盤よりもはるかに中上層的であり、はるかに分散的だった。民主党は、地道な陣地戦と組織化の到達点として政権を獲得したのではなく、直前の自民党麻生内閣のあまりのひどさに激しい国民的幻滅が広がったことの結果として、漁夫の利的に政権を獲得してしまった。民主党は、一方では自民党政治の旧来型の「開発主義」に反対してより新自由主義的な姿勢を打ち出すことと（事業仕分けなど）、自民党政治の反福祉国家的な姿勢に反対して、多少なりとも社会民主主義的な政策（子ども手当や高校学費の無料化など）を打ち出すことという、両面的な政策をとることを余儀なくされた。それは、開発主義に利益を持つ層（草の根保守）と、新自由主義の不十分さに不満を持つ層（ネオリベラル層）の両方から反発を買うことで、しだいに行き詰まっていった。そこへ、民主党政権にとっては不幸な偶然として起きた二〇一一年の大地震と原発事故の対応に追われたこと、ネオリベラル層により適応しようとした野田内閣が消費税増税政策を打ち出したことなどによって、民主党政権はわずか三年半で終わり、その後、選挙のたびごとに大幅に議席を失っていき、政権獲得以前よりも小さな勢力になり果ててしまった。

25　この総選挙の全般的評価については、本書収録の「二〇二一年総選挙の結果と政治の危機」を参照。

26　ロシアのウクライナ侵攻については以下の拙稿を参照。森田成也「ゴルバチョフの死とロシアの運命――ペレストロイカからウクライナ侵攻まで」『科学的社会主義』一〇月号、二〇二二年。

27　この事件に関しては、本書収録の「ニワトリはねぐらに帰る――安倍銃撃事件の意味」を参照。統一協会と自民党政治との関係について詳しくは、以前からこの問題に取り組んできた有田芳生氏の以下の最新著作を参照せよ。有田芳生『改訂新版　統一教会とは何か』大月書店、二〇二二年。

28　『しんぶん赤旗』二〇二二年八月二四日。

29　この累積投票制については、私も翻訳に参加した以下の著作を参照。ラニ・グイニア『多数派の専制――黒人のエンパワーメントと小選挙区制』新評論、一九九七年。筆者は黒人女性の法学者で弁護士。

30　これには財政問題も深くかかわっている。地方議員が当選すれば、事実上、専従活動家を自治体の歳費（つまり税金）で賄うことができるし、その一部を党にカンパさせることで党の資金源にもなる。党員と機関紙の数が減れば減るほど、そこから得られる本来の収入が減れば減るほど、議員に頼る必要が出てくるのである。

31　この点では不破哲三個人の責任も大きい。不破は、マルクスの恐慌論から、ソ連の秘密文書の解明、現代社会の分析に至るまで、どんな問題でも器用に論じることができる稀有の才能の持ち主であった。宮本の指導下でその才能は大きく開花し、大いに活躍の場を得た。しかし、意識的に理論幹部を育成しようとした宮本と違い、何でも自分でできる不破は理論問題を一手に引き受け、その結果、宮本時代の末期に見出された志位和夫以降、理論幹部はまったく育っていない。同じく宮本時代の末期、ネオ・マルクス主義問題を契機に共産党の社会科学研究所が大幅に拡充され、多くの党員知識人や院生党員が非常勤研究員として研究活動に従事したこともあったが、大した成果を上げることもなく、不破時代にこの取り組みは結局放棄された。また宮本が一九六四年に開始した共産党員の独習指定文献制度が廃止されたのも不破時代である（二〇〇四年）。若い共産党員はもはやマルクス主義の古典をあまり読まなくなっている。不破哲三のこの知的独占主義は、「理論の党」としての共産党を空洞化させている。

32　このトランス問題については、私がある学習会のために準備した以下のレジュメを参照せよ。https://www.academia.edu/93894328/

33　ある政治学者は、日本維新の会の得票が最も多いのは庶民層の多い市区ではなく、タワーマンションが林立しているような富裕地域であったことを理由に、維新の会の基盤は勝ち組のエリート層であると主張しているが、これはまったく一面的である。たしかに、一部の勝ち組エリートも維新の会を熱心に応援しただろうが、その人口比は有権者の一％程度であり、選挙の大勢に影響しない。有権者の大多数を占める庶民層から満遍なく得票したからこそ、維新の会は庶民と中小業者の街大阪で圧倒的に勝利し得たのである。

34　当時、ユダヤ人は他のどの民族とも同じく、その大部分は普通の貧しい労働者、農民、自営業者だったが、ナチスは資産階級や富裕な商店主になりえた一部のユダヤ人を象徴的存在として、ユダヤ人への反感を煽り、それを富裕層に対する庶民のルサンチマンと結びつけた。しかし実際に、ナチスやその協力者によって最も過酷に弾圧され殺されたユダヤ人は富裕層ではなく、普通の貧しい労働者、農民、自営業者であった。

35　現代ポピュリズムについては、以下の私の英語論文を参照のこと。Seiya Morita, 'Right-wing populism and historical fascism: Traverso's new book on postfascism,' *Links International Journal of Socialist Renewal*, 18 July 2021, http://links.org.au/right-wing-populism-historical-fascism-traverso-postfascism

36　全般的に以下の拙書を参照のこと。森田成也『「共産党宣言」からパンデミックへ――歴史の終わりの弁証法』柘植書房新社、二〇二一年。

37　「共産党員が異例の執行部批判、『党首公選』求める本相次ぎ出版　志位氏に疑問突きつける」『読売新聞』二〇二三年一月一七日。

38　「共産党激震！　志位委員長に三冊の挑戦状」『週刊文春』二〇二三年一月一八日号。

あとがき

本書は一九九〇年代初頭から二〇二〇年代初頭までの三〇年間が対象になっている。「序文」では基本的に国内政治に焦点を絞ってこの三〇年間を振り返ったが、この「あとがき」では世界の変化にも目を配りつつ、日本政治の危機を俯瞰しておこう。また序文執筆以降の三ヵ月間の情勢変化にも少し触れておく。

この三〇年間に日本と世界の政治は大きく変貌した。同じ世界とは思えないほどである。かつて存在した東側世界が崩壊し、東西冷戦に代わって新しい帝国主義間対立が起こるようになった。核戦争の脅威は、東西冷戦の終焉によってなくなるどころか、今日、かつてなくその脅威が高まっている。日本では戦後民主主義の柱であった社会党が無残に解体し、五五年体制に代わって一強制が成立した。「政権交代のある民主主義」が実現するどころか、かつてなく政権交代は難しくなっている。

この激動の三〇年間は、世界史的には一九八九〜九一年のソ連・東欧の崩壊から始まった。このとき、アメリカの政治学者フランシス・フクヤマが「歴史の終わり」を呼号し、自由民主主義体制の世界史的勝利を高らかに宣言したが、世界は自由民主主義の繁栄する黄金時代に入るどころか、あちこちで政治の腐敗と専制の台頭が起こった。

まず、ソ連・東欧の「社会主義」という外的脅威をなくした世界資本主義は、すでに一九八〇年代に始まっていた新自由主義を世界中に拡大し、いたるところで富と貧困との対立、環境破壊、資源の略奪、人間のグローバルな商品化を生み出していった。欧米資本主義本国においても、労働組合や社会主義勢力がソ連崩壊のあおりを受け（もちろんそれだけではなく、産業構造の転換、資本のグローバルな展開による産業空洞化なども原因している）、その政治的対抗力をしだいに失っていくと、いっそう新自由主義は野放図なものになり、社会政策のOSのごとき存在となった。国家の再分配政策も、自由市場と民間企業、あるいは金持ち慈善団体から資金提供を受けたNGOを前提としたものになった。労働組合や農民団体、中小自営業者の団体、婦人団体などの伝統的な中間団体が衰退し、未組織のバラバラの大衆が過酷な自由市場の中に取り残された。彼らの声のほとんどは組織されることも代弁されることもなくなった。保守派は伝統的な富裕層や資産家に依拠し、左派は高学歴のインテリ層や新興IT資本に依拠するようになり、どちらも一般庶民からかけ離れた存在となった。かつては無数の中間団体によって支えられていた社会の凝集性は掘り崩され、民主主義はしだいに空洞化し、左右のポピュリズムが大きく伸長する政治的土壌が成立するに至った。

右のポピュリズムは、原子化し自信を無くしていた大衆に「国家」「民族」「歴史」という大きな物語を与えて再統合を図り、「外国人」をスケープゴートにすることで人気を博した。左のポピュリズムは逆に、個々人のアイデンティティを絶対化し、それを受け入れないあらゆる者を「差別者」「ヘイター」として攻撃して失脚ないし謝罪させることで、目に見える政治的成果を挙げているかのような実感を抱く機会を若い活動家たちに与えた。難しいカタカナ語や専門用語を振り回す高学歴の左翼インテリはますます貴族化し、一般民衆を疎外し、庶民層を伝統的保守や右派ポピュリズムの側に追いやっている。

この左翼ポピュリズムはたいてい既存の左翼政党や既存の人権団体に深く食い込んで成長しているので、右のポピュリズムと比べてあまり「ポピュリズム」として認識されていないが、右の同僚たちと同じ政治的土壌と社会的基盤にもとづいているのである。

二〇二〇年以降の新型コロナパンデミックは、新自由主義の三〇年によってすっかり疲弊し脆弱化していた西側資本主義社会を直撃した。平時においてすでに病院の数もＩＣＵ病床もぎりぎりまで削減されていた西側諸国は、パンデミックという非常時においてまったくの機能不全に追い込まれ、多くの高齢者が病院にかかることもできずに自宅で次々と亡くなっていくという事態が生じた。コロナ危機は、新自由主義による社会の脆弱化を赤裸々に暴露しただけでなく、社会内部の深刻な階級格差と人種差別、男女格差の深刻さをも露呈させた。パンデミックの真っただ中でも自宅待機やソーシャル・ディスタンスを維持することのできない貧困層や末端労働者層、特にその中の有色人種や女性が真っ先に、そして最大の被害をこうむった。ウルトラ富裕層は、パンデミック初年度においてだけその資産額を大幅に減らしたが、その後あっという間にＶ字回復し、パンデミック以前よりもはるかに巨額の富を蓄積するに至っている。このコロナ危機において、西側諸国の盟主アメリカはまったく無力であり、ＥＵもまた同じだった。自己の支配のもとに安定した国際秩序を維持するというヘゲモニー国家としての役割は何ら果たされなかった。コロナ危機は、アメリカ帝国のヘゲモニーの衰退にいっそう拍車をかけた。

では、崩壊したソ連・東欧はどうなったか？　かつて西側諸国は、第二次世界大戦の敗戦国であった日本やドイツに対して寛容な復興政策を実施し、旧枢軸国を最も忠実な同盟国にすることに成功したが、冷戦の敗戦国である東欧や旧ソ連諸国に対してはそのような政策は取られなかった。彼らが実行したのはマーシャルプランではなく、ショックドクトリンであり、包摂ではなく、略奪だった。それまで幾重にも国家によって保護されていた旧ソ連民衆は、それらの保護を一夜にして剥奪されて、過酷なグローバル市場に投げ出された。人民の共有財産だったさまざまな工場や施設が二束三文で旧官僚やオリガルヒ（新興財閥）や外国資本に売却され、大量の失業者が発生し、飲酒と麻薬が蔓延し、若い女性たちは人身売買されて欧米の性産業へと大量に吸収されていった。それは自由民主主義の勝利とは似ても似つかないものだった。

社会と経済の深刻な衰退と混乱の中で登場したのが、ウラジーミル・プーチンだった。大酒飲みのアル中だった前任のエリツィンとは異なり、冷静で勤勉なプーチンはその硬い意志と鉄腕によって社会秩序を回復し、オリガルヒを統制し、豊富な天然資源を武器にロシア経済の復活を実現した。しかし西側諸国は、大国として復活したロシアをそういうものとして遇さず、西側諸国のもとに降ったみじめな三流国として扱いつづけた。新しい帝国主義として復活を遂げたロシアは、西側の同僚たちに通じる唯一の言葉を使って自己の復活をアピールした。戦争、略奪、暴力である。苦労の末チェチェンで勝利し、その後やすやすとクリミア半島を併合したロシア帝国主義は、二〇二二年二月、その矛先をついに隣国ウクライナに向けた。しかし、広大な領土と数千万の人口を持ち、西側諸国と固く結びついたウクライナは、そう簡単に勝てる相手ではなかった。大国ロシアがいっせいに侵攻すれば、しっぽを巻いて亡命するだろうと思われていた元コメディアンの大統領ゼレンスキーは、ロシア当局の予想に反して首都キエフ（キーウ）にとどまり、全国民に徹底抗戦を呼びかけた。ロシア軍の怒涛の進行は停止し、あちこちで国境外に押しやられ、最もロシア人が多い東部ウクライナでも戦線が膠着するに至った。機動戦は消耗的な陣地戦に転化した。侵攻から一年以上が経った今日でも、戦線は膠着したままである。

世界一の軍事大国であるアメリカでさえ、二〇年かけてもアフガニスタンで勝利できず、はるかに装備も人員も貧弱なタリバーンに敗北して、なりふり構わず首都から脱走したが、そのアメリカよりもはるかに経済力も軍事力も劣る新興ロシア帝国が、タリバーンよりもはるかに豊かで強大なウクライナ相手に短期決戦で勝てるはずがなかった。それが可能だと判断したプーチンとロシア当局の思惑は完全に外れた。彼らは勝利する展望もないまま、消耗的な戦争を続けざるをえない状況に追い込まれている。だが、このウクライナ危機は、コロナ危機と同じく、西側諸国およびアメリカのヘゲモニーの凋落をいっそうはっきりと示すものだった。アメリカを盟主とする世界秩序に挑戦しようとするロシアの動きに対し、西側諸国は、中途半端な挑発と中途半端な妥協を繰り返しただけであった。前者は、ロシア側に西側諸国への敵意を醸成するのに十分なもので、後者は、ロシア側に西側諸国への侮りを醸成するのに十分だった。ウクライナ危機から一年以上経つが、ＥＵもアメリカもこの深刻な問題を解決する能力をまったく欠いたままである。そうした中で、この三〇年間で第一級の経済大国となった中国はしだいに国際政治のキャスティングボートを握りつつある。

政治の危機は、もちろんのこと、この日本でいっそう深刻である。日本は、最も左派勢力ないし革新勢力が強力であった一九六〇年代から一九七〇年代前半にかけての時期でさえ、政権交代やそれに基づく体系的な福祉国家政策を実現できず、自民党の一党体制が維持されていた。その後、ソ連・東欧が崩壊し新自由主義が支配的になった一九九〇年代になって、一時的に多党時代が訪れるが、この時期に雨後のタケノコのように発生した新興政党はみな新自由主義政党であり、本格的な福祉国家をめざすのではなく、市場中心の自立自助社会を目指した。彼らが政権について真っ先にやったことは、大政党にきわめて有利な小選挙区制を導入することだった。小選挙区制の下で、自民党とそれ以外との二大政党制が実現し、適時、政権交代が起こるようになり、成熟した民主主義が訪れると、政治学者や評論家、メディア人たちはしきりに吹聴したが、実際にはそうならなかった。

たしかに一時的に新進党という、自民党に匹敵する大政党ができたが、自民以外の諸政党の寄せ集めにすぎなかった新進党は選挙で速やかに政権奪取できないことがわかると、あっという間にその遠心力が求心力を上回って、崩壊した。人為的な選挙制度によって二大政党を作り出すことはできないのである。二大政党制が実現するには、大多数の人々を結集させるような二つの異なった政治理念や基本政策が存在し、かつそれらの理念や政策を支えることのできる二つの異なった社会的・階級的基盤が存在しなければならない。しかも、その基盤が長い歴史を通じてそれなりに組織化されていなければならない。だが自民党も新進党もその基本政策は共通し、同じような社会的基盤に立脚しており、かつ、新進党にはそもそもそうした組織化の歴史はなかった。とくに日本では、本書所収の諸論考で繰り返し指摘したように、自民に対抗する（ネオ）リベラル政党を支えうるような分厚い都市新中間層は十分な政治的凝集性を有していなかった。そして、自民党が一九九〇年代後半に新自由主義に舵を切ると、ますます両党の政策的相違は小さくなった。「官主導か民主導か」という、いかにもインテリ好みの浅薄な二者択一は、とうてい二大政党制を維持するような政策的基盤になりえなかった。

新進党の没落によって政治的復活を遂げた自民党は、小選挙区制の制度的優位性を利用して支持率以上の議席を獲得しつづけ、また公明党という強力な組織政党と手を組むことによって、安定した政権政党の地位を取り戻した。二〇〇九年に一時的に民主党政権ができるが、これは二大政党制の歴史の始まりになるどころか、民主党の歴史的没落の始まりとなった。その後、選挙のたびに民主党は議席を激減させ、今日、民主党の後継諸政党はかつての社会党よりもはるかに不安定な野党にとどまっている。

かつてリベラル・エリートたちが夢見た適宜の政権交代の可能性がなくなり、リベラル野党がいずれも政権を脅かす存在でなくなると、すっかり政治に緊張感が失われ、自民党政治は長期の安倍政権の下で急速に家産政治的な様相を帯びるようになった。憲法はないがしろにされ、「法の支配」さえしばしば侵害され、私的な人脈や関係が公的な政策を左右するようになった。しかし今日、左からの挑戦を完全に退けた保守政治は、今度は右からの挑戦を受けはじめている。すでに大阪という地域限定の政党から脱却して全国政党として成長するに至った日本維新の会と、よりマージナルな右派世論を背景にした参政党などの新興保守政党である。

維新の会は、その結成当初における有名人を中心にしたイメージ戦略と関西民放のバックアップのおかげで急成長を遂げたが、その後、この初期の機動戦的効果が薄れ始めると、速やかに陣地戦的戦略に切り替え、草の根の選挙戦を大規模に展開し、安定した国政政党としての地歩をしだいに確立していった。とくに二〇二三年三〜四月に行われた統一地方選挙では、他のどの政党よりも大きな議席増を達成した。国政選挙ではなく、地方選挙でのこの大きな飛躍は、同党がより広く深く有権者に根を張ったことを意味している。これまでの多くの新興政党がこうむった運命、すなわち、物珍しい最初の時期にはご祝儀的な成功を収めるが、その後しだいに飽きられて衰退するという運命を、維新の会は免れた。大阪という特殊な地域的基盤を持っていたことが大きかった。通常、安定した全国政党には何らかの大規模な中間団体（労働組合や業者団体、宗教団体など）による支えが必要だが、そうした中間団体が没落した時代に、維新の会は大阪という日本第二の大都市を地域的基盤にすることで、安定した政治的地位を獲得したのである。ここを根城に、維新の会はしだいに全国に影響を広げていき、今では立憲民主党に代わって野党第一党の地位をうかがえる地点にまで成長している。

維新の会のもう一つの強みはその構成員の政治的雑多性である。リベラル派と違って、この雑多性はマイナスではなく、プラスになった。政治的リベラルの場合、リベラリズムの理念に反する候補者や幹部がいることは、支持者の道徳的反発を招いてマイナスになる。しかし、反リベラル政党である維新の会の場合、その政治的雑多性（新自由主義的エリートの政治家から庶民派を標榜する政治家に至るまでのそれ）はマイナスにならないし、度重なる不祥事もそれほど大きなダメージにはならない。もちろん、さすがに明確な左翼がその中に入ることはないが、そうでないかぎり、かなりの政治的幅を許容することができ、それが維新の会のエネルギーとなっている。とくにリベラル派が知的エリートや社会の上層を代表しているという強い印象を与えている今日、非リベラルであるという維新のイメージは、庶民層にとってけっしてマイナスポイントではなく、むしろ自分たちに近いという親しみさえ与えるのである。

第三に、この間、立憲民主党と共産党、社民党などが野党共闘路線を取って自公勢力と対抗する中で、維新の会が相対的に独自の路線を貫いたことも一定の功を奏した。かつて「共産党を除く」体制が常態化していたときに、共産党が独自路線を貫くことでその後の支持を増やしたことと似たような現象が、反対の政治的極で起こったのである。

しかし、自公政権にとっての挑戦者は維新の会やそれより右の参政党だけではない。これらの組織された対抗勢力とは別に、もっと散発的でもっとゲリラ的な挑戦者が現れることもある。その兆候が、二〇二二年七月の安倍晋三の暗殺事件や、翌二〇二三年四月に起きた岸田首相襲撃事件である。前者については本書の第九章で論じたが、岸田を狙った若者も、国政選挙の供託金の高さと巨大な組織をバックにした世襲議員の支配ゆえに、日本の民主主義がまったく機能していないことへのいらだちと絶望から、あのような行動を起こしたと見られている。左翼が没落した今日の日本において、現在の日本社会に絶望した人々の個人的暴発は左からではなく、むしろ右から起こる。保守内部の絶望した人々は、「個人テロは政治的に正しくない」という左派的倫理を持たないがゆえに、かえってより大胆な行動に出ることができるのである。

他方で、立憲民主党や共産党や社会民主党などのいわゆる立憲野党はこの間、停滞ないし後退を余儀なくされている。野党共闘は自民党の圧倒的な一人勝ちを防ぐうえで一定の効果を発揮したが、政権交代の役には立たなかった。二〇二三年春の一斉地方選挙で立憲民主党は多少の前進を記録したが、それはもともと同党の地方議席が国政選挙での水準に比べてあまりにも少なかったことの反映にすぎない。他方で共産党と社民党はこの地方選挙でも大幅に議席を減らした。共産党の場合、統一地方選直前に起こした党員除名騒動がダメージになったことは否定できないだろう。同党はそれでも後半戦では多少持ちこたえたが、社民党は前半戦でも後半戦でも壊滅的に議席を減らしている。市井の女性たちを置き去りにした同党のアイデンティティ政治へののめり込みがその一因であったことは否定できないだろう。

これらの諸現象のいっさいは日本政治の危機、民主主義の衰退を示している。だがそれは日本だけの問題ではなく、世界的に進行する政治の衰退の現われにすぎない。新自由主義の四〇年間と、ソ連・東欧崩壊後のグローバリズムの三〇年間を経て、あまりにも巨大な富と権力を手中にしたグローバル資本は、どんな国家やどんな政治勢力によってもコントロール不能に見える。特定国家のヘゲモニーはこの間に著しく衰退したが、そのことによってかえってグローバル資本の政治的自立性が増し、その力は歴史上最も大きなものになっている。その力があまりにも巨大なので、彼らは安心して、左翼的スローガンを掲げて運動する人権団体や知識人にさえ気前よく資金提供して、飼いならすことができる。コロナ危機もウクライナ危機も、地球規模の気候変動危機でさえ、彼らにとっては富をいっそう蓄積する新たな機会にすぎない。

どんなポピュリズムもテロも、そして大規模な戦争でさえ、この世界的構造を打破することはできない。一発逆転の妙案も、起死回生の策も存在しない。どんなに遠回りに見えても、非エリート市民、労働者、農民、市井の女性たちの草の根の運動と連帯とをコツコツと下から築き上げていくことでしか、世界を変えることはできない。その過程の中で左翼が復活しようと思うならば、その根深い大衆蔑視とエリート主義を克服し、貴族化した上層インテリ層のコントロールから抜け出し、本当の意味で労働者と庶民の代表者にならなければならない。民衆抜きに民衆を幸せにすることはできない。この陳腐な真理を確認することで、本書を終えようと思う。

二〇二三年五月六日

森田成也（もりた・せいや）
大学非常勤講師。1965 年奈良県生まれ。専門はマルクス経済学。

主要著作：『資本主義と性差別』（青木書店）、『資本と剰余価値の理論』（作品社）、『家事労働とマルクス剰余価値論』（桜井書店）、『ヘゲモニーと永続革命』『新編マルクス経済学再入門』上下、『トロツキーと戦前の日本』（以上、社会評論社）、『「資本論」とロシア革命』『「共産党宣言」からパンデミックへ』（以上、柘植書房新社）、『マルクス主義、フェミニズム、セックスワーク論』（慶應義塾大学出版会）、他多数。

主要翻訳：デヴィッド・ハーヴェイ『新自由主義』『〈資本論〉入門』（以上、共訳、作品社）、キャサリン・マッキノン『女の生、男の法』上下（共訳、岩波書店）、エルネスト・マンデル『第二次世界大戦とは何だったのか』（共訳、柘植書房新社）、トロツキー『レーニン』『永続革命論』、マルクス『直接的生産過程の諸結果』、マルクス＆エンゲルス『共産党宣言』（以上、光文社古典新訳文庫）、シーラ・ジェフリーズ『美とミソジニー』（共訳、慶應義塾大学出版会）、他多数。

新自由主義と日本政治の危機

2023年7月10日　　初版第1刷発行

著者 ―― 森田成也
発行者 ―― 平田　勝
発行 ―― 花伝社
発売 ―― 共栄書房
〒101-0065　東京都千代田区西神田2-5-11出版輸送ビル2F
電話　　03-3263-3813
FAX　　03-3239-8272
E-mail　　info@kadensha.net
URL　　https://www.kadensha.net
振替 ―― 00140-6-59661
装幀 ―― 北田雄一郎
印刷・製本 ― 中央精版印刷株式会社

ISBN978-4-7634-2070-1 C0031